我国公共租赁房的理论与实践

马智利 马敏达 著

科学出版社

北 京

内 容 简 介

本书围绕公共租赁房建设和运行的两大难题——公共租赁房建设的土地供给和建设资金筹措展开,并对其进行了创新性探索研究。以往的公共租赁房理论研究,多在于定性分析,缺乏一套完整的评价指标体系。本书对公共租赁房指标体系进行了尝试性的构建,从工程性指标体系和经济性指标体系两大方面,从单个公共租赁房项目和整个城市公共租赁房建设两个角度,设计了一套较为完整的公共租赁房评价指标体系。公共租赁房指标体系的构建对衡量公共租赁房建设水平以及指导公共租赁房健康、持续地发展具有重要意义。

本书可供高等院校房地产开发与管理、工程管理、建筑财务管理、城乡规划等领域的科研和工程技术人员参考,也可为地方政府决策部门发展公共租赁房提供理论与实践意义上的指导。

图书在版编目(CIP)数据

我国公共租赁房的理论与实践 / 马智利,马敏达著. —北京:科学出版社,2017.11
ISBN 978-7-03-055112-2

Ⅰ.①我… Ⅱ.①马… ②马… Ⅲ.①租房-社会保障制度-研究-中国 Ⅳ.①D632.1

中国版本图书馆 CIP 数据核字(2017)第 265481 号

责任编辑:张 展 陈 杰 / 责任校对:熊倩莹
责任印制:罗 科 / 封面设计:墨创文化

科学出版社出版
北京东黄城根北街16号
邮政编码:100717
http://www.sciencep.com

四川煤田地质制图印刷厂印刷
科学出版社发行 各地新华书店经销
*

2017年11月第 一 版 开本:787×1092 1/16
2017年11月第一次印刷 印张:17
字数:375 千字
定价:88.00 元
(如有印装质量问题,我社负责调换)

前　言

　　诺贝尔经济学奖得主斯蒂格利茨曾断言：21世纪，对世界影响最大的事有两件，一是美国高科技产业的扩散，二是中国的城镇化。西方国家在两三百年的漫长的时间里实现了工业化和城市化，在这个过程当中，大量的农村劳动力去到大城市，或者去到大城市群。我国是后发国家，是在很短的时间（一两代人的时间）内实现了工业化进程，这个阶段一定是大城市首先发展，小城市和农村人口流失。因此，政府给他们提供一定的帮助，比如公共租赁房，经过一段时间，当这部分群体中的一部分人有支付能力了，他们就离开公共租赁房，到市场购买或承租住房；另一部分人可能长期租住公共租赁房。

　　我国目前保障房体系包括经济适用房、两限房、棚户区改造安置住房、廉租房和公共租赁房（公租房）。2012年3月，国务院政府工作报告指出，在"十二五"期间要积极发展公共租赁房，通过探索和发展公共租赁房这一住房保障的新模式来解决"夹心层"的住房。同时，第十一届全国人民代表大会常务委员会第二十三次会议第二次全体会议指出，"十二五"时期的保障性住房将重点发展公共租赁房，特别是人口净流入量大的大中城市，要较大幅度地提高公共租赁房建设比重，完善住房供应体系。

　　在我国公共租赁房投资、建设、运营和管理机制理论和实践探索过程中，本书研究的创新体现在以下几方面：

　　(1)公共租赁房运行体系的建设主体制度设计。

　　(2)公共租赁房建设用地和用地长期有效供给制度（"地票"制度）设计。

　　(3)公共租赁房项目总体规划设计原则及空间布局原理，对公共租赁房的工程指标体系和经济指标体系进行尝试性构建。

　　(4)公共租赁房造价体系研究。

　　(5)公共租赁房市场化融资平台建设体系研究。

　　(6)农业转移人口放弃农地承包权、宅基地使用权进城落户，针对这一部分人群如何实现实物补贴与货币补贴相结合的住房保障制度，即"住房券"置换公共租赁房制度的设计和研究。

　　(7)公共租赁房管理主体和运营管理制度设计和研究。

　　(8)公共租赁房对廉租房住户的保障机制设计和研究。

　　(9)公共租赁房制度可持续运营发展（公共租赁房封闭运行体系）的机制设计。

　　(10)公共租赁房租转售的销售定价模式设计。

　　公共租赁房是在廉租房和经济适用房模式的基础上的一种政策性的、保障性的住房，是各地目前解决城市新就业人口住房困难的一种保障性住房。也就是说，由于经济适用房、廉租房等制度安排不能很好地满足城市化进程中大量新增城市人口住房的需要，特别是不能很好地满足当前第二产业新增劳动力住房需求，公共租赁房便应运而生。

在我国城市化和工业化过程中，需要相当数量的公共租赁房建设，其最核心的意义在于为一个城市储备大量的制造业劳动力，只有这样，这个城市才有发展的后劲。

实践证明，凡是公共租赁房建设得好的地方，其实体制造业的发展就有后劲，持续发展才有动力，不会出现一些发达国家和地区在经济发展中出现的弊端——产业"空心化"。

习近平在2016年中央经济工作会上指出，中国经济存在着结构性失衡的问题，主要表现在产业结构上供需失衡；实体经济和金融业失衡；房地产和实体经济之间存在严重的失衡。

如果城市依靠大拆大建、高房价、房地产拉动地区经济发展，最终会出现实体产业"空心化"。在国家整体战略布局中，一些城市经济的高速增长，主要是得益于实体制造业的发展。在实体制造业的高速、持续增长过程中，公共租赁房可以为实体制造业储备大量产业工人。

本书围绕着公共租赁房建设和运行的两大难题——公共租赁房建设的土地供给和建设资金筹措进行了创新性探索研究。同时，以往的公共租赁房理论研究，多是定性分析，缺乏一套完整的评价指标体系。本书对公共租赁房评价指标体系进行了尝试性的构建，从工程性指标体系和经济性指标体系两大方面，从单个公共租赁房项目和整个城市公共租赁房建设两个角度，较为完整地设计了一套公共租赁房评价指标体系。公共租赁房评价指标体系的构建对衡量公共租赁房建设水平以及指导公共租赁房健康、持续地发展具有重要意义。

目 录

1 绪论 ·· 1
　1.1 公共租赁房建设的背景 ·· 1
　1.2 公共租赁房的相关概念 ·· 2
　　1.2.1 保障性住房 ··· 2
　　1.2.2 保障性住房体系 ·· 2
　　1.2.3 从多类型保障房到公共租赁房 ···································· 5
　1.3 建设公共租赁房的意义 ·· 7
　1.4 本书的创新之处 ·· 8
　1.5 本书研究重点和难点 ··· 8
　1.6 本章小结 ·· 9

2 国内外保障性住房理论研究回顾 ··· 10
　2.1 国内外研究评述 ·· 10
　2.2 保障理论研究 ·· 10
　　2.2.1 马克思主义相关理论 ·· 11
　　2.2.2 马斯洛的需要层次理论 ··· 11
　　2.2.3 庇古的旧福利经济学 ·· 11
　　2.2.4 凯恩斯的经济理论 ··· 11
　　2.2.5 贝弗利奇计划 ··· 12
　　2.2.6 西方主流经济学的观点 ··· 12
　2.3 住房保障政策研究 ··· 12
　2.4 保障性住房供应机制研究 ··· 15
　2.5 法律制度研究 ··· 16
　2.6 典型的国家和地区实践经验分析 ·· 17
　　2.6.1 美国 ··· 17
　　2.6.2 英国 ··· 18
　　2.6.3 新加坡 ·· 19
　　2.6.4 中国香港特别行政区 ·· 21
　　2.6.5 发达国家及地区对我国保障房建设的启示 ···················· 21
　2.7 本章小结 ·· 23

3 从各类保障房到公共租赁房的发展 ·· 24
　3.1 保障性住房制度综述 ··· 24
　　3.1.1 我国住房制度发展历史 ··· 24

        3.1.2 我国保障性住房制度的政策演变 ·················· 28
        3.1.3 我国保障性住房制度发展历程 ·················· 30
    3.2 各类保障性住房的建设和发展 ·························· 32
        3.2.1 棚户区改造安置房的建设和发展 ················ 32
        3.2.2 廉租房的建设和发展 ·························· 35
        3.2.3 经济适用房的建设和发展 ······················ 36
        3.2.4 限价房的建设与发展 ·························· 39
        3.2.5 公共租赁房的建设与发展 ······················ 41
    3.3 我国保障性体系中各类保障房存在的问题分析 ············ 45
        3.3.1 在我国保障房制度实践中，廉租房建设存在的主要问题 ······ 45
        3.3.2 在我国保障房制度实践中，经济适用房存在的主要问题 ······ 49
        3.3.3 在我国保障房制度实践中，限价房存在的主要问题 ······ 52
        3.3.4 在我国保障房制度实践中，公共租赁房建设存在的主要问题 ···· 53
    3.4 我国保障房和公共租赁房建设探索比较成功的模式 ········ 57
        3.4.1 重庆的保障房体系和公共租赁房建设 ·············· 57
        3.4.2 北京的保障房体系和公共租赁房建设 ·············· 59
        3.4.3 上海的保障房体系和公共租赁房建设 ·············· 61
    3.5 我国公共租赁房建设的目标、规模和供需前景 ············ 62
    3.6 本章小结 ·· 64

4 "公共租赁房+商品房"双轨制的内在机理及社会功能 ············ 66
    4.1 双轨制配置体系 ······································ 66
        4.1.1 双轨制概念 ·································· 66
        4.1.2 双轨制配置体系的作用 ························ 67
        4.1.3 双轨制配置体系的内容 ························ 68
    4.2 双轨制的内在机理 ···································· 69
        4.2.1 公共租赁房与商品房市场的关系 ·················· 69
        4.2.2 公共租赁房建设与商品房市场的关联机制 ············ 70
        4.2.3 公共租赁房建设对其他保障房的影响 ················ 72
    4.3 双轨制体系的社会功能 ································ 74
        4.3.1 我国双轨制体系的社会功能 ······················ 75
        4.3.2 我国双轨制体系对房地产市场的社会功能 ············ 80
    4.4 国内外双轨制实践经验及启示 ·························· 82
        4.4.1 国外双轨制实践经验及启示 ······················ 82
        4.4.2 国内双轨制实践经验及启示 ······················ 83
    4.5 本章小结 ·· 84

5 政府主导的公共租赁房体系设计 ······························ 86
    5.1 公共租赁房的政府主导模式的必要性 ···················· 86
        5.1.1 各国（地区）公共住房模式比较 ···················· 86

5.1.2　我国公共租赁房体系由政府主导的必要性 ·················· 87
5.2　我国公共租赁房的供应机制 ·················· 88
　　5.2.1　公共租赁房供给数量 ·················· 88
　　5.2.2　土地供应机制 ·················· 90
　　5.2.3　资金供给机制 ·················· 93
5.3　我国公共租赁房的运营管理机制 ·················· 94
　　5.3.1　公共租赁房准入标准 ·················· 94
　　5.3.2　公共租赁房退出机制 ·················· 96
　　5.3.3　租金价格 ·················· 97
5.4　政府主导下的公共租赁房建设的改进和完善 ·················· 99
　　5.4.1　完善公共租赁房的土地供给制度 ·················· 99
　　5.4.2　完善公共租赁房的总体规划原则 ·················· 100
　　5.4.3　完善公共租赁房申请、审批和公示制度 ·················· 101
5.5　我国直辖市公共租赁房供给模式比较——实证研究 ·················· 104
　　5.5.1　四大直辖市城市发展背景 ·················· 104
　　5.5.2　直辖市公共租赁房供给模式 ·················· 105
　　5.5.3　比较分析 ·················· 109
5.6　本章小结 ·················· 110

6 公共租赁房项目总体规划设计 ·················· 112
6.1　公共租赁房项目总体规划概述 ·················· 112
　　6.1.1　公共租赁房总体规划设计的含义 ·················· 112
　　6.1.2　公共租赁房规划布局的必要性 ·················· 112
6.2　中国香港和新加坡的成功保障性住房规划借鉴 ·················· 113
　　6.2.1　中国香港公屋规划设计 ·················· 113
　　6.2.2　新加坡组屋的规划设计 ·················· 114
6.3　公共租赁房项目总体规划布局 ·················· 116
　　6.3.1　我国公共租赁房项目规划选址中存在的问题 ·················· 116
　　6.3.2　公共租赁房规划选址的原则 ·················· 116
　　6.3.3　公共租赁房项目选址评估指标体系 ·················· 119
　　6.3.4　公共租赁房选址决策模型 ·················· 120
　　6.3.5　模型的运用 ·················· 123
6.4　公共租赁房建设的评价指标体系 ·················· 126
　　6.4.1　公共租赁房建设评价指标的构建原则 ·················· 126
　　6.4.2　指标体系及其含义 ·················· 127
　　6.4.3　公共租赁房建设评价指标汇总表 ·················· 137
　　6.4.4　公共租赁房项目造价控制 ·················· 138
6.5　重庆市关于公共租赁房空间规划布局和工程建设指标的案例分析 ·················· 144
　　6.5.1　空间规划布局 ·················· 144

  6.5.2 工程指标分析 …………………………………………… 147
 6.6 本章小结 ………………………………………………………… 150

7 公共租赁房项目建设用地土地保障体系 ………………………… 151
 7.1 我国城市建设用地现状 ………………………………………… 151
 7.2 目前公共租赁房项目用地来源 ………………………………… 153
 7.3 公共租赁房建设用地土地保障体系的构建 …………………… 154
  7.3.1 "地票"模式 ……………………………………………… 154
  7.3.2 配建模式 ………………………………………………… 160
  7.3.3 "产权共有"模式 ………………………………………… 162
 7.4 本章小结 ………………………………………………………… 164

8 公共租赁房项目建设资金保障体系 ……………………………… 166
 8.1 我国公共租赁房建设的资金来源及运行现状 ………………… 166
  8.1.1 我国公共租赁房资金来源途径 ………………………… 166
  8.1.2 我国公共租赁房资金运作方式 ………………………… 167
  8.1.3 我国公共租赁房融资过程中存在的问题 ……………… 170
 8.2 我国公共租赁房建设中吸纳社会资金的途径探讨 …………… 171
  8.2.1 房地产投资信托基金融资模式 ………………………… 171
  8.2.2 公共租赁房建设债券 …………………………………… 173
  8.2.3 利用住房公积金支持公共租赁房建设 ………………… 175
 8.3 公共租赁房市场化融资平台建设体系设计 …………………… 177
  8.3.1 公共租赁房市场化融资平台的运行模式 ……………… 178
  8.3.2 公共租赁房市场化融资平台的优势 …………………… 179
 8.4 我国保障房并轨后资金供给研究 ……………………………… 179
  8.4.1 国内外保障住房资金供给筹措方式 …………………… 179
  8.4.2 保障房的"两房并轨" …………………………………… 181
  8.4.3 拓宽资金来源建议 ……………………………………… 182
 8.5 本章小结 ………………………………………………………… 186

9 公共租赁房项目可持续经营制度设计 …………………………… 188
 9.1 公共租赁房建设设施与物业配套的可持续性 ………………… 188
  9.1.1 公共租赁房建设设施与物业配套现状及其存在问题 … 188
  9.1.2 公共租赁房配套设施建设规划布局设计 ……………… 189
  9.1.3 公共租赁房后期物业管理可持续运营 ………………… 197
 9.2 公共租赁房小区商业配套面积的可持续管理运营 …………… 201
  9.2.1 公共租赁房小区商业配套面积承担的三大功能 ……… 201
  9.2.2 公共租赁房配套商业配建比例以及开发规模 ………… 203
  9.2.3 公共租赁房小区配套商业的管理运营 ………………… 212
 9.3 进城农民工"住房券"交易公共租赁房的制度设计 …………… 215
  9.3.1 进城农民工土地和住房政策障碍 ……………………… 216

9.3.2　新生代农民工的住房现状 218
　　　9.3.3　农民工住房保障体系构建 221
　　　9.3.4　农民工"住房券"交易公共租赁房模式 224
　9.4　本章小结 230

10 公共租赁房租转售销售定价模式设计 231
　10.1　公共租赁房租转售定价经验 231
　　　10.1.1　英国公共租赁房租转售政策 231
　　　10.1.2　新加坡公共租赁房租转售政策 231
　　　10.1.3　中国香港地区公共租赁房租转售政策 232
　10.2　公共租赁房租转售相关概念界定 232
　10.3　公共租赁房租转售定价原则 233
　　　10.3.1　差异定价原则 233
　　　10.3.2　保障对象利益优先原则 233
　　　10.3.3　可操作性原则 233
　10.4　基于成本的公共租赁房出售定价模式 234
　　　10.4.1　公共租赁房租金因素分析 234
　　　10.4.2　公共租赁房成本因素分析 234
　10.5　基于支付能力的公共租赁房出售定价模式 236
　　　10.5.1　住房可支付能力的测定模型 236
　　　10.5.2　基于支付能力的公共租赁房出售定价模型的建立 237
　10.6　公共租赁房出售综合定价模型 238
　　　10.6.1　公共租赁房出售综合定价模型的构建原理 238
　　　10.6.2　公共租赁房出售综合定价模型的构建 238
　　　10.6.3　公共租赁房出售综合定价模型主要指标说明 239
　10.7　本章小结 240

11 我国城市公共租赁房总体运行模式总结与政策建议 241
　11.1　我国城市公共租赁房总体运行模式 241
　　　11.1.1　政府主导的公租住房供应机制 241
　　　11.1.2　民生优先的土地保障制度 242
　　　11.1.3　多元化的筹融资渠道 243
　　　11.1.4　可持续的管理运营体系 244
　　　11.1.5　公共租赁房是我国保障房体系发展的方向 244
　11.2　我国公共租赁房建设和运行的建议 245
　　　11.2.1　建立政府主导的公共租赁房专业开发经营管理机构 ... 245
　　　11.2.2　公共租赁房永远姓"公" 245
　　　11.2.3　积极探索公共租赁房新型融资路径 246
　　　11.2.4　创新土地供给模式，保障公共租赁房建设用地 247
　　　11.2.5　加强公共租赁房项目的规划 247

  11.2.6 未来公共租赁房建设项目在国内不同城市实行结构性布局 …………… 247
  11.2.7 完善相关法律法规的建议 ……………………………………………… 248
参考文献 ……………………………………………………………………………… 250
附：《重庆市公共租赁房管理实施细则》渝国土房管发〔2011〕9 号 ………… 253
后记 …………………………………………………………………………………… 260

1 绪 论

作为诺贝尔经济学奖得主的美国经济学家斯蒂格利茨曾经断言：21世纪对世界影响最大的有两件事，一是以美国为代表的高科技产业的扩散，二是中国的城镇化。李克强指出，目前我国依然是发展中国家，虽然人均国民收入已达到了中等收入水平，但存在着发展极其不平衡的问题，尤其是中国的城乡差距问题。城乡的这种差距从另一方面看蕴含着我国未来几十年巨大的发展潜力，即"城镇化"。

数据显示，2016年中国的城镇化率已经达到57.35%，中国统计年鉴是这样解释的：城镇人口是指居住在城镇范围内的全部常住人口。也就是说，现有城镇人口统计中包含着大量的农业转移人口。国家统计局2015年12月公布数据表明，我国城镇人口房屋自住率达91.2%，城镇人口拥有两套以上住房的达19.7%，城镇常住人口中缺少住房的约2.5亿人。自改革开放以来，我国城镇原有居民3.5亿人，他们中相当一部分的住房条件需要改善，截至2015年年底，全国城镇新增人口44151万人，其中农民工总量28171万人。2016年，我国城镇新增人口就达2182万，其中新增的农民工424万人。在我国快速城市化和工业化的进程中，面临如此庞大的城市新增人口，满足这些城市新增人口的城市住房需求，是当前迫切需要解决的问题。

1.1 公共租赁房建设的背景

随着我国经济的发展和人民生活水平的提高，过去的十几年间房地产市场从无到有，经历了跨越式的发展，使得整个社会的财富观发生了颠覆。"5年前同样财富水平的两户家庭，因为一户选择了购房，而另一户选择租房，在两户家庭收入水平都不变的前提下，5年后购房户的财富水平远超租房户。"这是社会上广为流传的一个事例。不得不承认，住房是一个放大器，家庭或个人通过对住房是否拥有的选择，直接决定了今后财富的量级。随着房价多年来的持续上涨，甚至暴涨，住房也扩大了社会贫富的差距，积累了社会矛盾。按照国际统计贫富差距的指标——基尼系数，中国约在0.49，超过了警戒线（0.4），这在国外是不可想象的。高速增长的房地产业在为城镇居民改善居住条件的同时，也进一步拉大了人与人之间的贫富差距。

在经济快速发展的背景下，我国大、中、小城市的房价持续飙升，虽然经济的快速发展提高了居民的家庭收入水平，但其增速远远落后于房价的增速。即使存在房屋居住的刚性需求，快速上涨的房价依然使新就业的毕业生、大量农业转移人口的住房需求难以得到满足。在房地产供给方面，开发商首先关注的是获得更多的利益，他们通常将主要的资源集中在能够带来较好收益的中高档住宅以及商业开发上，而针对中低收入家庭的刚性需求但收益低的项目较少。政府作为土地一级市场供应者和城市发展规划的制定者，单靠市场手段很难约束开发商的开发行为，这就直接导致我国房地产结构供给失衡。

在经济的发展进程中，国家也在加大对保障性住房的建设。但是由于各地政府财政能力的差异，建设的进度和数量并没有达到预期要求的水平。另外，由于多类型保障性住房制度存在的一些缺陷，使一些真正符合保障政策的居民并没有享受到保障性住房建设所带来的福利。一些地方政府由于缺乏筹措建设保障房所需的土地和资金的有效办法，使保障性住房建设进度拖延、建设面积不足以及制度不完善，难以适应社会发展的需要。

国发〔2007〕24号文件开启了保障房建设的契机，按照"24号文件"规定，"十一五"期末，将低收入住房困难家庭纳入全国廉租房保障范围内。在2008年年底前，所有地区包括县城在内要做到尽量保障居民的基本住房要求。并且提出在东部地区以及其他有条件的地区要提前将保障对象从"城市最低收入住房困难家庭"扩大到"低收入住房困难家庭"。2008年起，保障房建设被提到了前所未有的高度。2008年10月，国务院出台了"加大保障性住房建设规模，降低住房交易税费，支持居民购房"的有关政策。为应对国际金融危机的冲击，扩大内需，政府决定大规模实施保障性安居工程。此后，对于保障房建设力度的要求，更是逐年加码。2009年，政府提出要持续加大廉租住房建设力度，3年内基本解决747万户城镇低收入家庭的住房困难问题；接着，提出用5年左右的时间基本完成集中成片城市和国有工矿棚户区改造；2010年，则要求争取到2010年年末，基本解决1540万户低收入住房困难家庭的住房问题。2012年11月的"十八大"上，胡锦涛在报告中提出"建立市场配置和政府保障相结合的住房制度，加强保障性住房建设和管理，满足困难家庭基本需求"。这是"保障性住房建设"首次写入党代会报告，保障房作为重大民生问题，是中央政策的重要着力点。2013年的中央经济工作会议中指出"要加强城乡社会保障体系建设"，"要继续加强保障性住房建设和管理"。

从2003年起，中国的城镇化已经进入到快速发展的阶段。从2010年开始，人口向东部大城市大量集中，主要向国内五大城市群聚集，城镇里的住房需求持续增长，房价迅速上涨。在这个过程中，住房保障作为社会保障的重要组成部分，其发展程度直接影响着城市生活水平和社会稳定。

我国2009—2011年的保障房建设规模相当于韩国、日本等国家十年的建设总量，我国保障性住房建设进入新的发展阶段。未来保障性住房在我国住房体系中的角色和作用将比以前更加重要。

1.2　公共租赁房的相关概念

1.2.1　保障性住房

保障性住房是社会保障体系中重要的组成部分。国家根据社会发展以及居民生活的需要，制定相关法规、统一规划布局，政府主导或者引入社会企业团体组织建设，保障性住房根据其类型确定了相应的建设标准以及租金水平，并提供给符合政策的人群使用。

1.2.2　保障性住房体系

我国目前保障房体系包括经济适用房、两限房、棚户区改造安置住房、廉租房和公共租赁房。

经济适用房制度存在着供给量不足、价格设置不合理、用地规划不合理、适用对象界定不清、监督机制不完善等问题。

最初的两限房就是限套型、限房价，在分配政策制定时又加上了购买人群的限制，研究两限房申购条件和申购程序就会发现，两限房已经与经济适用房没有多大差别。

棚户区改造房是针对特定对象、特定时间建设的保障性住房。

廉租房制度存在着建设资金不足且不稳定、房屋供给不足、覆盖面小的缺陷，而且其纯投入和无收益的特点使得地方政府积极性不高。

在实践中，上述制度安排不能完全满足我国快速城市化、工业化进程中大量城市新增常住人口和农业转移人口的住房需要。

1）经济适用房

国家对经济适用房定义如下："经济适用住房是指按照国家相关建设标准建造的普通房屋，该房屋对居住面积有相应限制，但是能满足居民的基本生活需求。其价格不是市场价格，是由经济适用房行政主管部门同物价部门在成本价格的基础上制定的，其针对的对象是城市中等收入家庭。具有保障性的性质。"

经济适用房是中国经济发展的房改过程中的新型房源之一，其建设遵循的是"保本微利"原则，能够满足中低等收入家庭的住房需求。1991年6月，国务院在《关于继续积极稳妥地进行城镇住房制度改革的通知》中提出："我国需要大力发展经济适用房，满足中等收入家庭和住房困难家庭的住房需求，保障民生，实现居者有其屋"。1998年，国内房地产业开始起步，国家适时推出了经济适用房，自此以后，短短几年时间经济适用房在全国各地取得了快速的发展。由于其低廉的房价，逐渐成为中低收入家庭住房的重要选择。

从2005年开始，经济适用房这一制度安排一再被质疑，作为保障低收入家庭的经济适用房，由于操作层面的原因，一方面一些低收入家庭没有得到照顾；另一方面又有大批的经济适用房被非低收入群体买走，甚至出现单套面积达200多平方米的经济适用房。

建造经济适用房所用的土地是国家以划拨方式无偿提供给建设者使用的。经济适用房的价格不是市场价格，而是在房屋建设的成本价格基础上确定的，以"保本微利"为原则，加上适当的管理费用和利润，由经济适用房价格主管部门确定并公布。按照相关规定，市、县人民政府建设的经济适用房按照成本价销售，而引入房地产开发企业所建造的经济适用房可以加上部分利润，但是利润率不得高于3%。

2）限价房

限价房又称为两限房，是指限房价、限套型的普通商品住房，也被称为"两限"商品住房。限价房是指经城市人民政府批准，在限制套型比例、限定销售价格的基础上，以竞地价、竞房价的方式，招标确定住宅项目开发建设单位，由中标单位按照约定标准建设，按照约定价位面向符合条件的居民销售的中低价位、中小套型普通商品住房。

限价房是在2007年国内房价快速上涨的时候提出的，当时的房价在包括"国八条""国六条"等多项调控政策干预下均没有得到有效控制。国家出台两限房的目的在于抑制房价和指导房价的发展方向，除了在政策上支持外，并没有给予资金支持，甚至在贷款方面也没有照顾。

由于资金的缺乏、紧迫的时间限制及其较低的利润,两限房项目几乎都是国有企业和大型房企中标。

根据两限房的基本特点和其由来,两限房只是一个阶段性的保障性住房。

3) 棚户区改造安置住房

棚户区改造安置住房是我国政府为改造城镇危旧住房、改善困难家庭住房条件而推出的一项"民心工程"。

我国在过去几年进行了大规模的棚户区改造,约改造5000万平方米棚户区,近100万住房困难家庭的住房条件得到了改善。

从2005年开始,在东北三省实施振兴战略中相继开展了大规模的棚户区改造工程。这是自中华人民共和国成立以来东北最为庞大的安居工程,200多万居民全部迁入新居。

我国从2009年开始,对国内煤炭采空区、林场、农垦及华侨农场中棚户区进行大规模的改造。

初步统计,2006年至2011年底,全国累计开工改造各类棚户区超过1000万户。2012年,全国改造各类棚户区超过300万户。2016年全国城镇棚户区住房改造开工606万套,棚户区改造和公共租赁房基本建成658万套。

2012年9月25日,中共中央政治局常委、国务院总理李克强在"全国资源型城市与独立工矿区可持续发展及棚户区改造工作座谈会"上强调,要加快资源型城市可持续发展,推动独立工矿区转型,加大棚户区改造力度,"三位一体"推进,着力破解城市内部二元结构难题,带动内需扩大和就业增加,走可持续的新型城镇化道路。

棚户区改造安置住房是针对特定的对象建设的保障性住房,保障的对象为原来拥有城市户口的人群。

4) 廉租房

廉租房是一种针对城镇低收入群体的保障性住房,政府通常采取租金补贴和实物配租的方式进行保障。实物配租方式是指政府主导建设廉租房,并且将房屋以很低的价格出租给符合政策的家庭;而租金补贴是指符合政策的住房困难家庭自己租赁房屋,政府补贴其部分租金。

传统的方式是实物配租,并且廉租房只租不售。廉租房的房源主要有两方面——新建廉租房和政府在二手房交易市场上购买。廉租房有特定的供给对象,符合条件的家庭向政府申请,核实批准后方可租住。廉租房无继承权。

1998年,《国务院关于进一步深化城镇住房制度改革加快住房建设的通知》颁布,首次提出对不同收入家庭实行不同的住房供应政策。根据通知要求,住建部于1999年制定了《城镇廉租住房管理办法》。在廉租房政策推行过程中,存在的主要问题是廉租房过少,现在全国312个地级市中,推行廉租房政策的只有148个。廉租房严格的申请条件也是其不能大范围推广的原因所在。

近年来,为了解决大规模建设廉租房资金不足的问题,福建、甘肃等地开始探索廉租房"共有产权、租售并举"政策,地方政府希望通过出售部分廉租房回笼资金,解决政府廉租房建设资金不足等问题。

总的来说，廉租房制度存在着廉租房建设资金不足且不稳定、房屋供给不足、覆盖面小的缺陷，而且其纯投入和无收益的特点使得地方政府积极性不高，大规模发展前景不容乐观。

5）公共租赁房

2009年，在温家宝所做的《政府工作报告》中，"公共租赁房"这一概念被首次提出，该报告将"积极发展公共租赁房"作为当年的一项任务。在2011年的《政府工作报告》中将这一任务表述为"重点发展公共租赁房"。2012年7月15日起正式施行《公共租赁房管理办法》，其对公共租赁房的申请与审核、轮候与配租、使用与退出及担负的法律责任作了明确规定。住房和城乡建设部对公共租赁房定义：公共租赁房是指由政府主导或者引入社会团体机构进行建设，限定户型和面积、限定租金，保障群体扩至刚就业大学生和进城农民工的保障性住房。

公共租赁房的保障对象最初是不符合廉租房条件又无力购买商品房的"夹心层"——新就业大学生和进城农民工。公共租赁房的出租价格定位于低于市场价或者是承租者能够承受的价格，其产权不归个人所有。

在具体实践中，公共租赁房的保障对象逐渐明确为新就业大学生和我国城市化、工业化进程中农业转移人口，同时也包括一部分城市低收入群体。

公共租赁房保障的群体，不属于低收入群体，但是他们在相当长一个时期，确实通过市场解决不了自己的住房问题。西方国家在两三百年的漫长的时间里实现了工业化和城市化，在这个过程当中，大量的农村劳动力到大城市去。我国是后发国家，我们是在很短的时间内（一两代人的时间）实现了工业化进程，因此这个阶段一定是大城市首先发展，小城市和农村人口流失。因此，政府给他们提供一定的帮助，经过一段时间，当这部分群体中的一部分人有支付能力了，他们就离开公共租赁房，到市场购买或承租住房，另一部分人可能长期租住公共租赁房。

以国内公共租赁房建设规模最大的重庆为例，在公共租赁房建设过程中，不收土地出让金、不收配套费、不收税费，开发建设的国有企业也不获取利润。

公共租赁房是在廉租住房和经济适用房模式的基础上的一种政策性的、保障性的住房，是各地目前解决城市新就业人口住房困难的住房。也就是说，由于经济适用房、廉租房等制度安排不能很好地满足当前经济发展中城市大量新增人口住房的需要，特别是不能很好地满足当前第二产业新增劳动力住房需求，公共租赁房便应运而生。

1.2.3 从多类型保障房到公共租赁房

我国的保障性住房经历了六个发展阶段：

1）"安居工程"起步阶段（1995—1997年）

1995年1月20日，国家出台了《国家安居工程实施方案》，该方案的出台标志着"安居工程"在我国全面起步。《国家安居工程实施方案》中提出未来5年左右，我国计划在原有住房建设规模的基础上新增安居工程建筑面积1.5亿平方米。安居工程具有保障性质，直接按照成本价进行出售，出售对象为城市中低收入家庭。并且，优先出售给住房困难户、无房户和危房户，在同等条件情况下优先出售给退休职工和困难教师家庭。

这一阶段我国的住房并没有完全市场化，还存在着单位实物分房模式，经济适用房开始进入保障房体系。

2) 保障性住房体系逐步确立阶段(1998—2001年)

1998年7月3日，国务院出台了《国务院关于进一步深化城镇住房制度改革加快住房建设的通知》，该通知的提出标志着我国住房保障体系已经全面建立起来了。新的住房保障体系包括三个层次：一是廉租房，其对象是城市中最低收入家庭，通过很低的租金解决其住房困难问题；二是经济适用房，其对象是城市中低收入家庭，销售价格实行"保本微利"，满足中低收入家庭住房需求；三是商品房，商品房实行完全市场化，高收入群体可以根据需求选择自己满意的房屋，房屋价格由市场决定。

3) 保障性安居工程全面萎缩阶段(2002—2006年)

随着我国城市化进程的加快，经济的快速增长和城市的不断扩张，导致我国房地产行业迅猛发展，国发〔2003〕18号文件中指出了房地产业是拉动我国经济的支柱性产业。房地产的迅猛发展让房地产开发商从中得到了好处，而政府作为土地一级供应市场的垄断者，土地财政也成了一些政府主要的财政收入。一时间，全国各大城市房地产市场活跃，商品房建设速度不断加快、建设面积不断扩大，商品房同时也取代了经济适用房作为市场上房屋的供应主体。由于利益的驱使，保障性安居工程的建设全面萎缩。

4) 保障性住房体系重新确立阶段(2007—2009年)

由于房地产市场的非理性发展和房价的飙升，中低收入家庭没有购买商品房的能力，而保障性住房供应量有限，这导致"居者有其屋"的愿望不能实现。为了改善民生，2007年国务院出台《国务院关于解决城市低收入家庭住房困难的若干意见》，该意见中提出为改善民生而确定的保障房建设目标以及完善改进保障房相应制度，力争到"十一五"期末完成目标。

5) 保障性住房体系逐步完善阶段(2010—2013年)

2010年国务院出台了《国务院关于坚决遏制部分城市房价过快上涨的通知》，该通知中要求各地政府要加快保障房的建设，保障房的建设任务是在2010年前完成保障房300万套、棚户改造房280套。2010年6月12日，住建部等也制定了《关于加快发展公共租赁房的指导意见》，该意见的提出标志着我国已经在逐步完善住房保障体系。政府开始停建经济适用房，对廉租房、公共租赁房实行并轨，把廉租房纳入公共租赁房体系，两者统一规划、统一出租给住房困难群体，并对住房困难群体实行分档补贴。

6) 重点发展公共租赁房阶段(2013年以后)

我国保障性住房种类繁多、投入巨大，管理起来更是浪费精力和资源。我国城市化、工业化进入中后期后，大量新增劳动力和流动人口，主要流向我国五大城市群和新形成的国家中心城市，在这些地区的中低收入人群的住房问题急需解决。经济适用房存在着利益输送的现象，成为一些群体的变相福利；而真正需要得到保障的农业转移人口、刚毕业的大学生却因为户籍限制没有资格购买，以致偏离公共租赁房的初衷。

相比之下，各种租赁型保障房的问题则较少，根本原因就在于承租者不能将其用于套现，把政府的补贴变作自身的财富。在长期探索中，政府认为租赁式住房是更合适的住房保障供给方式。

政府将经济适用房、廉租房、公共租赁房三者并轨，重新调整供应结构，扩大住房保障覆盖面，以解决农业转移人口、刚毕业的大学生住房问题。取消经济适用房、实行"三房合一"供应体系，有利于将有限的保障房建设资金集中，给农业转移人口、新就业的大学生提供更多的公共租赁房，从而扩大保障范围。

2013年12月2日，住建部、财政部同国家发展和改革委员会共同发布的《住房城乡建设部、财政部、国家发展改革委关于公共租赁房和廉租住房并轨运行的通知》（建保〔2013〕178号）文件规定，从2014年起，各地对公共租赁房和廉租房实行并轨运行，并轨后统称为公共租赁房。

1.3 建设公共租赁房的意义

公共租赁房这一保障性安居工程的建设，对改善民生、促进社会和谐稳定等有着重要意义。

1) 有利于完善我国现有的保障性住房制度

经济适用房、廉租房等准入门槛高，保障面积小，危旧房、棚户区及城中村改造等针对特定对象。对于既买不起商品房又不够廉租房资格的新就业学生和我国城市化、工业化进程中农业转移人口，只有公共租赁房才能解决其住有所居。公共租赁房的建设，完善了我国现有的保障性住房制度，较好地解决了此部分人员的城市住房问题。

公共租赁房永远姓"公"，采取封闭运行，使公共租赁房始终在保障性住房系统内循环，避免因利益输送引发腐败。

2) 有利于切实解决我国城市新增城市人口的住房问题

我国正面临人类历史上前所未有的大规模城市化和工业化，解决城市新增劳动力住房困难问题，是我国发展中不平衡、不协调、不可持续矛盾的突出表现之一。在人多地少的矛盾冲突下，增加公共租赁房建设将有效解决住房短缺问题，让这部分流入的新增的城市人口有房子住，并且在流入城市中稳定下来。

3) 有利于我国产业结构的调整和经济发展方式的转变

政府主导的公共租赁房建设，不仅有利于改善民生，解决新就业学生和我国城市化、工业化进程中农业转移人口居住困难的问题，而且能给局部畸形的房地产市场降温，压缩房地产市场的获利空间，鼓励更多企业和资本投入到实体经济中去，改变我国产业发展结构，使我国产业结构高级化，使地方经济的发展不要过分地依赖房地产市场。

4) 有利于缩小贫富差距，维护社会稳定

经过三十多年的改革开放，我国经济快速发展，城市化进程也不断加快，居民生活水平和居住条件也得到了相应的改善。与此同时，我国的贫富差距也日益扩大，住房问题也日益凸显出来。在城市里，贫富差距表现为住房上的差距，所以，政府要缩小贫富差距，走共同富裕道路，至少要让居者有其屋，即使没有产权也要有房子住，从这个意义上讲，建设公共租赁房是缩小贫富差距的一个重要通道。公共租赁房的大量建设在缩小贫富差距的同时，有利于维护社会的稳定。

5) 有利于拉动内需刺激消费

大规模的公共租赁房建设必然将带动建材等相关行业市场的需求,且较低的公共租赁房租金能够减轻居住群体的购房压力,从房贷重压下解脱出来的群体可以把省下来的钱用于消费,进而拉动内需,实现经济发展。有利于控制高房价,有利于防止房价和商品房销量的暴涨、暴跌,有利于更好地落实房价调整的政策目标,减少来自刚性需求的恐慌性需求。

6) 为我国发展先进制造业和产业升级储备丰富的劳动力

公共租赁房针对新就业学生和我国城市化、工业化进程中农业转移人口,覆盖到户籍以外的外来务工和新就业人群,最大的受益者是大量农业转移人口和每年新就业的大学毕业生,它能够适当缓解一部分刚性需求。随着城市中公共租赁房的大量建设,可以为我国发展先进制造业和产业升级储备丰富的劳动力,避免一些发达国家在经济发展中出现的产业"空心化"的弊端,避免经济发展停滞不前。

实体制造产业发展得好,城市经济对房地产的依赖度也就降低,从而进入到一个良性循环。相反,房价过高一方面会带来地价的上涨,从而抬高制造业用地成本;另一方面,制造业需要大量的生产工人,过高的房价必然带来房租乃至整体生活成本的上升,这对制造业的发展十分不利。

1.4 本书的创新之处

在我国公共租赁房投资、建设、运营和管理机制理论和实践探索过程中,本书的创新与特色主要体现在以下方面的研究:

(1) 公共租赁房运行体系的建设主体制度设计。

(2) 公共租赁房建设用地和用地长期有效供给制度("地票"制度)设计。

(3) 公共租赁房项目总体规划设计原则及空间布局原理,对公共租赁房的工程指标体系和经济指标体系进行尝试性构建。

(4) 公共租赁房造价体系设计。

(5) 公共租赁房市场化融资平台建设体系设计。

(6) 农村人口放弃土地经营权、使用权进城定居,针对这一部分人群如何实现实物补贴与货币补贴相结合的住房保障制度,即"住房券"置换公共租赁房体系设计。

(7) 公共租赁房管理主体和运营管理制度设计。

(8) 公共租赁房对廉租房住户的保障机制设计。

(9) 公共租赁房制度可持续运营发展(公共租赁房封闭运行体系)的机制设计。

(10) 公共租赁房租转售的出售定价研究。

1.5 本书研究重点和难点

本书研究的重点、难点在于从城市规划、项目管理和项目的建造与运营的角度,分析公共租赁房项目建设的承担者、总体规划设计要求、工程指标体系和经济指标体系构建、建设的土地保障体系、建设的资金保障体系以及可持续经营的制度设计，从而使公共租赁房系统实现独立良性可持续发展。

公共租赁房作为一项租赁性保障住房，住房用地供应和大量资金需求仍是其建设的两大难点，尤其是缺乏长期稳定的资金来源，成为制约其发展的主要瓶颈。

1.6　本章小结

公共租赁房的保障对象最初是不符合廉租房条件又无力购买商品房的"夹心层"——新就业大学毕业生和进城农民工。公共租赁房的出租价格定位低于市场价或者是承租者能够承受的价格，其产权不归个人所有。

在具体实践中，公共租赁房的保障对象逐渐明确为新就业大学毕业生和我国城市化、工业化进程中农业转移人口。

公共租赁房保障的群体，不属于低收入群体，但是他们在相当长一个时期，确实通过市场解决不了自己的住房问题。西方国家在两三百年的漫长的时间里实现了工业化和城市化，在这个过程当中，这些劳动力也是到大城市去。我国是后发国家，我们是在很短的时间（一两代人的时间）内实现了工业化进程，因此这个阶段一定是大城市首先发展，小城市和农村人口流失。因此，政府给他们提供一定的帮助，经过一段时间，当这部分群体中的一部分人有支付能力了，他们就离开公共租赁房，到市场购买或承租住房，另一部分人可能长期租住公共租赁房。

公共租赁房是在廉租住房和经济适用房模式的基础上的一种政策性的、保障性的住房，是各地目前解决城市新就业人口住房困难的一个产品。也就是说，由于经济适用房、廉租房等不能很好地满足当前经济发展中大量城市新增人口住房的需要，特别是不能很好地满足当前第二产业新增劳动力住房需求，公共租赁房便应运而生。

在住房配置上，要采取"双轨制"，由政府给部分困难群体提供保障房。一个社会的住房供应不能100%是商品房，也不能100%是政府保障房，有"二八开""三七开"，或者"四六开"的比例，具体比例可以根据每个城市的经济发展水平、产业经济结构而定，住房配置"双轨制"是社会应负的责任。任何一项政策都不可能惠及所有人，但是政策必须考量惠及面是否足够广，这样才能促进社会的和谐。

本书对五种保障性住房制度进行了详细的阐述，通过对比可发现，公共租赁房制度可以很好地解决其他制度所不能满足的大量新就业毕业生和我国城市化、工业化进程中农业转移人口住房困难问题。通过对公共租赁房背景的阐述，可以看出，我国未来保障房体系的重点是大力建设公共租赁房，构建适合我国国情的城市住房的"公共租赁房+商品房"双轨制配置体系，形成以公共租赁房为主导的城市保障性住房制度，为我国发展先进制造业和产业升级储备丰富的劳动力。

2 国内外保障性住房理论研究回顾

确立怎样的保障体系、保障性住房如何建设、保障性住房的建设资金从何而来、保障性住房如何运营以及保障性住房制度如何设立等都是各国积极探索的问题。

2.1 国内外研究评述

国内外专家学者分别从不同的方面研究保障性住房的相关问题。

1)国外研究评述

国外发达国家保障住房发展较早,已经在实践中确立了一套完整的城市住房保障体系和制度。从研究内容来看,国外学者更多地从宏观体系的构架转移到住房保障体系内的运行机制和地区实践上来,研究更多地集中在各种机制运行、市场状况、微观操作层面,特别是跨学科技术的应用上。在研究方法上,通常是采用案例研究和定量实证构建数学、经济、计算机模型来对住房保障制度及实践进行现状描述和评价决策研究。尽管国内实际与国外情况有所差异,但是国外学者的研究思路和方法对我国保障性住房制度和城市住房配置体系建设具有借鉴意义。

2)国内研究评述

国内围绕保障性住房制度和城市住房配置体系建设进行了广泛而深入的理论探索。首先,在保障性住房制度建立和政府在其中应承担的责任方面,国内学者初步达成了一致。在市场经济条件下,政府有责任、有必要来提供保障性住房这样一种"公共产品"。更进一步,部分学者就政府在住房保障制度中的介入程度和介入方式进行了研究,从政府职能、公共财政和中央政府与地方政府关系等角度进行了详细具体的分析研究。其次,相当多的学者侧重于从保障性住房制度的实施角度来开展分析研究,包括住房保障范围研究、住房保障方式研究、保障性住房运行机制研究和保障性住房建设标准和水平等诸多角度。最后,针对我国现行城市住房配置体系和保障性住房制度中存在的问题,很多学者进行了深入研究分析,并提出了完善的对策建议。

总的来说,我国未来保障房体系的重点是大力建设公共租赁房,从我国实际出发,遵循社会主义市场经济规律,构建适合我国国情的城市住房的"商品房+公共租赁房"双轨制配置体系,在我国城市逐步形成以市场供给为主、公共租赁房为辅,政府保障和市场机制相结合的双轨制住房供给体系。

2.2 保障理论研究

保障性住房是一项复杂的工程,与多种因素都密切相关,如历史文化背景、特定经济发展水平、所处经济社会制度等，其产生的基本原因是城市化和工业化的加速发展。建立完备的理论和科学的理论指导实践，是保证保障性住房科学、高效的基础。在经济理论演进与社会发展过程中，国内外学者从微观经济学、消费经济学、公共管理学、社会学和政治学等不同学科领域的视角，对住房政策和住房保障理论进行了探索和研究。一些具有代表性的理论从不同角度分析了国家政府扮演的角色，对保障性住房发展具有重要的作用。

2.2.1 马克思主义相关理论

马克思提出了社会保障理论，社会保障理论是从第一需要理论、国民收入分配和再分配理论衍生出来的。最初，马克思提出了第一需要理论，其认为衣、食、住是人类最基本的需要，住房是人类必不可少的基本物质资料。第一需要理论的产生为国家建立保障性住房提供了相应的理论支持。再者，马克思提出国民收入分配和再分配理论，也为保障性住房建设提供了理论性支持。马克思阐述国民收入分配是社会总产品的第一次扣除，而第二次扣除主要体现在养老、教育、卫生、公共福利以及对贫困人民救济上。保障问题是改善民生的基本问题。马克思的相关理论为国家保障性住房建设提供了理论依据。

2.2.2 马斯洛的需要层次理论

20世纪40年代，美国心理学家马斯洛提出了需求层次理论，他将人类的需要从最低到最高分为五个层次：生理需要、安全需要、社交需要、尊重需要以及自我实现需要。他认为，不同的人在不同的环境和条件下有不同的需要，但是只有在低层次需要得到满足的条件下才会有更高层次的需要。衣食住行被定义为生理层次的需要，是人类最基本的需要，如果不能满足就会有生命危险。因此，为了维护社会稳定、促进经济发展，必须满足人类最基本的需要，其中包括住房需要。

2.2.3 庇古的旧福利经济学

庇古是福利经济学的创始人，其主要致力于提高某个国家经济福利的相关研究。庇古认为，福利是民众受到相关服务后的心理感受，福利分为社会福利和经济福利，社会福利中能够用货币进行衡量的部分才能算是经济福利。庇古同时还指出，国家社会福利是通过收入转移和补贴的方式实现的。转移的途径是国家通过相关政策向富人收税，然后补贴给穷人。而补贴不仅仅体现在货币方面，更重要的是建立各种社会服务设施、提供免费的医疗、提供优质的教育以及保障性住房供给。

2.2.4 凯恩斯的经济理论

约翰·梅纳德·凯恩斯作为现代经济学的创始人，其在《就业、利息和货币通论》中提到了拯救资本主义经济危机的相关方法和建议。凯恩斯指出，在当前经济危机大环境下，政府应该站出来实施有效的政治干预，推行扩张性的货币政策。具体方式中除了鼓励投资之外，政府还要大量进行基础设施、公共设施和保障性工程的建设，从而实现就业、促进消费和拉动内需。凯恩斯提出的兴办公共工程理论为资本主义国家的社会保障制度提供了理论依据。

2.2.5 贝弗利奇计划

作为社会保障的先驱者，英国伦敦经济学院教授 W·C·贝弗利奇制定了贝弗利奇计划。其计划中始终蕴含了两个基本观点：一是必须保障居民生活的基本需求，二是社会保障应该体现"全面和普遍"的思想。同时，统一缴费率、统一行政管理、统一收益替代率、受益适当性、综合性和区别对待原则也相应被提出。贝弗利奇在社会救济计划中，提到了对老弱病残等弱势群体住房丧失的特殊情况应该予以救济。贝弗利奇的理论为英国住房保障制度的建立奠定了理论基础。

2.2.6 西方主流经济学的观点

西方主流经济学指出，在完全市场竞争下，价格是由市场供求关系决定的，资源的供给由市场配置，最终形成帕累托最优。此时商品供给和需求曲线的交点对应的商品的交易量是均衡的交易量，商品价格是由市场决定的均衡价格，在此交易量和价格的基础上，供应者实现利润的最大化，消费者实现效用的最大化，社会资源处于最优的配置状态。但是，帕累托最优建立在众多假设的基础上，例如市场是完全竞争市场、任何企业都可以自由出入市场、商品差异性较小可以相互替代、市场上的信息是完全公开的等。然而，在实际生活中，这些条件不可能存在或者不可能同时成立，大量的市场是不完全竞争市场，商品的价格也不仅仅是由供求关系决定，市场中存在信息完全不对等的情况。因此，市场的缺陷无法引导市场自发形成帕累托最优。

住房市场有其独有的特征，市场虽然某种程度上可以实现资源的有效配置，房屋的价格、数量最终由市场决定。但是，住房的市场化同时也引起某些问题，例如房地产市场的过度繁荣导致房价不断上涨，中低收入家庭以及经济上处于不利地位的弱势群体因缺乏购买力而不能实现最基本的居住需求，这是市场机制无法解决的问题。因此，市场机制无法完全解决住房问题，解决住房问题需要从两方面着手：一方面，通过市场交易满足部分住房需求；另一方面，政府提供保障性住房制度，解决中低等收入家庭住房问题。市场和政府双重合作，才能达到改善民生、维护社会稳定的效果。

2.3 住房保障政策研究

国外的保障房发展得比较早，20 世纪有一大批学者对保障房进行研究。不过各国对意义上的保障房，称谓却并不同，比如在美国称之为公共住房，新加坡称之为组屋，英国称之为公共租赁房，日本称之为公营住房，中国香港称之为公屋。

对于保障房的建设会不会阻碍社会的经济发展这个问题，凯恩斯认为，建设保障性住房不会拖累社会经济发展，反而会通过增加居民的有效需求而成为经济增长的动力，并且也会维护稳定的社会秩序。在保障形式上，实务配租和货币补贴哪一种更有效，Ohls(1975)通过构建住房市场过滤模型，分别对住房市场、购房者目标和开发商目标做了相关假设，应用计算机技术模拟市场行为得出了政府提供住房货币补贴的政策比直接为中低收入者兴建住房更加有效，这个模型是从政府成本的角度来分析的。Wallace (1995)也认为，美国的保障房税收抵免政策是保障房最核心的工具，其促进了 35 万套公共住房的建设，但直接与资金补助相比的话，效率还是偏低。与他持有相同观点的学者还有 Olsen(2000)、Burman(1992)、William 等(1990)。另外，Painter(1999)主张对不同的保障群体应当设置不同梯度的住房补贴；相反的，Werna(1999)指出，对中低收入者的住房保障不能只依靠市场，在发展中国家，政府直接提供住房表现得没有效率，但在美国华盛顿，政府直接参与公共住房的效果还是很不错的。

无论在哪一个国家，保障房的建设都会面临资金难题，所以保障房的融资模式相关的研究也有很多观点。Doling(1987)认为城市的特征会因住房融资体系的发展而改变，如果住房的资金来源过度依赖于国家的财政支持，那么其效率肯定非常低下，并且不可持续；如果一个国家住房融资体系呈现多元化发展，那么这个社会的城市化进程一定是健康、快速的。Clasen(2005)对德国和英国的公房政策进行了比较分析，20 世纪 80 年代，英国开始实行的"股改房计划"，使得住房开始私有化，社会弱势群体才集中于公共住房，而德国政府通过采取财政补贴等形式间接对房地产市场进行调控，一系列的优惠政策，使得非营利性机构、开发商和私人积极主动地建设住房。

Kernaghan 等(1990)和 Armstrong 等(1994)都认为 PPP 模式中政府和私人机构为了实现同一目标，会建立起稳定的合作伙伴关系。Doh 等(2003)从政府的角度，对公共设施项目采用 PPP 融资模式进行了风险分析，他们认为这种模式取得成功的关键在于政府能够对自己承担的责任正确定位。Alonso-Conde 等(2007)认为在 PPP 模式中，为了激励私营机构的积极性，政府应当提前保证最低投资回报率，并且他还提出了一些相关策略。Wallace(1995)认为美国的保障房税收抵免政策虽然比直接资金补助效率低，但其仍是美国最重要的住房保障政策，他还提出了保障性住房的风险分担方式。

由于政治、经济和文化方面的差异，各国的住房保障体系不同。

英国实行"国家福利房"。二战后，英国遭受了巨大的破坏，大批民众的房屋遭到损害，城市"房荒"极为严重。面对这样的形式，政府意识到兴建福利性公寓的迫切性。由政府主导的福利性公寓开始大规模地建设。到了 20 世纪六七十年代，住房需求有了缓和，政府开始鼓励私人买房、建房。据统计，英国目前有 2100 多万套住所，有一大半是二战后建造的。其中有 80% 的独立小洋房，剩余 20% 为公寓。

在住房保障政策方面，美国实行的是特惠模式，保障目标主要是中低收入阶层。自 20 世纪 30 年代以来，美国历届政府为了有效解决国民的住房问题，制定了一系列相关的住房保障政策，重点是考虑中低收入家庭的货币支付能力，实现既定的国家住房保障目标。如美国为了解决住房问题，在 20 世纪初颁布实施了《住房法》，主要是解决中低收入家庭的住房问题，其间两次修改补充《住房法》。同时，又颁布实施了《住房贷款法》《住房再贷款法》等法规，从而逐步完善了住房法律体系。

发达国家住房保障制度的发展进程表明：其一，住房保障问题是住房政策核心。保障型住房政策主要面向中低收入者和无法自己解决住房问题的特殊阶层。其二，住房保障政策是住房机制的一种补充。一般在住房短缺严重时期，政府直接建房的方式有利于刺激住宅的供给,加快住房建设;而在住房供求关系比较缓和的时期,房租补贴的方式则更具有选择性,更有利于减少保障资金支出,有利于市场本身作用的发挥。同时,住房保障政策的实施与健全的住房保障法律体系是密不可分的。

我国城镇保障型住房政策是伴随着城镇住房体制的改革逐步建立起来的,是在我国经济体制转变中,随着城镇居民收入水平的分化以及住房制度改革的不断深入逐步明确和形成的。经过三十年的发展,我国形成了多层次的住房保障体系——经济适用房保障制度、针对中低收入住房困难家庭的廉租房保障制度以及针对城市"夹心层"的公共租赁房保障制度。

表 2.1 是我国住房保障政策的发展历程。

表 2.1 我国住房保障政策的发展历程

时间	政策内容	保障范围
1991 年	《关于全面推进城镇住房制度改革的意见》确定城镇住房制度改革的目标,住房作为商品进入消费品市场。《国务院关于继续积极稳妥地进行城镇住房制度改革的通知》提出大力发展经济适用的商品房	无房户和住房困难户——经济适用的商品房
1994 年	《国务院关于深化城镇住房制度改革的决定》"建立具有社会保障性质的经济适用住房供应体系和商品房供应体系","稳步出售公有住房",房改房首次提出。《城镇经济适用住房建设管理办法》明确了经济适用房的定义、用途、适用对象及管理办法	中低收入家庭——经济适用房;高收入、中低收入职工家庭——出售的公有住房
1998 年	《关于进一步深化城镇住房制度改革加快住房建设的通知》停止住房实物分配,逐步实行住房分配货币化;首次提出建立以经济适用房为主的多层次城镇住房供应体系,标志着我国住房保障制度正式形成	中低收入家庭——经济适用房;最低收入家庭——廉租房,出租的公有住房
1999—2005 年	《经济适用住房管理办法》《城镇最低收入家庭廉租住房管理办法》等对经济适用房和廉租房的管理进一步制度化	最低收入家庭——廉租房 中低收入家庭——经济适用房
2006 年	《关于调整住房供应结构稳定住房价格的意见》首次提出限价商品房	中低收入家庭——限价房
2007 年	《关于解决城市低收入家庭住房困难的若干意见》将单位集资合作建房纳入经济适用房供应计划,加快棚户区改造。新《经济适用住房管理办法》对经济适用房多方面做了更详细规定。《廉租房保障办法》等,廉租房政策体系逐步完善	低收入住房困难家庭——廉租房,经济适用房;中等收入家庭——限价房,经济适用房
2008 年	建设部发出《关于做好住房建设规划与住房建设年度计划制定工作的指导意见》,保障性住房成为住房建设计划重点	
2009 年	《关于推进城市和国有工矿棚户区改造工作的指导意见》对推进国有工矿棚户区改造工作提出明确要求。政府工作报告提出"积极发展公共租赁房",公共租赁房首次出现在国家政策文件中	中低收入家庭——城市和国有矿棚户区改造;低收入、中低入、中等收入人群——公共租赁房
2010 年	《关于加快发展公共租赁房的指导意见》对加快发展公共租赁房提供政策支持。《住房和城乡建设部关于做好城市和国有工矿棚户区改造规划编制工作的通知》等对棚户区改造工作做了明确要求	低收入住房困难家庭——棚户区改造;中等偏下收入住房困难家庭——公共租赁房
2011 年	"全国人民代表大会"和"中国人民政治协商会议"提出重点发展公共租赁房	
2012 年	《公共租赁房管理办法》在申请与审核、轮候与配租、使用和退出上对公共租赁房做出更详细的政策规定	中等偏下收入住房困难家庭、新就业无房职工和在城镇稳定就业的外来务工人员——公共租赁房

从表 2.1 中我们可以看出,经过福利化住房保障和城镇住房体制改革两个阶段的发展,我国住房保障体系在不断探索中逐步走向完善和成熟。目前,我国已形成了以廉租

房、公共租赁房为主要内容的租赁型保障房和经济适用房、限价商品房、棚户区改造等产权型保障房体系。但在实际运行中，这种体系也暴露了诸多问题：①保障房分类复杂；②保障对象缺乏普适性及公平性较差；③保障性住房制度名目多样但制度执行效率低下。这些问题也反映了我国在住房保障政策制定和理论研究上的不足。

西方国家在两三百年的漫长的时间里实现了工业化和城市化，我国是新兴工业化国家，是后发国家，在很短的时间（一两代人的时间）内实现了工业化进程，难免在住房保障政策制定和理论研究上存在不完善。

我国目前保障性政策针对性强，目的是解决社会现实中不同类型中低收入人群住房困难的问题。政策制定的时候往往直奔主题，对症下药，但缺乏上层的总体规划和设计。于是出现不同保障方式政策指向不同，政策界限模糊甚至重叠或制约的现象。在住房保障政策的实施过程中，我国与欧美日韩等住房保障制度成熟的国家还存在很大的差距。

国外学者现阶段对保障政策关注的议题已经脱离了政策制定的结果导向，他们现在关心的问题是保障房政策与社会公正、政府、市场以及经济体制的关系，其政策制定已细致到关注个体和个人的程度。而我国的政策关注的焦点还集中在如何完善保障体系建设，如何尽快满足新增农业转移人口和新增城市劳动力的住房需求。

2.4 保障性住房供应机制研究

在国外，保障性住房以租赁型为主。公共租赁房除了为穷人提供住所外，还能对不成熟的住房市场起到缓冲作用。综观各国的租赁型住房保障模式，基本上可以归纳为租金补贴、房租折扣、房租管制和低租金住房4种。另外，各主要发达国家为提高其住房自有率，都针对不同层次的住房需求在税收和贷款方面提供了一系列的优惠。其中较为系统和典型的应属美国、英国、新加坡和我国的香港特别行政区。

英国自撒切尔政府上台后开始大力鼓励私人拥有住房，政府通过出台一项"住房购买权"政策，使其私人住房占有率从1979年的57%上升到1989年的68%。新加坡于1964年推出的"居者有其屋"组屋计划，其主要做法为：政府负责组屋的开发及建设，由组屋发展局具体实施；政府严格控制土地资源，同时提供资金、土地等保证组屋的开发；公积金制度和住房公积金保障制度形成了良性循环；根据家庭收入水平，合理配售组屋。

我国香港地区在1977年推行了"居者有其屋"计划。鼓励居住公屋的家庭拥有自己的屋所，以便他们腾出公屋让给需要的家庭（徐军玲等，2012）。香港推行该计划的公共住房用地是政府无偿或低偿划拨给住房委员会的，使得公共住房的价格明显低于私人机构开发的物业。

在我国大陆保障性住房的供给则以产权式售房为主。当然，这其中有我国特殊的社会文化背景的原因，也加剧了住房保障实施的困难性。我国的保障性住房供给大致经过两个阶段：第一，福利分房；第二，"商品房+保障房"的双轨制。

我国传统住房福利分配制度作为计划经济体制的重要组成部分，在当时有着特定的积极的作用，但也存在诸如住房不平等、住房短缺等不少问题。20世纪70年代，由于城市化进程加快，人们的要求更高，住房实物分配制度产生了严重危机：一方面，政府巨大财政负担几乎无法承受；另一方面，糟糕的居住条件也让城市居民难以忍受。因此，该制度名存实亡，已经无法实施下去了。然而经过不断的探索，以国家统包、低租金、无偿分配、无限期使用为特点的实物福利型住房制度逐渐转向以按劳分配为主的制度。这样职工可以根据自己的经济承受能力，通过向市场租赁或购买商品住房解决住房问题。经济适用房(1997)、廉租房(1999)等住房保障制度也就是在这样的环境下应运而生的。在接下来的十年中，我国的保障房建设迈入高速发展的快车道。1999—2005年，全国廉租房新开工量仅为2.5万套左右，而2009年全国廉租房新开工量接近180万套，远超2009年以前的历年累计数量。"十二五"期间，我国保障性安居工程建设规模为3600万套，"十二五"末覆盖20%的城镇居民。随着我国保障性住房的大规模建设，住房保障范围从城市低收入住房困难群体，到林区、垦区、煤矿等棚户区居民，再到中等偏下收入群体，已逐渐形成以廉租房、经济适用房、公共租赁房为主要形式的"低端有保障，中端有支持，高端有限制"的住房保障结构。

2.5　法律制度研究

在国外，住房保障法律制度研究已经比较成熟，表现为各国基本上都已经形成了相互补充的比较完善的住房保障法律体系。公共住宅政策在英国起源较早，《住宅法》在1919年就确立了公共住宅政策。经过八次调整修订，至1998年，已经逐步形成了现行的公共住宅政策体系。为了振兴经济，美国也在20世纪30年代初采取了对住宅市场干预的政策。从1934年开始，美国联邦政府颁布实施《住宅法》，经过三次大的修订，住房保障政策和制度已经逐步形成。这些法律在住房保障体制中发挥着重要的作用，它们提供了建立住房保障体制的依据，明确了住房保障体制的目标，规定了住房保障的实现方式。

公共住宅被认为是最有效的住宅保障制度，但至今我国全国人民代表大会始终没有颁布一部统一的、专门的住房保障制度方面的法律。

首先，目前与住房保障制度有关的规定一般只限于部门规章，更多的是以决定、通知的形式出现。其法律位阶太低，对相关部门和地方政府的强制力不足。由于各地的经济发展水平的高低直接决定了当地经济适用房的建设水平，住房保障取决于国家和各地政府共同建设投资。各级政府颁布和实施的稳定性比法律低的政策和相关的法规会不断地变化。在中央住房保障的文件下，各地不同层级的政府部门会按照文件指示及其各自的理解制定符合当地的地方性法规、规章或者条例、实施细则等。根据不同的制定部门，效力也会存在一定的差异。所以住房保障性法律体系的建立也就应该符合这种差异，一部法律不能规范整个住房保障制度。只有结合国情，我们才能建立起能够保障人们住房权利的住房保障法律体系。

其次，我国住房保障的实体规定不科学。第一，住房保障给付主体混乱。根据《经济适用住房管理办法》第4条和第34条的规定，经济适用住房采取政府主导、社会参与的方式；《关于加快发展公共租赁房的指导意见》也提出"政府组织，社会参与"的基本原则，指示要充分调动企业和其他机构投资和经营公共租赁房的积极性。2011年4月，国有资产监督管理委员会发布的《关于积极参与保障性住房开发建设有关事项的通知》提出，央企要加大对保障性住房开发建设投入的要求，多家央企逐渐成为保障主体。而河南、江苏等地方政府为完成建设任务，竟将在建的教师宿舍、企业员工宿舍等纳入保障房房源，保障主体似已转移。第二，住房保障给付对象不科学、界定模糊。廉租住房、经济适用房和公共租赁房的给付对象分别是"城市低收入住房困难家庭""与廉租房保障对象相衔接的城市低收入住房困难家庭"和"城市中等偏下收入住房困难家庭，有条件的地区，可以将新就业职工和有稳定职业并在城市居住一定年限的外来务工人员纳入供应范围"，并且均由市、县人民政府根据具体情况确定相关标准。这样的规定对"低收入""中等偏下收入"等没有细化标准，没有对地方标准的限制规定，将自由裁量权交给行政主体，增大了行政主体给付的随意性，甚至为寻租提供了空间。现实中，公务员和收入较高群体也有可能成为经济适用住房的拥有者，这就使得保障房已偏离保障的初衷。同时，三种保障方式无法有效衔接的问题也日益突出。这样，三种保障方式不但无法有效衔接，而且存在保障错位现象。第三，忽视对城市流动人口和农业转移人口的住房保障责任。相当长的时期内，住房保障体系以城市户籍居民为保障核心，严格的户籍制度导致大量外来务工人员居住条件恶劣，无法享受有尊严的生活。农业转移人口和新就业学生是我国人口红利的主要部分，是保持我国建设先进制造业的基础，是保持我国经济持续增长的基础，他们是未来公共租赁房的主要保障对象。

最后，我国住房给付标准不一、程序不规范。现有法律、政策对保障房的面积、环境和质量等仅有些许原则性规定，缺乏具体标准。住房面积一般由政府依照当地情况确定，即使对单套面积有所规定，"以下""左右"等字词也没有量化标准，实践中操作空间较大，易造成面积参差不齐的状况，影响受给付者的居住利益；住房环境虽要求考虑交通、卫生及基础设施等条件，但也没有细化标准，行政主体自由裁量空间依旧很大；住房质量方面，虽要求符合国家质量安全标准，保证质量安全，却没有明确管理部门及相关责任部门。住房保障给付程序不规范，申请、审核程序繁杂却又形同虚设。从中央到地方，保障房的申请、审核程序大致要经过初审、复审和终审，其中由区级住房和城乡建设部负责复审，由市级住房和城乡建设部联合民政、税务等多个部门联合审查终审，程序复杂。但即使面对这样的程序，一些不符合条件的申请者获得了保障房，一些真正需要保障的群体的住房需求没有得到满足。我国住房保障给付缺乏法律依据，既没有细化标准，也没有对监管与责任承担的具体规定。

2.6 典型的国家和地区实践经验分析

西方国家用两三百年的时间实现了工业化和城市化，欧美等发达国家在解决住房问题上取得了丰富的经验，其住房保障制度建设也各具特色，在这里对住房保障制度实施比较典型的国家及地区进行分析。

2.6.1 美国

美国的市场经济发达，住房保障政策倾向于市场化手段。政府通过财政补贴与金融支持等手段，可以让中低收入者直接租赁、购买普通商品房。同时针对不同层次的特定人群，保障性住房政策由三类构成：对低收入家庭出租公房和租金补贴；对中低收入家庭低息贷款、首付担保补贴；对所有购房者贷款利息抵消个人所得税政策。

美国住房保障在保障范围、形式、资金来源等方面的特点如下。

1) 保障范围

针对低收入家庭进行住房保障范围较大。在美国，低于区域平均收入40%的家庭被认定为低收入家庭，有1700万—2000万户，约占美国家庭总数的18%。联邦政府在联邦预算内编制每年150亿美元的住房发展计划来资助住房建设4400套、对400万户低收入家庭提供住房补贴。同时，联邦政府向残疾人和65岁以上的老人提供廉租公寓达600万套。这两项政策使约占美国10%的家庭受益。

2) 保障形式

对低收入家庭而言，实现租房是美国政府保障的目的；对中低收入家庭而言，实现买房是美国政府保障的目的。政府主要从实物补贴和现金补贴两个方面来保障。政府通过政府自建或社会资金建设方式为低收入家庭提供低租金住房，即实物补贴，从供给端进行保障；而后联邦政府逐渐把保障重心放在现金补贴上，通过对中低收入家庭的货币补贴，增加其经济承受能力，寻求可负担的居住房屋，从需求端进行保障。在20世纪70年代后，住房资源不再短缺，美国公用住房建设逐年减少，取而代之的主要矛盾是房租支出占贫困者收入比重过大。政府在这个阶段的保障手段主要是通过利率优惠和首付担保，甚至一定的收入补贴，使中低收入者有能力买房。

3) 资金来源

美国住房保障体系主要是针对低收入家庭的公共住房及租金补贴，政府出资较少。实际上，民间资本是美国住房保障体系的一大重点。美国金融体系发达，通过对民间资金合理利用，为保障房体系提供了资金支持。首先，政府通过对建造廉价住房的开发商提供一对一的免税优惠和贴息贷款鼓励开发商建造公共租赁房。其次，美国政府建立独特的金融抵押机制，对中低收入家庭提供抵押贷款，使这些家庭具有购房能力。不仅如此，美国整个住房金融体系最重要的一部分为住房抵押贷款证券化，通过将大量非存款金融机构资金引入到住房领域，丰富了资金来源，促进了保障性住房的发展。

为减轻政府财政压力，增加住房资金投入，美国政府鼓励私人投资建造住房。美国各地200多个地方政府，根据本地情况以及长期总体规划，必须有一定比例的新建房是面向中低收入家庭的住房。同时，地方政府以在某种程度上放松对土地使用的分区管制来弥补开发商的经济损失。高度市场化、通过财政补贴与金融手段使中低收入者融入商品房市场均为美国住房模式特点。

2.6.2 英国

在二战后，英国住房市场严重短缺。政府通过大力促进住房建设，以集中建设公房为重点保障住宅建设与供应，中央财政根据各地建房情况与住房需求情况，对地方政府进行拨款。这一政策对低收入居民家庭的住房保障起到了良好效果，并成为英国福利制度的重要组成部分。但在后期运行与维护阶段，问题渐现：公房建设速度快，房屋质量差，维护费用重，公用支出较大，住宅市场运行效率低等。伴随着1980年《住宅法》购买权的实施，公共出租住宅出售给原住户，其他剩余住宅转移给机构。英国住宅市场情况发生了变化，七成居民拥有自有产权房，三成居民拥有租赁住房。

1) 政府宏观调控

首先，英国财政部为保证居民住房经济承受压力逐步减小，贷款还款数额不发生大变动的情况，采取合理的经济增长速度及合理利率政策。英国通过对财政中公租房建设与维修资金预算的分配，做好住房政策的制定与实施。社会福利保障部门，通过会同一些保险机构帮助涉及贷款居民在失业后的一定时间内可以继续还款，使得居民不会因短期资金链断裂而失去住房。

2) 公共住房出售计划

为提高住宅自由化率，政府将公用住房出售作为重要保障政策之一。通过原承租户享有优先优惠购买权、租金转换为抵押贷款购屋权利、折价优惠政策等，鼓励居民购买公用住房。

3) 房租补贴计划

英国公共房屋由非营利机构与私人合作机构双轨道提供。住房协会作为非营利单位，收取住户租金低于私人出租房屋水平，私人出租房屋水平与市场成本租金水平相当。这样，政府需要对租住私人房屋的居民进行房租补贴，来维持市场平衡。英国的住宅补助分为直接补助与间接补助。直接补助，就是政府通过财政拨款、税收减免等方式提供给住宅消费者资金补助，分为自有住宅补助和房租补助两种。间接补助是政府给住宅供给者提供补助，间接帮助住宅购买者。对于住房购买者，政府是对开发商补助；对于住房出租者，承租户租赁住宅时只需缴纳政府所规定的租金，差额由政府承担。

4) 多元文化、多元群体融合计划

政府希望不同收入、文化背景的人融合生活在同一社区，因此采取零星建设公共租赁房的方法点缀建设，同时对新住宅建设项目进行一定比例配套的公共租赁房屋建设的要求。

5) 发挥私营机构作用

住房协会在融资方面有重要作用。在其他项目受住房建设与维修拨款能力限制的条件下，住房协会可直接通过贷款来解决资金短缺限制，而不受政府批准、财政赤字的限制。目前，中央政府的住房保障预算资金，除了向地方政府拨付外，也直接向住房协会拨付。

2.6.3 新加坡

新加坡保障房主要以政府公用组屋为主，85%居民住在政府组屋中。新加坡组屋的英文为 PublicHousing，直译为"公屋"，指政府提供的廉价房屋，目的是解决居民住房问题。这些房屋大都是组合式的，故名组屋。

1964年2月，新加坡政府正式公布组屋计划，主要内容是政府通过划拨国有土地或适当地征用私有土地来提供建设用地，银行、中央公积金局提供资金，共同建设组屋。他们共同运作、相互配合、各司其职。

新加坡成功的经验主要表现在以下四个方面。

1) 政府主导，建屋局实施

组屋是新加坡的主要住房保障体系内容。因为推行政府行政干预为主的方针，政府通过组屋建设，解决大部分居民住房问题，又平抑了房价。组屋是由新加坡政府下国家发展部的建屋发展局统一发展建造和具体实施的。政府组屋的房契都是 99 年。新加坡建屋发展局为独立性非营利机构，由政府进行综合平衡预算，经营亏损部分由政府补足。新加坡政府颁布《土地征用法令》，确保政府有足够土地供应来建造组屋。建造土地向土地局购买，由国家调整价格，不受市场影响。

2) 住房公积金与政府的补贴政策

新加坡中央公积金制度的主要特点为政府通过立法来强制个人储蓄。这是一种强制性社会保障制度，雇主、雇员各自按照雇员工资收入的百分比按月缴纳。公积金的本息归雇员所有，但限制其使用的方式，新加坡住房问题的成功解决离不开具有雄厚实力的公积金局。

政府通过居民缴纳公积金来推动整个组屋建设的运行。政府首先通过中央公积金局的累计公积金建设组屋，然后鼓励居民以公积金购买组屋，同时解决了资金来源问题和资金供给问题。住房公积金为推动新加坡组屋建设起到了至关重要的作用。新加坡政府还通过对购买房屋面积大小实行差别补贴政策来推动市场良性运转。

3) 组屋合理的价格定位和优越的居住条件

根据不同级别家庭收入，新加坡政府对组屋售价及购买资格进行等级划分。在住房短缺时期，政府规定月收入低于 800 新元的家庭才有资格租住组屋。当家庭购买组屋时，一室一套政府补贴 1/3，三室一套政府补贴 5%，四室一套无补贴，且成本加价。为保障组屋出售中低收入居民的经济承受能力，房屋发展局对价格制定进行不断发展与完善。例如，政府规定每户居民最多只能购买两次组屋；新购的组屋必须在住满 5 年后，才能在市场上出售；新加坡月收入超过 8000 新元的家庭没有资格购买政府新组屋，但是可以购买转售的组屋。

组屋既能从居住性质上满足居民需求，又具有投资价值。新加坡政府确保"居者有其屋"，组屋定价主要是根据居住市民的购房承担能力来确定。新加坡组屋既不是廉价品，也不是豪华奢侈品，而是必需品。

4) 严格的法律保障和审查制度

新加坡政府组屋的产权属于政府所有，政府针对组屋的各个方面都有一整套严格的管理制度。为防止有人利用组屋进行投机活动，新加坡政府制定了健全的法律法规，对组屋购买行为进行严格的监管。新加坡政府对购买者条件、购买程序、住宅补贴等都制定了明确规定，并按照公平原则进行合理分配。政府制定了不同收入水平居民的购屋准入政策。新加坡的组屋分配制度是公开、严格、透明的。新加坡组屋的申购条件有着严格的限定：要按照家庭收入的层级来衡量是否具备资格购买保障性住房的基本条件，同时严格规定一个核心家庭只能拥有一套保障性住房、在一定的期限内不可以拿到市场公开出售、对高收入者给予更多的限制等。

根据新加坡政府的规定，任何人在买卖组屋时都必须提供准确、翔实的资料。如果违反了政府组屋的规定,触犯条例的人可能会被控上法庭。政府的规定非常透明、全面,在法律面前没有任何模糊的空间。

2.6.4 中国香港特别行政区

香港政府经过 50 多年实施公屋制度,其制度日益完善。目前,在香港,公屋数量占香港房屋总量的 30%。香港公屋运行专业,资金保障有效,制度严格。

1)运营和管理专业

香港房屋委员会负责公屋供应、配给、管理等事务,在公屋发展中起到重要作用。香港房屋委员会不以营利为目的,将公屋用来满足低收入居民住房要求。香港房屋委员会注重成员在社会和专业背景方面的多元化,以确保房屋政策的研究和制定能反映社会不同阶层的意见。

2)政府划拨土地支持

香港政府无偿划地给香港房屋委员会,通过细致规划,香港房屋委员会要避开城市开发热点,合理利用资源。

3)资金合理安排

稳定充足的资金是保障公共房屋成功发展的必要条件。香港公屋建设资金来自房屋委员会出租、出售自置居所单位获得收益及政府资助。房屋委员会的经常性收入来自公屋租金收入、出售自置居所收入、公共房屋附属的商业楼宇租金收入。香港房屋委员会考虑租户的负担能力来确定租金水平。

4)公屋定位与准入退出机制

香港政府基于社会发展而进行公屋建设,是为了满足无力在市场上购买商品房、解决不了基本居住问题的低收入人群的住房需求。公屋就是香港特别行政区的保障性住房,政府找出那些真正需要政府资助的对象,实行合理的准入机制与退出机制。

目前,香港入住公屋的家庭主要分为 5 类,具体见表 2.2。

表 2.2 香港入住公屋的家庭分类表

序号	家庭分类
1	因体恤原因需要住房帮助的
2	受灾难影响而没有居住场所的家庭
3	初级公务员及退休公务员
4	难以负担私人物业昂贵租金的家庭
5	调迁及舒缓挤迫居住环境

符合表 2.2 中条件的家庭需要登记,并接受政府收入和资金方面的审查。

2.6.5 发达国家及地区对我国保障房建设的启示

通过分析发达国家及地区住房的经验,我国完善住房保障体系应注意借鉴以下几点。

1)突出政府干预的主体地位

建立住房保障制度是社会保障的重要内容,政府有责任帮助中低收入人群,使其住房条件与社会的整体发展水平相协。对于住房保障,大部分发达国家和地区都设有专门的职能部门进行政策制定和行业管理。比如新加坡在 1960 年就成立了建屋发展局（HDB），由其全权负责建造和分配公共租屋，并向中低收入阶层出售（出租）；美国则成立了内阁级别的住房和城市发展部；我国的香港特别行政区设有房屋委员会负责公屋的开发和运营等一切事务。因此，为保证工作的效率与公平，我国各地政府有必要组建一个独立的不以营利为目的的保障性住房建设与运营的专门机构，来专门负责保障性住房的统一规划、建造、分配、管理和维护。

2）政府主导的分阶段的保障房供给体制．

我国城市化、工业化起步阶段在保障性住房方面遇到的主要问题是供不应求，而只有不断增加保障性住房供应才能有效地解决这一问题。虽然政府有责任帮助中低收入人群解决住房问题、承担保障职能，但这并不是说政府就是直接和唯一的供给者，保障性住房的供给者可以在市场条件下多元化，在加强政府供给主体职能的同时，实行和建立多元化的市场供给体制。政府应该起主导作用，调动一系列的社会资源，并鼓励多方投资者参与保障房的建设，为其提供融资和土地上的有利条件。具体可以通过降低开发成本来保障开发商的利润，免收城市拆迁管理费以及相关税费和制定贷款优惠政策等。政府也可以鼓励居民或职工通过集资、合作建房直接参与保障性住房建设。同时，农村集体经济组织也可以作为参与主体之一，对保障性住房市场也是有益的补充。同时应该重视和发展第三部门（非政府组织、非营利部门）在保障房建设中的作用。

我国城市化、工业化进入中、后期阶段在保障性住房方面遇到的主要问题是供给结构不平衡，在这个阶段，保障房供给的主体应该是政府。

3）重视住房金融财政政策的保障作用

住宅产业需要资金数量大，因此，住房金融保障是住房保障制度的关键。发达国家在此方面运行较为成熟，如美国的联邦抵押贷款协会、新加坡的住房公积金制度、英国的住房协会。我国住房金融保障制度起步晚，且一般是以银行为代表的金融机构参与住房金融，涉及面窄。因此，我国要大力发展住房金融制度，积极推行住房储蓄制度、政策性住房抵押贷款制度、信用担保制度，进而降低中低收入者申请贷款的门槛，增强其购房支付能力。

4）以"租"为主的多层次的住房保障体系

研究显示，2013 年世界平均住房拥有率为 63％，美国为 65％，英国为 75％，日本为 60％。由此可见，发达国家的自有住房率并不是特别高。所以现阶段，针对不同保障对象的具体需求，要求有计划、有步骤、分层次地解决中低收入家庭的住房问题，确保中低收入家庭有房住，而不一定非要人人都拥有住房。

我国目前保障房体系包括经济适用房、两限房、棚户区改造安置房、廉租房和公共租赁房，主要是为了解决中低收入人群和城市新增人口的住房需求问题。新加坡的"公共组屋"政策先是解决"人有所居"的问题，然后才是"人有所房"，其廉租房是政府直接介入住房供给、为最低收入阶层提供住房保障的有效途径。首先保障的是居住权而不是产权。因此，我国需要建立的住房保障体系要能够覆盖城市住房困难群体，也要覆盖新就业学生和我国城市化、工业化进程中农业转移人口。公共租赁房主要是解决新就业学生和城市化、工业化进程中农业转移人口居住问题的租赁房。政府应防止保障性住房市场化，避免福利产品变成纯私人产品。

地方政府的动力不足,导致多层次保障性住房的建设和投入失调。中央和地方政府应调整重心,加大对公共租赁房的投入比例,停建经济适用房,避免权力寻租,缩小甚至可以停建廉租房,提升廉租房保障对象的居住水平。确保落实以"租"为主的保障性住房的供应,来保障低收入人群和城市新增人口的居住需求。

应该明确"房地产市场"与"保障性住房"区隔运行。政府提供的保障性住房更应该体现福利性和社会公平性。

5)建立健全住房保障法律法规体系

我国保障房在资金供给、土地供应、设计质量管理等方面,各地存在着较大差异,有的地方保障对象不明确,直接导致的后果是住房对象不明、保障制度设计有欠缺,从而使真正需要住房保障的居民得不到住房保障。因此,要建立健全保障体系法律法规,明确各种部门的权、责、利,特别是针对我国城市化人口变动趋势,应制定出切实可行的住房保障法律法规体系。

6)加强保障房体系运行的监督力度

保障制度有效性源于其制度监督能力。从保障房市场来看,最为重要的是加强对申请保障房资格的审查与准入、退出机制。应该调动各部门能力,从多角度出发,加强体制内外监督。

保障房问题的关键是政府发展保障性住房的指导思想,现阶段保障房供给是结构性供应不足,特别是以"租"为主的保障房的供应在特定城市还达不到预期指标。

保障性住房的建设和发展是构建社会主义和谐社会的重要举措,必须坚持效率与公平的原则,切实推动保障性住房建设的顺利进行,它关系到我国社会的可持续发展。

2.7 本章小结

本章对国内外保障性住房的保障理论来源、住房政策、供给机制和法律制度等四个研究方面进行介绍,着重对我国在住房保障体系构建过程中出现的问题及现状进行分析。通过与住房保障制度相对完善的发达国家及地区对比,发现自身在保障性住房建设中存在的差距,寻找适合我国国情的保障房改革方向。

对住房保障制度实施比较典型的国家及地区进行经验分析,通过对不同政策内容和实现路径的研究,总结出发达国家和地区住房保障体系建设的共性,主要表现为:

(1)凸显政府主体地位,建立专业管理部门。
(2)政府主导的分阶段的保障房供给体制。
(3)重视住房金融财政政策的保障作用。
(4)以"租"为主的多层次的住房保障体系。
(5)建立健全住房保障法律法规体系。
(6)加强保障房体系运行的监督力度。

对于这些发达国家和地区成熟的实践经验,要根据我国特殊的国情和发展阶段来合理引用,以有利于促进具有我国特色的住房保障体系建设。

3 从各类保障房到公共租赁房的发展

3.1 保障性住房制度综述

3.1.1 我国住房制度发展历史

我国的住房制度总体来说,经历了福利分房制度时期、市场化住房时期,到现在的商品房加保障房的"双轨制"时期。

1)从城镇福利分房与配给制到住房市场化

我国对住房属性的认识,经历了一个曲折过程。从中华人民共和国成立后到改革开放以前,人们主要关注的是住房的基本居住属性,住房政策的主要目标是保障城镇居民基本住房需求,城镇住房分配实行的是福利分房与配给制。这一阶段虽有效保障了城镇居民的基本住房需求,但由于缺乏资金且资源配置效率较低,城镇居民住房水平提高缓慢。到1978年,城镇人均住房建筑面积仅为6.7平方米。

改革开放以后,随着人民收入水平不断提高,城镇居民家庭对住房居住水平也提出了更高要求,以市场化为导向的住房制度改革开始逐渐摸着石头探索前行。自1978年改革开放以来,住房市场化改革先后经历了探索试验售房(1978—1985年)、提租补贴(1986—1990年)、以售带租(1991—1993年)、全面推进(1994—1998年)、取消福利分房、实行货币分房(1998年—)等阶段的改革。

福利分房时期我国实施"统一管理,统一分配,以租养房"的实物分配制度,在该时期,经历的部分政策见表3.1。这段时期,我国城镇居民的住房问题主要是由所在单位解决。各级政府和单位统一按照国家的基本建设投资计划进行住房建设,资金来源主要是政府拨款。单位职工只需付少量的租金就可以居住。这一时期政府重视发展生产,在一定程度上忽视了住房的投资,导致后来住房问题成为我国社会的一大难题。

表 3.1 福利化分房时期经历的部分政策

年份	政策概述
1980	国务院在批准《全国基本建设工作会议汇报提纲》中正式提出实行住房商品化政策。国家规定,"准许私人建房、私人买房、准许私人拥有自己的住宅"
1982	国家有关部门设计"三三制"
1986	国务院批准印发《关于在全国城镇分期分批推行住房制度改革的实施方案》,标志着住房制度改革进入了整体方案设计和全面试点阶段
1991	国务院发布了《关于继续积极稳妥地推进城镇住房制度改革的通知》,国务院办公厅转发了国务院住房制度改革领导小组《关于全面推进城镇住房制度改革的意见》

续表

年份	政策概述
1994	国务院印发《关于深化城镇住房制度改革的决定》
1996	国务院转发国务院住房制度改革领导小组《关于加强住房公积金管理意见》和《关于加强国有住房出售收入管理意见》
1998	国务院发布《关于进一步深化城镇住房制度改革加快住房建设的通知》,停止福利化分房

资料来源:根据相关资料整理。

1998年6月,国务院发布《关于进一步深化城镇住房改革加快住房建设的通知》(国发〔1998〕23号)提出:1998年下半年开始停止住房实物分配,逐步实行住房分配货币化;停止住房实物分配后,新建经济适用住房原则上只售不租,发展住房金融,培育和规范住房交易市场;扩大个人住房贷款的发放范围,所有商业银行在所有城镇均可发放个人住房贷款;取消对个人住房贷款的规模限制,适当放宽个人住房贷款的贷款期限。这标志着沿袭数十年的福利住房政策被住房商品化所取代,确立了以经济适用房为主的多层次城镇住房供应体系。

随着住房市场化改革的推进,被压抑的住房需求不断得以释放,住房市场规模持续扩大,到2001年,全国商品住宅投资达4216.68亿元,占全国城镇住宅投资的67.34%,城镇人均住房建筑面积达20.8平方米。21世纪初,由于城乡居民家庭收入水平仍然较低,住房潜在需求释放仍然缓慢,住房改革艰难推进。

自2002年以来,在快速城镇化与工业化浪潮的强力推动下,住房市场形势发展提出了住房进一步商品化的要求,住房的投资投机属性也开始为多数人所认识。这一时期,大量农村人口涌入城市,形成巨大的住房刚性需求;工业大发展、经济起飞所带来的国民家庭收入快速增长,也必然催生大量改善家庭原有居住条件的诉求。

2003年8月,原建设部《关于促进房地产市场持续健康发展的通知》(国发〔2003〕18号)中将经济适用房由"住房供应主体"修改成"具有保障性质的政策性商品住房",确立了房地产为国民经济发展的支柱产业,使普通商品房成为市场的供应主体。在这一阶段,大多数城镇居民家庭都拥有了一套商品住房,还有不少家庭开始拥有多套商品住房;很多进城务工农民家庭,也在其流出地县城或地级市购置了一套商品住房。到2010年,城镇人均住房建筑面积达31.6平方米。但这一阶段也产生了房价快速上涨等问题。

2005年之前,国家政策偏向于住房市场商品化,而一度忽视了保障性住房建设。实践表明,单纯依靠市场手段,是无法解决中低收入家庭住房难问题的,也无法解决新就业毕业生和我国城市化、工业化进程中农业转移人口的住房问题。

2)"商品房+保障房"双轨制

随着住房全面商品化和城镇房价持续上涨,不仅低收入阶层无力购房,还产生了大量介于高收入与低收入阶层之间的住房困难的"夹心层",政府开始重新意识到保障房建设的重要意义。在房地产市场发展中,政府逐渐意识到,中低收入住房困难阶层应由政府提供住房保障,其他收入阶层可通过市场购买商品房。在此思路指导下,住房政策进入保障房补课的新阶段。2011年"十二五"规划纲要中,正式提出在此期间建设3600万套保障房的目标任务,标志着"保障房补课"思想正式付诸政策实践。

1998年，我国全面停止福利化分房后，便进入了住房商品化阶段，房地产经历了初步形成时期—过热时期—宏观调控时期。

1998年至今，我国房地产市场宏观调控经历了三个时期：规范发展期（1998—2002年）、强化调整期（2003—2007年）、反复调控期（2008年至今）。各时期出台的一些调控政策如图3.1所示。

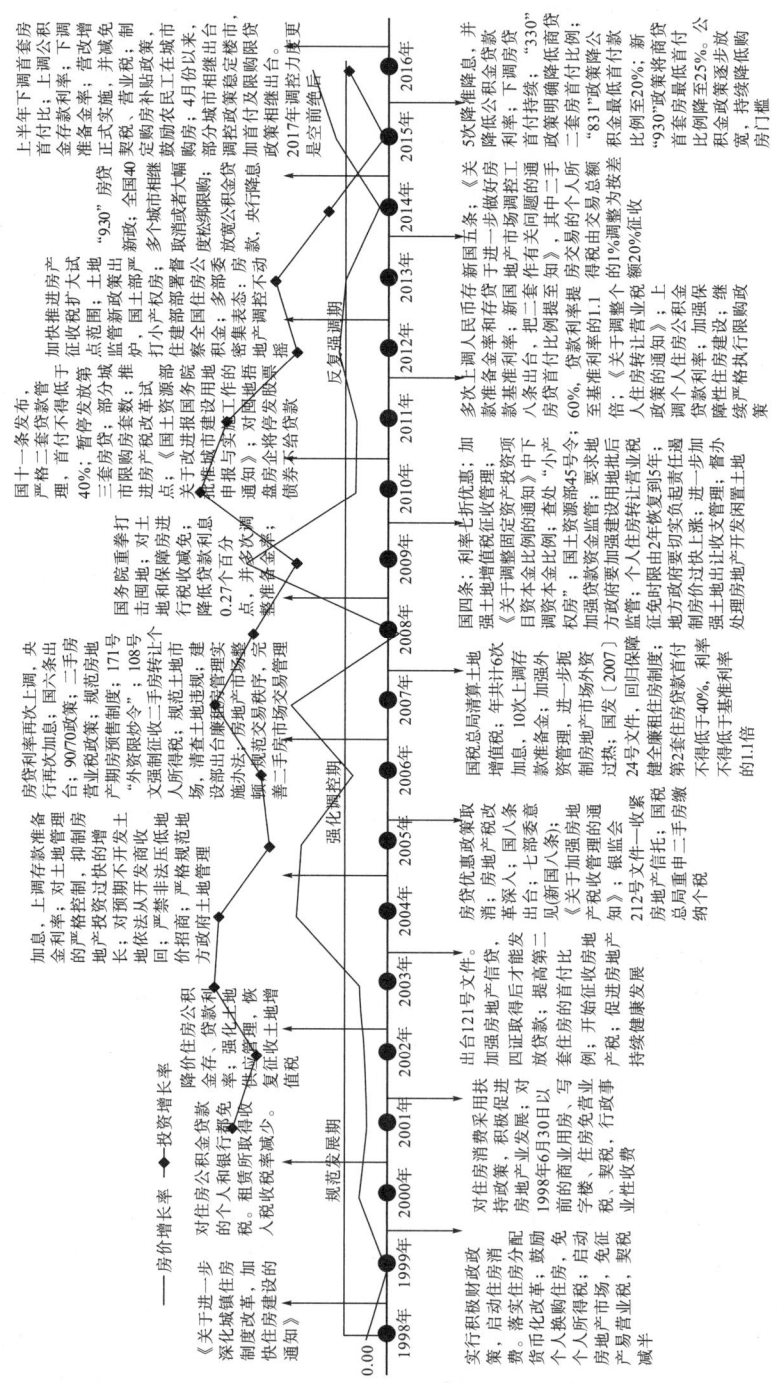

图 3.1　我国房地产调控政策与房价投资增速走势图

1)规范发展期(1998—2002年)

1998年7月3日,我国城镇住房制度改革取得重大突破,国务院颁布《关于进一步深化城镇住房制度改革加快住房建设的通知》,作出停止住房实物福利分配的突破性决定,从此确立了市场化的基本制度,我国房地产市场进入了一个全新的时代。1998年我国个人购买商品房的比例超过70%,到了2002年,个人购买商品房的比例超过96%,这说明我国房地产市场全面进入个人购房时代。这一时期主要是市场培育和规范期,因此国家在政策上给予了极大的支持,包括一系列扩张性财政政策和货币政策,促进了房地产市场快速的发展。而由于房地产业的关联度高,带动力强,很快成为我国国民经济新的增长点。除了量上的增长,在此期间我国房地产业在质上也取得了巨大的飞跃。在这期间,首次提出建立和完善以经济适用住房为主的多层次城镇住房供应体系,通过重点发展经济适用房的住房保障制度解决了一部分住房困难居民的住房问题。而且确立了国有土地招拍挂的出让制度,进一步规范了我国房地产一级土地市场,是我国房地产市场健康发展的关键一环。

2)强化调整期(2003—2007年)

在这一时期,我国房地产市场进入了快速发展的通道,整体规模有较大的提升。在快速发展期,房地产开发投资额与商品房销售额增长基本保持一致,但商品房销售面积和销售额在2008年出现了明显的下滑,这导致销售面积平均增速比投资平均增速低了许多。包括房地产投资、商品房销售面积、商品房销售额和房地产企业个数及从业人员等在内的几大指标在这一阶段增长率是最大的,这一阶段是我国房地产发展壮大的最关键时期。

在这期间,我国商品房平均销售价格及土地成交单价上涨得也比较快,但是由于这时期宏观经济发展形势较好,而且房价整体还处于较低水平,这一时期并不存在房地产过热问题。因此,这个时期房价的快速上涨并没有成为这个时期的房地产市场最主要的矛盾。虽然国家采取了一些稳定房价的措施,但是这并不影响这一时期国家对房地产业的支持,使得其迅速成为我国经济增长的重要支撑和主要增长动力。

3)反复调控期(2008年至今)

反复调控期的最大特征是商品房销售面积、商品房销售额、土地成交价款以及商品房销售均价在继续保持较快的增长的同时,表现出了巨大的波动性和增长逐渐减缓的现象。而且房地产企业开发投资额增速从2010年后就开始迅速下滑至2015年的1个百分点,这是最近十几年从未有过的。在土地方面也表现出一些新特点,2011年后土地成交面积在逐年下降,但土地成交价款却出现大幅上涨,表现出的是土地成交单价的不断上涨。在这期间,房地产市场共经历了三次较大的波动,这一阶段各项指标反复波动的原因主要是国家宏观调控政策在抑制房价过快上涨和保持经济平稳增长间来回摆动。

第一次是由于2008年金融危机的打击,房地产行业进入低谷,房地产企业开发投资、商品房销售面积以及商品房销售均价都出现较大下滑。而作为拉动经济增长的重要产业,在接下来的一年里,房地产市场受到了国家政策巨大的利好,随之而来的是这一年房地产市场销售情况出现大幅度反弹。房价的快速上涨和房地产的过热发展使中央意识到了房地产泡沫风险在增加,为了抑制房价过快上涨和市场过度发展,在接下来的2010年、2011年和2012年国家采取了较严厉的调控措施,包括"国十条""新国八条"

政策出台，提高首套房和二套房的首付比例以及缩紧银行房贷，调高商品房保有环节税和交易环节税，并加强了出让和闲置管理，极大地增加了市场炒作者的成本，使得市场在 2010 年迅速降温，并在接下来的两年内保持较平稳的增长。

宏观经济的持续走弱以及多年的调控使得楼市在 2014 年遭遇了第二轮的低潮，且楼市此时表现出了一些新的特点，比如楼市库存的不断增加，一、二线城市的房价快速上涨，房企利润不断下滑，对经济拉动作用微乎其微等。这一系列的现象说明我国房地产市场的问题正在变得更加复杂化，发展遇到了巨大的瓶颈。而且极有可能出现剧烈下滑，从而拖累宏观经济。自 2015 年下半年以来，国家放松了对楼市的管控，以去库存为主要目的的一系列刺激政策相继出台，部分经济发展较好、人口吸纳能力强的一、二线城市房地产市场马上迎来了新一波的剧烈回暖，这一波短而强的反弹大大超出前面两轮波动幅度，而且表现出了剧烈的分化，使得部分大城市的楼市泡沫越吹越大，而广大三、四线中小城市库存危机依然没有得到有效化解。2016 年下半年，国家又加强了楼市调控，以防止楼市"资产泡沫"的恶化和抑制投资炒作，使住房真正回归其居住属性。这一轮调控正值我国经济供给侧结构性改革大潮，改善房地产市场供给结构及供给效率，提升供给质量和促进供需平衡，使房地产市场持久健康发展成为新一轮房地产市场改革的最终目标。

3.1.2 我国保障性住房制度的政策演变

保障性住房是与商品性住房相对应的一个概念，目前我国保障性住房方式主要包括廉租住房、公共租赁房、经济适用房、限价商品房和棚户区改造安置住房等五大类(表 3.2)。

表 3.2 我国保障性住房主要类型

类型	定义	运营模式	对象	户型和建筑面积
廉租房	政府提供财政投入和政策支持，限定套型建筑面积标准，按标准建设或通过购买、改建和租赁等方式筹集，按当地政府规定的供应标准供应的保障性住房	只租不售，政府出资建好后以低租金分配给住房困难户或政府发放租金补贴给住房困难户，由他们租赁社会房屋居住	城镇低收入住房困难家庭	一居室建筑面积 35 平方米，两居室建筑面积 45 平方米，三居室建筑面积 55 平方米
经济适用住房	政府以划拨方式提供土地，并组织房企或集资建房单位建造，政府提供政策优惠，限定套型建筑面积标准，按标准建设的保障性住房	以政府指导价出售	城镇低收入住房困难家庭	小套住房面积控制在 60 平方米左右；中套住房面积控制在 80 平方米左右
公共租赁房	政府提供财政投入和政策支持，限定套型建筑面积标准，按标准建设或通过长期租赁等方式筹集，按当地政府规定的供应标准供应的保障性住房	政府确定租金，并按年度实行动态调整。产权归政府或公共机构所有	城镇中等偏下收入住房困难家庭、新就业职工、有稳定职业并在城镇居住一定年限的外来务工人员	以小户型为主，单套建筑面积以 40 平方米为主
限价商品房	政府控制土地出让价格，限定销售价格和套型面积的商品住房	以房价定地价，采用政府组织监管、市场化运作模式	具有住房支付能力的中等收入家庭	套型建筑面积全部为 90 平方米以下

注：保障性住房五大类型定义由 2011 年 6 月国家统计局、国家发展和改革委员会、财政部、国土部、住建部、农业部、中国人民银行、国家林业局八部委出台的《关于建立保障性安居工程统计制度的通知》确定。

表 3.3 为我国 1994—2010 年发布的相关纲领性保障性政策。

表 3.3 1994—2010 年发布的纲领性保障性住房政策

时间及文件	主要内容	主要特点
1994 年国务院关于深化城镇住房制度改革的决定	把住房实物福利分配方式改变为以按劳分配为主货币工资分配方式	标志福利分房转向住房货币化,首次提出经济适用房保障房体系
	建立以中低收入家庭为对象、具有社会保障性质的经济适用住房供应体系和以高收入家庭为对象的商品房供应体系	
1998 年国务院关于进一步深化城镇住房制度改革加快住房建设的通知	停止住房实物分配,逐步实行住房分配货币化。建立和完善以经济适用住房为主的多层次城镇住房供应体系;发展住房金融,培育和规范住房交易市场	标志住房商品化正式开始,确立了以经济适用住房为主的多层次城镇住房供应体系
	对不同收入家庭实行不同的住房供应政策:最低收入家庭租赁由政府或单位提供的廉租住房,中低收入家庭购买经济适用住房,其他收入高的家庭购买、租赁市场价商品住房	
	调整住房投资结构,重点发展经济适用住房(安居工程),出售价格实行政府指导价,按保本微利原则确定	
	廉租住房可以从腾退的旧公有住房中调剂解决,也可以由政府或单位出资兴建。廉租住房的租金实行政府定价	
	全面推行和不断完善住房公积金制度	
2003 年国务院关于促进房地产市场持续健康发展的通知	完善住房供应政策,调整住房供应结构,逐步实现多数家庭购买或承租普通商品住房,加强经济适用住房的建设和管理,建立和完善廉租住房制度	确立了房地产为国民经济的支柱产业,商品房成为市场的供应主体,导致随后几年保障房建设缺位
	增加普通商品住房供应,控制土地价格,努力使住房价格与大多数居民家庭的住房支付能力相适应	
2007 年国务院关于解决城市低收入家庭住房困难的若干意见	进一步建立健全城市廉租住房制度:逐步扩大廉租住房制度的保障范围,健全廉租住房保障方式,多渠道增加廉租住房房源与资金来源	标志加快建立健全以廉租住房制度为重点、多渠道解决城市低收入家庭住房困难的政策体系的开始,房地产政策重点开始向保障房转移
	改进和规范经济适用住房制度	
	城市新审批、新开工的住房建设,套型建筑面积 90 平方米以下住房面积所占比重,必须达到开发建设总面积的 70% 以上;廉租住房、经济适用住房和中低价位、中小套型普通商品住房建设用地的年度供应量不得低于居住用地供应总量的 70%	
2010 年国务院关于坚决遏制部分城市房价过快上涨的通知	要切实履行稳定房价和住房保障职责,建立考核问责机制	提出要采取坚决的措施,遏制房价过快上涨,增加住房有效供给,加快保障性安居工程建设
	增加住房有效供给:探索"综合评标""一次竞价""双向竞价"等出让方式,抑制居住用地出让价格非理性上涨;保障性住房、棚户区改造和中小套型普通商品住房用地不低于住房建设用地供应总量的 70%,并优先保证供应	
	加快保障性安居工程建设	

资料来源:住房与城乡建设部相关资料整理。

经过十几年不断地发展完善,我国保障房建设取得了巨大的成就。住建部数据显示,2008—2012 年,全国共开工建设城镇保障性住房和棚户区改造住房超过 3000 万套,基本建成 1700 万套以上。2012 年全年全国城镇保障性安居工程新开工 781 万套,基本建成城镇保障性安居工程住房 601 万套。2013 年全年全国城镇保障性安居工程基本建成 470

万套,新开工 630 万套。2014 年全年全国城镇保障性安居工程基本建成住房 511 万套,新开工 740 万套。2015 年全年全国城镇保障性安居工程新开工 722 万套,基本建成城镇保障性安居工程住房 783 万套。2016 年全年全国城镇保障性安居工程住房计划基本建成 772 万套,棚户区住房改造开工 601 万套,农村危房改造 432 万户。

3.1.3 我国保障性住房制度发展历程

"十一五"期间,我国以廉租住房、经济适用住房等为主要形式的住房保障制度初步形成,"十一五"期间,我国解决了 1140 万户城镇低收入家庭和 360 万户中等偏下收入家庭的住房困难问题。我国实现了 7%—8% 的城镇保障性住房覆盖率,城镇居民人均住房面积超过 30 平方米,农村居民人均住房面积超过 33 平方米。

我国大规模保障房建设是从 2010 年开始的。2010 年,我国各类保障性住房和棚户区改造住房累计开工 590 万套;在农村危房改造开工 136 万户。2010 年保障性安居工程建设规模为历年最大,中央安排保障性安居工程(含农村危房改造专项补助资金)共计 802 亿元。

"十二五"保障房建设规模(表 3.4)较"十一五"有大幅的增加。例如河南、陕西、安徽"十二五"保障房开工量超过了 200 万套,合计占全国的 1/6 以上。北京、上海计划建设 100 万套,而广州、深圳则开工规模较小。30 个省区市中,有 10 个省区市的保障性安居工程开工量超过了 40 万套;黑龙江以 69.2 万套居首;重庆、陕西、江苏在 45 万套以上,分别为 49.45 万套、47.43 万套、45 万套。有 6 个省区市公共租赁房占保障性住房的比例超过 50%,分别为重庆(1350 万平方米公共租赁房,是保障房的主体)、浙江(62.5%)、江苏(60%)、安徽(53.6%)、天津(52.6%)、四川(52.2%)。

表 3.4 重点城市"十二五"保障房建设规划

城市	开工面积/万平方米	开工套数/万套	城市	开工面积/万平方米	开工套数/万套
北京	—	100	无锡	400	—
上海	—	100	合肥	1000	—
广州	1000	—	郑州	2211.29	29.24
深圳	1616	24	济南	550	10
天津	2635	40	福州	280	—
大连	118	—	南宁	—	11.6
南京	2000	29	贵阳	500	—
苏州	—	5	南昌	—	8
杭州	2000	—	乌鲁木齐	—	5.8
厦门	—	1.7	哈尔滨	—	13
武汉	1000	—	石家庄	—	10
成都	2000	—	银川	—	2
重庆	2700	—	三亚	202.3	2.96
西安	1598	31.6			

资料来源:中国指数研究院综合整理。

从重点城市保障房用地计划执行情况来看,从 2010 年起基本都加大了土地供应力度,各重点城市横向比较,一线城市完成率好于二、三线城市。一线城市中,特别是上海,自 2008 年大力建设保障房以来,每年都能保证用地计划的顺利完成。二线城市中,重庆公共租赁房建设速度较快,2011 年新开工 1350 万平方米,到 2015 年共累计完成 4000 万平方米公共租赁房的开工规模。

从 2010 年起,从十二个重点城市保障房计划执行情况来看(图 3.2),重庆和北京完成率最高。重庆大力推进公共租赁房建设力度,公共租赁房成为重庆保障性住房建设的主体,形成了独具特色的"重庆公共租赁房建设模式"。2010 年重庆公共租赁房实际开工面积达到 1300 万平方米,完成 750 万平方米任务的 173.3%。北京 2010 年开工各类保障性住房 22.5 万套,超额完成全年新开工 13.6 万套的计划,完成率达到 165.4%。上海 2010 年经济适用房开工 403 万平方米,动迁安置房开工 806 万平方米,经济适用房竣工面积 200 万平方米,完成全年的开工任务。

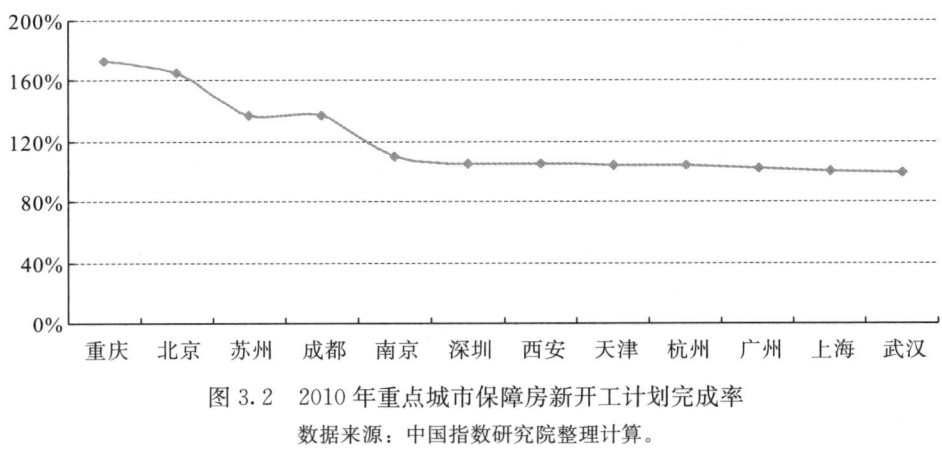

图 3.2 2010 年重点城市保障房新开工计划完成率

数据来源:中国指数研究院整理计算。

2011 年 9 月 30 日,国务院出台的《关于保障性安居工程建设和管理的指导意见》(国发〔2011〕45 号)明确到"十二五"期末,确保 20% 左右的保障性住房覆盖率。"十二五"期间土地出让收益用于保障性住房建设和棚户区改造的比例不低于 10%。按照 2013 年全国土地出让收入 3.5 万亿元计算,"十二五"期间投入到住房保障工程的土地出让收益将近 3500 亿元。

在"十二五"期间,我国计划建设城镇保障性安居工程 3600 万套,其中 2011 年 1000 万套,2012 年 1000 万套,2013—2015 年建设 1600 万套,保障性住房的覆盖率达到 20%。其中,2009—2014 年保障性安居工程任务与实际完成情况见表 3.5。对于城镇低收入住房困难家庭要提供廉租房,实行廉租房制度;对城镇中等偏下收入住房困难家庭,要提供公共租赁房保障。住建部于每年初分别和各省级政府集中签订了《保障性住房目标责任书》,同时规定各地必须在每月 5 日前上报保障房建设进度。

"十二五"规划纲要中,明确提出:对于城镇低收入住房困难家庭实行廉租房制度;对城镇中等偏下收入住房困难家庭,实行公共租赁房制度;对于中高收入家庭,将实行租赁和购买相结合的商品房制度。

表 3.5　我国保障性安居工程近年任务与实际完成情况　　　（单位：万套）

	2009 年	2010 年	2011 年	2012 年	2013 年	2014 年
目标任务量	—	580	1000	700	630	600
实际新开工量	502	590	1043	722	666	624
基本建成量	330	370	432	505	544	502
投资额/亿元	—	1772	13500	10800	11200	10800

"十二五"最后一年即 2015 年全年全国城镇保障性安居工程新开工 722 万套，基本建成城镇保障性安居工程住房 783 万套。2015 年，全国计划新开工城镇保障性安居工程 740 万套，基本建成 480 万套。投资额 1.54 万亿元。

十八届三中全会以后，房地产出现了结构性的转变。通过全国大中城市房价监控，以及空置房的分布可以很明显地看出：一线城市供求市场严重失衡，供不应求；二线城市供需大致平衡；三、四线城市供过于求。

为了防止部分城市房价上涨过快，适应我国城市化和工业化人口流动规律，使房地产市场向合理方向发展，房地产调控由上一届政府采取的"打击投机性需求、抑制投资性需求"策略，在新一届政府领导人领导下，转变为"增加市场供应"。

中共中央政治局于 2013 年 10 月 29 日就加快推进住房保障体系和供应体系建设进行第十次集体学习。中共中央总书记习近平在主持学习时强调，加快推进住房保障和供应体系建设，是满足群众基本住房需求、实现全体人民住有所居目标的重要任务，是促进社会公平正义、保证人民群众共享改革发展成果的必然要求。中共中央提出"构建以政府为主提供基本保障、以市场为主满足多层次需求的住房供应体系"。至此，我国"双轨制"住房制度最终明晰化。

中共中央政治局在 2013 年 10 月 29 日的第十次集体学习中提出我国保障房覆盖面应该占全部住房的 20% 的目标。

3.2　各类保障性住房的建设和发展

3.2.1　棚户区改造安置房的建设和发展

2008 年中国共产党中央委员会(党中央)、国务院启动保障性安居工程，并将国有林区(场)棚户区(危旧房)、国有垦区危房、中央下放地方煤矿棚户区改造作为重要内容，加快了改造步伐。2010 年，中央全面启动城市和国有工矿棚户区改造工作，并继续推进国有林区(场)棚户区(危旧房)、国有垦区危房、中央下放地方煤矿棚户区改造。2008—2012 年，全国改造各类棚户区 1260 万户，有效改善了困难群众住房条件，缓解了城市内部二元矛盾，提升了城镇综合承载能力，促进了经济增长与社会和谐。

处于改造最后阶段的棚户区大多位于中西部地区、独立工矿区、资源枯竭型城市和三线企业较集中的城市。处于中西部地区的这些棚户区，大多也远离城市、县城，即使在城市中心区的棚户区，建筑密度都很大，改造的难度很大。

2013年7月国务院发布《关于加快棚户区改造工作的意见》。《关于加快棚户区改造工作的意见》提出，重点推进资源枯竭型城市及独立工矿棚户区、三线企业集中地区的棚户区改造，稳步实施城中村改造，2013—2017年改造各类棚户区1000万户，使居民住房条件明显改善，基础设施和公共服务设施建设水平不断提高。

对于各类棚户区改造工作，国务院《关于加快棚户区改造工作的意见》提出了具体目标和要求。

(1)城市棚户区改造。2013—2017年五年改造城市棚户区800万户，其中，2013年改造232万户。在加快推进集中成片城市棚户区改造的基础上，各地区要逐步将其他棚户区、城中村改造，统一纳入城市棚户区改造范围，稳步、有序推进。市、县人民政府应结合当地实际，合理界定城市棚户区具体改造范围。禁止将因城市道路拓展、历史街区保护、文物修缮等带来的房屋拆迁改造项目纳入城市棚户区改造范围。城市棚户区改造可采取拆除新建、改建(扩建、翻建)等多种方式。要加快城镇旧住宅区综合整治，加强环境综合整治和房屋维修改造，完善使用功能和配套设施。在改造中可建设一定数量的租赁型保障房，统筹用于符合条件的保障家庭。

(2)国有工矿棚户区改造。五年内改造国有工矿(含煤矿)棚户区90万户，其中，2013年改造17万户。位于城市规划区内的国有工矿棚户区，要统一纳入城市棚户区改造范围。铁路、钢铁、有色、黄金等行业棚户区，要按照属地原则纳入各地棚户区改造规划组织实施。国有工矿(煤矿)各级行业主管部门，要加强对棚户区改造工作的监督指导。

(3)国有林区棚户区改造。五年内改造国有林区棚户区和国有林场危旧房30万户，其中，2013年改造18万户。对国有林区(场)之外的其他林业基层单位符合条件的住房困难职工，纳入当地城镇住房保障体系筹解决。

(4)国有垦区危房改造。五年内改造国有垦区危房80万户，其中，2013年改造37万户。要优化垦区危房改造布局，方便生产生活，促进产业发展和小城镇建设。将华侨农场非归难侨危房改造，统一纳入国有垦区危房改造中央补助支持范围，加快实施改造。

为推进以人为核心的新型城镇化，改造约1亿人居住的城镇棚户区和城中村，为有效解决棚户区改造中的困难和问题，进一步加强棚户区改造工作，2014年8月国务院发布了《关于进一步加强棚户区改造工作的通知》。

对于棚户区改造，中央政府在财政投入、建设用地、税费和信贷等方面给予支持。2007—2011年，中央政府共安排补助资金730亿元，其中，超过90%的补助资金投向了中西部财政困难地区。

棚户区改造按照"政府主导、市场运作"的原则实施。政府除了鼓励地方实行财政补贴、税费减免、土地出让收益返还等优惠政策外，还允许在改造项目里，配套建设一定比例商业服务设施和商品住房，支持让渡部分政府收益，吸引开发企业参与棚户区改造，既可以使原棚户区居民能享受到更好的公共服务，还可以缓解政府筹资压力，提高改造效率。

实施棚户区改造的根本目的是改善群众的居住条件，兼顾完善城市功能、改善城市环境。各地对棚户区改造实行了"保底"安置，安置标准普遍达到了户均45平方米以上，保证实施改造后群众居住水平都能明显提高。棚户区改造还要求加强改造建设和安置住房分配过程的公开透明，维护棚户区群众的知情权和参与权，确保分配结果群众满意。

住房城乡建设部等七部门联合发出通知，要求加快推进棚户区（危旧房）改造。针对各类棚户区改造，七部门给出了完成期限。其中，已纳入中央下放地方煤矿棚户区改造范围的煤矿棚户区，2013年年底前要基本建成；国有林区棚户区和国有林场危旧房改造中任务较少的省（区、市）要争取在2013年年底前完成改造，其他省（区、市）要力争在2015年年底前基本完成；还未完成的国有垦区危房改造，力争在2015年年底前全面完成，有条件的地区要争取在2014年年底前基本完成。

为做好棚户区改造工作，中央多个部委纷纷出台支持性政策：

(1) 为了引导更多社会资金参与棚户区改造，国家发改委采取优先办理核准手续、鼓励地方政府贴息、提高项目使用债券资金比例、开展债券＋银行贷款组合试点等综合政策措施，充分发挥企业债券融资对棚户区改造的支持作用。2013年1—11月，共核准72家企业发行企业债券用于棚户区改造，发行规模合计890亿元，其中直接用于棚户区改造项目651.71亿元，支持项目162个，其余用于配套基础设施，有力地支持了棚户区改造项目的建设。

(2) 财政部和国家税务总局也出台了税收优惠政策支持棚户区改造。财政部、国家税务总局规定，自2013年7月4日起，对城市棚户区等4类棚户区改造中涉及的城镇土地使用税、印花税、土地增值税、契税、个人所得税给予减征或免征的优惠政策。具体包括：对改造安置用房建设用地免征城镇土地使用税；个人首次购买90平方米以下改造安置住房，按1%税率计征契税；超过90平方米但符合普通住房标准的，按法定税率减半计征契税；个人取得的拆迁补偿款免征个人所得税等。据测算，仅2013年该政策可减免相关企业和个人税收约18亿元。

(3) 农业部会同住房和城乡建设部等部门，积极落实国有垦区危房改造任务，督促垦区协调落实土地、税费等有关优惠政策。

各地方政府从土地、资金等方面加大对棚户区改造的支持力度。有的地方将土地收益用于改造项目。江西棚户区改造拆迁后的净地全部实行"招、拍、挂"上市，土地出让收益封闭运行，专款专用，全部用于拆迁安置。内蒙古实行土地等级搭配制度，在实施棚户区改造项目时搭配一定数量的商业性建设用地，土地收益全部用于弥补改造资金的不足。上海市土地储备中心与太平洋保险公司合作设立不动产债权投资计划，以债权形式投入旧区（棚户区）改造项目，总规模500亿元。

棚户区改造是重大的民生工程，2015年国家提出了棚户区改造三年规划，即从2015年开始到2017年完成棚户区改造1800万套，其中在2015年开动601万套，2016年开动606万套，2017年计划开工600万套。

由于棚户区改造是我国保障房体系中的一种特殊形式，是针对特定保障对象的保障房形式，其项目建设和资金运行是一个封闭体系。

3.2.2 廉租房的建设和发展

廉租房是指政府以租金补贴或实物配租的方式，向符合城镇居民最低生活保障标准且住房困难的家庭提供社会保障性质的住房。廉租房的分配形式以租金补贴为主，实物配租和租金减免为辅。

1998 年国务院发布 23 号文《国务院关于进一步深化城镇住房制度改革，加快住房建设的通知》第一次明确提出"廉租房"的概念。

根据 1999 年住房和城乡建设部发布的《城镇廉租房管理办法》，廉租房的房源有了明确的规定。2003 年年底，由国土资源部、住房和城乡建设部等五部委共同印发的《城镇最低收入家庭廉租房管理办法》开始实施，完善廉租房的各项标准，提高其操作性。2007 年年底，由住房和城乡建设部等 9 部委联合颁布的《廉租房保障办法》出台，标志着廉租房制度的全面启动。2008 年 3 月，住房和城乡建设部在总结个别地区廉租房建设过程中的经验教训后，下发了《关于加强廉租住房质量管理的通知》。

2008 年政府工作报告中提出"要健全廉租房制度，加快廉租房建设，增加房源供给"，廉租住房保障资金被首次写入政府工作报告。

到 2006 年年底，全国 657 个城市中已有 512 个城市建立了廉租房制度，占比达到 77.9%。地级以上城市中，283 个城市建立了廉租房制度，占总数 287 的 98.6%。229 个县级城市建立了廉租房制度，占总数 370 的 61.9%。截至 2008 年年底，1000 万户在 2005 年抽样统计中为低收入住房困难的家庭，有 253 万户解决了住房问题。

从 1998 年到 2008 年 8 月，全国有 95 万户通过廉租房保障制度改善了居住条件，但建设情况依然不容乐观。2007 年年底全国仍有人均建筑面积 10 平方米以下的低收入住房困难家庭近 1000 万户，占城镇家庭总户数的 5.5%。廉租房制度也正是在以上经济和社会背景下产生的，发展和完善廉租房，是促进社会稳定、深化住房制度改革的重要内容。

至 2007 年 6 月，在全国 657 个城市中尚有 71 个城市未建立廉租住房制度，关于土地出让净收益中用于廉租房的比例也有 166 个地级市没有明确规定。虽然住建部多次要求所有市、县在 2006 年年底必须全部建立廉租房，但我国廉租房政策执行效果并不理想。

自 2005 年以来廉租住房的建设力度不断加大，累计享受廉租住房的家庭数从 2005 年的 32.9 万户提高到 2009 年的 300 万户。截至 2009 年年底，全国新开工和通过其他方式筹集廉租住房 185 万套包括全国廉租住房新开工的 158.4 万套和通过购买、改建等方式筹集的 26.6 万套。落实 292 万户租赁住房补贴，其中新增租赁补贴 80 万户。

根据 2010 年 4 月住建部、发改委、财政部联合发布的《2009—2011 年廉租住房保障规划》，在 2009—2011 年，我国将新建廉租住房 518 万套、新增发放租赁补贴 191 万户，基本解决现有 747 万户城市低收入住房困难家庭的住房问题。2012 年，1000 万套保障性安居工程目标任务当中，除了棚户区改造、经济适用房和两限房外，还要求新开工建设廉租住房 160 多万套。

廉租住房由于土地、投资由政府全部承担，财政收入较差的地方政府难以负担。成片大规模集中修建廉租住房,会导致低收入人群聚集,这也是应当充分考虑的因素。

根据住建部、财政部、发改委联合印发的《关于公共租赁房和廉租住房并轨运行的通知》(建保〔2013〕178号)规定,从2014年起,各地公共租赁房和廉租住房并轨运行,并轨后统称为公共租赁房。

3.2.3 经济适用房的建设和发展

经济适用住房是指根据国家经济适用住房建设计划,由国家统一下达建设计划、由地方政府行政划拨用地,免收土地出让金、对各种行政性收费实行减半征收、以"保本微利"为定价原则的,兼具经济性和适用性特点的居民用房。它的经济性反映在价格相对市场商品房较为适中,能够适应中低收入家庭的消费水平;适用性体现在采用的住房设计和建筑标准能够满足使用效果。设立经济适用房的目的是解决中低收入家庭的住房问题。这类住宅因减免了工程报建中的部分费用,其成本低于普通商品房。经济适用房有三大特点:一是无偿划拨土地;二是各种税费减半征收;三是开发商的利润控制在3%以下。

我国经济适用房至今经过了四个发展时期:

1)初步探索阶段(1991—1997年)

1991年,国务院在《关于继续积极稳妥地进行城镇住房制度改革的通知》中提出:"大力发展经济适用的商品房,优先解决无房户和住房困难户的住房问题"。1994年,《城镇经济适用住房建设管理办法》出台,该办法源于建设部的建房〔1994〕第761号文。将经济适用房的性质定为"以中低收入家庭为对象,具有社会保障性质"。同时,也对经济适用房的对象、成本和价格、资金来源以及管理等做了相应规定。

2)快速发展阶段(1998—2004年)

1998年出台的《国务院关于进一步深化城镇住房制度改革加快住房建设的通知》对启动住宅市场消费和解决中低收入家庭住房困难问题做了初步探索。2004年颁布的《经济适用住房管理办法》是我国第一部住房管理办法,它将经济适用房的供应主体定为"具有保障性质的政策性商品住房"。这一阶段,经济适用房的开工面积和数量都在成倍增长。

3)调整转型阶段(2005—2006年)

在这个时期权力寻租现象和设计标准不当产生一些负面新闻引发了社会对经济适用房存废的讨论。"经济适用房小区中的豪宅""高出租率""开奔驰宝马住经济适用房"等负面形象延缓了经济适用房的开发。

4)坚定突破阶段(2007年至今)

2007年国务院发布的《关于解决城市低收入家庭住房困难的若干意见》(简称24号文)对经济适用房进行了重新定位,使之由政策性商品住房转变为保障性住房,特别将供应对象严格限定在低收入群体。在2007年新修订的《经济适用房管理办法》中,对经济适用房的建设管理、价格管理、准入及退出管理、监督管理做了详细规定。强调了保障对象必须要与廉租房相衔接和有限产权制度,并采用了一系列细则限制经济适用房用于投机。这一修改确定了经济适用房的三大特征:保障性、政策性和商品性。

2006年我国经济适用房新开工面积是4379万平方米，同比增长了24.63%，随后的增速呈现下降趋势，在2009年和2010年，经济适用房新开工面积为负增长，同比分别下降4.75%和8.05%。此后，经济适用房建设逐年减少，直至2012年年底停止建设。

由表3.6和图3.3可以看出，经济适用房投资比例在日益下降。总体而言，经济适用房全国各个地区显现出不均衡状态。中国指数研究院的统计数据表明，2009年深圳、广州、成都、南京、重庆、西安、大连规划的经济适用房在整个房地产市场的占比分别是3%、14%、2%、21%、9%、15%、18%。在辽宁、山东、广东等地，陆续决定停建经济适用房，或采取经济适用房与廉租房并轨策略。

表3.6 经济适用房建设量占全国房地产建设量的比重

年份	住房竣工套数	经济适用房	经济适用房所占比例/%
2000	2139702	603573	28.21
2001	2414392	604788	25.05
2002	2629616	538486	20.48
2003	3021134	447678	14.82
2004	4042219	497501	12.31
2005	3682523	287311	7.8
2006	4005305	338040	8.44
2007	4401203	356580	8.1
2008	4939189	353782	7.16
2009	5548897	398441	7.18
2010	6019767	399193	6.63

资料来源：中国统计年鉴。

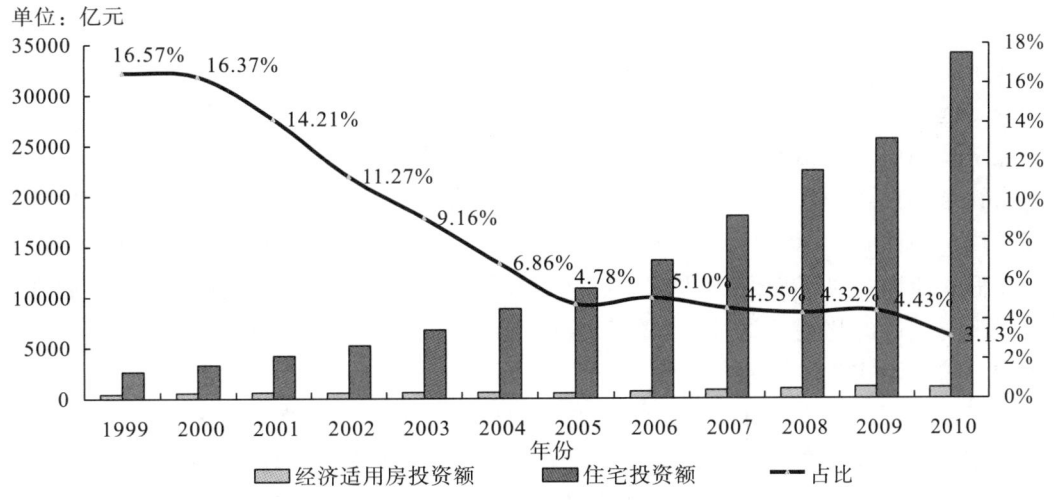

图3.3 1999—2010年我国住宅及经济适用房投资额

数据来源：中国指数研究院综合整理计算。

经济适用房投资额占全部住宅投资的比重是下跌趋向，1999—2010年，比重从16.57%降至3.13%。究其原因，主要是自2009年以来我国房地产市场迅速发展，商品住宅投资额增幅显著上升。同时，随着我国保障房建设为重心逐渐转向公共租赁房和廉租房建设，特别是2010年《关于加快发展公共租赁房的指导意见》的出台，也导致经济适用房的建设规模出现萎缩。

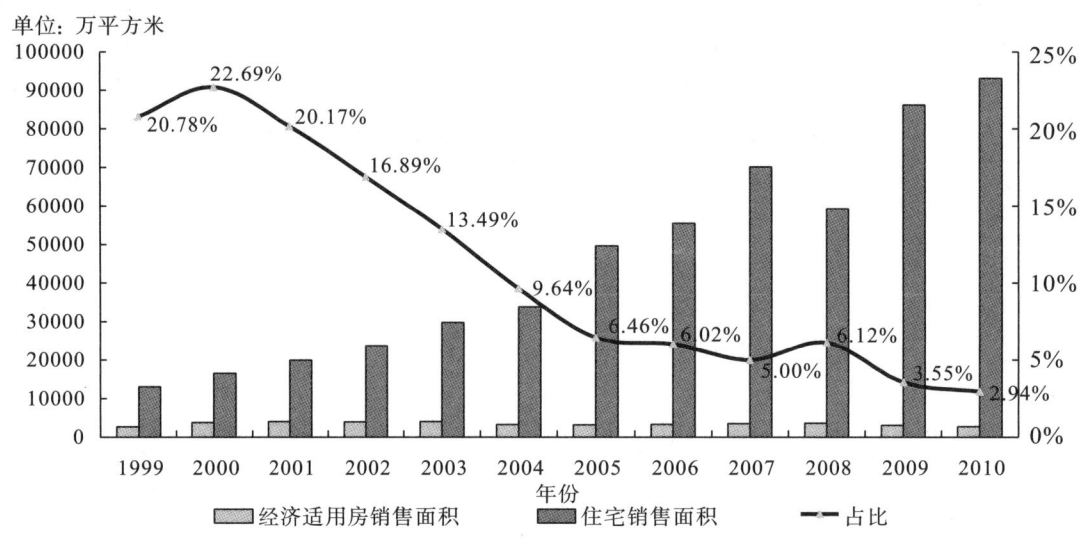

图 3.4　1999—2010 年我国住宅及经济适用房销售面积
数据来源：中国指数研究院综合整理计算。

从销售情况看（图 3.4），自 2003 年以来，我国房地产市场发展迅速，商品住宅销售面积逐年提高，但是经济适用住房的销售面积增长缓慢，占住宅销售面积的比重逐年下降。

经济适用房在我国城市化过程中，对保障中低收入群体的住房需求，在相当长一个时期内，起到很重要的作用。

经济适用房的弊端也是明显的：经济适用房建设用地性质属于行政划拨用地，免收土地出让金、对各种行政性收费实行减半征收，地方政府少了很大一部分土地出让金，经济适用房在保有一段时间后，可以上市交易，存在寻租空间。由于地方政府大数据库建设滞后，所以，对享受经济适用房群体身份甄别难度较大，难免存在弄虚作假现象。随着经济适用房的弊端日益显现，公共租赁房建设速度加快，经济适用房在我国保障房体系中，将日渐式微。

自经济适用房推出之日起，围绕它的权力寻租现象，存废之争从未停止。在最近两年，随着住建部放开经济适用房在保障房中的建设比例要求，多地先后停建经济适用房。

经济适用房曾经被视为保障房建设主体和中低收入者解决住房问题的关键，但从其诞生后不过十余年，在整个住房供应体系中，经济适用房已经从尴尬的主角位置上逐渐消失。

2012 年，经济适用房遭遇全国范围的"阻击"，广东、江西、河南等省已经明确停止了经济适用房的建设,更多的地区则明确了以公共租赁房、廉租房为重点进行保障房建设。

2012年2月,北京市明确提出"以租为主"的保障房方式,将大力发展公共租赁房、廉租房。

2012年3月,广东省公布《广东省住房保障制度改革创新方案》。根据这一方案,除已批准立项的项目外,暂停新建经济适用房,将其供应对象纳入公共租赁房供应范围。

2012年4月,江西省宣布从当年开始停止新建经济适用房和限价房,公共租赁房是保障性安居工程建设的重点。

2012年8月,河南省加入停建经济适用房的阵营。河南省住房和城乡建设厅(住建厅)宣布,将于2013年年底全部取消经济适用房,实行廉租房、公共租赁房并轨的保障模式。

2012年9月,武汉市房管局负责人表示,2012年是武汉保障房体系转轨之年,租赁性保障将成武汉保障房主流。

2012年10月,福州市宣布,从2013年开始市民将只能申请廉租住房和公共租赁房两类保障房。

3.2.4 限价房的建设与发展

限价房又称"两限房",是指限房价、限套型的一种商品房,主要解决中低收入家庭的住房困难,主要针对两部分人群:一是具备一定房产消费能力的人群,二是定向购买的拆迁户。

限价商品房拥有和商品房同等的产权,而拆迁房屋通常也具有正常产权,因此拆迁户购买限价商品房是以产权置换产权。

限价房不是经济适用房(表3.7)。根据"以房价定地价"的思路确定限价商品房,采取政府组织监管、市场化运作管理方式。与一般商品房的差异是:在土地挂牌出让时,限价商品房就已被限定价格、建设标准和销售对象,政府根据开发商的开发成本、合理利润,在对房屋进行一系列测算后,设定土地出让的价格范围,从源头上对房价进行调控。限价商品房被看作一定时期内政府调控地产市场、调节住房供需矛盾的有效方式,其建设是由政府成立的全资国有公司负责。房屋销售价格采取政府定价,定价的原则是比周边同类商品住房低20%—25%。销售价格会在预售时对外宣布,其公布价格是该限价房楼盘的最高价格。

购买限价房应自购房合同备案5年后方可上市交易。经济适用房属于政策性住房,购房人拥有有限产权。经济适用房自购买合同备案之日起,不满5年不得直接上市交易。购房人因各种原因确需转让经济适用房的,由住房储备机构按照届时同类经济适用房价格进行回购。

限价房的定位是一种介于经济适用住房与商品房之间的"特殊"商品房,是特定时期过渡性的住房类型。但它不同于一般概念上的商品房,是因为其不但限定套型还要限定房价;也不同于经济适用房,因为它是在竞地价、竞房价基础上建设的商品房。

商品住宅市场上供应的大多数住房为非限价商品住房。就限价房的内涵和运作模式而言，限价房的市场行为，主要体现在土地供应上，运作方式依然是以招、拍、挂为主，从而会使得政府的财政损失降低。

限价房的土地使用权性质是出让土地，将其与经济适用住房采取划拨用地、微薄利润、政府最终审定房价等模式进行对比，限价房更易为相关利益各方所接纳，在一些地区，限价房的出台在一定程度上替代经济适用住房。

表 3.7　限价房与经济适用房特性对比

对比指标	经济适用房	限价房
保障对象	中低收入家庭	中等收入家庭
用地性质	行政划拨	竞价
各项税费	多	少
住房价格	低	高于经适房
产权含量	部分产权	完全产权
保障性质	为受保障人群提供最基本的住房权利	
住房性质	保障性住房	
管理性质	完全依赖政府监督管理	

资料来源：作者根据相关资料整理得来。

限价商品房一般是指政府控制土地出让价格，限定销售价格和套型面积，为基本具有住房支付能力的中等收入家庭解决住房困难而供应的商品住房。限价商品房是部分城市为了应对房价暴涨而采取的应急措施，实质上是介于普通商品房与经济适用房之间的政策性商品房。

限价商品房自被提出之日起，就备受争议。虽然遭到一些人的反对，在一、二线房价不断高升以致于中等收入家庭都觉得购房困难的情况下，被定位为"帮助中等收入家庭解决住房困难"的限价房，被无数人寄予了厚望。

在 2011 年 1 月下旬，"国八条"指出：加强土地出让方式的完善，加大"限房价、竞地价"方式的推行，增大中低价位普通商品住房用地的供应，另外增加高房价城市限价商品住房用地计划供应量。这就更进一步使限价商品房在保障性住房供应体系中的地位得以明确。

限价房的推出在房价过热的一、二线城市具有重要的社会现实意义。限价房的实施一方面对于缓解当前我国一些地区中低价位商品房供应不足的局面是有利的，对解决我国所谓的"夹心层"人群的住房问题具有积极作用。另一方面，也使得土地供应结构得以改变，使得房地产市场供应结构得到改善，平抑房价这一目标也得到实际变化。就土地利用这一点而言，限户型措施的实施，在某种程度上也可以提高土地的集约利用率，保障房供给得以增加，也会对周边地区商品房的价格产生积极作用。限价房施行的地区，房屋消费人群在购买商品房时必然会将其当作一个参考，因而可能会导致该地区周边商品房开发商在定价时会比较谨慎，一些开发商高价的情况将得到改善，周边的商品房市场价格也会受到积极的影响，进一步可能会对整个楼市产生影响。

北京在 2007 年年初开始全面实施限价房建设，采取限房价、竞地价、附加条件公开招标方式出让土地,来确定项目开发主体,并规定购买限价房 5 年后才能上市,2007 年和 2008 年分别建设限价房 300 万平方米。从 2003 年起,南京开始实施"三房"工程(中低价商品房、经济适用住房、廉租房)中便开始了中低价商品房的建设,其采用竞地价、限房价、附加条件挂牌出让土地方式确定开发主体,2008 年已经竣工建筑面积 50 万平方米,并交付使用,容纳了 5000 户,2009 年建设 34 万平方米,2010 年建设 90 万平方米。

从 2006 年起,广州开始建设限价房,确定开发主体的方式是采用双限双竞(限套型、限房价,竞房价、竞地价)、附加条件公开招标或挂牌出让土地。其定价标准是借鉴我国香港地区的相关住房政策,其价格定位为相同区域相同品质普通商品房价格的 70%,开发商可以根据具体的市场情况和公司的销售策略自行定价,但是不能超过上面的最高定价(就是相同区域相同品质普通商品房价格的 70%)。并规定购买限价房 5 年后才能在市场上交易,且须补交全部的土地差价。

限价商品房由于没有被列入"硬性任务",导致其在多数二、三线城市受到"冷遇"。分析全国 30 余个省会城市和计划单列市的限价房建设情况,发现石家庄、南宁、沈阳、呼和浩特、合肥、长春等近 10 个二线城市没有建设限价房。大多数三线城市没有限价房建设。一线以及重点城市中,北京、广州、深圳、上海、杭州推出限价商品房。

从北京、上海、广州、深圳、武汉、青岛等 14 个城市建设的限价商品房情况看,各地限价商品房定价基本在周边市价的 60%—80%,如北京长阳国际城限价商品房,均价 12500 元/平方米,低于市场价大约 5000 元/平方米,广州宏康和园定价 5500 元/平方米,低于周边市场价格 2500 元/平方米。

就目前主要城市的实施状态来看,限价房模式有如下几种:
(1)限户型:如深圳宝安龙华街道 A816-0039 地块出让时限定户型为 90 平方米。
(2)限定价:如北京限价房项目长阳国际城,土地售卖时限定房价为 12500 元/平方米。
(3)限交易:如上海临港区限价商品房产权十年内不得转让,青岛 5 年内不得上市交易。
(4)定区域:如上海 50 万平方米限价房项目定在浦东临港新城。
(5)定对象:如上海定对象是张江高科技人才。

大部分城市在实际操作中,以上几条会组合使用,比如深圳双限,既限户型又限定价;而上海双定双限制,即限制房价限制交易,定在临港区,对目标人群设定张江高科技人才之类的限制条件;其他各城市也都是根据本市需要对政策做出一定延展。

限价房的定位为一种介于经济适用住房与商品房之间的"特殊"商品房,是特定时期过渡性的住房类型。限价房只是在我国少数房价热点的一、二线城市出现的一种保障房,限价房的要害是购房者一般要有当地户口。

3.2.5 公共租赁房的建设与发展

我国城镇住房保障制度发展至今,已经建立起以经济适用房、廉租房、两限房、棚户区改造安置房和公共租赁房为主要内容的住房保障体系,对不同收入家庭实行不同的住房供应政策，对于支持城镇中低收入居民解决住房问题起到了重要作用。

随着实践的推行以及社会经济的发展，这种多类型的保障体系也出现了诸多问题，包括：

(1) 大多数保障性住房偏重于强调居民的住房所有权，对于基本的居住权却没有给予足够关注。

(2) 保障性住房基本上是以低收入作为申请住房的必备因素，由于准入和监督机制等制度原因，让部分经济适用房变为高收入者的投资品，这就使得低收入者的权益遭到侵占，对那些经济条件中等偏低、无力购买或租赁商品房的群体来说，无疑是不公平的。

(3) 受益于原来多类型住房保障体系的群体多是针对那些拥有当地户籍的群体，随着我国城镇化进程的快速发展，大量的流动性人口进入城市，他们一方面无法购买商品房，另一方面又受到收入、户籍等的限制，根本申请不到现有保障性住房，导致大量"夹心层"产生。所谓的"夹心层"包括了新就业人群、刚步入社会的大学毕业生、外来务工人员、农业转移人口，他们不够廉租房条件但又买不起经济适用房或不够经济适用房条件也申请不到廉租房。

针对那部分既买不起经济适用房又不够廉租房条件的"夹心层"群体，政府要怎样来解决呢？住建部于2009年3月宣布：政府加快公共租赁房的建设，公共租赁房的所有权是政府或公共机构，用低于市场价或承租者能承受的价格，面向新就业职工出租。这是对"夹心层"的住房需求首次给出的比较明确的解决办法。从此，作为一种前所未有的住房保障计划，公共租赁房建设和租赁工作在全国各地迅速开展起来。2010年6月随着住建部《关于加快发展公共租赁房的指导意见》的出台，公共租赁房的建设成为中国住房保障体系发展的里程碑。

各省(市)区政府与住建部就公共租赁房建设签订了目标责任书，每个地区制订了公共租赁房发展规划以及年度计划，并规划归入2010—2012年保障性住房建设规划以及"十二五"住房保障规划中，按年度计划组织实施。

在"十二五"期间，全国新建保障性住房3600万套，到"十二五"末，全国城镇保障房覆盖率由7%—8%提高到20%以上。其中，2011年开工建设1000万套(含220万套公共租赁房)。同时，大力建立以企业为主体的公共租赁房运行机制，大力鼓励各地积极发展由企业投资和持有公共租赁房产权，采用公共租赁房建设责任制、负责租赁和日常维修等工作。

在"十二五"期间，各地开始建设大量公共租赁房。南京建设9万套500万平方米公共租赁房；哈尔滨2011年建设1万套公共租赁房，包括集中建设6000套，统一配建4000套；北京新建、收购各类保障房100万套，在公开配租配售保障房中，公共租赁房比例达到六成以上，也就是60万套以上；江苏保障性住房建设总量139万套；在广州的保障性住房建设中，有60%是公共租赁房；西安在3年时间内，建设成373万平方米的公共租赁房；重庆在2015年前建设4000万平方米公共租赁房，截至2013年12月，重庆已经开工建设的有2871万平方米，已完成30万群众的配租问题。

提出公共租赁房这一概念，帮助"夹心层"群体解决住房难问题，从广泛意义上来说，是国家保障体系同时面向"非低收入群体"着力这一理念转变。这一转变，是以政府认同非传统意义上低收入群体也需要政府的帮助为出发点。公共租赁房为我国城市化进程中的新增劳动人口、产业转移人口、流动人口提供了住房保障,为保持我国制造业优势、发展实体经济,提供了坚实基础。

公共租赁房建设发展,在某种程度上可能会制约房价的快速上涨。公共租赁房涵盖面积广,不但有本地中低收入家庭,新增加就业人员和外来务工人员也将受益。在市场经济背景下,商品房不是满足所有人住房需求的唯一手段。因为在特定的发展阶段和特定时期,无论房价怎样变动,人口大量聚集的城市总会有20%—30%的特定人群买不起商品房,解决这部分人的住房需求,是政府的责任。

公共租赁房的供给,使社会上一部分购房需求得以分流,为各地楼市调控争取了时间。

从重点城市2011年公共租赁房开工规模占保障房比重来看(表3.8),贵阳、哈尔滨、广州、石家庄、成都、天津等城市的公共租赁房所占比例都在50%以上。乌鲁木齐、郑州、西安、南宁、西宁、武汉、呼和浩特、南京等8个城市公共租赁房所占比例也在3成之上。

表3.8 2011年重点城市保障房开工规模及公共租赁房占比

城市	保障房	公共租赁房	公共租赁房占比/%
北京	20万套	6万套	30.0
上海	22万套	4万套	18.2
广州	10万套	6万套	60
深圳	7.3万套	—	
天津	19万套	10万套	52.6
重庆	—	1350万平方米	
成都	356万平方米	204万平方米	57.3
杭州	400万平方米	60万平方米	15.0
南京	5.7万套	2.2万套	38.6
武汉	7万套	3万套	42.9
青岛	2万套	0.5万套	25.0
福州	5.84万套	1万套	17.1
厦门	3.28万套	1.95万套	51.0
郑州	4.96万套	2.4万套	48.4
石家庄	2.97万套	1.75万套	58.9
南昌	1.14万套	0.33万套	28.9
三亚	0.42万套	0.1万套	23.8
哈尔滨	1.6万套	1万套	62.5
西安	8.6万套	3.7万套	43
呼和浩特	2.58万套	1万套	38.8
乌鲁木齐	1.15万套	0.5万套	43.5

续表

城市	保障房	公共租赁房	公共租赁房占比/%
西宁	2.8万套	1.1万套	39.3
银川	0.55万套	0.15万套	27.3
贵阳	200万平方米	126万平方米	63.0
南宁	2.44万套	1万套	41.0

资料来源：作者根据相关数据整理得来。

2011年9月19日，温家宝主持召开国务院常务会议，研究部署进一步做好保障性安居工程建设和管理工作，会议提出了保障房资金三大来源渠道以及公共租赁房建设标准和租金问题。对公共租赁房的建设标准和租金标准明确为：主要以小户型为主，单套建筑面积在40平方米左右，房屋租金标准由市县政府根据当地实际，以略低于市场租金的原则合理决定。这给地方推进公共租赁房建设提供了可供操作的基本标准，同时又给各地制定具体租金标准留有余地。

2012年从公共租赁房建设资金筹措情况看，各财政投入主要包括中央财政补贴1030亿元。各地还通过规范和利用企业债券融资，专项用于公共租赁房等建设。上海公积金管理中心首次使用公积金增值资金收购公共租赁房项目"新江湾尚景园"，总投资14.98亿元，为上海的公共租赁房"储备库"新增住宅2200余套；西安成为利用住房公积金建设公共租赁房的试点城市，拿出现有公积金结余资金的15%，用来建设公共租赁房；全国社保基金2012年已经投放105亿元，支持南京、天津、重庆的公共租赁房建设，全年计划总投入150亿元。

各个省(市)区在"十二五"期间制定了自己的保障房建设总目标(表3.9)，并且每年都与国务院签下了计划任务书。

表3.9 各地区"十二五"期间计划开工任务与实际开工数量

地区	总目标	2011年/万套		2012年/万套		2013年/万套		2014年/万套
		计划开工	实际开工	计划开工	实际开工	计划开工	实际开工	计划开工
北京	100万套	20	26	16	18	16	16.2	7
上海	97.5万套	22	22	17	16.7	10.5	10	5.5
天津	45万套	23	23	10.5	10.5	9	8	6
重庆	4000万平方米	50.62	49.45	34.49	52.8	—	—	2
黑龙江	50.75万套	15.28	86.87	52	54.58	26	24.83	15.44
吉林	139万套	48.11	41.29	35.38	41.48	34.75	37.21	28.46
辽宁	110万套	33.79	33.79	21.89	25.6	17.3	20.2	13.7
内蒙古	110万套	44.64	43	27.77	28.15	17.48	17.8	23.4
河北	139.4万套	38	35	28.63	28.75	22	22.5	20
河南	210万套	45.12	43	40	41.85	40	41.9	64
山东	180万套	32.82	32	30.51	32.6	23.56	27.9	31.58
山西	123.11万套	38.55	28.16	33.23	42.28	18	24.2	23

续表

地区	总目标	2011年/万套		2012年/万套		2013年/万套		2014年/万套
		计划开工	实际开工	计划开工	实际开工	计划开工	实际开工	计划开工
宁夏	25万套	9	3.1	9.3	8.9	5.7	5.2	12
甘肃	60.5万套	18.15	15.87	11.845	12.54	15.54	15.67	18.89
陕西	210万套	47.43	45	43.6	41.77	36.05	35.58	45.51
新疆	135万套	34	34	29.5	25	29.6	29.9	25.96
西藏	4.2457万套（277万平方米）	1.58	1.55	1.354	1.25	4.3	4.3	6.5
青海	30万套	15.6	18.82	3.54	3.54	5.53	5.53	11.05
安徽	173.55万套	40.92	42	40	42	39.52	41.68	46
浙江	76万套	18.5	8	14.5	17	18.21	18.6	15
福建	261万平方米	25.195	25	15.89	20.15	10	15.36	9.4
江苏	139万套	39	45	31.5	32.8	23	26.22	26
湖北	100万套	36.86	36.86	36.36	33.43	25.6	27.03	45.81
湖南	160万套	44.72	41	38.77	39.77	33.26	36.3	26
江西	126.3万套	32	23.17	21.23	30.37	32.24	32.46	33.63
云南	250万套	39.93	40	30.32	31.84	40.32	30.36	17.13
贵州	39.82万套	23.62	24	10.04	10.04	25	31.49	40.01
四川	113万套	35.24	39	28	29.3	21.1	21.3	50
广东	180万套	31	31	15.15	15.65	7.84	9	8.77
广西	90万套	29	29	21.4	25.99	14	15	12
海南	28.8万套	13.26	9	7.55	8.41	3.5	4.73	3.5
合计	约3600万套	946.935	974.93	757.289	823.04	624.9	656.45	693.24

截至2016年年底，全国已有一千万户住进公共租赁房，这是一个很好的成绩；同时，我国还将推进公共租赁房货币化，符合条件的租客，政府给予资金补贴。

3.3 我国保障性体系中各类保障房存在的问题分析

3.3.1 在我国保障房制度实践中，廉租房建设存在的主要问题

在我国保障房制度实践中，廉租房建设主要存在以下主要问题。

1）建设项目选址偏远

廉租房的福利性使得开发商不能在其中获得比较大的利润，地方政府在廉租房项目建设过程中无收益、纯投入的属性，往往导致地方政府出于本地税收及土地收益的考虑，将其选址定在离城区较远、土地价格比较便宜的地区。

偏远地区交通不便，生活设施缺乏，就业机会也较少，就迫使居民到城区就业，增加出行费用，也间接增加了生活成本。以北京的上庄三嘉信苑为例，它坐落在北京海淀

区上庄水库北岸,地处略微偏远,周围现有基础设施较为缺乏,四周少有菜市场和超市,居民为节省日常生活用品开销,大多每周骑自行车往返于上庄镇,来回车程要近两个小时。另外,由于居住区周边缺乏就业机会,加之基础设施不配套,特别是缺乏与中心城区互通的高效快捷的公共交通系统,造成大规模人口日夜钟摆式的单向流动,使得多数住户不得不奔波于居住地和工作场所之间。

2)廉租房相关的住房法律法规缺失

我国至今还没有出台关于廉租房的有关法律、法规,只有一些相关部门针对保障房制定的政策规章,如原国家建设部颁布的于2004年3月1日开始实施的《城镇最低收入家庭廉租住房管理办法》和2007年颁布的《廉租住房保障资金管理办法》等。然而,这些都只是一些立法层次较低的办法、条例,难以在约束和监督方面有效发挥作用,且由于其不具备法律所特有的强制性,所以约束力显得略微薄弱。而我国公民素质还远达不到靠大家的自我约束来保障这些政策实施的高度。基于这个问题,就出现了很多责任逃避及利益侵占的现象。

有法可依,才能使廉租房的资金、建设、使用等问题得以根本解决,并且规范整个廉租房的建设及后续运营管理,使整个廉租房制度健康有序发展,保障广大低收入人群的住房问题得以解决。我国廉租房相关法律、法规建设比较滞后,同时也缺乏明确的惩治措施,出现一些福利侵占的现象。

3)缺乏社会力量参与的激励机制

一般而言,房地产开发企业不愿从事廉租住房的开发建设,因为它们要考虑经济效益和自身的承受能力。商品房建设有较高的利润;经济适用住房,也可以在房价中记入3%的利润,企业能实现保本微利;而廉租住房既不同于商品房也不同于经济适用住房。廉租房的消费者为城镇最低收入家庭,以出租的形式进入市场,租金实行政府限价且标准较低,这样房地产公司想要达到建设资金投入产出的良性循环就变得很困难。所以,如果没有相应的激励机制,承建廉租住房对房地产开发公司基本没有吸引力。

1994年,我国实行分税制度,这项制度旨在科学界定中央和各级地方政府的事权,以此来规范各级政府的支出范围,进而财政收入就可以合理地按税种来划分。简单来讲就是分设两套税务体系征税,中央、地方各自一套。此时中央与地方的财政关系的调节主要是通过转移支付和税收返还。通过这项改革,中央将土地出让金的管理使用权划归地方,在促进地方建设上有较大的激励作用,同时加强了对地方的宏观调控能力以及自身财力。这项制度还增加了地方政府财政对土地的依赖。因为税收比例的划分,使得地方财权范围缩小,地方政府为了增加财政收入、表现政绩,只能靠出让土地,收取土地出让金。另外,实行分税制以后,地方政府必然出现对廉租房制度建设的忽视和实施的滞后。

4)廉租房对象覆盖面狭窄

根据现行的规定,我国廉租房的分配对象主要是具有城镇户口的"双困家庭"(收入困难和住房困难),即享受低保的同时人均住房面积低于一定的标准。由于存在收入、居住面积、最低生活保障等多重核定标准,使得廉租房覆盖面不高。享受廉租房的家庭占一个城市总户数的比重不到1%,与西方发达国家平均10%的比例存在较大差距。据统计,2006年全国开工建设和收购廉租住房5.3万套,建筑面积293.68万平方米,仅完成计划的1/3左右。另外,许多地方廉租房是老旧住房改造而成的。

从目前社会弱势人群的定义所覆盖的范围来看,不包括新就业毕业生和我国城市化、工业化进程中农业转移人口,他们属于"夹心层"群体,即虽然没有同时满足收入、居住面积等所有或者其中某一个核定标准,但其收入在相当长一个时期无力购买商品房的低收入群体。廉租房的建设规模、建设速度和持续发展都不能将"夹心层"群体覆盖在内。

5)短缺的房源供给

制约廉租房推广的最大障碍是房源缺乏,出现严重的供不应求。部分城市廉租房的新建数量远远不能满足申请者的需求。

从各地的实践来看,廉租房的供给主要由政府承担,企业并无直接的驱动力向廉租家庭提供住宅。此外,中介服务体系落后、社会缺乏公正意识、政策宣传不得力,也是影响廉租房供求矛盾加大的重要原因。

6)廉租房资金来源渠道单一

目前,我国廉租房资金来源主要有:市、县财政预算安排的资金(按土地净收益的一定比例计提)、住房公积金增值收益中按规定提取的城市廉租住房补充资金、政府的廉租住房租金收入、社会捐赠及其他方式筹集的资金。土地出让收益按比例提成与财政预算拨款两种方式并没有相应的硬性法律规定,仅以条例的形式存在,对各地政府难以形成有力的约束。土地出让收益要受当期土地价格和出让面积、本地房地产市场波动的直接影响,稳定性较差,而一些地方出于自身利益考虑,逃避供给廉租房的责任,对廉租房建设资金的财政支持力度很小。因而这两种方式并未形成制度化的长效机制。住房公积金的运作效率较低,主要投资增值形式是购买国债、发放个人购房贷款、通过再存款获得利差收益,增值空间不大,再扣除风险准备金及管理费用后能用于廉租房的资金极为有限,且公积金的增值易受国内外经济环境、金融环境的影响,具有一定的风险性,难以成为连续、稳定的供给源。政府的廉租房出租租金很低,只占到了廉租房资金来源很少部分。而由于我国社会结构发展和经济发展水平不一致,公民捐赠意识较低,并且目前我国各类非政府组织或非营利组织还很不完善,即使是已有的这类组织也普遍将组织目标定位在医疗、灾害救助、儿童教育等方面,迄今尚未有公益性的非营利组织涉足保障性住房领域。

廉租房的社会保障性、公益性决定了社会资金进入较难。企业和个人的投资活动皆以营利为目的,而廉租房微薄的,甚至是没有利润让社会资金徘徊在外,止步不前。

综上所述,我国廉租房资金来源主要是土地收入和公积金增值部分的收入,资金来源过于单一,政府承受的压力太大。

7)廉租房保障对象背景资料审查难度较大

廉租房已出台的规章制度已明确规定了保障对象为低收入人群,但是低收入人群怎么界定,是我国确定廉租房保障对象的一大难题。

公民的财产状况应包括两个部分,固定资产和日常收入。在以往,由于我国没有建立个人信用制度和个人收入申报机制,居民的"隐形"收入几乎没有办法进行统计和查询，因而对居民财产划分很困难，实施起来就更加困难了。即使采取一定的办法确定了居民的财产标准，监督成本过高也是一个很大的问题。

我国的廉租房建设制度不够完善，只有一个大致的框架，缺乏规范性的实施程序，导致地方政府实施廉租房制度不具有较强的操作性。其运行的有效性，在相关部门信息联网和大数据库构建完成以前都存在问题。

以天津为例，通过对天津市河北区的北翔家园和宜白路北明新苑小区享受廉租房住房保障的家庭进行访谈。居民们普遍反映周期太长，有些家庭从旧住房被拆到入住廉租房，之间间隔了6年时间。廉租房房源与资金来源相对短缺，有效利用资源是廉租房制度建设最重要的出发点。从目前情况来看，仅靠通过审查申请者的条件很难保证目标的实现。

廉租房在实践中覆盖范围、资金筹措、保障方式等很多方面都有待于进一步改进和研究，使其规范化、细致化、程序化。具体来说，廉租房制度是否有效的关键在于它的执行情况，政府应完善廉租房的反馈、监督系统。

8) 廉租房退出机制不完善

2004年国务院出台的《城镇最低收入家庭廉租住房管理新办法》中规定：要以"书面申请—审核—公示—登记—调查—核实—排队轮候—公布结果"的程序安排、配置廉租房。但工作量大、取证困难等，导致这些基层监管程序在实际的操作过程中往往止于形式。廉租房申请人在申报财产时，相关部门很难评估其真实性和全面性，对廉租房的后续管理也缺乏系统性的方案。从住建部公布的有关统计数据可知，从1998年到2008年8月，全国有95万户通过廉租房保障制度改善了居住条件，可是因为收入水平提高而腾退的人却很少。这主要是因为我国现有制度对骗租行为惩罚力度不够，而实际中骗租违约的收益要远远大于违约成本，对不具备廉租房保障资格的群体构成一定的负激励作用，增加了钻政策漏洞的风险。

廉租房房源与资金来源相对短缺，有效利用资源是廉租房制度建设最重要的出发点。从目前情况来看，仅靠通过审查申请者的条件很难保证目标的实现。而廉租房的退出机制，是保证其不被未达到廉租条件的人所占用的关键。退出机制的缺陷直接导致房源减少，申请轮候家庭只能等待廉租房，等待周期过长。

9) 货币配租效果差，实物配租少房源

现有廉租住房制度以实物配租和货币配租两种方式为主。根据2007年《廉租住房管理办法》的规定，廉租房房源主要来自：①政府新建、收购的住房；②腾退的公有住房；③社会捐赠的住房；④其他渠道筹集的住房。但这四类途径都不能很好地解决廉租房房源紧缺的问题。首先，由于财政支付的不足，各地政府投入廉租房建设的资金非常少，政府收购廉租房同样需要大量的资金，且这一房源主要是房地产商开发的销售不佳的商品房，其户型面积及设施配套往往与廉租房的标准无法匹配。其次，随着住房体制改革的深入及城市更新战略的实施，大量公有住房已出售给私人，可腾空的公有住房越来越少，且多是危房或即将被拆迁的旧房，这一渠道无法成为廉租房的有效来源。最后，我国的慈善事业起步较晚，私人及社会团体捐赠的住房极为有限，更不用说其他渠道筹集的住房了，因此，这一渠道的作用更小。上述四种供应方式都存在供给不足的问题，直接影响到廉租房实物配租的实施。如上海 2007 年年底由财政投入建设的廉租房还处于空白状态,通过腾退公房累计实现实物配租仅 3 万户,不及全市城镇居民总户数的 1%。截至 2010 年年底,北京累计向 2.4 万户家庭发放了租金补贴,但实物配租的家庭仅 0.8 万户,获得实物配租的家庭与领取租金补贴的家庭相比仍然较少。在廉租房的实物配租中,房源短缺问题一直没有得到有效解决。与之相比,政府往往愿意采取货币补贴等进出灵活、投入少、方便管理的方式,但效果却并不明显。廉租户每月能获得的租金补贴一般只有几百元,要想租适合低收入家庭承租的小户型、低价位房源越来越困难。并且有些低收入者还需平时节省部分补贴的租金用于日常生活开支,使其更加无力额外支付房租,使得货币配租效果不甚理想。

10) 单独廉租房社区的同质性可能成为社会和谐的隐患

具有相同社会属性的居民容易建立彼此认同的气氛,单独的廉租房社区,其自身从建筑内外都明显与其他住房有所不同。社区的同质性,居民的价值标准、生活方式相同,空间上影响了不同阶层的交往。

若大量廉租房集中建设,可能导致低收入人群聚集的现象,这或多或少可能会成为社会和谐的隐患。这一点在国外保障房建设中有很深的教训,国外一些发展中国家,在城市化进程中,低收入群体集中居住,形成了大量的贫民窟,增加了犯罪概率,影响社会安定。

廉租住房存在的问题,早在 1998 年住房商品化改革之时,国务院就曾经下文要求各级政府尽快建立起以经济适用房为主、租售并举的住房供应体系。但廉租住房制度建设由于责任不清、资金来源缺乏等问题一直没有实质进展。对于地方政府,廉租房建设对财政压力太大。廉租房建设会减少土地出让金收入。对于房地产开发商,由于无利可图,所以反应冷淡。2006 年国务院颁布条例要求地方政府将土地出让净收益的部分按一定比例用于廉租住房建设,并为参与廉租房建设的开发商提供银行信贷便利。

3.3.2 在我国保障房制度实践中,经济适用房存在的主要问题

在我国保障房制度实践中,经济适用房建设主要存在以下几个问题。

1) 经济适用房保障对象难以确定

经济适用房保障对象的确定存在歧义,主要表现在两个方面:一是各个省市对"中低收入"的理解不同;二是政府难以在理论与实际中准确核实家庭的真实收入,这是经济适用房发展困难的重要原因。

理解不同,保障范围就大大不同。在我国现行法律条件下,对家庭资产界定很有困难。从理论上说,家庭总收入应包括家庭总资产和现期收入两部分。家庭总资产可以用家庭拥有的不动产与金融资产的价值来衡量;现期收入应指家庭所有成员的工资和其他收入。这是界定中低收入家庭须考虑的两个重要因素。但从实践看,在经济适用房发展过程中,由于尚未建立完整个人收入申报制度,使得政府难以准确核实家庭的真实收入,致使该得到保障房的没有得到,有的人却拥有两套甚至多套经济适用房的产权。

2) 经济适用房寻租现象严重

在大多数国家,福利性住房的建设由开发商承担,而配售则主要由政府机构进行。

而在我国却有着独特的模式,经济适用房的分配和销售环节都是由开发商来主导。一项带有福利性质的住房政策,最终却要依赖以营利为直接目的的开发商来进行分配,这是经济适用房分配出现寻租现象的一个缘由。由于经济适用房的开发及分配都是由开发商经手,建设、销售缺乏政府主导,直接导致经济适用房的质量及公平性存在很大的问题。开发商作为以营利为目的的商人,自然是一切以利益为重,在巨大利益的诱惑下,一些开发商将投机目光转向了经济适用房。这些违规建造的适用房又通过别的途径变相卖给了不符合购买经济适用房的对象人群,用于出租,或倒卖等投机活动。甚至出现很多开着"宝马"汽车住经济适用房的现象。

2007年,深圳市向社会中低收入家庭提供8000余套保障性住房,在桃源村经济适用房小区里面却出现了"豪车扎堆"现象,这种现象使得社会福利出现了倒置:大批高收入家庭抢占了中低收入家庭应得的社会福利,这种福利倒置的现象,不利于社会和谐,也违背了建设经济适用房的初衷。

3) 部分经济适用房"不经济""不适用"

经济适用房作为保障性住房的一种形式,应当以中小户型为主,以降低成本,在有限的条件下尽可能满足更多中低收入家庭的需求。部分地区经济适用房的户型设计偏大,北京市曾经出现过201平方米跃式或复式"经济适用房"。开发商建设这种超豪华经济适用房既违背国家经济适用房制度的初衷,又脱离了中低收入者的实际需求和支付能力。

在经济适用房用地规划方面,一些地方政府因为重视土地收益,不愿将黄金地段的土地无偿划拨兴建经济适用房,而将经济适用房用地安排至城市远郊区,这些地方交通、生活设施很多都不完善,隐形地增加了生活成本。

政府额定的开发商的利润率为3%,但是,据调查,许多开发商的利润都远远高过这个数字。这就抬高了经济适用房的价格,使得经济适用房也称不上"经济"。

经济适用房不"经济"、不"适用"的结果就是出现弃购现象。2007年7月,济南204套经济适用房过半被弃购;2008年8月,杭州第一期经济适用房两成遭弃购;2008年12月,广州首批经济适用房1170套被弃购;2008年,深圳388套经济适用房遭弃购;2009年,石家庄又遭遇"弃购门"事件。河南也不例外,以郑州为例,2010年12月,郑州推出6203套经济适用房,可是到截止日期后只有5169人报名,还有1034套房子没有人报名。

4) 部分地方政府监管职责缺失

政府对经济适用房的开发建设具有监管职责,但是由于责、权、利划分不清以及监管成本较高,很多城市的经济适用房的监管是相当薄弱的。如果政府监管不到位,开发商就可能为了获取更多的利润,变相开发经济适用房,拔高其格调,使之成为豪宅;也可能为降低开发成本偷工减料,造成经济适用房质量不合格。也正是由于地方政府对房地产市场缺乏监管,导致有些开发商出于利益,一边享受着国家开发经济适用房的优惠政策,一边通过加利加价的方式销售经济适用住房,直接导致一些地区经济适用住房与商品房的价格相差无几,没有体现经济适用住房的价格优势。

《经济适用住房管理办法》十三条规定:"经济适用住房要统筹规划、配套建设,充分考虑城市低收入住房困难家庭对交通等基础设施条件的要求,合理安排区位布局。"但此规定在实际操作中并不易实现。部分地方政府大部分财政收入依靠土地出让金,而经济适用房用地形式是由政府地方划拨,在一定程度上损害了地方政府的经济利益。地方政府出于自身利益的考虑,通常将经济适用住房建在郊区。这些地区地价相对来说比较便宜,减轻了政府的利益损失度。但是这些地方的交通和基础设施建设都不健全,所居住的群体主要为中低收入家庭,就可能致使这些经济适用住房社区成为"贫困社区"。

5) 财政补贴效益流失

有些地方曾经把一些经济适用房以"中等收入家庭"中收入偏高的那一部分人作为销售目标人群,这既不符合经济适用房的建设目的,也不符合"财政补贴"支付的原则。

如果这类住房满足的是中等偏高收入家庭的需要,使财政补贴丧失效益,那些真正应该享受财政补贴的居住困难的中等偏低收入阶层会被排斥在受益范围之外,损害了社会再分配原则。

6) 经济适用房供求错位

经济适用房的发展状况曾经出现过一个矛盾的局面:一方面是现有供给数量远不能满足潜在保障对象的需求,另一方面建成的经济适用房又存在严重的滞销问题。

在开发商有意地炒作之下,经济适用房的价格节节攀升且在很大程度上超过了既定保障对象的实际承受能力,使得经济适用房真正该保障的对象无力买房,而非经济适用房保障的其他人群享受经济适用房的福利待遇,严重阻碍了我国经济适用房保障功能的有效发挥。

经济适用房由于多种原因,持续提供房源有限。首先,我国目前绝大多数城市的经济适用房制度主要依赖财政资金支持,甚至大部分地区还沿用政府投资兴建新房的模式,社会化融资渠道非常有限,这种严重依赖财政的现象决定了经济适用房建设很难步入快速发展的轨道。其次,对于严重依赖财政资金的经济适用房,作为资金主要投入方的地方政府兴建经济适用房的热情并不高。自我国实行分税制改革以来,地方财政对于土地收益的依赖性进一步增强,如果加大经济适用房建设力度,地方政府将面临双重负担:一方面是由于经济适用房建设投入大量资金,加重地方财政负担;另一方面是政府划拨土地兴建经济适用房,意味着地方财政中来源于土地的收益将减少,地方财政负担将进一步加剧。

在社会需求方面,目前我国城市社会保障体系准入标准的一项重要内容是与户籍制度挂钩,只有持有本市常住户口的家庭才能被列入保障对象的范畴。这样,城市中低收入阶层中有相当比例的"城市外生型低收入群体",如大量农业转移人口、欠发达城市居民向发达城市的流动和定居的群体将由于"身份"问题被排斥在城市住房保障体系之外。这造成既定住房保障对象范围和实际应接受住房保障对象之间的规模存在重大差异。

7) 经济适用房产权制度存在问题

(1) 经济适用房的土地使用权受到了限制,产权的内容是不完整的。

"房地一体原则"是世界范围内对于房屋及所属土地普遍实行的原则,这就要求房屋所有权和土地使用权在处分时是一并处分的,产权人能够同时支配房屋和土地。我国同样实行这一立法体系,《城市房地产管理法》和《物权法》中都可以看出这一原则。但我国经济适用房建设用地都是由政府划拨的,购房者所支付的房款中只包含了房屋价格,并不包含土地价格。正因如此,政府要求购房者在转让经济适用房时先补足土地价格。不过,房屋和土地是不可分割的整体,这会导致产权人不能完全行使其权利。

(2)经济适用房的产权主体会发生利益冲突,导致行为失范。

经济适用房的产权主体指的是其法律关系的权利人与义务人。在"房地一体原则"和"一物一权原则"下,房屋产权与土地产权的权利主体应当是一致的。但从我国目前的经济适用房产权制度来看,权利人(购房者)拥有房屋所有权证和土地使用权证,但其土地使用权却有很多限制。这主要表现在,房屋所有权人虽然享有完全的占有权和使用权,但部分处分权和收益权则归政府所有,这导致经济适用房用地与普通商品房用地的使用权不同,购房者缺乏绝对的支配权。在一定程度上,购房者和政府都属于产权主体,共同享有支配权。这种主体的不一致会直接导致权利冲突。如果各级土地行政管理部门的权责不明,就会造成对土地管理权利的争夺与职责的推诿,必然会引发各利益主体的行为失范与侵权行为。

(3)经济适用房抵押贷款难、风险大。

对中低收入群体来说,经济适用房的价格虽然相比商品房来说较低,但仍会超出他们的承受范围。购房者需要向银行申请住房抵押贷款,然而产权不完整与权利主体不一致等因素会对抵押贷款造成阻碍。对银行来说,国家并没有对经济适用住房贷款实行指令性计划,从盈利与风险的角度分析,审慎贷款必会发生;但对购房者来说,享有的产权不完整性导致银行要求借款人必须提供第三方担保,这对绝大多数本身经济实力较差、有违约风险的中低收入家庭来说,提供第三方担保并非易事,进而很难在银行贷款。

经济适用房在体制设计之初,分为租赁型经济适用房和购置型经济适用房,原定以租赁型经济适用房为主,但由于为应对 1997 年亚洲金融危机,启动住房消费,购置型经济适用房成为主流。

3.3.3　在我国保障房制度实践中,限价房存在的主要问题

在我国保障房制度实践中,限价房建设主要存在以下几个问题。

1)配套设施不完善

部分地方政府在限价房规划时,将限价房的选址放在城郊接合部甚至是远郊区。其一,即使限价房价格低于商品房,但是由于其地理位置不利,人们对其兴趣缺失,导致限价房建设完工后出现弃购的现象。这样不仅政府的限价房政策难以继续开展,而且会使开发商损失严重,挫伤其参与限价房建设的积极性,给整个保障房建设带来严重的负面影响。其二,居民买房后,周围环境给其日常生活带来很大的不便,致使其交通、上学、就医等居住成本大大增加,甚至抵消了其购房时的价格实惠部分。其三,容易导致"特定群体聚集"现象。

2)限价房的"限价"机制不完善

开发商在推出楼盘时向其他城区楼盘价靠拢,在价格上优势并不明显。限价房的定价不公开、不透明,没有竞争性。我国限价房建设过程中,其售价一直是百姓关注的焦点。在对限价房进行定价时,由于百姓、开发商及政府的立场不一样,他们对限价房售价的看法自然也存在差异。对民众来说,老百姓认为限价房与经济适用住房都是保障房,

价格本应该较低,并且购买者当然期望价格越低越好。商人的本质就决定了开发商追求利益最大化,在建设限价房时本来就限制了开发商的利润,虽然有税收等其他优惠政策,但是在限制最高价格的条件下,开发商仍然希望房价尽可能靠近最高限价,从而获得更大利润。政府则希望限价房既能满足居民住房需求,又能使房价稳定在一定水平,以便实现土地价值的最大化,并保障居民的住房权。由此,各方对限价房的定价标准不一,就难以形成统一的价格。

3)部分限价房质量存在问题

一直备受公众关注的全国首个限价房——广州保利西子湾项目深陷"维权门"。这个一度让人们充满期待的限价房项目变成了"限质房",被162户一期业主以房屋质量问题、逾期交房为名起诉,由此引出了全国对限价房的质量问题的担忧。开发商为了在限定的价格内达到利润最大化,便在建筑工程质量上下功夫,以牺牲质量的代价求得成本的降低。除此之外,部分开发商虽然房屋质量上达到了规定的标准,却在房屋配套设施上采取措施。如减少小区绿化面积,减少小区公共设施,房屋的水管、气管、电路等采用价格低廉的产品等。在交房以后,室内设施的种种问题显露出来。究其原因就是开发商不满足于政府限定的利润,竭尽全力地想在限价房的开发过程中追求利益最大化。此外,政府监督不力,也是造成此项问题的重要原因。

4)限价房发销程序存在不公正现象

在限价房的申购期间,部分开发商完全无视购房者的权利,部分楼盘捂住比较好的房源,只提供户型、楼层、位置较差且数量有限的房源。致使有资格的购房者无法选到合适的住房。再者就是购房者与开发商签订的购房协议,对购房者的约束较多,而对开发商的义务规定却较少。同时,面对大幅下降的房价,购房者不能采取市场机制,退掉已选择的限价房。这样的种种限制,导致购买限价房的中低收入者成了弱势群体,利益受到损害。

5)限价房后续管理存在问题

限价房在我国多数是集中建设,随着时间的推移,就会逐渐凸显其后续以及长效管理问题,例如,我国宁波市的限价房小区收取物业费难的问题已经比较突出。如果不及时解决这类问题,就会危害社会管理,且导致群体间矛盾,从而不利于我国和谐社会的建设与发展。

3.3.4 在我国保障房制度实践中,公共租赁房建设存在的主要问题

在我国保障房制度实践中,公共租赁房建设主要存在以下几个问题。

1)政府方面存在责任缺失

公共租赁房的社会保障性决定了政府在其中应处于主导地位,以此来引导、保证政策的实施。政府应该加强在公共租赁房建设方面的投入,完善自己的责任范围,为公共租赁房的健康持续发展保驾护航,政府应该承担公共租赁房建设的主体责任。

2)个别地方公共租赁房租金价格较高

在定价方面主要存在两方面的问题:

第一,国内在确定租金标准时主要考虑同地段市场租金水平、租户承受能力、房屋

类型面积等因素，但是由于每个因素内部都存在差异性和波动性等问题，导致参考市场租金来确定公共租赁房租金看似可行，但实际操作起来问题重重。

第二，受商品房市场价格影响，容易导致房价和租金价格同步波动。

公共租赁房定价方面考虑的基本因素，就是租金能被新就业大学生和我国城市化、工业化进程中农业转移人口负担。

其中，关键因素是部分需要公共租赁房的地区，公共租赁房总体规模小，规划欠合理，导致公共租赁房运营成本偏高。

3）缺少相关的法律法规

法律法规是规范人的行为，使市场运作顺利健康持续运作的强制性保障。任何政策的实施都离不开健全的法律法规的保驾护航。而今公共租赁房建设管理中却缺少相应的比较完善的法律规范，使得一些责任的确定存在漏洞，进而影响到公共租赁房的建设管理及后续运营。

4）准入退出机制不健全

公共租赁房准入机制不健全主要是收入核实困难。仅靠公共租赁房管理部门很难完全了解申请家庭的财产状况。我国没有建立一个比较透明的收入审查制度，这就给政府核实家庭财产及收入带来了很大困难。

公共租赁房不仅要建立严格的准入审查制度，也要重视退出机制的设立。

我国现有的公共租赁房退出机制有三种：一是截止到公共租赁房租赁合同到期日，虽然承租人仍旧符合租约条件但是却无能力继续支付相应租金；二是公共租赁房租赁合同期内出现了违反合同规定的现象，例如违规出租、闲置、改变用途或逾期不缴纳租金等，失去公共租赁房租赁资格；三是承租人不再符合受保障人群的条件，如收入增加，人均住房面积超出，从而失去继续租住公共租赁房的资格。

公共租赁房退出机制设计的出发点是不能让公共租赁房承租人有获得利益的空间。同时，加快法律建设，靠一些政策性的规章制度约束人们的行为是不现实的，毕竟规章制度不具备法律法规的强制性。此外，现有的惩罚力度不够，违规操作的代价比获得的利益低，相比之下有人愿意承担这个风险。

5）建立专门的公共租赁房开发管理机构

建立政府管辖的住房开发管理机构负责建造和管理住房是世界上住房保障制度最成功的经验之一。

一些发达国家和地区普遍设立机构专门负责建设大量公房。如新加坡成立的建屋发展局，专门负责组屋的建设、分配和管理；英国的公房建设部门、中国香港的房屋委员会等都在保障、维护公民的住房问题上起着重要作用。

我国的住房保障机构主要是住房保障和房屋管理局的下属部门，缺少专门负责住房建设、福利发放的部门。

6）资金来源及建设用地缺乏

资金是项目开发建设的命脉，会直接影响公共租赁房等保障性住房的运作。我国现阶段建房资金主要是政府投资，由于公共租赁房的福利性质、极低的收益率，社会资金进入公共租赁房市场的积极性不高。我国城市建设用地越来越紧张，公共租赁房作为保障房的一种，其建设用地主要是政府采用行政划拨的方式。如果地方政府没有相当的土地储备或者实施土地储备比较晚，会直接影响当地公共租赁房用地。

公共租赁房建设资金和建设用地考验着地方政府的管理智慧。

7）公共租赁房监管机制不完善

第一是申请制度，还存在相当多的尚未形成标准化的申请制度，需要进一步改进和完善申请人的条件、具体的申请程序及申请人的优先权、轮候等备受争议问题。第二是租赁管理制度，住房和城乡建设部等七部门联合发布的《关于加快发展公共租赁房的指导意见》中指出，公共租赁房不得转租、转借、闲置或用于从事其他商业经营活动，承租人只能用于自住。但由于系统有效的租赁管理的缺乏，有的地方发生出借、转租等现象。

8）社区物业管理有待加强

公共租赁房不仅要建设，更要管理。物业管理是现今人们选择居住地方的重要条件，也是与租户直接接触的重要部分，是构建和谐社区必不可少的载体。公共租赁房小区物业管理要走市场化的道路。

为实地调研社区物业管理水平，作者于2014年1月选取重庆市民心佳园、康居西城、康庄美地、城南家园四个公共租赁房社区作为调查对象，进行以问卷调查为主的实地调查。

（1）民心佳园。民心佳园公共租赁房社区是重庆最早开始建设的公共租赁房社区，位于重庆渝北区鸳鸯镇，整个住区的南面临重庆渝北区童家院子立交桥和渝宜高速公路，北面临重庆机场高速路，并且轻轨6号线高架于江北机场高速路上，公共租赁房社区居民可通过步行或公交到达轻轨6号线公交站。

（2）康庄美地。位于重庆北部新区大竹林镇的康庄美地公共租赁房社区是重庆建设的第二个公共租赁房项目，于2010年3月开始动工建设。康庄美地处在北部新区的北部，整个住区紧邻金通大道以及轻轨6号线，交通便利。

（3）康居西城。康居西城公共租赁房社区位于重庆沙坪坝区西永，是重庆建设时间较早的一个公共租赁房社区，于2010年5月开始动工建设。该公共租赁房社区紧邻重庆大学城和西永微电子工业园，城市规划的东西向、南北向两条道路从整个住区中穿过。康居西城紧邻沙璧大道，东面与大学城东路相连接，西面临虎曾路，南面邻陈田路。

（4）城南家园。城南家园公共租赁房社区在南岸区茶园新城区，通江大道左侧消防队旁边。该社区于2010年9月开始动工建设。轻轨6号线上新街至茶园段紧邻城南家园通过，其中，长生桥站距离该组团约700米的直线距离。

从调研结果来看，公共租赁房社区在安全服务、医疗服务、基础教育服务、社区商业服务方面均存在数量缺乏、专业人员匮乏，或收费不能迎合社区居民消费水平等问题，但这些服务都是除了基本的住房环境以外社区居民所必需的，因此，这些基本服务需要迫切改善。

第一，切实维护社区安全。公共租赁房社区体量庞大、居住人群数量多、人员结构复杂且流动性大，入室偷盗、抢劫等犯罪事件发生率较普通社区高。为解决此类问题，除了社区物业管理机构要加强安保系统以外，公安部门也应配合社区安保加强公共租赁房社区所在区域的警务人员数量、质量等来维护社区安全,警民联手来维护社区安全,共建平安社区。

第二,提高社区医疗卫生服务和基础教育服务水平。公共租赁房社区有一定数量的老人和小孩,但社区配套提供的医疗卫生服务中心和幼儿园、小学等服务并不能满足他们的需求。在公共租赁房社区中,看病的多是老人和小孩,因此,可增加相应的医疗资源等。在基础教育方面,可以将公共租赁房社区幼儿园纳入普惠性幼儿园范围,增加教育经费保障机制,为公共租赁房社区学龄前儿童提供公益、优质的学前教育。

第三,正确定位公共租赁房社区商业服务。公共租赁房社区商业是为居民提供商业购物便利的,同时也是公共租赁房建设资金的来源之一。但是,公共租赁房社区商业的经营状况并不良好,社区居民仍偏爱在流动摊贩设置的摊位购买日常所需的食品,且普遍反映社区商业并没有带来多大的便利性,他们购物的选择仍然很狭窄。因此,公共租赁房社区商业服务定位至关重要。

在2013年10月30日,中共中央政治局第十次集体学习时强调"构建以政府为主提供基本保障、以市场为主满足多层次需求的住房供应体系"后,住房和城乡建设部开始着手将"公共租赁房并轨"作为调整现有住房供应体系的突破口,饱受各界非议的经济适用房供应逐步减少,直至在全国全部取消,公共租赁房将成为住房保障的主体,但不会涉及已出售的经济适用房。

所谓"公共租赁房并轨"是指公共租赁房与廉租房并轨运行,然后通过财政发放房租补贴的方式,区别对"城市低保人群""城市中低收入人群"等进行住房保障的手段,对于"低保"人群提供大比例租金补贴,并逐级根据保障对象收入水平,制定与之对等的租金补贴政策,从而完成对应人群的住房保障。

"廉租房、公共租赁房"并轨的原则也已经基本确定,即"租补分离、明收明补,根据住户不同收入情况给予适当租金补贴。合理确定公共租赁房租金水平,通过在公共租赁房项目中配建一定比例的商业用房等多种措施,充实运行管理资金,使公共租赁房可持续运行"。

从2014年保障性安居工程的任务指标分配中可以看出,经济适用房的比例进一步降低,公共租赁房和棚户区改造会成为保障性安居工程的主体。

由于经济适用房退场,公共租赁房等不能对外销售,实际上将加大地方政府的财政负担。2011年住建部估算的数据显示,1000万套保障性住房建设所需的资金缺口至少在1.3万亿元。

一些地方政府开发公共租赁房主要是代建及BT模式,而BT模式是现在的主要模式,即由开发商或承建公司进行垫资建成后,由地方政府相关部门按约定金额从承建商手中买下公共租赁房。

公共租赁房代建的问题集中体现在"转移交付"这个环节,公共租赁房楼盘开发结束,但政府可能收购保障房的时间推后了,或者本来应该整体收购的,变成部分分期收购。这使得公共租赁房开发商的资金回笼变得不顺畅,有的开发商甚至因为长期拿不到政府相关部门的回购资金,而影响到公司的利润及公司运营。

一些地方政府公共租赁房建设的资金问题一直都没有真正解决。目标是提出来了,但钱究竟出自哪里却没有明确的说法。这些地方通常的做法是，在承建方获得公共租赁房开发的项目后，优先向银行进行开发贷款，但开发商仍然需要垫付大量的建设资金。按约定，这部分垫付的资金政府随后会通过收购项目的方式进行补偿。

公共租赁房资金让很多地方政府很为难，因为这部分资金属于较单纯的投入，产生的经济效益不大。对那些财政本来就捉襟见肘的地方政府部门来说，按约定来收购公共租赁房的资金就更不够用，只能向后拖，待财政转好时再向公共租赁房开发商支付约定的资金。

公共租赁房拖欠资金的案例并不少，但却极少有被曝光的。因为和开发商合作的是地方政府，公共租赁房的开发商不可能与政府部门翻脸，只能采取笑脸相求的办法向政府要债。如果不在制度层面对公共租赁房的资金进行顶层设计安排，公共租赁房资金的短板将持续相当长一段时间。

一些参与公共租赁房的开发商谈了公共租赁房的"生意经"，做公共租赁房主要是因为要和政府建立良好的关系。地方政府要做公共租赁房，房企还是会积极响应，这对与政府建立好关系还是有一定作用的。因为你可能会在其他项目上获得优质资源，这就赚回来了。如果想单纯在某几个公共租赁房项目上赚钱，这样的布局和模式会对公司发展带来困难。

公共租赁房建筑只能作为较小的业务部分，而不能过于依赖，但又不能不做。开发商公共租赁房的利润微薄，在3%—5%；如果房子质量造得稍好一些，几乎就没有太多的利润可赚。

一些地方政府开发公共租赁房采用代建及BT模式，是公共租赁房在这些地区持续发展存在的最大问题。

3.4 我国保障房和公共租赁房建设探索比较成功的模式

3.4.1 重庆的保障房体系和公共租赁房建设

1) 重庆公共租赁房发展模式

重庆2010年开始大力建设公共租赁房，并创建了独具特色的公共租赁房建设模式。重庆2010—2014年开工建设公共租赁房4000万平方米，其中2010年开工1300万平方米，2011年和2012年分别开工1350万平方米。重庆公共租赁房建设，涵盖了过去的经济适用房与廉租房，实现公共租赁房与经济适用房、廉租房的一体化。重庆不再单独地集中建设廉租房，满足廉租房申请条件的家庭可以申请公共租赁房，公共租赁房租金支付按照廉租房标准。公共租赁房租赁期为五年，在此期间，可随时退出。租期满后，续租者需提前三个月申请；条件符合则可购买，且按照经济适用房标准，转成具有有限产权的经济适用房。重庆公共租赁房的经营管理模式如图3.5所示。

国土资源和房屋管理局负责城镇低收入家庭住房保障工作，包括制定住房保障发展规划、年度计划和相关政策并监督实施，负责保障性住房项目的行政管理。

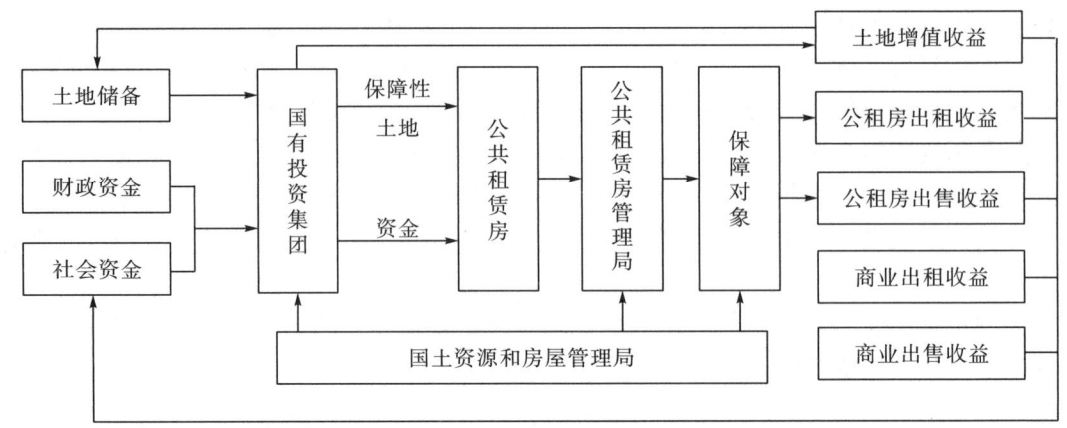

图 3.5　重庆公共租赁房的运营管理模式

国土资源和房屋管理局下设公共租赁房管理局,负责公共租赁房年度计划及专项计划的具体落实,监督和管理公共租赁房项目,组织管理公共租赁房储备及投放,审核公共租赁房申请条件、配租及统计信息等,并负责分析研究公共租赁房投资和融资途径,起草公共租赁房相关配套政策,对区县公共租赁房工作进行指导等。

国有投资集团(包括地产集团、城投集团)负责公共租赁房的土地征收及储备,建设具体项目,筹措建设资金等,且公共租赁房的产权归其所有,但公共租赁房管理权在建成后需移交管理局。其中,通过土地开发增值收益平衡土地储备成本部分,而通过公共租赁房和商用房的租金及销售收入平衡社会资金部分。

2)土地保障,规划先行

2002年,重庆建立了土地整治储备中心,对土地市场进行宏观调控。2003年,又在土地储备中心的基础上成立了重庆地产集团,由市政府注资,建立了政府主导型的土地储备供应机制。手中有地,建房有底。重庆大规模建设公共租赁房,其中主城就从储备地中拿出4万亩[①]作为划拨地投入。

重庆在建设公共租赁房上,确保实现均衡布局、生活环境宜居、交通方便、配套设施齐全,且位于上好地段,分布于内环与外环之间。原先已计划有21个大型居住区,重庆的公共租赁房的建设与商品房在区域上"混建",且都位于这21个大型居住区内,以避免贫民窟的出现和人为引起的社会分裂,促进公共租赁房住户与整个城市、社会有机结合。

公共租赁房所在地段一般都有轨道交通支撑,周边城市配套设施较为完善。绿化率达35%左右,公建配置的建筑面积达10%。套型建筑面积在30—80平方米,其中60平方米以下的占85%,可满足不同类型人群和家庭人数的居住要求。

3)建设模式与参与主体

重庆公共租赁房建设分布于21个聚居区,而且位于内环与外环之间的地段,在一定程度上保障了投资收益。重庆成立了公共租赁房管理局,该管理局的主要职责是保障住

---

① 1亩≈666.7平方米。

房的规划、分配及监督等。

根据重庆的公共租赁房政策顶层设计，市政府、各区县政府是公共租赁房的建设主体，政府性国有投资集团持有公共租赁房的产权，政府主管部门设立的专门机构——重庆公共租赁房管理局负责公共租赁房的运行、维护和监督。这些制度设计，确保了公共租赁房永远姓"公"，动态地让城市新增住房困难群体享用，满足重庆市每年新增劳动力的基本住房需求，制约了重庆市在经济高速发展时，商品房房价的快速上涨。

重庆公共租赁房主要由重庆地产集团和重庆城投集团负责投资建设，在建设模式上，以招标为主，辅以委托代建。重庆地产集团运作的公共租赁房项目主要有民心佳园、康庄美地、民安华福、大渡口100万平方米和保税港170万平方米两个项目，2011年投资19.5亿元。重庆城投投入300亿元，建设1000万平方米公共租赁房。

4）资金解决方案

重庆4000万平方米公共租赁房建设，需要1400亿元建设成本。按照重庆市政府的规划，其融资模式：中央政府拨款150亿元；重庆市政府的现金拨款150亿元；政府的土地储备提供4万亩土地，价值300亿元；通过银行贷款、保险融通、基金融资等方式进行筹集800亿元。

这800亿元的还本付息主要有三个途径：

第一，约有400万平方米的商业配套设施在3600万平方米公共租赁房周边，这部分商业配套可按约1万元每平方米的价格当商品房买卖，则400万平方米销售收入约为400亿元，重庆公共租赁房剩余债务只有400亿元。

第二，租金平衡利息。目前重庆市公共租赁租金标准约10元/平方米，则50平方米的住房，每月500元，每年6000元，公共租赁房居住面积总共3600万平方米，理论上年收入为43.2亿元。贷款利息按照5%计算，400亿元债务利息为20亿元，则租金能平衡贷款利息。

第三，重庆市规定，公共租赁房租住满5年后，可按成本价将公共租赁房卖给承租人。销售单价为3200元/平方米，预计卖掉1250万平方米，重庆政府可收回400亿元，偿还重庆公共租赁房债务剩余400亿元的债务。因此，400亿元的债务利息通过收取租金平衡，800亿元的本金通过出售400万平方米公共租赁房配套商业、出售1250万平方米公共租赁房全部还清。

公共租赁房建设资金的筹措是制约其成败的关键因素，重庆公共租赁房建设模式是目前国内公共租赁房建设资金筹措最成功的，其方法可以称为"自体循环"。

3.4.2 北京的保障房体系和公共租赁房建设

从2007年起，随着居民住房矛盾的逐渐显现以及"夹心层"群体的不断扩大，北京的保障房建设进入一个新的时期，逐步开始建立以廉租住房、公共租赁房、经济适用住房、限价商品住房有机组合、合理衔接的分层次住房保障体系，限价房成为重要组成部分。2008年北京建设和收购廉租住房50.3万平方米，新开工建设经适房301.5万平方米，建设两限房451.5万平方米。北京的保障房总体模式是租售并举，以租为主。

"十二五"期间，北京建设、收购保障性住房100万套，充分实现"住有所居"，其中 30 万套公共租赁房(包括廉租房),20 万套限价房和经济适用房,40 万套重点工程拆迁、土地储备和城乡接合部整治定向安置房,10 万套棚户区改造及旧城人口疏散定向安置房,公共租赁房约占到公开租售的保障性住房的 60%。逐步构建起租售并举,以租为主的保障房模式。北京公共租赁房的运营管理模式如图 3.6 所示。

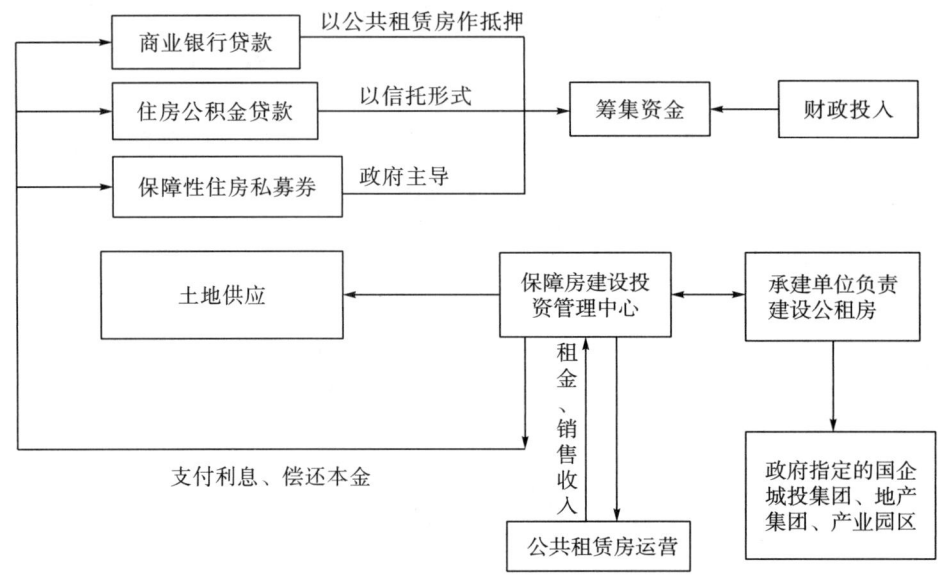

图 3.6 北京公共租赁房的运营管理模式

北京保障房建设模式与上海和重庆的一个较大不同点,在于北京的配建比例较高,自 2008 年以来要求商品房配建 15% 保障房,2010 年后更是提高到 30%。在建设主体方面,北京的本土国企,北京住房开发总公司、首都开发集团、北京城建集团等是主力军,而保利地产、龙湖地产、富力地产等品牌房企成为北京限价房的重要建设主体。

2012 年,北京新建公共租赁房 6 万套,每套面积约为 45 平方米,有 270 万平方米的公共租赁房供应,按平均容积率 3 计算就需要 90 万平方米土地供应,以建造成本 5000 元/平方米计算,共需 135 亿元建设资金。

政府投入 30% 的资本金,由政府土地出让金收入和国家专项补贴构成,计为 40.5 亿元。其余 70% 由市场融资取得,共 94.5 亿元。市场融资包括住房公积金贷款、商业银行贷款和保障性住房私募券。商业银行贷款以政府投入 40.5 亿元修建起来的公共租赁房在建工程作抵押,以政府信用作担保,向银行贷款 28.35 亿元;住房公积金贷款按住房公积金贷款与商业银行贷款 1∶1 计算,即 28.35 亿元;剩下的 37.8 亿元,通过发行保障性住房私募券获得。

贷款利率按照中国人民银行公布的 3—5 年贷款利率 6.9% 计算,每年 6.5 亿元。

收入分配:10% 商业部分用于支付土地年租金;公共租赁房按每月每套 1500 元租金计算,年租金收入为 10.8 亿元,用于支付贷款利息和公共租赁房维护;公共租赁房出租 5 年后,以成本价 6000 元/平方米出售,卖掉 60% 公共租赁房,可一次性收回 97.2 亿元,用于还清本金。

3.4.3 上海的保障房体系和公共租赁房建设

1) 保障房模式

上海采用的是廉租房、经济适用房、公共租赁房、动迁房"四位一体",以经济适用房和动迁房为主的租售并举保障房模式。2011年上海开始全面推进廉租住房、经济适用住房、公共租赁房和动迁安置房"四位一体"的住房保障体系建设,新开工建设和筹措保障性住房1500万平方米、22万套(间),供应1150万平方米、17万套(间)左右。上海构建了"四位一体"的保障房供应体系,"十二五"期间,供应廉租住房7.5万户、经济适用房40万套、公共租赁房18万套、动迁安置房35套,构建了"租售并举"的保障房模式。上海保障房模式和北京保障房模式类似。

2) 建设模式与参与主体

上海在保障房建设中,以动迁安置房和经济适用房为主,并加大公共租赁房的建设,辅以廉租房,其中廉租房以货币补贴和市场收购房源为主,廉租房保障资金没有问题。动迁安置房和经济适用房以近郊六大保障房基地为主,并在后续的大型居住区中辅以适当配比,其中经济适用房除了在保障房基地和大型居住区整体建设外,还在市区通过众多国有企业的自有用地转变用途建设。

上海的保障房基地和大型居住区,考虑了轨道交通、房屋类型配比等问题,做到了科学规划,在建设中,整体以招标为主,辅以委托代建和配建模式。

上海公共租赁房的建设有三种方式:

第一是单位租赁房,企事业单位如果有条件,可自行投资、建设和运营,并分配给符合相关条件的职工。

第二是全市统筹房源,上海市统筹落实的第一批市级房源,是从原有的经济适用房转化而来,超过5000套房源,位于杨浦新江湾城和徐汇华泾地区,面向全市供应,从2011年上半年开始接受申请。

第三是农村集体建设用地的利用,可由专门运营机构,或与农村集体经济组织合作,共同投资建设和经营公共租赁房,如闵行的联明雅苑。

上海保障房参与主体以地方国有企业为主,并积极引导社会资本和外地开发商进入。

上海本地国企是保障房建设的主力军,尤其是上海地产集团、绿地集团、上海城投、上海建工、上海城建五大国有集团,他们承担了保障房基地和主要大型居住区保障房的建设任务,如上海地产集团负责宝山顾村和浦东曹路两大保障房基地,绿地集团负责嘉定江桥基地,上海城投负责松江泗泾基地,上海建工负责浦东周康航基地,上海城建负责闵行浦江基地。

3) 土地问题解决方案

保障房建设中最关键的问题是资金和土地,在资金方面,上海市政府的财力和土地出让收入较为雄厚,而且上海的保障房建设融资渠道也更为丰富,信贷融资较为困难的公共租赁房也由于租赁前景乐观,吸引资金也不难(上海地产集团的公共租赁房项目与太平洋资产管理公司达成40亿元债权投资计划)。建设主体有上海本地五大国有集团的积极参与,以及其他上海本地国企的配合,辅以配建部分保障房、外地开发商参与动迁房等，资金问题能够得到较大程度解决。

上海公共租赁房建设的难点在于土地，上海的土地储备掌握在区政府，以及中央企业和国有企业手中，虽说已经规划了6个保障房基地，以及一批大型居住区，但赖以区政府的配合，经济适用房的建设更要依靠各国有企业自有土地的"贡献"，上海市政府没有完全的自主权，完成"十二五"保障房建设的任务，土地的进一步储备仍然需要付出巨大努力和成本。

在2012年1月召开的"全国国土资源工作会议"上，上海获得了中央对其可利用农村集体建设用地来建公共租赁房的许可，确保了上海公共租赁房用地的供应，这就解决了公共租赁房用地问题。

3.5 我国公共租赁房建设的目标、规模和供需前景

中国的人口流动远未完成。由于现存的户籍和土地制度，虽然农业只占中国经济9%，但农村人口仍占中国人口的43.9%。2015年以常住人口计算的城镇化率仅56.1%，而以户籍计算的仅40%，远远小于欧美和东亚国家超过80%的城镇化率。同时，中国城市人口内部的迁徙也远未结束，由于长期计划经济的影响，中国一直存在大城市太小，小城市太大的问题。一线城市，如北京、上海的居民占全国人口的比例，要远远小于大多数国家的一线城市。日本的三大城市圈(东京、大阪、名古屋)占日本人口和经济总量的70%。美国的民众热爱大城市，1940—2010年，生活在大都市的美国人大幅增加，占美国全部人口的比重从50.9%提高到83.7%。2015年北、上、广、深四个一线城市常住人口占全国总人口的比例为5.2%。

同时，我国地区和城乡之间的收入差距之大，也是国际少见的。所以，人口将继续向大城市及其周边城市流动，甚至在每个省内部，人口也正在向省内的一线城市集中，像河南、辽宁和安徽这样的人口大省，过去5年省会人口的增加都超过了整个省的人口增加。人口流动背后的密码是产业结构和发展前景。我国未来10—20年人口流动的趋势将是向五大城市群聚集(表3.10)。

表3.10 中国五大国家级城市群囊括的省市地区

城市群	包括的省市
长江中游城市群	湖南、湖北、江西
长三角城市群	上海市、江苏省、浙江省
珠三角城市群	以广州、深圳、珠海、佛山、东莞、中山、江门、肇庆、惠州市为主体，辐射泛珠江三角洲区域，并与港澳紧密合作
京津冀城市群	规划按照"2+8"的模式制订，包括北京、天津两个直辖市和河北省8个次中心城市
成渝城市群	以成都、重庆两城市为核心，包括四川省内11个城市以及重庆整个地区

2015年10月统计，近五年：上海流入500余万人口，上海2009年常住人口1640万，2010年增长至2300万，2014年年底为2425万；排名第二的是北京，流入人口396万；广州、东莞、深圳分别位列四、五、六位，流入人口分别为275万、199万、186万；长三角城市群，即上海、苏州、杭州、南京、宁波、无锡、常州，共流入863万人；

珠三角城市圈,即广州、深圳、东莞、佛山,共流入796万人;渤海湾北京、天津共流入684万人。

研究公共租赁房的建设目标、建设规模和供需总量,首先要对我国的房地产市场发展潜力进行评估。据测算,截至2015年年底,中国的存量住房达到190亿平方米。以现在7.67亿城镇人口计算,目前中国的城镇人均住宅面积为25平方米。

未来的房屋需求主要来自城镇化、更新和改善性需求。

(1)城镇化需求。中国的城镇化率在2015年达到56.1%。假设城镇化率在2026年达到65%(过去十年从44%增加到56%),可能未来十年城镇人口需要增加1.7亿人。若达到人均住宅面积为25平方米,这意味着43亿平方米的新增住房需求。

(2)更新需求。在现有的190亿平方米存量中,有37亿平方米是2000年以前建造的。由于我国的商品房市场从2000年初才开始真正起步,在此之前建造的房屋大都质量较差。所以,假设其中有一半将在未来十年内拆迁重建,这又将带来约19亿平方米的住房需求。

(3)改善需求。以65%的城镇化率计算,到2026年中国的城镇人口将达到9.37亿人。如果假设人均住宅面积从25平方米提升到30平方米,这又将带来47亿平方米的额外住房需求。

把这三部分相加,未来十年的住房总需求大致在108亿平方米左右。从新开工的角度看,考虑到目前还有24亿平方米左右的库存,未来10年的新开工总和大概在80亿平方米左右,和过去6年的新开工总和差不多。

这是一个非常粗略的估计。比如,如果未来城镇化更多是靠城乡合并,那么上面的计算就可能会高估需求。其目的不是预测,而是估计。

当前,中国正在进行产业转型升级,从中国制造到中国创造,要参与全球的产业分工,提升产业分工的层次;同时还要设立各类对外开放的平台,比如自由贸易区,统筹建设国际交流区,提升中国国际化程度和国际竞争力;建立国际性的综合交通枢纽,提升中国的国际门户和枢纽地位等,都需要国家中心城市带动。此外,还有一些重要的区域发展战略,比如京津冀一体化战略、"一带一路"倡议、长江经济带战略,都离不开国家中心城市的引领作用。

《全国城镇体系规划(2016—2030)》最终将确定4个全球城市(北京、广州、上海、深圳)和11个国家中心城市(天津、重庆、沈阳、南京、武汉、成都、西安、杭州、青岛、郑州、厦门)。

正在编制的《全国城镇体系规划(2016—2030)》将要构建一个"十百千万"的城镇体系,即十个国家中心城市、一百个国家特色城市、一千个中小城市和一万个特色镇。

我国未来的新增住房需求很可能集中在人口流入的一、二线城市,这些城市是公共租赁房建设的主战场。公共租赁房建设的主要目的是满足我国城市新增劳动力的住房需求(农业转移人口、新就业学生),特别是为我国先进制造业发展储备相对数量的劳动力,使我国产业结构日趋合理,保持持续竞争力,避免产业"空心化"。在这方面,应充分借鉴目前德国的产业结构布局:第一产业占0.8%,第二产业占27.6%,第三产业占71.6%。

基于上述分析，我国公共租赁房的建设规模和需求总量在一、二线城市和构成产业集群的个别三线城市，按照常住人口20%的比例，人均20平方米的标准，建设相应数量的公共租赁房。

3.6 本章小结

我国保障房真正的发展之路是从2007年开始的，经过这几年政府积极探索以及结合借鉴国内外成功经验，虽然取得了相当大的成就，但是其存在的问题也是不能忽视的。

自2009年始，公共租赁房进入人们的视野，并引起了人们对保障房体系的探讨，政府逐渐意识到应该大力发展以"租"为主的公共租赁房，逐渐减少甚至不再建设廉租房和经济适用房。

温家宝曾着重强调租赁性保障房的建设："保障性住房应当以公共租赁房和廉租房为主，再加上棚户区改造，不要走偏方向。"

本章指出了以前我国各类保障房发展的不足之处，并给出了公共租赁房发展比较成功的三种城市公共租赁房发展模式。

大城市化是趋势，东京人口占日本城市人口的41%，GDP占日本的18%。首尔人口占韩国城市人口的25%，而GDP占24%。上海人口占中国城市人口的3%，GDP占全国的4.4%。

在经济实现现代化过程中，城市化是必经之路，欧美发达国家城市化水平均在70%以上，英国、美国、日本更是高达90%以上，而中国2015年城市化水平为56.1%，尚有很大的发展空间。长期以来，我们的城镇化都是力求"大中小城市协调发展"，但这样的观念其实都是计划经济时代延续下来的产物。

美国的人口就高度集中在东西海岸，2007年次贷危机之后，纽约、旧金山、洛杉矶的房价经历了暴跌之后，几年工夫就再创新高；但广大的中部地区，到目前很多城市的房价仍显著低于2007年。为什么？因为中部地区人口持续流失，而东西海岸人口持续增长。俄罗斯也一样，社会转型之后，人口实现了自由流动。几年之间，西伯利亚上万个村庄、上千个小镇就变成了野生动物出没的地区，人口都奔向了莫斯科和圣彼得堡。至于中国，近些年来，我国农村的人口越来越少，大量村庄合并消失，而大城市越来越多，2015年，我国百万人口以上大城市就已经达到142个。

过去15年间，我国房地产业以超过20%的年均增速发展。其历史需求峰值是1200万—1300万住户，2014年已经达到峰值，之后房地产投资总量上就是持平，然后逐步回落。预计在今后不久时间内就会回到正常的状态。2014年，楼市结束了以前供不应求、价格单边上涨的格局。房地产市场已经进入了一个供需相对平衡，甚至开始进入了供过于求的局面。中国过去30年地产的开发，积累了超过400亿平方米的房地产面积，其中250亿平方米是住宅，其他是工业物业加上办公物业、商业物业、旅游地产物业。

房地产已经出现了局部产能过剩，在全国一、二、三、四线城市当中，真正有地产投资价值的市场非常少，大多数城市只能做存量的优化配置，甚至去化压力将持续相当长时间。

进入"十三五"以来,因城施策会是我国房地产政策的鲜明特点。政府对房地产政策不再进行全面打压、一刀切地进行管控,而是会严控与疏导相结合。对于一线城市的房地产市场要严控;二线城市的重点在于稳房价;而三、四线城市还是以"去库存"为目标。正是由于调控目标不同,"十三五"期间,在一、二、三线的城市里房价的走向可能会出现更大的分野。

我国未来公共租赁房发展的最大特征:结构性需求。公共租赁房的建设主要是在国家主要城市群中的一、二线城市进行。

4 "公共租赁房+商品房"双轨制的内在机理及社会功能

前面几章内容提到我国的住房供应经历的阶段,我国的住房供给由完全的政府供给到市场供给,再到政府和市场"双轨制"供给,恰好弥补政府和市场"单轨制"供给存在的不足,实行"公共租赁房+商品房"的双轨制体系,更符合现阶段我国的基本国情,更加有利于解决不同阶层人群的住房困难问题,有利于社会的和谐与稳定。

自20世纪90年代以来,我国总共新建99.1亿平方米的商品房,其购买对象理论上是城镇原有3.5亿人中的改善型需求人口和新增4.4亿城镇人口中的首次置业人口。新增的4.4亿(44151万)常住人口之中,2016年中国农民工总量28171万。由44151万−28171万=15980万知,这近1.6亿人才是商品房市场上的真正刚需。1.6亿×30平方米=48亿平方米。这就是首次置业者理论上的总购房需求,只相当于已建成的99亿平方米住房的48.5%。99亿−48亿=51亿平方米。这剩下的51亿平方米的住房,基本上是3.5亿城市居民的改善型需求了。如果均分的话,这部分老市民每个人可以分到大概15平方米的住房。当然,均分是不可能的,约有一半人有钱去改善,1.75亿人购买剩下的51亿平方米的房子,每人30平方米。理论上到2016年,中国宏观和整体上的住房需求已经全部得到满足。自20世纪90年代以来,我国新建99亿平方米的住房,供应给1.6亿的城市新增人口和1.75亿的老市民。从上述理论分析中可以看出,不是所有的中国城市人口都有能力购买商品房。

我国2014年的城市化率为54.77%,2015年的城市化率为56.1%,2016年的城市化率为57.35%,处于以刚性需求市场为主导的发展阶段,我国的城市化进程的不断发展是必然的趋势,这就意味着更多的农业转移人口和新就业学生对住房有大量的刚性需求。为解决城市化过程中新增城市人口的住房问题,我国的城市住房配置体系应实施"双轨制"。

"十二五"规划纲要中,明确提出:对于城镇低收入住房困难家庭实行廉租房制度;对城镇中等偏下收入住房困难家庭,要提供公共租赁房制度;对于中高收入家庭,将实行租赁和购买相结合的商品房制度。在我国城镇中等偏下收入住房困难家庭的主体是农业转移人口和新就业毕业生,他们是公共租赁房配置的对象。

4.1 双轨制配置体系

4.1.1 双轨制概念

"双轨制"这个概念是市场经济不断向前发展而衍生出来的产物,是指针对不同的对象采取不同的制度,双轨制在房地产中的概念就是对住房供给实行政府供给和市场供给相结合的制度。由于房地产具有保障性和商品性的双重属性，完全由政府保障或完全由市场供给的"单轨制"都存在不足，市场供给是针对中高收入人群，政府的保障供给体系面对的是占社会一定比例的中低收入人群，它对缩小收入差距有一定的促进作用。实行住房供给体系的双轨制，有利于弥补单轨制的不足，也有利于维护社会的和谐与稳定。更重要的是可为我国发展先进制造业和产业升级储备丰富的劳动力。

4.1.2 双轨制配置体系的作用

2012年10月，中央出台政策："为促进经济平稳较快发展，支持各地做好2012年公共租赁房建设和城市棚户区改造工作，中央财政追加下达2012年中央补助公共租赁房和城市棚户区改造专项基金50亿元，用于公共租赁房和城市棚户区改造相关配套基础设施建设支出"。《十二五规划纲要》中指出"加强土地、财税、金融政策调节，加快住房信息系统建设，完善符合国情的住房体制机制和政策体系，合理引导住房需求。强化各级政府职责，加大保障性安居工程建设力度，加快棚户区改造，发展公共租赁房，增加中低收入居民住房供给。加强市场监管，规范房地产市场秩序，抑制投机需求，促进房地产业平稳健康发展"。这说明中央极其重视公共租赁房的建设，加大投资力度，大力兴建公共租赁房，以解决中低收入群体的住房问题。

我国未来保障性住房的重点应该是大力建设公共租赁房，构建适合我国国情的"公共租赁房+商品房"双轨制配置体系，形成一套适合我国国情的城市保障性住房制度。从我国实际出发，遵循社会主义市场经济规律，在我国城市逐步形成以市场供给为主、公共租赁房为辅，政府保障和市场机制相结合的双轨制住房供给体系。

双轨制配置体系居于我国保障性住房建设的核心地位，在住房保障体系中有如下作用：

(1) 完善保障体系，迅速增加供给量，加大保障性住房的保障覆盖面及深度。当前体系下，保障房中廉租房总量小且房源少，而经济适用房及配套商品房建造周期以及配售周期长，相比之下，公共租赁房政策的实施，有利于在短期内起到最好的效果。

(2) 克服了经济适用房使用对象界定不清、权力寻租、用地规划不合理、城市低收入群体聚集居住等问题，公共租赁房可以采用和商品房无差别的"混建"模式，也可以成规模高水平建设。

(3) 有利于形成长效循环机制。政府掌控公共租赁房的房源和产权，有相应的准入和退出机制，有效抑制房地产的投资性需求，保证了公共租赁房完全是为满足居民的刚性住房需求。

(4) 有利于实现统筹城乡发展、维护社会稳定，推动我国城市化进程。中国的人口流动远未完成。由于现存的户籍和土地制度，虽然农业只占中国经济9%，但农村人口仍占中国人口的44%。目前，以常住人口计算的城镇化率仅56%，而以户籍计算的仅40%，远远小于欧美和东亚国家超过80%的城镇化率。

同时，中国城市人口内部的迁徙也远未结束，由于长期计划经济的影响，中国一直存在大城市太小、小城市太大的问题。同时，地区和城乡之间的收入差距之大，也是国际少见的。所以，人口将继续向大城市及其周边城市流动，双轨制配置体系中的公共租赁房项目,既是社会的稳定器之一,又能有效地平抑商品房的价格,对商品房价格起到较大的牵制作用。

4.1.3 双轨制配置体系的内容

1)政府供给的公共租赁房的内容

(1)保障对象和保障范围的确定。

由市、县级人民政府确定公共租赁房保障对象的住房困难条件、收入标准及公共租赁房的供应范围。不向已享有经济适用住房和廉租住房政策的家庭出租公共租赁房。

如图4.1所示,公共租赁房的供应对象有城市住房困难、收入中等偏下家庭,但主要是将在城市工作的农业转移人口及刚就业的学生纳入公共租赁房供应范围,公共租赁房主要由政府通过直接投资、资本金注入、投资补助、贷款贴息、划拨土地等方式进行建设。

商品性住房主要是针对中高收入人群,由一级市场或二手房供应市场供给。

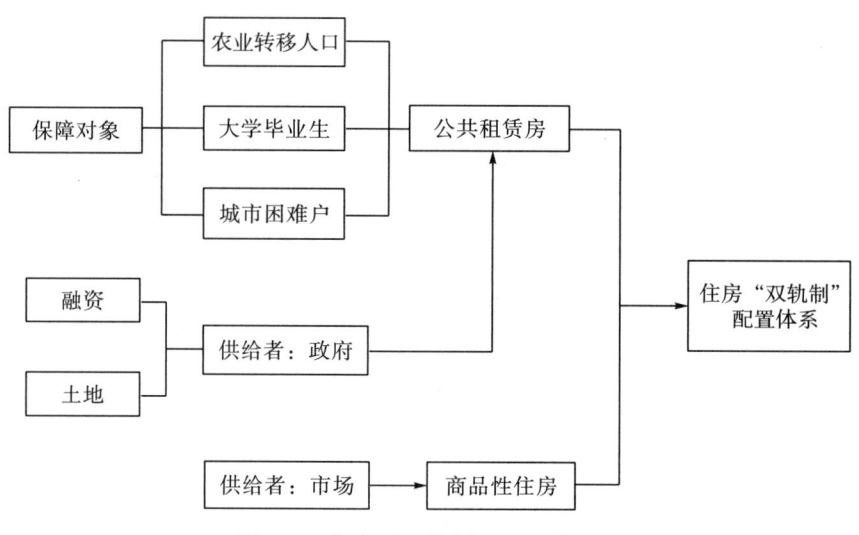

图4.1 住房"双轨制"配置体系图

(2)保障标准的确定。

由市、县人民政府综合市场平均租金水平并考虑保障对象的支付能力合理科学地确定公共租赁房的租金水平,根据年度情况进行动态调节。

若符合廉租房住房保障条件但已承租公共租赁房的家庭,可向政府申请租金补贴。

(3)准入和退出机制的确定。

公共租赁房有准入和退出机制。公共租赁房准入可以适当放宽,管理制度从严:公共租赁房的租赁合同期限一般为3—5年,承租人应当及时交纳租金,只能用于自住,不得出借、转租或闲置,也不得从事其他经营活动。承租人违反使用规定的,应当责令退出。退出机制从严:承租人可以长期租住,甚至购买,购买公共租赁房者退出时,只能出售给政府公共租赁房管理局,公共租赁房交易系统是独立封闭系统,与商品房交易系统是断开的,购买公共租赁房的收益只能是购买公共租赁房的本金加上本金存在银行同期活期存款利息。

2) 市场供给的商品房的内容

为保持房地产市场的平稳健康发展,要增加普通商品住房的有效供给,适当增加中低价位、中小套型普通商品住房和公共租赁房用地供应,提高土地供应和使用效率。在保证质量的前提下,加快普通商品住房建设。继续支持居民自住和改善型住房消费,抑制投资投机性购房。

商品房是为了满足居民的自住和改善性住房需求。增加中小套型、中低价位的普通商品住房的供给量,在一定程度上能够增加普通收入居民解决住房的能力,增加普通收入居民购买商品住房的意愿,从而能够降低保障性住房的供给压力,也能减轻地方政府的财政压力。

4.2 双轨制的内在机理

4.2.1 公共租赁房与商品房市场的关系

公共租赁房与商品房市场发展状况密切相关,必须处理好两者之间的关系,不可偏废,也不能将其割裂。如果商品房市场平稳发展,房价收入比保持在合理水平,就会使更多的人有能力也愿意通过购买商品房解决住房问题,从而减轻对住房保障的压力。但如果商品住房价格上涨过快,中小套型,中低价位的普通商品住房供给严重不足,将会降低普通收入居民解决住房的能力,降低普通收入居民购买商品住房的意愿,将更多的人逼到保障人群中去,这样就会显著加大住房保障的压力,也不利于社会的和谐与稳定。

因此,做好住房保障工作,必须要确保商品房市场平稳发展。而住房保障体系中的保障范围和标准也应适度,否则,会增加政府的财政压力。

1) 公共租赁房建设能促进房地产行业健康发展

公共租赁房的供给量直接增加了住房市场中的供给量,由于其较高的性价比,对商品房具有一定的替代作用,使得一部分城市新增人口转而选择保障性住房,这就会导致对商品房的需求减少,从而使得商品房价格上涨速度下降。当商品房的价格上涨速度逐渐下降,开发财务费用上升,盈利空间逐渐缩小,会减少投资者对商品房的投资。另外,商品房价格的降低会使得那些资金成本高、管理能力低的小型房地产企业无法生存,从而被淘汰。而生存下来的房地产开发企业多为优质房企,这样更有利于房地产行业的重组和健康发展。

2) 公共租赁房的托底作用,可以缓冲房价上涨速度

公共租赁房以低于市场价格的租金租给满足条件的人群,并提供良好的居住环境,将使得这部分人群推迟对商品房的购买时间或者放弃购买商品房,使商品房价格上涨速度变慢。

3) 抑制投资性需求

公共租赁房是以低于市场价格的租金提供给承租人,使得商品房租赁市场的需求降低。由于租赁市场的需求减少,租金必然会随之降低,进而对希望通过出租方式盈利的投资者的投资性需求起到一定的抑制作用。

4)构成分成次居住体系

国土资源部在2010年公布了《关于加强房地产用地供应和监管有关问题的通知》,其核心是:各地保障住房、棚户区改造和自住性中小套型商品房建设用地,不得低于住房建设用地供应总量的70%。这就表明国家在住房制度顶层设计上,针对我国人口多、土地少、地区经济发展不平衡的具体国情,逐渐形成我国多层次住房体系。

4.2.2 公共租赁房建设与商品房市场的关联机制

1)公共租赁房建设影响商品住房的交易量变动

选取重庆和天津两个城市为研究对象进行深入剖析,重庆和天津都是中国的直辖市,重庆属于中国西部地区的中心城市,对它进行研究具有极好的典型意义,天津作为京津冀北地区的"双核"城市之一,也具有很好的代表作用。在2012年出台的房地产调控政策中,重庆实行不限购,但实行增收房地产税的购房政策,天津实行限购限贷的购房政策。与此同时,重庆和天津按照中央的政策规定都进行了公共租赁房的大规模建设,其对商品住房的交易量势必会产生较大的影响。

(1)天津商品住房交易量的变动。

如图4.2所示,2008年受到全球金融危机的影响,国内房地产开发市场处于极度萧条状态,全年住宅商品房新开工面积同比增长为负数,销售面积同比增长也一直为负数。2009年房地产复苏,使得房地产住宅商品房新开工面积同比有所增长,增长幅度较小,住宅商品房的销售面积同比大幅度增长,全年最高点增至28.7%。2010年,中央出台了新一轮房地产调控政策,天津市实行限购和限贷,此时公共租赁房建设规模比较小,全年共建4.2万套公共租赁房,全年房地产住宅商品房新开工面积同比大幅度下降,2010年1—5月最低点降至32.9%,住宅商品房的销售面积自2009年增长达到顶点值后一直处于下降的趋势。2011年在公共租赁房建设的大力推动下,兴建公共租赁房10万套,天津住宅商品房新开工面积同比大幅增长,全年最高点增至42.8%,住宅商品房的销售面积同比也处于增长的态势,使得商品房供给预期不断向好。2012年住宅商品房新开工面积同比处于先涨后落的趋势,住宅商品房的销售面积同比处于不断小幅增长的态势。

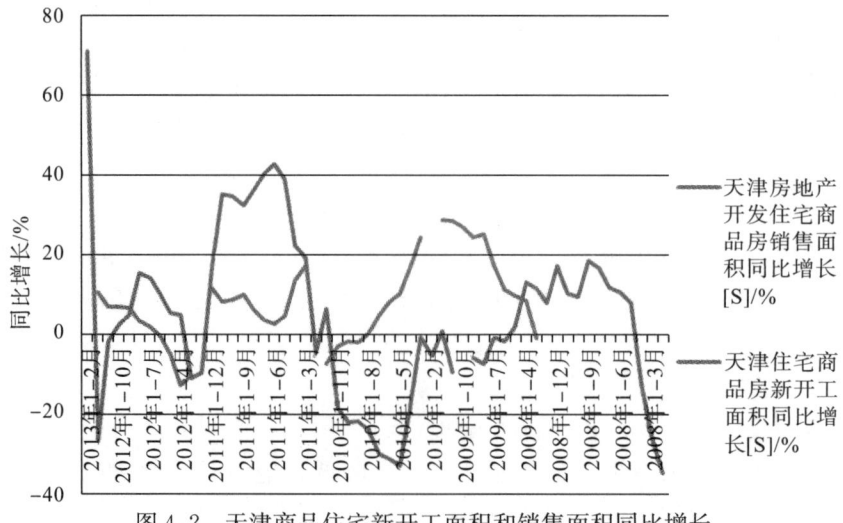

图4.2 天津商品住宅新开工面积和销售面积同比增长

(2)重庆商品住房交易量的变动。

如图4.3所示,2008年,重庆市经济处于调整状态,房地产开发企业由于自己缺少开发资金,银行贷款又紧缩,筹措不到开发资金,使得房地产开发住宅商品房新开工面积同比一直处于下降的态势。2009年经济有所复苏,居民对于住房的刚性需求和投资性需求均有所恢复,全年住宅商品房销售面积同比小幅度上涨。2010年,中央出台的房地产调控政策,对重庆实行不限购的政策,与此同时,重庆开始在全国率先进行公共租赁房的大规模建设,全年开工建设1300万平方米的公共租赁房,使得房地产开发住宅商品房新开工面积同比大幅度增长,最高点增至112.7%,住宅商品房的销售面积也小幅度增长。2011年至2012年,全市公共租赁房开工建设面积已达2400万平方米,虽然公共租赁房的新开工面积同比有所增长,但住宅商品房的新开工面积和销售面积同比依然处于下降的态势,这是因为公共租赁房的建设投资额在重庆房地产开发中的投资额比重增大,其提供的住房供给超过重庆商品住房的竣工面积,以人均20平方米来计算,可解决近120万人的住房问题。

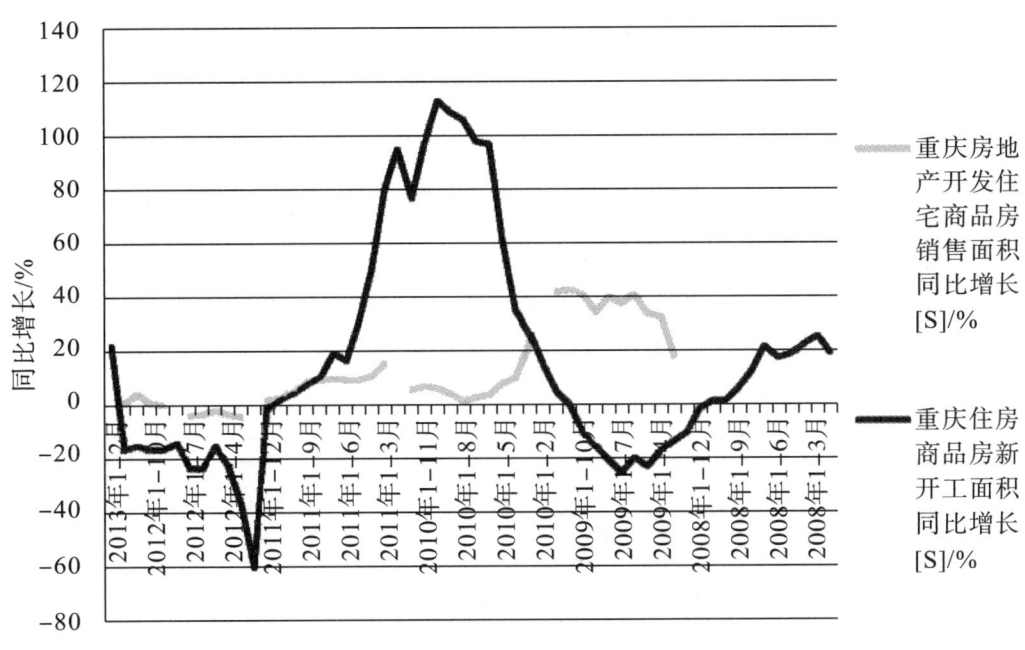

图4.3 重庆商品住宅新开工面积和销售面积同比增长

2)公共租赁房建设影响商品住房价格的变动

如图4.4、图4.5所示,从2011年一月份到2012年九月份,商品住宅的价格总体上处于下降的趋势,说明公共租赁房的大规模建设与配租,对商品住房的价格有一定的影响。

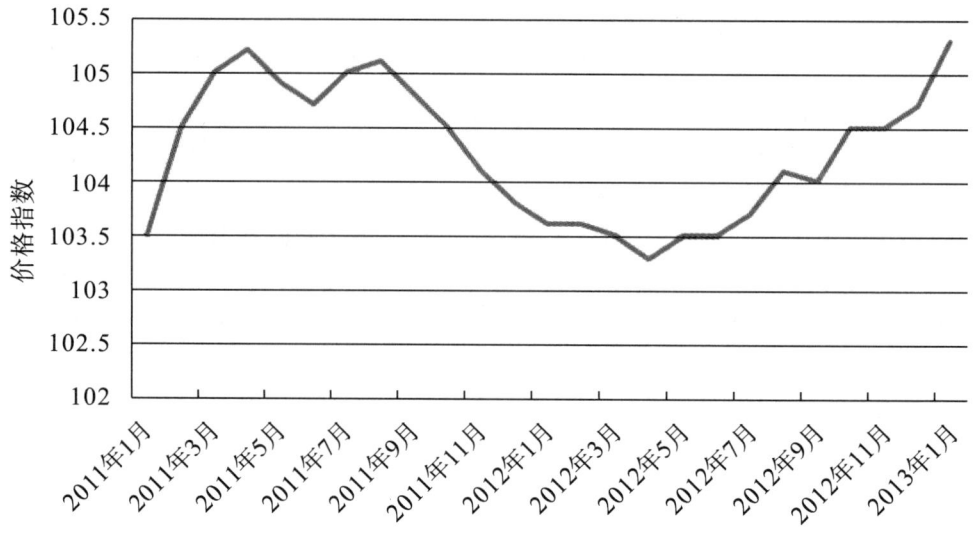

图 4.4　天津新建商品住宅销售价格指数（2010 年＝100）

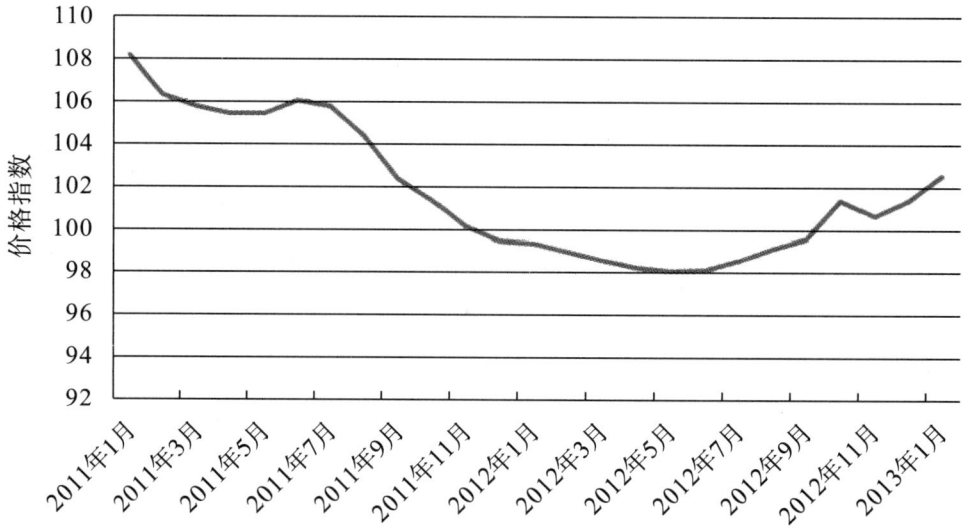

图 4.5　重庆新建商品住宅销售价格指数（上年同期＝100）

数据来源：国家统计年鉴。

公共租赁房的供应对象是原城市居民中住房困难者、刚毕业的大学生和农业转移人口，这部分人群虽有购房的意愿，但是他们现有的收入不足以支付较高价格的商品住房，相比较于较高价格较高租金的商品住房而言，他们会选择离工作地点较近的、租金又较低的公共租赁房来解决住房问题。

4.2.3　公共租赁房建设对其他保障房的影响

1）其他保障房的局限性分析

我国保障性住房供应体系如表 4.1 所示。

表 4.1　我国保障性住房供应体系

保障类型	供应方式	供应对象	补贴程度	供给主体
租赁型保障住房	廉租房	最低收入和低收入	最高	中央、地方政府
	公共租赁房	中等偏下收入	较高	地方政府
产权性保障住房	经济适用房	低收入	高	地方政府
	各类棚户区改造	特定对象	较高	中央、地方政府
	限价商品房	中等收入	低	地方政府

近年来，国家更加重视公共租赁房在住房保障体系建设中的作用。棚户区改造、廉租房及经济适用方等的建设力度加大，极大改善了城市低收入者的住房条件。然而，由于部分地区保障政策覆盖范围有限，一些城市商品房价格上涨过快且价格高、可供出租的小户型住房供应不足等原因，一些中等偏下收入住房困难家庭无力通过市场租赁或购买住房的问题比较突出。

同时，随着我国城市化快速推进，新进入城市的劳动力和新就业劳动力在特定阶段上，其住房支付能力是不足的，外来务工人员居住条件也亟须改善。大力发展公共租赁房，是培育住房租赁市场，完善住房供应体系，保证城市新增劳动力和低收入住房困难群体基本住房需求的重要措施，是调整市场的供应结构、指导居民合理住房消费的必然要求。

《十二五规划纲要》提出重点发展公共租赁房，强调廉租房保障制度的同时，针对城市低收入住房困难群体实施公共租赁房保障措施，并促使公共租赁房逐步成为保障房的主体。2011年是我国保障房建设力度最大的一年，2011年新开工的1000万套保障性安居工程建设任务中，公共租赁房比重为22%，廉租房为16%，棚户区改造42%，经济适用房和两限房为20%，公共租赁房的比重逐渐加大。

截至2014年1月，我国"十二五"期间保障性住房开工建设目标已经完成三分之二，2014年保障房开工600万套以上，完成"十二五"目标。

2013年的中央经济工作会议中提出：努力解决好住房问题，加大廉租住房、公共租赁房等保障性住房建设和供给，做好棚户区改造。公共租赁房日益成为我国保障房建设的主体。2015年全国新开工建设保障性安居工程700万套，基本建成480万套。2015年基本完成林区、垦区棚户区改造任务，2017年基本完成独立工矿区棚户区改造任务。2008年至2014年底，全国已累计开工新建实物公共租赁房910万套。

公共租赁房的供应对象是中等偏下收入人群，覆盖范围广泛，既包含廉租房和经济适用房的供应对象，又包含城市新增劳动人口（一是农业转移人口，二是新就业的学生）群体。符合廉租住房保障条件的家庭承租公共租赁房的，可以申请廉租住房租赁补贴。公共租赁房有严格的准入和退出机制，是封闭的系统，产权归政府或政府委托的企业所有，租金低于市场商品房的租金，租户租赁期为5年，5年后可以低于市场价购买公共租赁房用于居住，但不享有完全产权，这可以遏制投资性需求。

公共租赁房实行与商品房的"混建"模式，可以打破居住隔离的现象，建筑质量有保证，配套设施齐全；其分布在交通便利的地区，方便低收入人群的就业。由于公共租赁房具有以上优点，势必对廉租房和经济适用房产生替代作用，随着公共租赁房的大规模建设和廉租房、经济适用房日益突出的缺点，我国越来越多的城市中低收入群体和城市新增劳动人口(一是农业转移人口，二是新就业的学生)以公共租赁房的形式解决住房问题。

2)公共租赁房能够给地方政府留下优良资产，解决地方政府财政不断投入的问题

建设廉租房所需的土地是由政府行政划拨的，因而政府就失去了依靠出让土地获得大量收益的机会，政府就会缺少建设廉租房的积极性。经济适用房由于房地产开发商为了追求高额利润，偏离政府的初衷，大量建设大户型的高档住宅，导致中小户型的住房供不应求。限价房作为政府在一定时期内调控房地产市场、调节住房供需矛盾的有效手段，由政府成立的全资国有公司负责建设。但是由于地价低廉，有些限价房项目，大户型住宅所占比例偏大，背离了政策初衷。

公共租赁房由地方政府的投资公司承建，在土地、财税、金融等政策上享受优惠，投资建设主体拥有所建公共租赁房的完全产权，享有升值收益。即使配建的公共租赁房，也布局合理，多安排在交通便利、公共设施较为齐全的区域，而且小区外的市政配套设施也一并建设，建造质量有保证，符合安全卫生标准和节能环保要求。

公共租赁房永远姓"公"，封闭运行。使公共租赁房始终在保障性住房系统内循环，避免因利益输送引发腐败。公共租赁房只能租赁，不能面向市场出售，即使出售，也只限于使用权而不拥有产权，这就使得公共租赁房能不断地循环使用。地方政府投资建设的公共租赁房，中央会给以资金补助，也能纳入住房公积金贷款支持保障性住房建设试点范围，公共租赁房有稳定的租金收入，其租金收入用于偿还地方政府兴建公共租赁房的贷款以及公共租赁房的维护、管理和投资补助，这就为地方政府留下一笔优良资产，解决地方政府在住房保障房方面财政上不断地投入的问题。

实践证明，凡是公共租赁房建设得好的地方，其实体制造业的发展就有后劲，持续发展才有动力，不会出现一些发达国家地区在经济发展中出现的弊端：产业"空心化"。从2013年到2015年，重庆的GDP增长"三连冠"，领跑全国，可是重庆的房价却波澜不惊。在2011年至2015年的五年里，重庆GDP增长了98%，居民人均收入增长了55%，而房价却只增长了12%。

就在东部地区部分城市房价最为疯狂的2015至2016年这一年时间里，重庆房价只涨了0.4%，而且，既不限购，也不限贷。现今，重庆的房价不但低于成都、西安，甚至还比不上兰州和南宁。

相比一些城市大拆大建，依靠高房价、房地产拉动地区经济，甚至出现实体产业"空心化"等现象，重庆经济高速增长，主要是得益于实体制造业的发展。重庆实体制造业高速增长过程中，公共租赁房为实体制造业储备了大量产业工人和劳动力。在重庆市经济快速发展中，公共租赁房功不可没。

4.3 双轨制体系的社会功能

居住是人们的最基本的需求，也正因为如此，房地产、建筑业发展成为国民经济的重要产业，其发展不断满足了国民对居住的需求。在我国，保障性住房是解决民生问题

的重要手段之一，国家要大规模建设保障性住房，以彻底解决中低收入家庭的居住问题。保障性住房依靠国家政策，从地价、建设成本、开发商利润等方面都有别于商品房，目的也就在于为中低收入家庭提供住房保障，满足基本生存需求。

"十二五"规划纲要中，强调了为解决中低收入人群的住房问题，要加快健全公共租赁房制度、实行租赁和购买相结合的商品房制度。"公共租赁房＋商品房"的双轨制体系，不仅具有保障性住房与商品房市场相互作用的内在机理，满足基本的社会保障功能外，还具有显著的外部性社会功能。

4.3.1 我国双轨制体系的社会功能

1）保障居民基本权利

生存权、居住权是居民的基本权利，建设保障性住房正是为了保障中低收入家庭的基本权利。"居者有其屋"是我党的执政目标，也是党中央对全体人民的庄严承诺。在第十一届全国人大一次会议上的政府工作报告中重点强调，抓紧建立住房保障制度，为解决城市低收入家庭住房难的问题，要增加供给，加大廉租房、中小规模商品房及公共租赁房的建设，并完善住房保障制度，加强经济适用房的管理和监督。通过政府参与投资建设公共租赁性住房，让每一户中低收入家庭都能够在不久的将来实现"住有所居"的梦想。

保障性是公共租赁性住房属性的基础，它隐含了住房公平和公正的内容。虽然我国法律法规均没有明确表示保障性住房属于公共产品，根据政府工作报告和2010年出台的《国务院关于加快发展公共租赁房的指导意见》中可以看出，政府已经把解决中低收入家庭住房困难问题纳入了政府公共服务职能，这其实就是对居民基本权利的保障。

2017年3月第十二届全国人民代表大会第五次会议上的政府工作报告中指出：要支持居民自住和进城人员购房需求，坚持住房的居住属性，落实地方政府主体责任，加快建立和完善促进房地产市场平稳健康发展的长效机制，以市场为主满足多层次需求，以政府为主提供基本保障。

2）提高人民的生活水平

"房价收入比"是指"房屋总价"与"居民家庭年收入"的比值。房价收入比指标主要用于衡量房价是否处于居民收入能够支撑的合理水平，直接反映出房价水平与广大居民的自住需求相匹配的程度。一般而言，在发达国家，房价收入比超过6就可视为泡沫区。根据我国的实际情况，我国房价收入比保持在6—7，属于合理区间。

根据房价收入比计算公式得出，2013年全国商品住宅房价收入比为7.3，2014年全国商品住宅房价收入比为7.1。2014年分区域来看，东部一线城市差距较大，深圳高达21.7，超越北京跃居首位；东部二线城市房价收入比为9.2。中部二线城市中有60%的城市的房价收入比上升；西部二线城市房价收入比延续下降趋势。而剔除可售型保障性住房后，2014年全国35个大中城市房价收入比均值为10.6，其中深圳、北京、上海、福州、厦门5个城市遥遥领先。

在这种背景下，政府承担起国家主要城市建设经济适用房、廉租房、公共租赁房和中小型商品房等保障性住房的责任，有利于满足中低收入家庭以低于周边商品房的价格购买或租用住房的需求，同时减小住房消费对其他商品消费的挤占，使他们的生活水平得到一定程度的提高。

3) 扩大内需、带动相关产业的增长

国内固定资产投资主要是三大块：工业投资、基础设施投资和房地产投资。"公共租赁房＋商品房"大规模建设投资可以补充房地产投资。如图 4.6 所示，城镇房地产开发投资额呈现逐年不断增长的趋势，2008 年以前城镇房地产开发投资额增长比较平稳，2008 年的城镇房地产开发投资额为 31203.2 亿元，2009 年为 36241.8 亿元，2010 年为 48259.4 亿元，2011 年为 61796.89 亿元。2012 年，全国房地产开发投资 71804 亿元，比上年名义增长 16.2%（扣除价格因素实际增长 14.9%）。2013 年全国房地产开发投资 86013 亿元，比上年名义增长 19.8%，约占全国固定资产投资额的 20%。2010 年由于全国各地应国务院的要求开始大规模的建设公共租赁性住房，使得房地产开发投资额较 2009 年有较为明显的增长，随着"公共租赁房＋商品房"双轨制的实行，城镇房地产开发投资额会继续呈现较为旺盛的增长趋势。

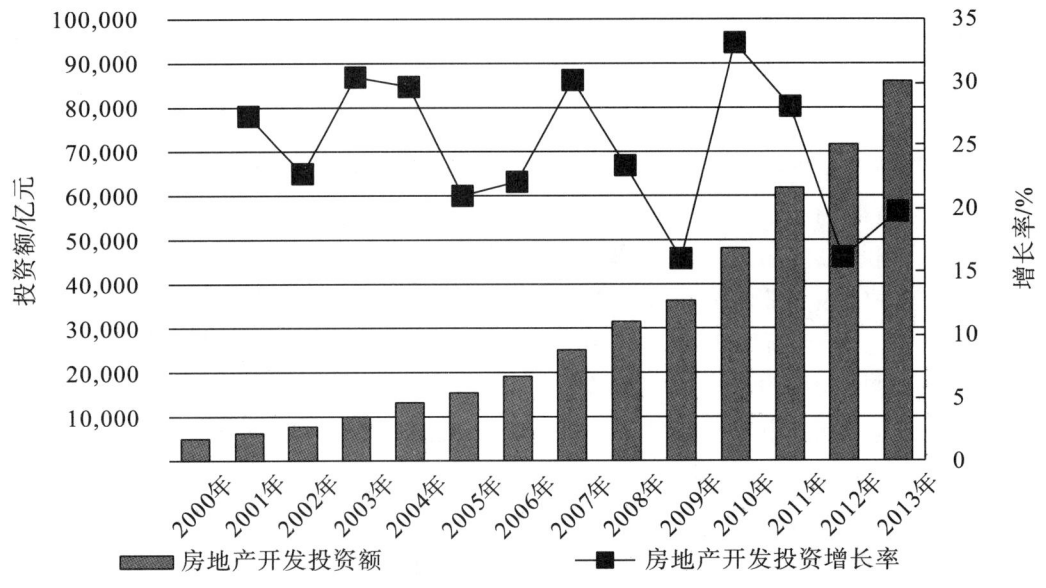

图 4.6　城镇房地产开发投资额

同时，随着住房供应制度的改革，"公共租赁房＋商品房"双轨制配置体系的实施，促进了房地产业的快速发展，房地产开发投资多年保持比较旺盛的增长势头，这也推动了国内固定资产投资的增长（图 4.7）。住宅投资占固定资产投资的比重由 1998 年的 12.7% 逐年增长，2007 年达到 18.5%，2008 年为 22.4%，2009 年为 14.9%，2010 年高达 29.4%，2011 年最高突破 30%，2012 年为 11.6%。

公共租赁房的建设，使房地产业无论在阶段性发展中怎样调整，都可以使房地产投资在固定资产投资中保持一定水平。

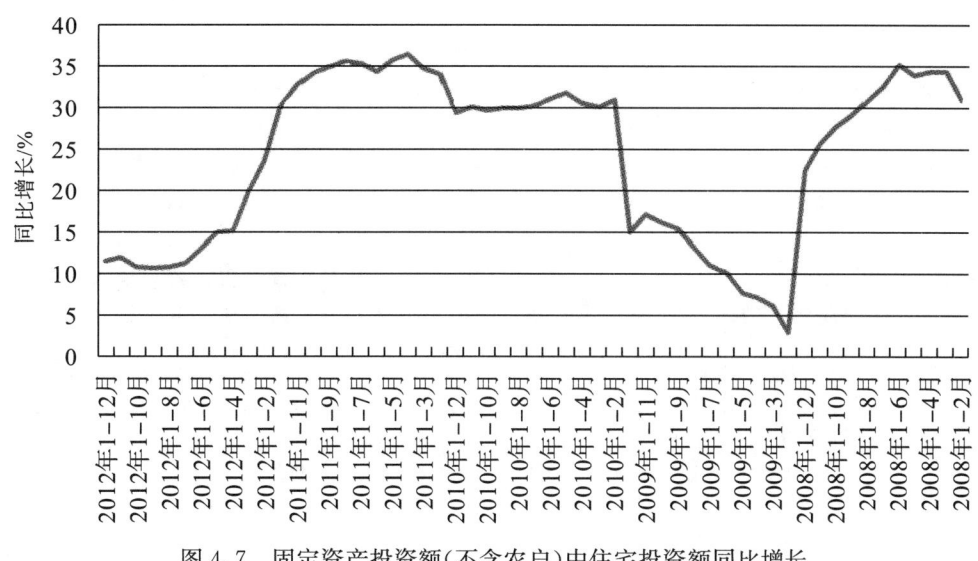

图 4.7 固定资产投资额(不含农户)中住宅投资额同比增长

"公共租赁房+商品房"的大规模的开发建设,具有投资和消费的双重属性,完善了社会住房保障体系的建设,能够有效地促进城镇化的发展,固定资产的投资扩大,在一定程度上能够促进投资需求的增长和刺激居民的消费,从而促进内需的增长。

"公共租赁房+商品房"双轨制的大规模建设,可以拉动相关产业的增长。由于房地产业具有极高的前后产业关联度,产业链长,涉及上游产业如冶金业、化工业、建材业和机械业等,下游产业如建筑业、装饰业、家电业、服务业和金融业等,能有效带动50多个相关产业的发展,从而促进地方经济的增长。

据国家统计局的统计分析,住宅建设的诱发系数为1.7—2.2,即住宅建设每投入1万元,就可以诱发相关产业增加1.7万—2.2万元的产值,每销售1万元的住房可以带动1.3万—1.5万元的其他商品的销售。同时,随着人们经济条件的不断改善,生活水平的不断提高,对于居住的要求也不断提高,人们需要更加高水平的住房建筑质量,又可以带动新型建筑材料等朝阳产业的诞生和发展。因此,从图4.8、图4.9可以看出,在相当长的时期内,房地产业仍是具有较强带动作用的支柱产业。

4) 促进GDP的增长,优化经济增长结构

一国经济增长的动力主要来自消费、投资和进出口贸易三驾马车。由前面所述可知,"公共租赁房+商品房"投资的增长能够拉动投资、扩大内需、带动相关行业的增长,从而在一定程度上有效促进GDP的增长。2008年受到金融危机的影响,房地产投资对全国GDP的贡献率回落到9.8%。2010年,国家出台文件要求各地大力兴建公共租赁性住房,各地对公共租赁房投资的加大补充了房地产投资,使得当年房地产投资增长达到历史最高水平33.20%,房地产投资占GDP的比重达到12.10%,对GDP的贡献率为19.20%,同年GDP增长10.30%。从对GDP增长的贡献率来看,2006年至2012年,七年中的前四年有一定回落,并在2008年出现谷值,但经过2009年的恢复性增长,行业支柱地位进一步凸显,并出现新的峰值。

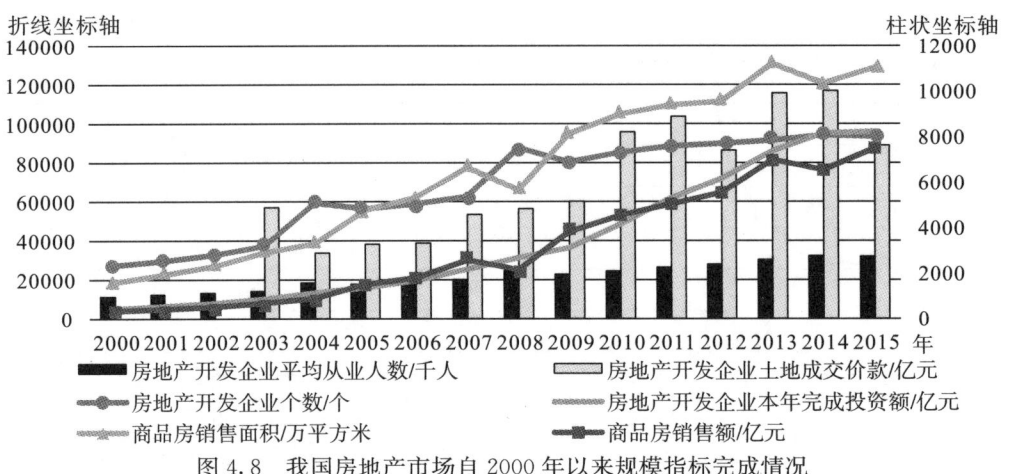

图 4.8 我国房地产市场自 2000 年以来规模指标完成情况

数据来源：国家统计局。

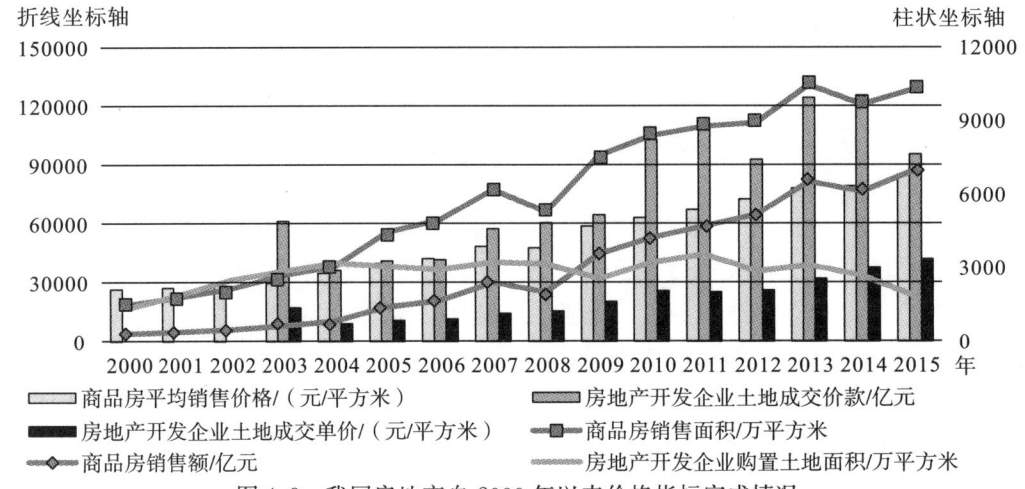

图 4.9 我国房地产自 2000 年以来价格指标完成情况

数据来源：国家统计局。

房地产业的高速发展，其背后是大量的资金、技术和人力资源的投入。作为一个资源稀缺的城市，势必会减少在其他行业的资金、技术和人力资源的投资。过度依赖房地产业，就意味着产业技术升级的动力不足和转变经济增长方式的延缓。由于房地产是一个资本密集型、技术水平低、高耗能行业，并不能反映一个城市的核心竞争力。这种情况下，势必使城市的主导产业被大大地削弱，这样会使得城市的经济结构日益脆弱，从而降低城市的竞争力。房地产投资的增长在一定程度上能够拉动经济的增长，但是拉动经济增长的最主要力量仍然是国内需求，这是我国经济发展的坚实基础，长期依赖投资对经济增长产生不利影响，会导致消费需求不足，且依赖投资引起金融风险的增大。特别是作为一个资金密集型行业的房地产业，由于资金有限且融资途径的受限，资金来源主要是商业银行。信贷资金保证了充足的资金需求，并促进投资规模继续增大，然而，一旦房地产市场出现不利的变化，势必影响到信贷资金的偿还，严重可能引起银行呆账、坏账的出现，导致金融风险。由此可见，优化经济增长模式，减少对于投资尤其是对房地产投资的依赖性便显得非常重要。

5) 保持我国制造业的优势地位

2010 年以来，我国稳居世界第一制造大国和网络大国地位。500 余种主要工业产品中有 220 多种产量位居世界第一，56 家制造企业进入 2015 年世界 500 强企业榜单。建成全球最大 4G 网络，网民总数从 4.57 亿增加到 7.31 亿人，4 家企业进入全球互联网企业市值前 10 名。近年来，智能制造水平明显提升，标准体系架构初步形成，一批核心技术装备研发应用取得新突破，部分智能制造新模式开始复制推广，基于互联网的"双创"平台快速成长。企业数字化设计工具普及率超过 61.8%、关键工艺流程数控化率达到 45.4%。工业互联网快速发展，两化融合管理体系贯标扎实推进。

从表 4.2 可以看出，站在全球的角度，国内外经济形势复杂严峻，我国工业和信息化系统必须坚持以推进供给侧结构性改革为主线，立足制造强国、网络强国建设战略，着力加强战略谋划，尤其是推动出台并全面实施"中国制造 2025"。公共租赁房为制造强国储备了丰富的劳动力。

表 4.2　2011 年中美制造业总产出比较

项目	中国/10 亿美元	美国/10 亿美元	中国/美国
木材加工制品业	139.4	70.5	197.7%
非金属矿物制品业	622.1	92.9	669.6%
初级金属	1547.9	302.5	511.7%
金属制品业	361.5	313.1	115.5%
机械设备制造业	1835.8	345.7	531.0%
计算机和电子产品制造业	987.7	350.1	282.1%
电气机械及器材制造业	796.2	113.1	704.0%
交通运输设备制造业	979.3	714.6	137.0%
家具制造业	78.8	58.1	135.6%
食品、饮料和烟草制品	1189.3	863.0	137.8%
纺织业	505.6	51.8	976.1%
服装和皮革及有关制品	347.8	21.9	1588.1%
造纸及纸制品业	187.0	167.4	111.7%
印刷业和记录媒介的复制	59.8	85.5	69.9%
石油加工、炼焦及核燃料加工业	571.1	793.6	72.0%
化学原料及化学制品制造业	941.7	716.0	131.5%
塑料和橡胶制品	354.7	197.8	179.3%
其他制造业	604.8	161.6	373.8%
制造业总产值	12110.6	5419.4	223.5%

数据来源：中国统计年鉴 2012、美国商务部经济分析局数据库。

6) 维护社会的稳定

传统的保障性住房集中建设的方式在客观上加剧了低收入群体的空间聚集，强化了不同社会阶层在空间上的分化，不利于社会的和谐与稳定。在当前构建社会主义和谐社会的宏观政策背景下，公共租赁性住房与普通商品住房区域混合建设的方式有利于推动低收入群体与中等收入群体的居住融合，将不同阶层收入的人群聚集在一起，有助于减少低收入群体与中等收入人群之间的隔阂，从而避免因低收入群体的过度聚集和与其他社会群体隔离所可能引发的各种社会问题。

"公共租赁房+商品房"的区域混建模式，能够实现低收入与中等收入群体间的社会融合，促进不同群体间的居住整合。充分利用社区资源促进社区建设，强化社区功能，建立和发展社区网络、丰富社区活动，引导形成趋同的行为模式和社会观念，促进居民积极参与及居民间的沟通交流，缩小不同居住群体间的社会距离，增进居民的社区归属感，形成具有内聚力的和谐社区。

7) 构建和谐社会

住房问题关乎民生大计，是构建社会主义和谐社会的重要一环，也是我国小康社会建设过程中面临的一个关系人民群众切身利益的社会问题。党的十七大报告中明确表示：社会建设与人民幸福安康息息相关。必须在经济发展的基础上，更加注重社会建设，着力保障和改善民生，推进社会体制改革，扩大公共服务，完善社会管理，促进社会公平正义，努力使全体人民学有所教、劳有所得、病有所医、老有所养、住有所居，推动建设和谐社会。可见，一个稳定和谐的社会，要求全体民众能安居乐业，住有所居。

一直以来，人民的住房问题是党中央、国务院高度重视的，为了规范和发展房地产业，先后出台了一系列的相关政策，重点建设中低价位、中小套型普通商品住房、经济适用房、廉租房等，公共租赁房未来将最大限度地解决中低收入人群的住房问题，从而促进和谐社会的建设。

4.3.2 我国双轨制体系对房地产市场的社会功能

1) 有助于解决城市化进程中大量农业转移人口的住房问题

城市化是中国完成社会现代化的关键性命题。城市作为经济效益的集聚地，政治文化的中心，聚集着工业发展所需要的所有必要条件，尤其是工业发展所必需的人口在城市高度集中。城市化带来的大量人口转移产生了对城市土地和住宅的巨大需求，随之出现住宅供应的绝对短缺、住宅出售和出租价格上涨等问题。随着城市化进程的不断发展，按照国家统计局的数据，至2012年末，中国总人口13.5亿，城镇人口占52.57%，2014年城镇人口达到54.77%，2015年城镇人口达到56.1%。当一国的城市化率为55%以下，刚性需求市场为主导；城市化率为55%—75%，刚性需求+改善性需求市场为主导；城市化率为75%以上，改善性需求市场为主导。中国"十二五"期间的房地产市场仍处于刚性需求市场。

2015年12月国家统计局数据显示：我国城镇户籍人口房屋自住率91.2%，两套及以上拥有率19.7%，真正缺少住房的是没有城镇户籍的2.5亿人。越来越多的农村人口涌入城镇，则对城镇的住房市场形成极大的刚性需求，他们要想真正地融入城市生活之中，就需要通过购买或租赁住房来解决居住就业问题，而新进城的农民工的工资开始一般都较低，以他们现有的经济能力无法负担商品房的价格和市场租金，而且即使是在市场上租房，农业转移人口也只能租到条件简陋、卫生条件差、基本没有公共配套设施或者位置偏远的社区，增加了交通成本，不利于下一代的教育，也不便于政府的管理。这时，农业转移人口在没有户籍限制的城市，可以依据公共租赁房的申请条件来申请租赁公共租赁房，等到租赁期满或者拥有购买能力后再决定是否购买公共租赁房或商品房。

同时，大规模的"公共租赁房+商品房"的开发建设能够满足城市化带来的农业转移人口的"住有所居"的基本需求，可以解决城市化发展过程中的农业转移人口的就业问题，它能够为劳动密集型行业、制造业储备大量劳动力。解决农业转移人口的住房问题，对城市化发展中的社会稳定有着重要支持作用。

2）双轨制的建设促进房地产稳步健康发展，可以制约房价过高过快增长

保障性住房的建设在楼市调控的过程中发挥着十分重要的作用。目前，中国房地产发展过程中，政府进行调控时采取了双管齐下的策略：一方面，通过实施差别化住房信贷、税收政策和限购措施，支持居民自住和改善性住房需求，遏制不合理住房需求；另一方面，增加普通商品住房有效供给。

房价的高低，从根本上由市场供求决定，当供大于求时，房价就会下跌，当供小于求时，房价就会随之上涨。因此，在控制需求同时，更重要的是要增加供给，特别是增加与中低收入阶层密切相关的保障性住房的供给。

2007年，政府部署加快建立以廉租住房制度为重点、多渠道解决城市低收入家庭住房困难的政策体系，加快推进廉租住房建设；2008年，国务院部署实施国有林区、垦区、中西部地区中央下放地方煤矿的棚户区和采煤沉陷区民房搬迁维修改造工程；2009年，全面启动城市和国有工矿棚户区改造。针对部分地区新就业学生、农业转移人口等"夹心层"群体的住房问题，2010年，国家部署大力发展公共租赁房，满足城市中等偏下收入家庭以及新就业学生、农业转移人口基本住房需求。近几年来，大规模保障性住房建设的推进，为稳定抑制房价发挥了基础性作用。

经过十几年的房地产业快速发展和政府主导的保障房建设，多数城市的房价涨幅已明显回落，部分城市房价开始松动。根据搜房网的百城指数，中国100个大城市里，有62个城市在2016年9月的房价水平比2013年9月时要低；只有17个城市的房价比三年前高20%以上，而这17个城市去年只占全国商品房销售面积的16%左右。

随着"公共租赁房+商品房"建设的继续提速和房地产市场总体稳定态势的延续，中国居民"住有所居"的梦想在未来有望更上一层楼。

进入"十三五"以来，在房地产调控方面，党中央、国务院主要采取两个方面的举措：一是要落实地方政府的主体责任；二是要实行分类调控、因城施策。

不同地方房地产市场发展的情况差异是很大的，从库存和房价来讲，经常会出现"冰火两重天"的情况，有些地方价格飞涨，有些地方多年低迷；有些城市特别是三四线城市，库存很大，需要几年甚至更长的时间才能消化掉。也有一些城市，特别是一些热点城市甚至存在排队购房现象。所以要分类调控、因城施策，强调地方政府特别是城市政府要切实负起这个责任。

抓紧建立健全房地产市场平稳健康发展的长效机制，这些长效机制也包括财税、金融、土地等方面的制度安排。

4.4 国内外双轨制实践经验及启示

4.4.1 国外双轨制实践经验及启示

国外的双轨制中，新加坡具有典型意义。

新加坡于1959年脱离英国殖民统治，1965年从马来西亚独立，经过仅仅50多年的努力，已从一个贫穷落后的国家，变成了富强的国家。尽管规模较小，但新加坡公共基础设施完备，人民安居乐业。

从20世纪60年代开始，新加坡政府开始着手解决居民的住房问题。通过购买，新加坡政府拥有全国80%的土地，这种购买是按政府规划、开发之前当地土地的价格来购买，而不是开发以后被推高的价格。这样就节约了政府财政开支。而且，政府拿了土地之后就开始搞100年的规划。

新加坡政府以低廉土地为基础，为百姓建造房屋。因为土地便宜，房价也低，政府就把这种廉价房子卖给老百姓，购买面积由家庭人口多少决定；所在地区不同，房价也不同。目前，新加坡一套房的房价大约为家庭年收入的4到5倍。为了让居民拥有居所，国家对购房者予以补助。据新加坡统计局住宅和发展委员会测算，2015年，两居室房子的价格为30万新元（1新元约合5元人民币）左右，三居室在45万新元左右，四居室在60万新元左右。这是"组屋"再出售的价格，比政府最初卖给居民的价格高。

目前，约85%的新加坡居民住在政府提供的"组屋"里，"组屋"5年内不可在市场出售，但可以退还给政府。"组屋"的设计比较合理，楼道宽敞，一般都有敞开的公共空间。"组屋"的质量由政府严格把关，政府会采用公开市场招标，通过竞争，由私人开发商来修建。

新加坡居民买了"组屋"后分期付款，房款来自个人积累的公积金——雇员和雇主基于雇员工资数按比例向政府缴纳公积金，用于雇员住房、教育、医疗和养老。"组屋"在购买5年之后可以出售，但政府按照市场商品房价格征税并入国库，以作为政府当年对屋主补助的回报。

解决住房难题需要足够的资金，新加坡的财源是怎么解决的呢？除了税收，新加坡政府还成立了淡马锡投资公司，其股权100%归财政部拥有——该公司投资了新加坡电信、新加坡航空、星展银行、新加坡地铁、新加坡港口、海皇航运、新加坡电力等大企业，自1974年成立以来该公司年回报率为16%左右，给国家创造了财政收入，从而有可能降低税收；政府没有用土地作为财政收入来源。

新加坡虽然是小国，但政府对土地支配权大，同时，城市人口密度大。新加坡解决住房问题的实践，对我国有一些启示。

制定长远的地方发展规划，提高建筑质量。地方政府要像新加坡政府那样，要尽早、尽量长远地做好城市规划，而且要重视建筑质量。

减少对土地财政的依赖，开创财政收入的新途径。地方政府应把住房当成必需品而不是奢侈品。地方政府开拓新税源，征收有利于发展或有利于再分配的税收，如财产税、遗产税、资本利得税等。中国的地方政府可以学习新加坡，转变国有资本的经营方式，甚至由直接控制生产转为成立淡马锡式的投资公司，投资营利的企业，获取资本回报，以增加财政收入。

城市化主要是人的城市化，人的城市化主要是住房城市化，在哪个城市里住下来，就应该是哪个城市的居民，我国户籍制度改革应配套。

政府对年轻人提供住房补助，防止代际间财富分化加剧。与城市中老年人相比，年轻人相对贫困是普遍现象，这在发达国家也是如此，应该引起警觉。现在，城里的老年人往往有价格昂贵的房子，还有高额退休金；年轻人往往起薪低，奋斗数十年可能都很难买得起房子。因此，应对年轻人购房提供一定补助，包括购买公共租赁房——可以直接补助，也可以把房贷利息从个人所得税里扣除。

新加坡保障房模式主要由政府提供公房（组屋）。这类模式是先把一般收入群体能承受的价格算出来，以此价格为基础，扣除建筑成本、房地产商一定比例的利润之后就是土地价格了。房地产商不拿高利润，政府将土地价控制到一定水平，这样一般社会成员就能买得起组屋了，一个家庭限购一套房子，收入和家庭成员增加以后，可以用小套户型换购大一些的户型，但过程中获利空间较少。

新加坡组屋占社会房屋总量达85%，这不适应中国国情，如果把大部分人的住房问题完全扔给政府的话，便又回到以前政府包办住房的老路。

新加坡模式的缺点是效率低下，特点是政府的权力集中，运行的前提是所在国家人口量不多，国土面积小，社会不存在二元结构，土地不存在二元结构，产业人口转移人数较少，制造业在国际上所占比重低，没有大量流动人口涌向城市群现象。因此，在借鉴时需要结合我国实际，而不能完全照搬。

4.4.2 国内双轨制实践经验及启示

在我国香港特别行政区，高地价模式是其房地产发展的模式。在这种模式下，开发商用高价从政府买来土地用于房地产开发，开发后以高房价卖给消费者。这种模式导致的直接后果就是开发商和政府获取了绝大多数的社会财富，造成严重的贫富差距，这也与我国内地的实际情况不相符合。比较香港模式与新加坡模式，两者显著的区别在于政府在房地产市场上发挥的作用不同，香港模式中保障性住房和商品住房的比例是3∶7，而新加坡模式为8.5∶1.5。

在国内率先大规模建设公共租赁房的是重庆，重庆打造以公共租赁房为主体的住房保障体系并以此为基础推进住房双轨制。基本思路：30%—40%的中等偏下收入群体，由政府提供的公共租赁房和棚户区、城中村改造的安置房予以保障；60%—70%的中高收入群体的住房由市场提供的商品房解决。重庆的公共租赁房的最大特点是无户籍限制。公共租赁房建设实行商品房、公共租赁房无差别的区域"混建"模式，高标准、高品质规划建设。截至2015年底，重庆建立以公共租赁房为主体的住房保障制度，累计建成投用公共租赁房1488万平方米、配租21.4万套，惠及58万人。重庆的公共租赁房已显现出良好的经济社会效应。一方面，公共租赁房充分体现了对中低收入群体"住有所居"的保障属性，目前已配租成功的家庭中，进城务工人员占52%左右，原住居民中的困难家庭占38%左右，新毕业的学生群体占10%左右。另一方面，公共租赁房建设加快了城市化进程。公共租赁房和商品房交融在一起，配套建设的公共设施共用。而公共租赁房的租户大多数为进城务工的农业转移人口，他们作为新生市民，在住房无忧的情况下，成为城市建设和工业发展中稳定的人力资源。

天津主要实行"公共租赁房+限价商品房"的双轨制住房供应体系。限价商品房是面向家庭年收入低于3万元或住房建筑面积不超过60平方米且具有本市市内六区、环城四区及滨海新区范围内的非农业户籍人员。公共租赁房的对象是有稳定工作的外来务工人员、新就业没有住房的员工和城镇中收入处于中等偏下的住房困难家庭。公共租赁房以满足基本居住需要的小户型为主，单套建筑面积一般在30—45平方米。天津市政府在推进保证性安居工程建设方面投入很大力度，新建普通商品住房项目规划配建一定比例的公共租赁房。政府投资的公共租赁房项目可以委托企业代建，根据需要可适时回购。天津公共租赁房自2010年开工建设以来，共建成16万套公共租赁房，制定了"环内合理插建、环外大型家园"的公共租赁房发展策略。以大寺新家园为例，该项目位于天津市中心城区南侧，规划中采用了"邻里同质，住区混合"的居住模式，由公共租赁房、限价房和商品房共同组成。这一策略的制定有效地遏制了房价上涨过快的势头，同时解决了中低收入人群的住房问题，保障了真实住房需求，减少了投机需求，使得房地产市场能保持健康稳定的发展态势。

4.5 本章小结

经过多年探索，中共十八届三中全会确立了"保障房归政府、商品房归市场"的住房双轨制政策思路。

2013年中央经济工作会议指出：解决住房问题，加大廉租住房、公共租赁房等保障性住房建设和供给，做好棚户区改造。需要注意的是：会议没提经济适用房和限价房，说明这两类保障房正在被淡化。廉租房、公共租赁房、棚改房成为三大"当家花旦"；2014年廉租房和公共租赁房并轨后，就剩两个"主角"；进入"十三五"以后，从长远的角度，可能就剩"公共租赁房"唱主角了。

通过研究"公共租赁房+商品房"的双轨制的内在机理，发现公共租赁房的大规模建设对商品房市场有一定的影响，公共租赁房的大量建设会影响到商品房交易量的变动及商品房价格的变动，使得商品房的交易量和价格都呈现下降的趋势，从而能促进商品房市场健康平稳的发展。另外，公共租赁房的建设对其他保障性住房也有一定的影响作用，随着公共租赁房的大规模建设和廉租房、经济适用房日益突出的缺点，越来越多的中低收入人群会选择公共租赁房，公共租赁房也给地方政府留下优良资产。

无论房价怎么调控，总有20%—30%的低收入群体无力购房，这部分人群的住房主要靠政府提供的公共租赁房、廉租住房等保障性住房解决；其余的人群则主要进入市场购房。

在我国城市化和工业化过程中，相当数量的公共租赁房建设，最核心的意义在于为一个城市储备大量的制造业劳动力，只有这样，这个城市才有发展的后劲。

实践证明，凡是公共租赁房建设得好的地方，其实体制造业的发展就有后劲，持续发展就有动力，不会出现一些发达国家地区在经济发展中出现的弊端：产业"空心化"。

一些城市依靠大拆大建，依靠高房价、房地产拉动地区经济发展，最终会出现实体产业"空心化"。一个城市经济的高速增长，主要是得益于实体制造业的发展。实体制造业的高速增长过程中，公共租赁房为实体制造业储备了大量产业工人和劳动力。

"公共租赁房+商品房"不仅具有相互作用的内在机理，而且还具有完整的社会功能，表现在有助于解决城市化进程中农民工的住房问题，拉动投资、扩大内需、带动相关产业的增长，促进GDP的增长、优化经济增长结构，促进经济转型，维护社会的稳定。同时，双轨制的建设能促进房地产市场趋于稳定。

实行"公共租赁房+商品房"的双轨制体系，更符合现阶段中国特色社会主义的基本国情，更加有利于解决不同阶层人群的住房困难问题，有利于社会的和谐与稳定。

5 政府主导的公共租赁房体系设计

5.1 公共租赁房的政府主导模式的必要性

5.1.1 各国(地区)公共住房模式比较

公共住房与社会保障制度、社会福利制度是紧密联系在一起的,是社会保障和社会福利在满足住房需求上的有力体现。公共住房制度充分体现了社会保障制度扶危助困的属性,一般不以盈利为目的,所需资金主要来自国家财政拨款、社会组织的合法集资、住房金融及其衍生品,有时需要财政的特殊补贴。因此,无论是哪个国家和地区,公共住房建设都离不开国家政府的财政和政策上的支持。由于不同意识形态、经济发展水平、社会与文化背景的差异等原因,公共住房在不同国家和地区的名称和含义也有所区别(表5.1)。

表 5.1 各国(地区)公共住房模式的比较

国家/地区	公共住房名称	住房来源	供给对象	租赁市场
日本	公营住宅	由国家拨款补贴地方行政主体(都道府县或市町村)建造的低标准公共住宅	低收入居民和职工	租赁
	公团住宅	公共法人建设,该法人是中央和地方政府以及其他公共机构共同出资设立	中低收入阶层	可租可售
	地方政府供给公社提供住宅	由中央和地方政府以及其他公共机构出资	中等收入人群	可租可售
韩国	公共住房	中央或地方政府拿出部分财政预算或国民住宅基金负责组织建造的小户型住宅和公共租赁房	中低收入者	可租可售
法国	政府供给	在政府资助下,由公共部门、社会自治团体、私人以及非营利性住宅公司出资、经营管理,也包括大中型企业自筹资金建造的职工住宅	低收入家庭	可租可售
英国	廉租房	由政府出资建设或购买市场当中二手房	低收入人群	租赁
	可负担性房		中低收入人群	可租可售
美国	公共住房	由公共部门、社会自治团体、私人以及非营利性住宅公司出资、经营管理	收入水平占人口总水平15%以下的家庭	可租可售
香港	公屋	由政府提供廉价的土地开发建设分为供租住的屋村和供购买的房屋	港内18岁以上无私宅、收入在限定范围内的人群	可租可售
新加坡	组屋	完全由政府出资建造	中低收入者	可租

在通过公共住房的手段实施住房保障的过程中，由于涉及公共资源的分配、特定保障对象选择、住房资源获得与维护等一系列复杂问题，政府需要根据目标群体的具体情况确定具体保障目标，明确包括供给方式、进入退出规则等政策。政府应该建立一个便捷的运行机制，以便高效快捷地提供服务，要制定标准的管理制度、服务规范、工作流程，并且应该有专门的服务机构落实各项服务细则，保证政府公共资源得到有效的配置和合理利用，确保保障目标的实现。公共租赁房这种以实施住房保障为目的、面向特定保障人群提供公共住房租赁服务，由保障目标、保障政策和保障机制构成的运行体系，就是一般意义上的"公共租赁房保障体系"。

值得我们思考的是："公共租赁房保障体系"虽然是以政府为核心和主体，主要依靠投入的公共资源，但这并不是说该系统是一个完全由政府或公营机构组成的、相对封闭的运行系统。从世界范围的实践经验看，住房保障体系运行的重要基础是利用住房市场、合理使用社会资源、发挥各种主体的积极作用。特别是在房源的获得与维护、建设资金筹措等方面，需要市场与社会资源的广泛参与，而政府往往通过补贴、让利、税收减免与优惠的方式，引导市场主体和社会资源进入公共租赁房体系。因此，从这个意义上说，公共租赁房体系应该是一个开放的系统。

5.1.2 我国公共租赁房体系由政府主导的必要性

我国的城市化进程中，政府应该在公共租赁房建设上发挥主导作用。

首先，在城市化进程中人口向大城市聚集是必然的，没有人能够战胜趋势，再怎么堵都是没有用的。但人口向大城市聚集过程中，会伴随着部分大城市房价上涨过快、涨幅过大，部分居民无法解决住房问题。自1998年房改以来，商品住房价格呈现逐步上升的态势。尤其是在经济发达的北京、上海、深圳、广州等部分一线城市，房价的涨幅大大超过了普通居民收入的增长。

事实已经证明，通过市场化的手段，不足以解决大城市所有居民的住房问题。因此，作为社会保障和社会福利的具体体现，政府应当义不容辞地担当起帮助部分城市居民解决住房问题的责任。无论房价怎么调控，总有20%—30%的低收入群体无力购房，这部分人群的住房主要靠政府提供的公共租赁房、廉租住房等保障性住房解决；其余的人群则主要进入市场购房。

我国的城市化应该是城市住宅建设实施"双轨制"。"十二五"规划纲要明确提出：对于城镇低收入住房困难家庭实行廉租房制度；对城镇中等偏下收入住房困难家庭，要提供公共租赁房制度；对于中高收入家庭，将实行租赁和购买相结合的商品房制度。

其次，在过去十年的城镇化加速时期，我国相当多的城市形成了"以地谋发展"的土地资本化模式。具体表现：在城市用地方面实行有偿使用和经营性用地的"招拍挂"政策，加快实现土地从资源、资产到资本形态的转换，使地方政府能够获取土地资本化的最大收益。这种以土地资本化推动城市化的方式，一是用最大化土地出让收入保证城市建设资金，以商住用地出让价格最大化来实现政府资金平衡；二是建立政府融资平台，以政府财政信用为担保，以土地为主要抵押品换取银行资金，加大对城市基础设施建设的融资。在这个过程中，地方政府往往不愿意将宝贵的土地用以建设保障性住房，而偏重于商业目的的开发。在过去十多年，保障性住房的建设速度远远落后于商品房建设，致使低收入居民的住房需求得不到完全满足。在这种情况下，只有政府出面主导，才可能建立起以公共租赁房为主的保障性住房供应体系。

最后，大规模的建设保障性住房，需要大量的资金。2011年建设的1000万套保障性住房投资为1.3万亿—1.4万亿元，中央财政明确安排的资金为1147亿元。地方政府的筹资来源，包括地方债券、土地出让金收益的10%、住房公积金增值收益、地方各级财政配套资金等约4000亿元，因此，仍然有8000亿元的资金缺口，这直接导致当年保障房的完工率未达到目标。

这其中尤其以公共租赁房的资金短缺最为严重。公共租赁房自身不能上市交易，其项目投资大、回收期长等特点决定了其对社会资本的吸引力不足，任何民营资本都无法单独承担这样的项目。

公共租赁房用地供应和大量资金需求是公共租赁房建设的两大难关。因此，现阶段我国公共租赁房建设必须而且只可能以政府为主导。

5.2 我国公共租赁房的供应机制

5.2.1 公共租赁房供给数量

我国的保障性住房体系的建设在不同的发展阶段，保障房的供应类型有巨大差别。现阶段，除了公共租赁房，我国保障房的其他供给类型主要包括经济适用房、两限房、棚户区改造以及廉租房。每一种类型的保障房的出现，都有其特定的社会背景和历史原因，而从现阶段看来，上述类型的保障房除棚户区改造是针对特定对象外，其他类型由于各自的局限性，在住房保障中所起的作用正在弱化。而早在政府正式提出"公共租赁房"这一概念之前，在各地对保障房创新形式的探索中，就出现了一种由廉租房逐渐演化而来、主要以实物配租为主的保障房新类型，并取得了不错的效果。

在"十二五"阶段，政府从实际情况出发，在住房保障的相关政策方面做出了相应的调整。2009年，温家宝总理在《政府工作报告》中，首次提出"公共租赁房"这一概念，该报告将"积极发展公共租赁房"作为当年的一项任务。在2011年的《政府工作报告》中将这一任务表述为"重点发展公共租赁房"。由此，公共租赁房开始成为一种新的主要的保障房形式。和其他类型的保障房相比，公共租赁房一般由政府以实物形式供给，收取低于市场价的租金，并独立于普通的住房商品市场，受众范围最大，这些特点使得它能克服其他保障房类型的局限。

我国"十二五"保障房建设规划中提出，2011—2015年预计新建保障性住房3600万套。2011年新建保障性住房1000万套，其中公共租赁房220万套，占新建保障性住房总量的22%。同时，建设规划中提出整个"十二五"期间，公共租赁房建设比例不低于2011的建设比例。由此不难看出，公共租赁房建设成为了保障性住房建设的重点。公共租赁房在不久的将来将成为我国保障房体系中最主要的保障形式。

2014年意味着我国房地产十余年的"黄金时代"终结。2014年，全国商品房销售面积 12.1 亿平方米，同比下降 7.6%；销售额 7.63 万亿元，同比下降 6.3%。其中，住宅销售面积 10.5 亿平方米，同比下降 9.1%；销售额 6.24 万亿元，同比下降 7.8%，但是住宅套数达到 1300 万套的顶峰状态。从 2014 年起，楼市结束了以前供不应求、价格单边上涨的格局。住房商品化经过十几年的高速发展之后，已告别初期的整体供不应求的状态，部分地区商品住宅库存出现明显攀升。以前的市场调整主要是因为政策的变动而引起，并不是市场自发性的调整，如今房地产市场已经进入了一个供需相对平衡，甚至开始进入了供过于求的局面。单边上涨的市场成为过去时，不同区域、不同城市，甚至同一个城市，都会因为区域的属性定位和价值以及本身的供求情况而出现不一样的市场行情。

西方国家在两三百年的漫长的时间里实现了工业化和城市化，在这个过程当中，这些劳动力也是到大城市去，但是二三十年之后，开始有退休的人了，特别是在有社保以后，退休的人慢慢回到了老宅，回去追求乡村生活，这时候他们把社保、把高收入带回了农村，带回了小城镇，这样就带动了小城镇和一些村落的发展。

从日本、韩国、中国这些新兴工业化国家的发展来看，我们是后发国家，我们是在很短的时间（一两代人的时间）内实现了工业化进程，因此，这个阶段一定是大城市首先发展，小城市人口流失，经过一代、两代甚至三代人退休，人口开始回流的时候，小城市的人口才会稳定下来。

城镇化和城市化两个战略在指导思想上、政策落地上是有差别的，特别是多年的城镇化的基本思路是限制大城市发展，鼓励小城镇发展，其结果就是大城市很拥挤，房价飙升。人的选择是理性的，是趋利避害的，都想找比较好的工作，有好的收入，但小城市提供不了，结果小城市楼盘建成时人口也所剩无几。我国作为 14 亿人口的大国，会出现若干个人口几千万、上亿的城市群、城市带，因此，我国应以这样的城市群、城市带的思路发展，而不是搞优惠政策去鼓励那些小城市发展。

与我国人口流动趋势和房地产市场结构性发展相适应，公共租赁房供应数量和分布区域也是结构性的。

目前，中国有 34 个省市，330 多个地级市，2800 多个县城，未来并非每个城市都有发展机会。近些年来，我国农村的人口越来越少，大量村庄合并、消失，而大城市越来越多，2015 年，我国百万人口以上大城市就已经达到 142 个。

未来我国的大部分人口会居住在七个国家级城市群，即长三角、珠三角、京津冀、长江中游城市群、成渝城市群、哈长城市群和中原城市群，除北上广深之外的天津、重庆、成都、南京、杭州、郑州、武汉、长沙、合肥、福州、西安等 11 个中心城市，以及 130 个左右的人口百万以上的大城市。这些城市是公共租赁房建设的主战场。公共租赁房建设的主要目的是为了满足我国城市新增劳动力的住房需求（农业转移人口、新就业学生），特别是为我国先进制造业发展储备一定数量的劳动力，使我国产业结构日趋合理，保持持续竞争力，避免产业"空心化"。在这方面，应充分借鉴目前德国的产业结构布局：第一产业占 0.8%，第二产业占 27.6%，第三产业占 71.6%。

基于上述分析，我国公共租赁房的建设规模和需求总量主要在七个国家级城市群，即长三角、珠三角、京津冀、长江中游城市群、成渝城市群、哈长城市群和中原城市群，除北上广深之外的天津、重庆、成都、南京、杭州、郑州、武汉、长沙、合肥、福州、西安等11个中心城市，以及部分人口百万以上的大城市。应按照常住人口20%的比例，人均20平方米的标准，建设相应数量的公共租赁房。

5.2.2 土地供应机制

公共租赁房选址建设离不开地方政府高效的土地储备和及时、足量的土地供应。但中国作为人口众多的国家，人地关系紧张的基本格局始终没有得到改变。我国任何城市建设用地指标的增加和城市规模的扩大，都必须在保证不突破十八亿亩耕地红线的前提条件下进行，我国实行严格的土地用途管制和限额用地指标制度。公共租赁房用地采取哪种供给模式是公共租赁房建设成败的关键。

2011年国务院出台的《关于加快发展公共租赁房的指导意见》明确规定：各地公共租赁房建设用地应纳入土地供应计划，并予以重点保障。这意味着，我国政府投资建设的公共租赁房所需土地不是通过土地市场进行土地使用权交易，而是以划拨的方式取得。通过其他方式投资建设的公共租赁房，其建设用地可以采用出让、租赁和作价入股的方式有偿使用。在这一建设模式下，公共租赁房建设用地虽然不存在市场交易，但是土地资源作为重要的开发成本，其供给方式与市场化运作存在着重要的关系。

目前，我国商品房建设用地多为熟地，在供给模式选择上，基本上是通过"招、拍、挂"的方式出让，实行价高者得的模式。伴随着城市化进程的发展，熟地价格也是被越推越高。因此，作为公共租赁房制度执行者的地方政府，也面临着两难的选择：一方面是通过"招、拍、挂"出让给开发商，可以获得土地出让金，增加地方政府的财政收入；另一方面是将土地用于建设保障性住房，确保民生工程的顺利推行，可以满足中低收入家庭的住房需要，但无疑会损失巨额土地出让收益。这样的困境会影响部分地方政府对公共租赁房建设用地有效和稳定的供应。为此，各地方政府纷纷探索公共租赁房建设用地土地供应新渠道，以保证公共租赁房建设用地的稳定供给，保障地方政府公共租赁房建设任务的顺利完成，实现公共租赁房的有效供给。

纵看全国公共租赁房建设先导城市，除了城市土地储备之外，其他相对实用的公共租赁房土地供应途径主要有三种。

1)"地票"模式

不同于发达国家和大型发展中国家，我国宪法规定城市土地归国家所有、农村土地归集体所有，并且实行严格的土地用途管制制度。

农村集体所有的土地，又分为农用地、农村建设用地和未利用地。农用地：包括耕地、林地、草地、农田水利用地、养殖水面等。

改革开放之初，在农村实行家庭联产承包责任制，将土地所有权和承包经营权分设，所有权归集体，承包经营权归农户，极大地调动了亿万农民的积极性，有效解决了温饱问题。现阶段深化农用地制度改革，将土地承包经营权分为承包权和经营权，实行所有权、承包权、经营权（简称"三权"）分置并行，是继家庭联产承包责任制后农村改革的又一重大制度创新。

在我国，农用地不能被用来搞建设。但是，农用地的经营权可以流转，经营权的流转的具体形式表现为：流向家庭农场、专业大户等适度规模经营主体；农户实行以地入股，组建股份合作组织，采取自营或委托经营等方式发展农业适度规模经营；以代耕代种、联合经营等方式，促进农户合作经营；支持城市工商资本到农村投资发展良种种苗繁育、高标准设施农业、规模化养殖等适合企业化经营的现代种养业。

农村的建设用地由三部分构成：经营性建设用地（主要为乡镇企业用地）、乡（镇）村公共设施和公益事业用地、村民住宅用地（宅基地）。

十八届三中全会（2013年10月）规定：农村的建设用地中的经营性建设用地（主要为乡镇企业用地）在符合规划和用途管制前提下，允许农村集体经营性建设用地出让、租赁、入股，实行与国有土地同等入市、同权同价，其实质就是农村集体经营性建设用地可以同城市建设用地一样通过政府土地交易市场，进行统一"招、拍、挂"出让。

乡（镇）村公共设施和公益事业用地要根据各地政府用地发展规划，必须予以长期保留。

"地票"是指通过对农村集体建设用地中的闲置宅基地复垦和未利用地开垦新增农用地后，经国土部门验收之后产生的可交易和流转的用地指标。将国土部门验收之后合格的用地指标（"地票"）拿到土地交易所交易，用地企业和用地开发区通过土地交易所买到"地票"，凭借"地票"在符合政府规划的前提下，由政府征收相应数量用地指标（"地票"）的农村土地，经过整治后，由政府进行"招、拍、挂"出让，用地企业和用地开发区通过竞价获得通过"地票"产生的新增城市建设用地的使用权，政府通过"地票"交易的形式获得了偏远地区农村多余的农村集体建设用地指标。

"地票"的雏形始于成都，其初衷是在耕地占补平衡的前提下为城市发展争取到更多的城镇建设用地指标。

2008年底，重庆农村土地交易所挂牌成立，是全国首家，在确保耕地不减少的前提下，根据国家城市建设用地占补平衡的规定，引导农民对废弃的宅基地和荒地进行复垦，形成城市建设用地指标，即"地票"，利用级差地租原理进行交易，重庆市政府的初衷就是既增加农民财产性收入，又有效保护耕地，也为城市化提供空间。

"地票"交易制度是"先造地后用地"，农村闲置土地资源依法有序退出，先把农村建设用地转化成耕地之后，才在城市新增建设用地，对耕地的保护力度更大、保护效果更好。同时，"地票"交易制度创新可以有效解决当前城镇化和工业化加速期城市建设用地紧张的矛盾，在不突破国土资源部每年下达的城乡建设用地指标的前提下，保证农村农用地，特别是农村耕地总量不减少。

"地票"的范围是有限度的，是农村闲置的建设性土地中的宅基地和未利用地，在乡镇政府领导和农村集体经济组织的带动下，农民自愿的前提下，把它复垦为耕地。如果复垦出1000亩耕地，产生1000亩"地票"，到土地交易所去挂牌交易，按照20万每亩的价格，价值就是2亿元，房地产开发商或者用地开发区负责出这2亿元，按土地利用规划，就可以到城郊接合部取得1000亩用地的优先权。先复耕，再征地，这是这个机制的刚性操作的底线。

一般农村闲置下来的住房，即使房子造得再好，一两百平方米的房子也只能卖几万元，离城市几百千米远的山沟沟，住房卖不出什么好价钱。但是"地票"却能使农民的地价大幅增值。"地票"产生的收益在分配中,重庆按照确权比例,村集体所有权占15%,农民使用权占85%。农民拿到这个钱,可以在城市里买房、租房或者居住公共租赁房来改善自己的生活,对农村致富和增加财产性收入都有好处。

造成我国耕地不断减少、土地日趋紧张的根本性原因是随着农民进城落户,他们在城市用地增加的同时,在农村原有的土地并没有复垦为耕地,而是长期闲置,造成"两头占地"的现象。

重庆积极构建以公共租赁房为核心的住房保障体系,保障房供地占比达到22%,远高于上海的14%,其中重庆"地票"制度的实施功不可没。

"地票制度"打通传统的城乡二元土地分割现状,这是一举多得,在完成农村闲置土地置换的情况下完成农民的城镇化。从2008年以后的10年间,重庆每年供地面积始终是京沪的2—3倍。来自国家统计局的数据显示,2014年重庆供地1864.59万平方米,京、沪、深分别是580.76万平方米、313.18万平方米、105.73万平方米,也就是说2014年重庆供地面积是京沪深的3倍、6倍、18倍以上。

广州2013年成为继重庆、成都之后第三个试点"地票"的城市。

2)配建模式

开发商在一定公共租赁房配建条件下取得土地,建设公共租赁房。

2011年4月,广州出让荔湾区某住宅地块时,首次尝试商品房地块配建保障房的土地出让方式。地块出让时政府明确规定,该小区建成后中小套型比例不低于70%;同时,要求开发商须配建3万平方米的保障房,保障房的建设面积占总建筑面积的17%,建成后须按相关规定将保障性住房无条件移交政府相关部门。

这种土地供应创新方式也是中国目前比较常见的。上海、福建、青海、哈尔滨等多省市均明确规定,在商品房建设项目中必需配建一定比例的保障房。北京在通过配建方式供应土地方面又做出了一步探索,推出了"限地价,竞公共租赁房配建面积"的土地供应方式,即在竞买报价达到土地出让金预设的上限时,则不再接受更高报价,转为通过现场投标公共租赁房配建面积的方式确定最终竞得人。在土地出让金缴纳环节中,北京也独辟蹊径,提出配建公共租赁房的土地出让金可以不必一次性上缴,可以采取"年租制"方式支付,大大增加了开发商对公共租赁房建设和发展的想象空间。此种供应方式实际上是更多采用了"综合条件最优者得"的综合评标方式,有助于在政府财力有限的情况下,增加公共租赁房的建设规模,同时也杜绝了在土地出让过程中的不良竞争导致"地王"频现的弊端。

3)城市周边的农村集体建设用地供给公共租赁房用地

我国特殊的土地制度直接造成了城乡土地的功能和价值差异巨大。而在这种制度环境下,农村集体建设用地的功能受到了限制,从而使其价值得不到应有的体现。但是在实践中,又出现了一些不合法的行为,"小产权房"便是其中典型的代表。

"小产权房"按照定义是指在农民集体土地上建设的房屋,未缴纳土地出让金等一系列费用,其产权证由乡政府或村委会颁发,而不是由国家土地房管部门颁发,所以叫作"乡产权房",又叫"小产权房"。"小产权房"除了未缴纳土地出让金等一系列费用外,存在的另一个要害问题是"小产权房"的建设行为没有或者不符合政府制定的建设规划。

这种饱受争议的住房之所以能够在市场上大行其道,其根本原因在于市场上住房供需的不对等。住户和租户承受不起城市成熟区域高昂的房价和租金,只好选择房价和租金较低的城市郊区的住房类型,而农村集体组织又恰好拥有土地资源,可以提供廉价的住房和出租房,即使这样的交易行为受到法律的限制,但是在市场中确实客观存在着。

面对这种游走于法律边缘的市场行为,目前国家是明令限制的。在实践中,一些缺乏土地储备的城市正在探索出利用农村集体建设用地建设公共租赁房的途径。其中,在北京和上海都出现了一种"共有产权"模式,即在农村集体建设用地上建设公共租赁房,其产权由政府和集体建设用地所有者共同持有,而政府将对公共租赁房的租赁价格加以限定,而集体建设用地所有者从收取的公共租赁房租金中,按一定比例获取分成。同"地票"制度不同的是,采取"共有产权"模式在农村集体建设用地上建设公共租赁房不用通过用地指标的置换。2012年年初,国土资源部允许北京、上海利用农村集体建设用地建设公共租赁房的试点工作正式启动。住建部指出,目前利用农村集体建设用地建设公共租赁房的试点城市,必须具备一系列条件,如本身房价较高,同时土地资源比较紧缺。对申请试点的省市,要求详细规划试点方案,再由国土资源部批准方能试行。

不可否认的是,利用农村集体建设用地建设公共租赁房还存在一定法律障碍,其是否能在全国推广还有待观察。但是,从实践的角度看,利用农村集体土地建设公共租赁房是中国土地供应制度的巨大进步和现有政府保障房体制的重大突破。

5.2.3 资金供给机制

公共租赁房的准公共产品及外部性等经济学属性,决定了其投资规模大、回报率低且政策风险较大的融资特征。公共租赁房建设和管理的主体是政府,因此,公共租赁房在融资方式上也主要表现为政府内源性融资。根据财政部和住建部联合下发的《关于多渠道筹措资金确保公共租赁房项目资本金足额到位的通知》的有关规定,由政府投资的公共租赁房项目资本金,应按照"省级负总责,市县抓落实"原则,及时、足额发放到位。

公共租赁房融资方式主要包括直接融资方式和间接融资方式。

(1)直接融资方式主要为中央专项补贴、地方政府土地出让金按比例支出、住房公积金增值收益等。

(2)间接融资方式主要为各金融机构贷款、债券,包括国有商业银行、住房公积金贷款、公共租赁房建设债券以及特殊的"产权共有"等。

各级政府本着"政府组织,社会参与"原则,鼓励社会资本参与公共租赁房建设,资金来源可以包括开发商资金、保险基金、信托基金、房地产信托基金和其他符合条件的大中型企事业单位资金等。从目前公共租赁房融资制度运行的实际情况来看,中国公共租赁房融资仍然主要依靠各级政府财政、土地出让金净收益和住房公积金增值收益等三大融资渠道。

虽然各类保障性住房建设资金的来源是多元化的,但主要依赖中央和地方政府通过三大融资渠道解决。以公共租赁房建设规模最大的2011年为例,政府方面明确的资金来源主要包括中央财政补助1030亿元,土地出让金净收益约600亿元,公积金增值收益计提约 100 亿元(2010 年约为 50 亿元)，共计 3730 亿元。假设中央代发地方债的 50%用于保障房建设，则可提供 1000 亿元建设资金。另外，国家开发银行也已明确表示增发专项贷款，用于支持保障房建设。2011 年政府比较明确的资金来源总额约为 3730 亿元。此外，由财政部代理发行的地方债 504 亿元，中国债券信息网数据显示，5 年期固息债券中标利率为 3.84%，3 年期品种中标利率为 3.93%。

从总体上看，公共租赁房的建设存在着巨大的资金缺口，应完善公共租赁房建设的社会融资途径，通过提供更宽广的间接融资方式，进一步吸引社会资金进入公共租赁房建设。

5.3 我国公共租赁房的运营管理机制

5.3.1 公共租赁房准入标准

公共租赁房的供给对象非常明确，即那些既无力购买商品房又不够条件申请廉租房的"夹心层"。随着我国城市化进程的发展，公共租赁房的保障对象将逐渐演变为新毕业就业的学生群体、大量农业转移人口和城市流动新增人口。

考虑到国内各个城市自身实际情况、经济实力等因素的不同，每个城市的目标保障群体存在差异，因此，各地的准入标准也不尽一致。

综合国内各大中心城市的进入标准，大致能分为以下几种情况。

1)户籍

由于目标受众群体的工作性质的限制，准入标准中是否有户籍限制对于他们能否取得公共租赁房至关重要。目前，我国公共租赁房准入标准对于户籍的要求可分为三种情况：

(1)必须当地户籍。

作为拥有大批外来务工人员的广州，目前仍然只有具有广州市区城镇户口的人员或家庭才能申请公共租赁房。

(2)符合一定条件，可不用持有当地户籍。

拥有严格户籍制度的北京、上海，在公共租赁房申请户籍政策上都给予了一定程度放宽，《北京市公共租赁房申请、审核及配租管理办法》对于无北京城镇户口人员规定："具有完全民事行为能力，连续稳定工作一定年限，家庭收入符合上款规定标准，能够提供同期暂住证明、缴纳住房公积金证明或社会保险证明，本人及家庭成员在本市均无住房的人员"；上海市住房保障和房屋管理局印发《市筹公共租赁房准入资格申请审核实施办法(试行)》，其中对不具有常住户口者的规定为："持有《上海市居住证》达到二年以上(之前持有《上海市临时居住证》年限可合并计算)且在沪连续缴纳社会保险金达到一年以上"。

(3)无户籍限制。

公共租赁房建设规模、配租率位列全国榜首的重庆，对于申请人员的户籍未做任何限制，这样的政策是符合公共租赁房兴建初衷的。重庆公共租赁房进入标准是国内目前最宽松的城市。

2) 收入水平

公共租赁房主要目标人群为城市中的"夹心层",其组成和收入水平有所差异。目前,杭州便将申请人划分为三类,包括城市中等偏下收入住房困难家庭、新就业大学毕业生和创业人员,并分别设置收入标准。由此可见,"夹心层"的收入标准不能"一刀切",这对公共租赁房准入标准的科学合理性提出了挑战。

将我国公共租赁房准入标准对申请人收入要求归纳为以下两种情况:

(1) 按一定方式划分申请人类别并分设收入标准。

一是以上提到的杭州将申请人划分为三类;二是根据家庭人口分设收入标准,例如《北京市公共租赁房申请、审核及配租管理办法》中规定,申请人无论是否拥有城镇户籍均需符合三口及以下家庭年收入10万元(含)以下、4口及以上家庭年收入13万元(含)以下,对于非户籍人员,可由各区县人民政府根据当地实际情况确定;广州、武汉等地均根据家庭人口分设收入限制,重庆最初设定了收入标准,后来取消了收入标准的进入条件。

(2) 无收入限制。

为覆盖更多人群,上海未对申请人的收入水平作限制。然而,由于无收入上的限制,覆盖更多人群的同时,一部分人群的申请资格有可能被不合理侵占,所以这种方式的科学性有待实践的认证。

3) 现有居住条件

公共租赁房建立的初衷是为保障人们能够"住有所居",因此,公共租赁房的申请人的现有居住条件通常是比较艰苦或者超负荷的,所以"现有居住条件"是申请人最基本的条件,而在此提出来是考虑到公共租赁房面向的是城市中的"夹心层"这样一个特殊群里,所以区别于已有保障性住房制定合理准入标准是非常必要的。

目前,北京、上海、重庆等地对于现有居住的限制条件均是无自有住房或人均住房面积小于一定标准,但是也有部分城市如杭州对于申请人设置了"在市区无房"的硬性条件。

4) 其他标准

(1) 其他保障性住房轮候的家庭或者符合其申请条件的申请人。

此类申请人如若申请公共租赁房,在部分城市享有相应的优先政策。例如,北京对于"连续三年通过摇号均未能入选的经济适用住房轮候家庭,或参加多次摇号均未能摇中且轮候三年以上的限价商品住房轮候家庭",可安排公共租赁房配租,解决住房过渡需求;重庆规定符合廉租房申请标准的家庭申请公共租赁房,在轮候配租时享有优先权。

(2) 劳务和社保缴纳状态。

多数城市对申请人,特别是非户籍人士的劳务和社保缴纳状态有相应要求。例如,北京要求"外省市来京连续稳定工作一定年限并缴纳住房公积金证明或社会保险证明";上海则要求申请人"在沪连续缴纳社会保险金达到一年以上,并且与本市单位签订一年以上(含一年)劳动合同";重庆的规定相对较宽松,除去在主城区退休人员等,"在主城区连续缴纳6个月以上社会保险费且在主城区居住6个月以上的灵活就业人员和个体工商户"也可申请。

重庆的公共租赁房保障对象非常明确：一是进城有工作的农民工；二是新生代的大学毕业生；三是城市原住居民中的住房困难户。这三类服务对象特征明确，不会出现"浑水摸鱼"现象。

把特征群体搞得简单而好操作。同时，对这几类人取消户籍限制，不管是外地还是本地的，只要到重庆来工作，就可以申请保障房。从目前已经进行的配租情况来看，这个标准非常合理有效，基本没有发现"浑水摸鱼"的。

重庆公共租赁房保障的住房困难户是指人均住房面积在15平方米以下的家庭。

现在很多地方把收入作为能否享受保障房的主要标准，但国内目前的征信系统很不完善，而且登记管理的操作体系也很分散，在居委会、街道登记，容易出现"灰色"问题。

5.3.2 公共租赁房退出机制

公共租赁房体系的建立必须要有完善的退出机制。在公共租赁房房源有限、供需极不对等的情况下，退出标准的意义在于让一部分承租户在家庭生活条件得到改善、不再满足公共租赁房租赁条件的以后能够及时退出，从而保证真正有公共租赁房租赁需求的居民能够得到保障。根据中央发布的《关于加快发展公共租赁房的指导意见》"公共租赁房租赁合同期限一般为3至5年"。各地以此为据，分别设定了符合当地情况的合约期限，从1年（重庆）到6年（上海）不等。

在退出管理方面，各地的规定大致相同，归纳起来为三点：

第一，合约期已满，则承租人就要退出，不过可以在到期前提出续约申请；

第二，承租人因收入增加等原因不再符合申请条件的，要按规定退出；

第三，合约期内出现了诸如虚报、转租等违规行为的，经查证后要解除合同并给予处罚。

目前，我国绝大多数的城市实行公共租赁房"只租不售"。而重庆的规定为：5年租赁期满后，承租人可以购买公共租赁房，并且购买后其抵押、继承权都有效，但是不能进行转让、赠予和出租等市场交易。重庆规定的5年租赁期满后，承租人可以购买公共租赁房是指购买公共租赁房的长期使用权，这种公共租赁房的长期使用权可以抵押、继承，但不能进行转让、赠予和转租。

公共租赁房最怕的是形成一个无底洞，今年造的公共租赁房给了今年困难的人，他拿去以后，隔几年变富了，重新买了商品房，公共租赁房不退出来，而是当商品房卖掉，还赚一大笔。这样，一方面就有很多人想方设法、弄虚作假来申购公共租赁房；另一方面，政府的公共租赁房资源，建出一批分掉一批，有去无回，年年要建公共租赁房。

重庆规定：公共租赁房到老百姓手中，租满5年后可以成本价购买，但以后要出售时，必须卖给重庆公共租赁房管理局。公共租赁房持有人向重庆公共租赁房管理局出售公共租赁房的价格为：购买公共租赁房的本金加上购买公共租赁房的本金在银行同期活期存款的利息。

重庆的公共租赁房永远姓"公"。重庆成立公共租赁房管理局对公共租赁房进行专门管理，表示它姓"公"外，一个很重要的原因是，重庆公共租赁房不会变成一个"黑洞"。政府建公共租赁房提供给老百姓以后，老百姓可以住，但是一旦离开必须回归政府的管理体系，使政府可以用来保障社会中新的中低收入群体，这样，政府就不会年年需要修建许多房子。

"后门"关上了，就没有炒作的价值，没有资本的利益输送。这样，既可以防止出现经济适用房那样的利益输送"黑洞"，又可防止无休止地修建公共租赁房产生的资金"黑洞"。

公共租赁房的公益性和保障性决定了公共租赁房不具有普通商品住宅的出租、出售权利。否则，在建造成本相对较低、租赁价格明显低于市场租赁价格的情况下，极易出现寻租的空间，滋生腐败，重蹈经济适用房的覆辙。

5.3.3 租金价格

公共租赁房具有公共物品的属性，其意义不仅在于解决"夹心层"的住房困难，在规模数量达到一定程度的条件下，还能起到抑制房价过快上涨的作用。但是，公共租赁房的租金必须考虑到用于对公共租赁房的建设和运营成本进行补偿。理论上讲，如果租金定价标准过高，就会失去公共属性；如果租金定价标准过低，就不利于社会资金进入公共租赁房建设领域，还会占用过多的政府财政资金，损害其他人的社会福利。这样一来，租金定价标准应在低租金和高租金之间做出权衡。因此，如何通过一套完善的定价机制确定一个合理的价格显得尤为重要。

归纳现行的房地产定价方法主要有两种：第一是成本导向法；第二是需求导向法。但是公共租赁房做了一种特殊用途的住房，有着非竞争性、非营利性和公益性等特点，不能完全通过市场竞争来形成合理的价格。所以政府部门应该出台相应的文件来规范公共租赁房的实施价格，使其合理化。

综合分析我国公共租赁房的实际情况，政府在制定公共租赁房租金标准时要遵循以下原则。

1) 非营利性成本定价原则

成本定价方法是以生产产品成本为基础而制定价格的一种决策模式，在企业中是最基本、最常用的一种定价方法。以建设项目开发为例，其开发成本包括：土地费用、前期工程费、建筑安装工程费、市政公共设施费、各种税费、贷款利息以及运营管理成本等。而公共租赁房的建设土地是政府划拨的，因此不需要考虑土地费用，且能使基准租金远低于商品房的市场租金。租房建设的主要资金来源就是中央和各地政府的财政支持，所以两者的财政压力颇为巨大。为保证建安以及运营成本在一定期限内能够被政府收回，公共租赁房的租金价格就要制定合理。依照非营利性成本定价原则来讲，基准租金以成本为基础，基准租金随公共租赁房的成本变动，成本越低，基准租金就越低；成本越高，基准租金也就越高。

2) 差别定价原则

差别定价的另一个名字叫弹性定价，指参照市场、地理位置、顾客等的差异对同一种产品制定不同的价格。主要是为了缓解需求的波动、建立基本需求以及刺激消费。公共租赁房的租金定价，也应参考申请人的实际情况而不再固守于相同的公共租赁房建设成本，按照差别定价的原则，制定差异化租金承担比例。这样，人口住房面积越大，人均收入越高的家庭，承担的比例就越大；反之，越低。这种原则建立在对市场进行的细分，然而不能反映不同的需求程度。

3）可持续性原则

科学发展观提出了人与社会的可持续发展，解决中低收入人民的住房问题是政府必须重点解决的一个社会矛盾，需要长期的奋斗。公共租赁房建设就是政府实现"住有所居"的一个重要政策，这一政策需要具有可持续性。"公共租赁房可持续性"可定义为：在公共租赁房项目建设和使用的整个生命周期里，既能满足当前"夹心层"群体的住房需求，又不损害后代"夹心层"满足其住房需要能力的标准的程度。它体现为公共租赁房保障的公平公正性、建设资金的持续性和租金标准的合理性。

目前，我国公共租赁房租金定价标准依然处于实验摸索阶段。根据各地发布的与公共租赁房相关暂行办法和实施意见以及试点情况，我国公共租赁房租金试点可以分为两类：一类是采取"保本微利"原则定价，如北京、上海、厦门、广州等地；另一类是采取"社会公平"原则定价，如重庆、常州等地。这里选取北京和重庆公共租赁房租金定价作法进行对比说明。

参照北京建设委员会的观点，公共租赁房租金为市场租金价格的80%，收取的租金采用"保本微利"的原则，用于补偿建设和运营成本。但是，北京公共租赁房大都在五环外，价格是否低于市场价格仍有待进一步论证。此外，2012年7月4日，朝阳区的首个公共租赁房项目启动配租登记工作，月租金标准为38元/平方米，而该项目同地段同类型房屋的平均市场月租金为45元/平方米，公共租赁房租金只比市场价格低15%。由于北京的公共租赁房建设起步较晚，投入市场的房源较少，也很难在短期内对北京房屋租赁市场产生较大影响。

根据《重庆市公共租赁房管理实施细则》，实行租金的动态调整，每2年向社会公布一次；原则上公共租赁房租金不能高过同品质、同类型、同地段的普通商品房市场租金的60%。租金仅用于两个方面：支付维护成本以及偿还贷款利息，且不考虑利润因素。调查显示，重庆人们租住公共租赁房的主要原因是"五年后可以购买"以及"租住公共租赁房稳定性高"。

北京模式与重庆模式的租金相比较，重庆模式的租金定价水平低，应该成为未来制定公共租赁房租金定价标准的发展方向。但是，使用社会资金来建设公共租赁房，需要考虑投资回报水平。而且，社会资金进入公共租赁房建设领域对租金定价标准的要求水平较高。而后者不以利润为目的，将很难吸引社会资金进入公共租赁房建设领域。因此，需要对该模式进行进一步的调整，从而适应社会资金的要求。

公共租赁房租金定价的科学与否对公共租赁房运营起着至关重要的作用，它将直接决定公共租赁房实施的成效和社会对此的评价。

由此可以看出，公共租赁房的定价问题极为关键。所以，市县价格主管部门以及住房保障管理等部门要根据当地的经济发展情况、变化动态以及保障对象的差异化需求进行合理的测试。充分利用公共租赁房租金的杠杆作用，促进公共租赁房的高效利用和合理配置，从而实现公共租赁房建设的可持续发展。

5.4 政府主导下的公共租赁房建设的改进和完善

5.4.1 完善公共租赁房的土地供给制度

目前，中国公共租赁房等保障性住房建设用土地主要供应方式为政府免费划拨，但就目前保障房的发展态势来看，单纯依靠政府划拨土地，是无法真正满足相应的社会群体对公共租赁房等保障房需求的。因此，必须进一步完善公共租赁房土地供给制度。

1) 有条件地利用农村集体建设用地

农村集体建设用地的所有权主体是农民集体，由村集体经济组织或村民委员会经营、管理，其收益权自然也属于农民集体。所以国家一直明令禁止房地产开发企业利用农村集体建设用地建设商品房，对公共租赁房等保障房建设占用农村集体建设用地也一直持保留态度。

2011年国土资源部下发《关于加强保障性安居工程用地管理有关问题的通知》提出，要进一步加强对保障性安居工程用地的管理，严格依法依规供地，维持正常的土地市场秩序。同时，明确规定禁止利用农村集体建设用地建设公共租赁房。但基于目前一线、二线城市的土地资源严重不足的现实情况，该政策应该进行改革。

利用农村集体建设用地建设公共租赁房的可行性主要有以下三方面：

(1) 有效盘活农村闲置建设用地。在很多大中型城市中已无地可供，但周边农村集体建设用地却存在大量闲置、利用率低的情况，通过利用集体建设用地建设公共租赁房，可以很好地盘活农村集体建设用地，尤其是闲置土地，提高土地使用效率。

(2) 降低公共租赁房建设成本，同时增加农村集体收入。《中共中央关于推进农村改革发展若干重大问题的决定》提出：逐步建立城乡统一的建设用地市场，农村集体经营性建设用地，在符合规划的前提下与国有土地享有平等权益。盘活农村集体建设用地。

利用农村集体建设用地可以降低公共租赁房建设成本，降低公共租赁房租金和增加建设投资回报空间，有利于刺激社会资本参与公共租赁房的建设；我国宪法规定集体土地产权、收益权归村民集体所有，国家试点要求也明确规定，集体建设用地建设的公共租赁房，其产权归农村集体经济组织，由于增加了稳定的收入，作为受益人的村集体更有参与公共租赁房建设的动力。

(3) 增加了土地供应，解决了公共租赁房建设用地来源紧张的问题。将闲置的农村集体建设用地整合起来建设公共租赁房，解决了部分城市"无地可供"的困境，同时，农村土地与城市中土地相比，土地出让费更低，可直接减少公共租赁房建设资金投入，缓解建设资金的困难。

利用农村集体建设用地建设公共租赁房还处于试点工作初期，对建设过程中的具体实施规范、公共租赁房产权关系、配租对象的界定、租金收益分配、如何防范其异化为"小产权房"等细节还需要探索。国家应尽快出台相关的管理办法，制定详细的、具有可操作性的实施原则和操作流程，既要保证公共租赁房的有效供应，同时也要保障农村集体的合法权益，还应防止有人利用此契机，私建"小产权房"寻租牟利。

2)强化住宅用地配建公共租赁房

目前,很多城市在公共租赁房土地供应方式上,尝试着在房地产开发商通过土地市场取得土地时,将一定量的公共租赁房配建作为土地规划条件,交由开发商建设。商品房建设用地配建公共租赁房的模式,实际上就是把土地出让成本转化为建设一定比例的公共租赁房来冲抵,从而减少了政府在公共租赁房建设上的资金投入,有效解决土地供应难题,同时,提升了房地产开发企业建设保障房的参与度。

商品房配建公共租赁房,也从客观上造成了不同收入阶层的混居。住宅用地配建公共租赁房模式是最集约和高效的土地供应方式之一。但需要强调的是,商品房配建也存在一定的风险,一是对开发商在公共租赁房等保障性住房建设中监管的落实;二是在政企共建的过程中,容易出现寻租腐败行为,需要进一步完善监督管理机制加以制约。

3)鼓励企业以自有土地建设公共租赁房

为了保证公共租赁房的有效供应,鼓励具有一定规模、拥有自有土地(土地来源包括出让、租赁或作价入股等方式取得土地使用权均可)的各类企业及其他机构,利用自有土地投资建设运营公共租赁房,建成后可优先解决职工过渡性住房需求,余下房源可面向社会公开配租。

企业自建公共租赁房,建设成本相对较低。公共租赁房建成以后还能优先解决自己职工住房困难的问题;本着"谁投资、谁受益"的原则,公共租赁房的租金收益也归企业所有,同时,还能享受国家对公共租赁房建设给予的税费减免、金融服务等方面的优惠政策,因此,劳动密集型企业、大型工矿企业和技术产业园区等都可以此种方式参与公共租赁房建设。

但是,在企业自建公共租赁房模式下,存在两方面问题。一是大部分企业自有土地的土地性质都是非住宅用地,多为工业用地,因此,企业建设公共租赁房的一个重要前提就是要对土地重新规划,改变原有土地性质。土地性质如何规定,目前国家还没有公布具体细则。二是应防止个别企业借建公共租赁房之名,大搞福利分房之实。

无论公共租赁房建设主体是政府还是企业,公共租赁房的性质和保障性功能不变,即为城镇中低收入者提供基本的住房保障。对于个别企业借机大搞福利分房,使公共租赁房异化为部分人的福利,政府可以在不动产登记环节,加以防范。

5.4.2 完善公共租赁房的总体规划原则

1)节能、高效原则

公共租赁房作为中国保障性住房主体,其供应规模较大,各地区公共租赁房建设规划过程中应注意合理性和科学性,本着节约能源、高效利用的基本原则,对建设用地的供应提供可靠地规划指导。

2)混居原则

根据国际经验,将公共租赁房等保障性住房过度集中在一个区域,会造贫困集中,直接从地理上造成贫富差距感,加剧社会隔离,或演变为城市中的"贫民窟",带来严重的社会问题。因此,在公共租赁房用地供应上,应本着混居的原则,即将公共租赁房建设在不同收入阶层共同居住的区域中。按照混居原则进行合理规划,可以在一定程度上增加中低收入者的安全感和对社会的满意度，增加他们的就业机会和收入，减少因贫富差距问题产生的反社会心理，而这一影响在下一代身上反映得更为明显。

3)建设地块混搭原则

市场调节下，土地价格是按照土地能够带来的潜在收益为基础上下浮动的。位于城市中心的土地，由于交通便利、配套设施齐全、文化氛围浓厚、信息交流方便等，土地价格高昂；位于偏离市中心的次级地段上，土地价格就明显偏低。公共租赁房建设用地选址如果在市中心，肯定不符合价值规律下的市场定价原则，即使能够建成，也必然会引起更多利益群体的寻租行为，为公共租赁房分配和管理带来麻烦，很难保证公共租赁房分配到真正需要的人群手中。但如果只考虑经济成本，将公共租赁房选址在城市的偏远郊区，则会出现因出行成本过高、配套设施不健全等原因造成入住率低、甚至是"弃租"等现象的出现。

因此，可以通过配建、共建等形式，实现公共租赁房选址在城市中心与边缘地块的混搭。如公共租赁房建在较偏远地段，则必须同时推进公共服务设施建设，比如公共交通、医疗场所、商业等。

5.4.3 完善公共租赁房申请、审批和公示制度

1)明确界定公共租赁房保障对象

公共租赁房的设计就是为解决中等偏下收入群体住房需求，是面向社会的准公共产品。因此，明确公共租赁房承租对象、界定公共租赁房保障范围，对于构建中国未来以公共租赁房为主体的保障性住房体系有重要意义。

在2010年6月，国家多部委联合发布的《关于加快发展公共租赁房的指导意见》中指出，公共租赁房保障对象的界定是指那些不满足廉租房和经济适用房的保障资格、也无法在商品房市场满足住房需求、游离于这三个体系之外的群体，主要包括城镇中的中低收入人员与家庭、新就业人员和外来务工人员等。在理论上的界定是清晰明确的，在一些地方实际操作中却出现了承租对象错位的现象。产生此类问题的最根本原因在于，这个群体的具体范围在理论上的精细界定困难重重，目前各地颁布的管理办法对此的界定也是各不相同。

目前，我国对公共租赁房保障对象的主体——城市中低收入家庭的界定，只是以单一的收入为指标，而中国居民的个人收入除了个人所得税有登记记录以外，其他的很难进行调查。各级政府应根据当地实际情况，制定相对全面、有效的公共租赁房保障对象界定标准。如何界定哪些人符合保障资格，怎样保证公共租赁房分配的公平、公正性，需要建立健全、完善的准入机制。应该建立从中央到地方、自上而下的分级管理制度，每级管理机构建立相应的信息管理系统，将申请人和承租人的信息入网，并逐级汇总到国家专项管理机关，实现全国范围的实时监管。各地应以半年或一年为周期，定时更新申请人和承租人的财产性收入的相关信息，保证信息的实时性和有效性。该信息管理系统一旦建成，就可以对申请人和承租人有一个较为客观、全面的了解，从而使公共租赁房的分配和使用更加公平、公正。该系统也可以更有效地筛选出符合条件的申请对象，主动将保障房"送"到最有需要的人手中，真正做到"以人为本"。另外，户籍限制等不

合理条件应该逐步淡出,打破城乡二元户籍制度限制是认定保障对象时应该考虑的重要因素之一。

2) 严格准入资格审核,完善公示程序

政府作为提供公共租赁房、为中低收入人群提供住房保障的主体,保证"大庇天下寒士俱欢颜"已成为政策制定上的共识。但总有一些不和谐的现象出现在公共视野当中。因此,各地在公共租赁房申请审批过程中应重视保障资格审核过程,严格审核申请人的准入资格。

为了避免公共租赁房重蹈"廉租房骗租陷阱"和"经济适用房腐败陷阱"的覆辙,借助于联通社保、税收和公积金管理等系统的信息网络,对公共租赁房申请人资格先进行初审,初审无异议后,通过与房产档案管理部门信息共享比对进行再审,复审无异议后工作人员将通过此网络对申请人收入、住房等相关信息在网上进行公示,经公示无异议或异议不成立的方可进入申请人轮候库,才具备参与摇号配租的资格。同时,摇号配租全程接受社会监督和媒体监督。这一套严格的审核制度确保了公共租赁房的分配与管理最大限度地体现公平正义原则,确保将公共租赁房分配到真正需要的人群手中。要防止有钱人"骗租"公共租赁房,最有效的办法就是公示制度。

根据各地的具体情况不同,公示程序也不尽相同。一般公示程序分为两步:首次公示是在街道办事处层面。当社区或用人单位将相关材料和受理意见上报街道后,需要展开为期7天的公示。一般情况下,申请人所在社区的邻居、周边居民等,对其收入、住房等财产情况比较了解,而且在公共租赁房采取轮候制的前提下,街道层面的公示能使居民之间相互监督。只有通过公示、初审合格的申请人,才有机会进入区级二次审核。第二次公示在市级层面展开,申请人的家庭情况要在进入"轮候库"之前,在市房产网上公示7天,实现最广泛信息共享和社会监督。

公共租赁房的投放对象是农民工、学生和城市的住房困难户。政府以前帮助困难户总是基于帮助对象的家庭收入,其实从操作层面讲,只要看人均住房面积就可以了,如三口之家,十年来人均住房在30平方米以下,他也许年收入有10万元,也许小孩在国外读书,或者老人生病。住房困难户造不了假,但收入困难户很容易造假;学生不会造假,农民工造不了假。住公共租赁房不要靠收入证明,目前开具收入证明的单位也搞不清一个人的全部收入。

3) 建立家庭房屋档案和个人征信平台

借鉴国外较成熟的管理经验,应从建立完备的家庭房屋档案和构建个人征信平台入手,严把公共租赁房入口关、加强公共租赁房使用的实时动态监控。

目前,中国城镇居民多、分布广、住房状况复杂,尽管在以往工作中形成了部分的档案材料,比如,房屋权属登记、商品房销售登记备案系统和房屋交易记录等,但总体上说,这些档案存在材料梳理不细、更新缓慢、归档混乱、综合利用价值不高等问题。建议由房屋管理局牵头统一建立城镇居民房屋档案,专门设立包括公共租赁房、经济适用房和廉租房在内的保障房档案库。按照一户一档、纸质档案与电子档案并存、动态管理的原则建立标准化、信息化、网络化、社会化的档案系统。对公民个人和企业单位提供的公共租赁房房源,要注重通过数字化信息手段保存原始的文字、图片、证件、权证、收据等一手材料，形成综合性电子文件、分类归档，对其定期维护，长期保存。

另外，作为保障资格的基础条件，世界各国几乎都把承租人的收入与资产额度及变化看作公共租赁房准入和退出的必要条件之一。如果没有对称、完整的信息平台作为基础，即使设计得再完善的公共租赁房制度在运行过程中也一定会走样。目前，中国只有个人所得税缴纳记录，还不足以充分体现承租人的全部财产性收入及变化。由于人们普遍缺乏信用观念，违规、违法的道德成本与社会成本较低，致使保障房制度运行中"骗租""赖租"等退出难问题屡有发生。要实时、准确地了解承租人的收入水平变化，就必须构建透明、完善的个人征信系统。应加强与房管部门、银行、证券期货公司、劳动保障系统、税务机关、交通管理系统、公安部门实现信息共享，从而构建跨地区、跨部门的完善的个人征信网络系统，实现全方面、多渠道监测公共租赁房承租人的收入和资产现状。对于隐瞒真实信息者，则需要通过立法和经济惩罚等手段共同解决此类问题。当合同到期，拒不退出公共租赁房的家庭主体成员将给予不良信用记录，并计入个人信用档案。同时，档案管理机构也注意收集和记录房主的诚信，从而构建跨地区、跨部门的完善的个人征信网络系统。有条件的地市或单位应尽早建立公共租赁房专项档案馆，对公共租赁房房源信息的采集、转换、存储和利用等进行规范化管理，搭建数字化档案信息平台，同时做好文件汇编、专题汇编，深入挖掘公共租赁房档案的综合利用价值。真正使公共租赁房档案管理工作走上规范化道路，为充分发挥公共租赁房保障性作用提供制度基础，实现社会公平正义，减少寻租和违法现象。

建立家庭房屋档案和个人征信平台，是公共租赁房长效运行机制。目前，从操作层面讲，只要看申请人人均住房面积就可以了。

4) 实行轮候制度

"轮候制"起源于新加坡组屋的申请和分配，其核心在于在保障房开发建设前，先接受大众的申请，再对申请人的资格进行审查，并对符合申请资格的人群的信息建立数据库，最后按照先后顺序进行排序，在保障房建成后，根据申请人个人意见，按顺序对保障房进行分配。按照轮候制的政策要求，除不可抗力外，如连续两次弃选，便取消资格，两年内禁止再次申请。轮候制可以使政府更准确地掌握符合公共租赁房申请标准和有意申请公共租赁房的家庭的真实信息，有利于科学预估未来一段时间内的公共租赁房真实需求量，更有效率地把握保障性住房建设进度，促进住房供应结构优化，也有利于公共租赁房的公平分配和动态管理。轮候制也能有效地解决目前在个别地区出现的保障房竣工后，销售和出租率较低的现象。出现此类问题的根本原因在于，保障房供求信息不对称。轮候制可以有效地避免随之产生的开发商资金大量沉淀和企业参与热情下降等现象。然而通过轮候制建立的住房需求数据库，把申请、审核程序提至与保障房项目立项、建设等环节同步，有利于提高申请和审核的工作效率与质量，进而解决政府筛选工作量大和企业资金沉淀的问题。轮候制可以在着手建设公共租赁房之前就明确公共租赁房的真实需求量，相当于以销定产，使得供求基本平衡，避免因盲目立项开工导致建设投入过大以及浪费；其中，申请人的实时性财产性收入登记，也便于政府逐步调整公共租赁房保障对象的收入标准，使更多的人受益。轮候制可以使公共租赁房制度运营与管理工作更主动。

最理想的公共租赁房建设状态：公共租赁房项目在政府主导下建设，因为包括公共租赁房在内的保障房建设是政府义不容辞的社会责任，项目用地由政府提供，项目资金一部分由政府提供，另一部分资金由政府利用平台向社会筹措（在市场信号不明显时，指望民营资本的投入是徒劳的）。公共租赁房建设债务由项目自身运行得以偿还。

最理想的公共租赁房运行状态：入住公共租赁房条件从宽，没有收入门槛，没有地域门槛，因为公共租赁房是为我国制造业和产业升级储备劳动力，是农业转移人口的接纳地、中转站。公共租赁房出门条件从严，不能转租，承租人只能购买使用权，公共租赁房使用权只能卖给政府公共租赁房管理局，所销售使用权价格使承租人无获利空间，公共租赁房的产权永远姓"公"。

经过国内实地调研发现，在我国各地公共租赁房建设和运营实践中，重庆的公共租赁房建设和供给模式最趋近这一理想状态。

5.5 我国直辖市公共租赁房供给模式比较——实证研究

5.5.1 四大直辖市城市发展背景

不同城市经济发展能力和条件存在着较大的差异性，了解和认识不同城市的发展现状、潜力及可利用资源，对解决问题具有重要的参考意义。通过分析四大直辖市在大规模建设公共租赁房之前的综合经济能力、产业结构及城市化水平，可以确切了解直辖市的发展水平，透过城市GDP，第一、二、三产业占GDP比重，城市化率等指标来体现出城市间的发展差距，具体数据见表5.2。

表 5.2 四大直辖市数据比较表

	年份 指标	2010	2009	2008	2007
北京 （环渤海）	GDP/亿元	14113.58	12153	11115	9846.8
	GDP增长率/%	10.3	10.1	9	12.3
	第一、二、三产业占GDP比重	0.9∶24∶75.1	1∶23.5∶75.5	1∶23.6∶75.4	1∶25.5∶73.5
	城市化率/%	86	85.0	84.9	84.5
天津 （环渤海）	GDP/亿元	9108.83	7521.85	6719.01	5252.76
	GDP增长率/%	17.4	16.5	16.5	15.5
	第一、二、三产业占GDP比重	1.6∶52.4∶46	1.7∶53∶45.3	1.8∶55.2∶43	2.1∶55.1∶42.8
	城市化率/%	61.37	61.08	60.72	60.51
上海 （长江三角洲）	GDP/亿元	17165.98	15046.45	14069.87	12494.01
	GDP增长率/%	10.3	8.2	9.7	15.2
	第一、二、三产业占GDP比重	0.7∶42.0∶57.3	0.7∶39.9∶59.4	0.8∶43.2∶56	0.8∶44.6∶54.6
	城市化率/%	88.9	88.25	87.5	86.8

续表

	年份 指标	2010	2009	2008	2007
重庆（西部地区）	GDP/万元	7925.58	6530.1	5793.66	4676.13
	GDP 增长率/%	17.1	14.9	14.3	15.6
	第一、二、三产业占 GDP 比重	8.7：55.2：36.1	9.3：52.8：37.9	9.9：52.8：37.3	10.3：50.7：39
	城市化率/%	53.0	51.6	50.0	48.3

数据来源：北京、天津、上海、重庆统计年鉴。

从表 5.2 的数据可以看出，重庆与其他直辖市存在较多差异，主要表现在以下方面：

(1) 区位差异。目前，我国已形成了"长三角""珠三角"和"京津冀"三大城市集群，而成渝城市群正在形成中。与京、津、沪在其区域板块中的"中心"作用和地位相比，虽然重庆在长江上游经济区具备了直辖政治优势，但仍未形成与之相匹配的经济核心地位。

(2) 整体经济实力方面。从经济规模来看，2011 年最新数据显示，重庆 GDP 突破万亿，达 10011.13 亿元，但仅占到四个直辖市总和的 17.75%。重庆从划为直辖市以来，经济较快发展，整体经济实力显著增强，但与其他三个直辖市相比，仍存在一定差距。

(3) 产业结构方面。目前，京、沪已基本完成工业化，天津已进入工业化后期，而重庆仍处于工业化中期。2010 年，重庆产业结构中第一产业比重分别比京、津、沪高 7.8%、7.1%、8%。京、沪第三产业所占比重均超过第二产业；北京最明显，高出 51.1%；重庆则仍以第二产业作为主导产业，第二产业占 55.2%。因此，重庆在产业结构上应重点加强产业结构调整、促进产业升级，加快第三产业发展，来完善产业布局，保持经济快速发展。

(4) 城市化水平的差异。与京、沪超过 80% 的城市化水平相比，重庆仅为 53%。大部分发达国家的经验表明，城市化率达到 70% 以上，城市的各项基础设施建设才能步入平稳发展的轨道，这说明了重庆的城市化水平提升空间还很大。

从以上四个方面可以看出，重庆与京、津、沪的经济发展、产业结构发展、城市化水平差距较大。然而公共租赁房建设属于民生工程，在很大程度上要依托政府的力量。因此，在了解这些差距的基础上，根据各市的不同背景，分别探讨重庆和京、津、沪的公共租赁房建设模式。

5.5.2　直辖市公共租赁房供给模式

1) 重庆公共租赁房建设模式

重庆公共租赁房项目由政府出资建设，在过去 10 年，重庆通过院校置换、旧城拆迁、调整工业结构、老厂搬迁、征用农村集体土地等方法，已经储备了 40 多万亩土地，公共租赁房建设用地由政府直接划拨，同时，公共租赁房建设由政府指定的城投集团、地产集团等实力较强的国有投资集团实施，并专门成立公共租赁房管理局负责管理工作。

重庆公共租赁房规模较大,从 2010 年起的 5 年内,将开工建设 4000 万平方米公共租赁房(3600 万平方米的住宅和 400 万平方米的商业店铺),保障 60 多万户、200 余万中低收入群体市民的住房需求。租金比普通商品房出租要便宜 40%—50%,住宅部分平均租金 10 元/(平方米·月)。重庆公共租赁房永远姓"公",采取封闭运行的原则,在建设、产权及运营管理上始终坚持"公有"属性,不搞市场股权投资,不进入市场环节销售。公共租赁房不能转租,租满 5 年后,租房户可以以 3200 元/平方米的成本价购买,公共租赁房购买者需要出售时由公共租赁房的管理局进行回购,公共租赁房购买者的收益为购买公共租赁房的本金和本金同期银行活期存款利息,这些制度设计既消除了投机行为,又防止了大量修建公共租赁房造成的资金"黑洞"。

重庆公共租赁房建设模式的资金筹措及还本付息情况见表 5.3。

(1)建设阶段资金筹措。

重庆建设 4000 万平方米公共租赁房,总投资需要 1400 亿元左右。资金筹措采取"1+3"模式,"1"是指财政投入 600 亿元(含中央财政专项补助 150 亿元、重庆地方财政配套 150 亿元、重庆市提供储备的 4 万亩土地价值 300 亿元)。"3"是指 800 亿元的社会融资,由三部分组成,分别为:商业银行贷款,社保基金以信托产品的形式贷款,利用住房公积金贷款。

(2)运营阶段还本付息。

在运营期,贷款利率按照中国人民银行公布的 3—5 年贷款利率 6.9% 计算,每年 55.2 亿元。运营期前五年住宅和商业租金的年收入用于支付贷款利息,第五年末 1/3 的住宅和全部的商业出售,销售收入用于偿还本金。

表 5.3 "重庆公共租赁房建设模式"资金筹措及还本付息情况表

	资金筹集方式		数额/亿元	备注
建设期	财政投入		600	市政府拿出 4 万多亩的城市储备地用于公共租赁房建设,国家专项补助、地方财政拨款 300 亿元
	商业银行		400	以财政投入 600 亿元修建起来的公共租赁房在建工程作抵押,以政府信用作担保,向银行贷款银行打七折贷款 400 亿元
	社保基金		400	以信托产品方式贷款
	住房公积金			
合计			1400	产生利息每年 55.2 亿元(利率为 6.9%)
	收入来源		数额/亿元	备注
运营期	前五年	住宅租金/年	43.2	10 元/(平方米·月) 用于支付每年的贷款利息 55.2 亿元后盈余 12 亿元
		商业租金/年	24	50 元/(平方米·月)
	第五年	1/3 住宅销售	384	从前五年租金盈余中取 16 亿元与这两笔收入合计起来偿还本金 800 亿元
		商业销售	400	
	第六年开始	住宅租金/年	28.8	公共租赁房维护等

从图 5.1 可以看出，政府提供了土地供应，各类资金筹措到位后，重庆公共租赁房建设得以有效进行，并且在公共租赁房运营前五年期间就能陆续支付贷款利息和本金。

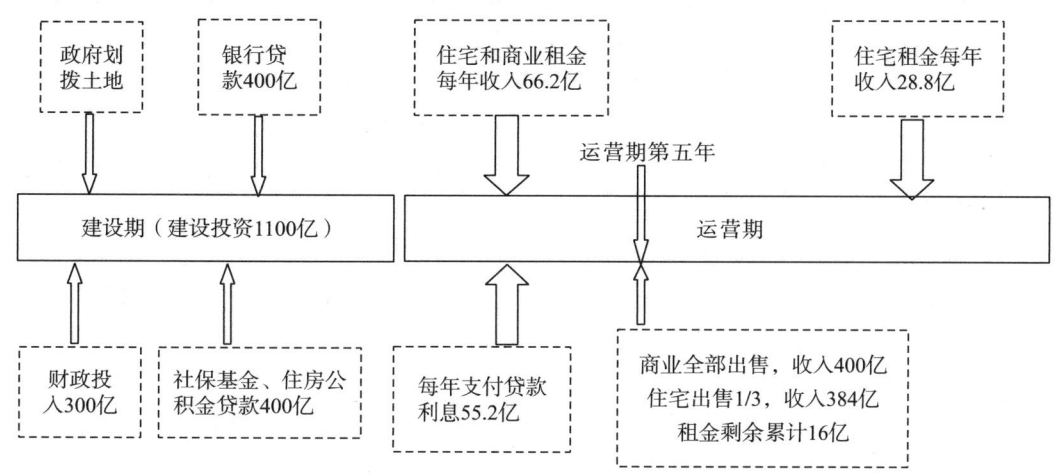

图 5.1 "重庆公共租赁房建设模式"公共租赁房建设收支全过程流程图

2) 京、津、沪公共租赁房建设模式

对于北京、天津、上海，城市发展水平较高的城市，采用的是"政府主导，市场化运作"的公共租赁房运营管理机制。根据北京、天津、上海各市政府工作报告了解他们在"十二五"计划的公共租赁房供应规模，具体数据见表 5.4。

表 5.4 京津沪"十二五"公共租赁房供应规模表

城市	面积/万平方米	户数/万套
北京	1350	30
天津	675	15
上海	900	18

(1)"共有产权"模式。

由于北京、上海的城市土地战略储备极少，很难保证公共租赁房建设用地供给。在 2012 年 1 月 7 日召开的《全国国土资源工作会议》上，中央允许北京、上海可利用农村集体建设用地建公共租赁房，确保了公共租赁房用地的供应。而天津市发布了《关于进一步加强公共租赁房建设用地有偿使用管理的通知》，公共租赁房建设用地除可以实行划拨供应外，还可以采用出让、作价出资（入股）等有偿方式供应。因此，京、津、沪公共租赁房建设用地为有偿供应方式。

如果将土地使用金一次性投入，建设的资金压力将很大，为了缓解这种资金压力，土地以作价出资的方式投入，土地供应方以入股形成建设公共租赁房的"共有产权"模式。"共有产权"是指土地供应方与政府根据各自投资比重共同拥有公共租赁房产权。土地成本一般占总投资的 30% 左右，因此，"共有产权"模式即是土地供应方占公共租赁房产权的 30%，政府持有剩下 70% 的公共租赁房产权。

(2) 资金渠道。

京、津、沪城市相对更发达，其物价水平相应更高，根据建设投入的人力、物力估算，京、津、沪公共租赁房的建设投资相对更大。因此，必须拓宽融资渠道。建设资金的筹集以财政投入为引导，广泛吸引社会资金进入。

京、津、沪公共租赁房建设已有的资金来源渠道包括：①财政投入，由中央专项补助和地方财政投入组成；②住房公积金贷款；③以公共租赁房作抵押向银行贷款。为吸引社会资金支持公共租赁房建设，京、津、沪公共租赁房建设还会借助其他融资工具，比如私募债券。

私募债券是一种非公开定向债务融资工具，向特定数量投资人发行债务的融资工具，并限定在特定投资人范围内流通转让的发行方式。私募债券已在成熟市场经济国家广泛流行，上海公共租赁房建设的部分项目试用以政府为主导发行的保障性住房私募债券。

(3) 建设及管理。

为了保障公共租赁房建设及运营，京、津、沪成立了公共租赁房建设投资管理中心，负责公共租赁房建设的土地供应谈判、融资管理、建设管理、运营管理等工作。公共租赁房建设投资管理中心指定让城投集团、地产公司等实力较强的国企来承建。

(4) 还本付息。

公共租赁房有效供应不仅需要建设资金的保障，更要制定科学可行的还本付息计划。公共租赁房运营收入分配计划：公共租赁房收入30%归土地供应方，70%归政府所有。一个公共租赁房项目一般配有10%的商业部分，商业部分出售收入的70%用于支付贷款本金；公共租赁房住宅部分租金收入，70%用于支付贷款利息；公共租赁房出租满5年后，采取公共租赁房永远姓"公"的封闭运行方式（以成本价出售给购买者，购买者若要再出售只能以原来的成本价卖给公共租赁房建设投资管理中心），以成本价，大概5000元/平方米出售掉30%的公共租赁房，以偿还本金；余下的公共租赁房继续出租。

公共租赁房供应的资金筹集和还本付息运作情况如图5.2所示。

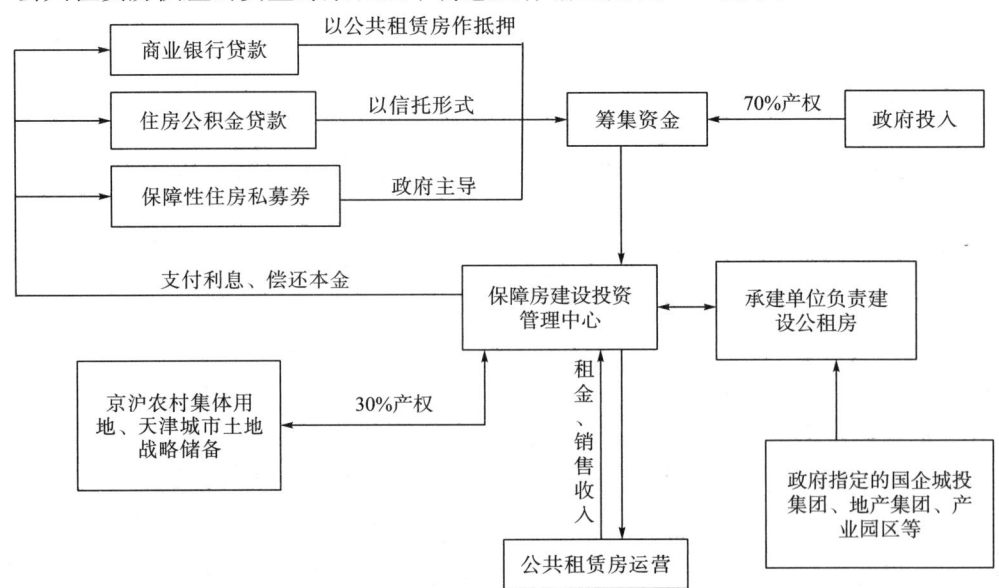

图5.2 "京津沪模式"公共租赁房建设资金筹集、还本付息运作图

下面以北京2012年公共租赁房建设计划为例，详细说明此运作模式(图5.3)。

2012年，北京新建公共租赁房6万套，每套约为45平方米，则有270万平方米的公共租赁房供应，另外配备30万平方米商业，合计总建筑面积为300万平方米。按平均容积率3计算，就需要100万平方米土地，土地供应方作价40亿元出资建设。建造成本以3000元/平方米计算，共需90亿元建设资金。

政府投入20%的资本金，计为18亿元，其余70%由市场融资取得。市场融资包括住房公积金贷款、商业银行贷款和保障性住房私募券。商业银行贷款以土地作抵押，以政府信用作担保，向银行贷款28亿元；住房公积金贷款按住房公积金贷款与商业银行贷款1∶1计算，可贷28亿元；剩下的16亿元，通过发行保障性住房私募券。

收入分配：①110%商业部分以20000元/平方米出售，收入为60亿元，其中42亿元偿还本金，其余18亿元归土地供应方，因此，运营期每年只需支付30亿元贷款的利息，贷款利率按照中国人民银行公布的3—5年贷款利率6.9%计算，每年2亿。②公共租赁房按每月每套1500元计算，年租金收入为10.8亿元，其中70%用于支付贷款利息和公共租赁房维护，剩余30%归土地供应方，公共租赁房出租5年后，以成本价5000元/平方米出售，卖掉25%公共租赁房，可一次性收回33亿元，用于还清剩下30亿元本金。

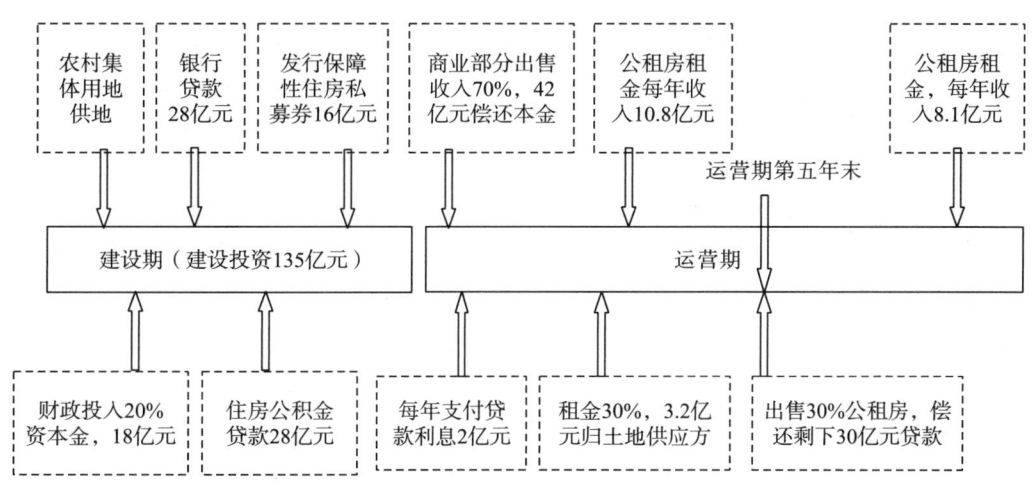

图5.3　2012年北京市公共租赁房建设收支全过程流程图

5.5.3　比较分析

通过分析可以看出，重庆和北京、天津、上海的经济和产业发展水平存在着差距，因而重庆与京、津、沪在公共租赁房供给上采用不同建设模式，运用不同的方式解决了公共租赁房建设的资金筹措和还本付息问题。

重庆与京津沪城市背景不同，物价水平、土地供应等决定了京、津、沪公共租赁房建设的总投资更大，进而增加了融资难度和还本付息压力。土地供应方面，重庆是政府划拨，京、津、沪则以土地作价出资，土地供应方与政府以"30%+70%"的"共有产权"模式。在资金筹集方面，"重庆公共租赁房建设模式"的资金筹集以政府为导向采取"1+3"的融资模式保证资金供应，即财政投入、住房公积金贷款、社保基金贷款以及商业银行贷款。"京、津、沪模式"资金筹集则在"1+3"模式的基础上，拓宽了融资渠道，以政府主导发行保障性住房私募券。在还本付息方面，重庆公共租赁房建设通过公共租赁房租金收入支付贷款利息，以5年后出售公共租赁房的商业部分和1/3的住宅以偿还本金。而京、津、沪公共租赁房建设模式只有70%的公共租赁房收入可用于还本付息，公共租赁房商业收入的70%用于偿还本金的一部分，住宅租金收入的70%用于支付利息和公共租赁房维护，公共租赁房出租5年后，出售公共租赁房总量的25%偿还本金的剩余部分。

重庆基于自身的发展水平和产业结构，建设了超过4000万平方米的公共租赁房，为重庆制造业储备了大量劳动力。2013—2015年，重庆的GDP增长实现"三连冠"，领跑全国，可是重庆的房价却波澜不惊。在过去的5年里，重庆GDP增长了98%，居民人均收入增长了55%，而房价却只增长了12%。

2015年6月到2016年9月，在东部地区房价最为疯狂的一年时间里，重庆房价只涨了0.4%，而且，既不限购，也不限贷。目前，重庆的房价不但低于成都、西安，甚至还比不上兰州和南宁。

从重庆公共租赁房建设的实践中，可以看到公共租赁房的建设有以下作用：①有利于缩小贫富差距。城市里，贫富差距主要表现为住房上的差距，所以，政府要缩小贫富差距，走共同富裕道路，至少要让居者有其屋，即使没有产权也要有房子住。②有利于推动城市化、工业化进程。公共租赁房建设避免了城市化进程中贫民窟的产生，有了公共租赁房，就不会有这些现象出现。同时，公共租赁房建设与户籍制度改革结合，是城市化进程中进城农民工的福音，重庆就是把几百万农民工户籍制度转化与几百万农民工的公共租赁房保障相结合来推动，成为促进重庆城市化、工业化的"撒手锏"。③有利于拉动内需。较低的公共租赁房租金能够减轻老百姓的购房压力，把省下来的钱用于消费，拉动经济发展。

重庆构建了以公共租赁房为核心的住房保障体系。2015年底，重庆已经建成的公共租赁房有69.2万套，占总供给量的17%，因此，外来人口住房能够得到一定的满足。这样一来，房子的投资属性就极大地降低了。

5.6 本章小结

基于我国国情，我国应采取政府主导的公共租赁房供给模式。

采取政府主导的公共租赁房供给模式，是因为公共租赁房收益率低，难以吸引社会资金。

公共租赁房的建设亟须引入民间资本，但租赁型保障房建设面临的一个关键性问题是投资公共租赁房和廉租房的收益率太低，难以让社会资金流入。经过测算，投资限价房的毛利率通常在10%—15%；经济适用房通常在5%—8%；而公共租赁房、廉租房由于在租金方面有政策上限，虽然可以配建部分商业以平衡收支，但始终难以弥补公共租赁房、廉租房收益的低下，其收益率仅为3%—4%，难以满足社会资金投资要求。而投资保障房，其投资收益成为社会资金主要考量的标准。

为什么我国应采取政府主导的公共租赁房供给模式呢？政府要保障人们的衣食住行，

保障养老、医疗、教育、文化和卫生，保障房作为住房里边的一项重要内容，就应当由政府来提供服务，由政府组织相关的土地储备公司，负责房产建设，由政府成立公共租赁房管理局，负责管理。在美国、新加坡、中国香港，保障房都是由政府作为法人统一建设管理。

一个领域能否开放，不仅体现在观念上、道德上是不是愿意开放，更重要的是市场价格、资源配置方式是不是到了完全市场化的水平。

市场信号不足的领域，政府通过国有企业先投先试。这绝不是要搞垄断，不肯将"蛋糕"分配给非公经济，而是市场信号没到位，非公经济暂时不愿干，但事情又需要去做，就只能用时间换空间，政府通过平台公司举债，把事情做起来。

重庆公共租赁房建设模式不允许各个单位用集资建房的方式来建公共租赁房，因为那样极易出现权力寻租，造成新的不公；重庆市不鼓励私人老板来建公共租赁房，是因为老板要追求利润，既不能强迫老板来干费力不找钱的活，也不能因此而抬高了公共租赁房、保障房的建设成本。

政府是市场的"守夜人"，要兼顾两头的公平和公正。

当市场价格信号没有出现时，就只能靠政府举债去运作，古今中外，概莫能外。

本章分析了我国公共租赁房的土地供应机制、资金供应机制以及公共租赁房的后期运营管理。

首先，在面对地方政府难以舍弃土地财政收益而将城市建设用地用于建设公共租赁房的背景下，提出了公共租赁房建设土地供应多途径，分别为"地票"模式、配建模式、城市周边集体建设用地供给公共租赁房用地等多途径的公共租赁房建设土地供应模式。

其次，分析了公共租赁房建设所采用的直接融资与间接融资的方式，并结合实际融资情况，得出还应加强并拓宽间接融资方式的结论，积极吸引社会资金进入到公共租赁房建设中来。

最后，从公共租赁房的准入、退出以及租金价格变动等三个方面，分析了如何从公共租赁房的申请、审批等方面，明确公共租赁房的保障对象，以确保公共租赁房用到了实处，切实解决城市"夹心层"的住房问题。

6 公共租赁房项目总体规划设计

6.1 公共租赁房项目总体规划概述

6.1.1 公共租赁房总体规划设计的含义

近年来，随着公共租赁房作为城镇住房保障体系的新政登上历史舞台，公共租赁房的建设对人民生活和城市空间均产生了深远影响。由于住房的耐久性特征，住房建设一旦实施，其选址就有很强的不可逆性。公共租赁房选址会对住房存量的空间布局和城市社会的空间结构形成几十年甚至更长时间的影响。因此，有必要慎重和科学地对待公共租赁房的空间规划设计问题。

公共租赁房的总体规划设计包括公共租赁房项目总体规划设计原则和空间布局原理，以及公共租赁房的工程指标体系和经济指标体系的构建。基于城市长远发展规划，贯彻以人为本、紧凑城市、集约化增长等理念，以民生标准衡量和引导发展，将总体规划层面的大尺度规划研究和详细规划的微尺度规划设计结合，系统化、多维度地实践和探索公共租赁房的规划设计方法，有效引导公共租赁房建设，优化住房供应体系，提高城市宜居水平，改善城市形象。

6.1.2 公共租赁房规划布局的必要性

1) 促进城市的健康发展

"宜居"代表了人们对美好生活环境的向往和追求，"宜居"也成为众多城市的发展目标和共同理想。一个宜居的城市必然要求城市中的居民具备舒适的生活环境，高收入者有能力自行创建优良的居住环境，而中低收入人群宜居环境的营造则需要政府从宏观优化布局的角度进行调节。公共租赁房的规划布局就是其中非常重要的一个方面，对创造全民共享的优质生活环境，改善居住条件以及建设宜居城市都有巨大的促进作用。

近些年来，公共租赁房在各城市中的建设体量巨大，如何结合产业布局、空间发展态势，在城市中规划配套一定比例的公共租赁房，解决中低收入群众的住房困难问题，保障他们"住有所居"是摆在城市管理者面前的重要问题。只有解决好这些问题才能保证城市经济、产业的健康发展，维护社会稳定。

2) 实现住房保障的政策目标

住房不仅仅是提供遮风避雨的物质空间，更重要的是为居民提供生活环境和社会交往空间，为住户融入城市劳动力市场和主流社会以及各种公共服务创造机会。同时，建立公共租赁房保障体系的目标也不仅仅是为中低收入家庭提供居住空间，而是要保证他们能享受公平的居住机会,其中最重要就是居住环境和区位。

交通、治安、教育、公共卫生等公共服务,以及就业机会和社会资本在空间上的分布都是不均匀的。低收入者在完全市场的竞争环境中不具备与高收入群体竞争的优势,容易被市场"挤出"。这样就需要政府进行干预,为低收入家庭提供就业可达性和配套公共服务设施较好的区位,建立公共租赁房等保障性住房,使其获得居住、工作和学习的机会,提高其健康水平、技能水平和融入社会经济生活的能力。所以,优化公共租赁房住房空间布局的重要意义,就是要帮助弱势群体更容易接近各种有利空间,提高其社会流动性,尽早摆脱贫困。

3)统一设计标准,提高公共租赁房品质

公共租赁房的规划建设投入了大量国家和社会力量,是一项改善民计民生的庞大工程。在全国大规模建设公共租赁房的过程中,各地规划建设的标准参差不齐,从而出现公共租赁房项目选址偏远、配套缺失、平面空间布局和户型设计不合理等诸多问题。因此,应该结合公共租赁房的大量建设及其经济性特点,通过规划布局合理化和工程设计标准化,提高建设质量与效率,提升公共租赁房的居住品质。同时,结合国家有关公共租赁房政策,统一编制出一套符合节约资源、环境保护等各项要求,套型建筑面积适中,空间布局紧凑合理,功能齐全,满足居住者需要的公共租赁房规划设计标准。

6.2 中国香港和新加坡的成功保障性住房规划借鉴

6.2.1 中国香港公屋规划设计

1)土地供应与合理选址

香港划拨房屋用地的过程,包括物色房屋用地(由规划署及拓展署负责)、决定私营及公营房屋的比例(由房屋局负责)、指定发展私营和公营房屋的地点(由一个以规划地政局领导的委员会负责)。任何土地,最终应发展成哪一类房屋,都要由用地督委会批核。

政府为了达到土地供应平稳,尽量弹性地处理土地供应,为商品房开发和公共房屋两者制定适当的开发强度和用地比例,集中使用许可发展密度较高和面积较大的地块来开发公共房屋。

在公屋的选址上,尽量避开中心城区的"黄金地段",即地价最高的位置和重要的地段,以避免土地用途上的冲突,使得政府通过买卖土地获得利益最大化。同时,要保证公屋的规划选址相对均衡,绝非考虑地价因素而趋向"边缘化"。

2)以新城为载体,依托便捷交通网络

香港新城建设中公营房屋的开发占有重要的地位。疏散大城市中心城区拥挤的人口是新城建设的本质,而公营房屋建设主要是满足城市中大量中、低收入者的住房问题。可见,公屋建设主要的载体是新城,同时公屋也是新城发展的主要动力之一,两者关系密不可分,相辅相成。

香港新城建设大部分都依附于便捷且容量大的轨道交通。每个主要居住区都至少设有一个公交换乘枢纽,通过完善的步行系统、密集的公交线路和便捷的交通服务,将乘坐轨道交通的民众迅速地输送到周边各个地区，同时，又可以将外面的交通乘坐者有效地集中到轨道交通站而外输。

香港公屋的主要公共设施依附于主要步行系统布置，形成公屋中心，公屋规划将高层高密度住宅紧紧围绕公共中心布置，并通过频繁的公共汽车线路与公共中心相连，这样既缩短了居民的步行时间，保证居民出行的便捷与舒适，又可以合理利用公共空间，减少对周边住宅的环境干扰。因此，高效率的交通网络是居住区规划选址及居住区建成后吸引居民入住的重要因素之一。

3) 齐全的公共设施配套

住房建设不等于单纯的住宅建筑，除了住宅外，还要有公共服务设施、交通设施，以及住区环境等多方面的同步配套建设和供应。香港公屋的公共配套设施可以分为商业设施和社会康乐设施两大类。公屋的商业设施包括零售商店、购物商场及停车场。一般公屋内的商业服务设施齐全，有超级市场、综合商业楼、餐厅等，商业建筑中既有大型商店，也有个体商店和个体菜市场。社会设施包括教育设施(托儿所、幼儿园、小学)、邮局、诊所、公共图书馆、青年中心、巴士总站。康乐设施包括活动室、儿童活动中心及休憩用地。这些设施不但满足了居民的居住需要，而且还满足居民对生活配套设施及活动设施的需要。完备的公共设施配置，使得公屋的住户和私人房屋的住户，能够享受相同品质的配套服务和生活环境，从而保障社会公平。

4) 公屋的规划设计

香港公屋的总体布局包括以下几种形式：线性行列式、丁字形交错排列式、成组成团布置式和混合式等。住宅单体平面的变化使得总体规划中出现了成组成团式布置模式，其思路与丁字形交错布置思路有相似之处，即为单体围合组成组团，休憩及绿化等公共活动空间在组团的围合空间中设置，商业、教育和公共交通设施穿插设置在组团与组团之间。

香港公屋遵循标准化设计原则，标准化能够大规模地进行工业化生产，提高生产效率，从而降低建造成本。香港的公屋已有 50 年的历史，在公屋设计和建造标准上不断提高，其品质和环境已经基本上能达到私人楼宇的水准。另外，在设计上讲究因地制宜，与周边环境(山地、植被、海岸线)有机结合。

6.2.2 新加坡组屋的规划设计

新加坡作为一个城市国家，为了解决居民的住房问题，其选择了向全国绝大部分居民提供公共住房的发展路线。以这一路线为基础，新加坡构建了两层次规划体系，即长远概念规划和总体规划相搭配。在此规划体系的指导下，新加坡大规模建设的公共住房空间组织和分布的特点归纳起来有以下四点。

1) 规划选址

新加坡极大部分公共住房以新镇为单位，附带完备的生活基础设施。其特点是设计上遵循"一环、一带、一斜、一核"，以地铁连接空间的布局结构。公共房屋的不断发展，新镇的建设在空间上呈现由城市中心向各方辐射状延伸的态势。因此，大规模的公屋建设也使得城市人口向外分散，由拥挤的城市中心向外圈转移。这些新镇往往是综合规划的大型居住项目，有较完善的服务设施，能与城市中心保持相对的独立性。由于新加坡国土面积不大，新镇内的政府组屋的主要特点是高层、高密度，新镇实质上更像高度密集发展并有机联系的大城市系统中的一个结合点，这种系统通过快速交通体系的紧密联系把新镇与城市中心相连。

2) 规模适当

早期新镇中组屋区的分级一般为三级，即新镇、邻里和邻里组团。建设邻里的目的在于构建一个环境美好、充盈着凝聚力的社区，规模大小在6000个单位左右。然而实行下来，规模偏大，难以获得当初构想的社区精神。在榜鹅新镇的组屋规划设计中就放弃了邻里的概念，将新镇的结构从邻里转为"街坊（ESTATE）"为基本规划单位，其直接的原因是较小规模的组屋区能够更好地共同分享学校等设施和开放绿地，提高生活环境质量；而更深的原因是较小规模的组屋建立了社区认同感。根据马斯洛的需求理论可知，人们随着物质水平的提高，对精神生活的需求就会更高。很多研究表明：社区精神可以改善生存居住的环境质量。在新加坡，一个街坊的规模较小，一般在1200—2800个单位，小过以前的邻里规模，有助于建立社区形象。通过设计交通组织，最终构建一个完全人行的区域，杜绝穿越式交通的存在。

3) 商业服务系统和社会设施系统

居民可以使用的服务设施和商业可分为三个等级：第一是市场、小贩中心；第二是居住区购物中心；第三是市中心商业中心。其中，市场、小贩中心主要分散在居住街坊之间的商业服务网点，以零售摊点、餐饮点、超市为主，快捷地满足居民生活的最基本需要。

由于新加坡人生活习惯的改变，现在他们较喜欢在大型的有多种选择的商业中心购物，一个大型的商业中心，从零售店、超市、大型百货公司到法定机构的分支办公处，可提供一站式、多样化的服务，同时商业中心和地铁站、轻轨站共同形成新镇的"心脏"。在公共住宅核心位置设置商业中心（shopping centre）也是新加坡组屋区建设的一个重要特色，并作为一种成熟的模式在不同的新镇、公共住宅区广泛使用。

组屋区的社会设施的设置依据不同的分级都有相应的用地规模和容积率的规定，是比较完善和有序的。随着社会的发展，HDB（建屋发展局）也在不断改进其建设和使用方式，以便更充分地发挥学校、医院和体育场馆等设施的社会作用。

HDB提出不同类别设施成组布置的概念，以提高利用率。比如学校的设施和居民区的设施结合布置，这样就扩大了各自的绿地使用范围；公共绿地也可以和学校相结合，这样居民就可以在晚间使用学校的设施，如篮球场。这样既有利于公共活动的集中，也便于居民之间加强交流，使得设施的利用效率最大化。

从布局和结构来看，建造的组屋设施配套是比较完善的。值得一提的是，为了给新镇的居民提供就业机会，新镇内规划预留10%—20%的土地用于工业配套设施建设，这些配套设施一般位于新镇边缘。主要设置一些无污染的小规模劳动密集型工业，如纺织、电子配件制造厂和制衣厂来解决居民的就近就业问题。

4) 经济适用，不断更新

新加坡政府组屋现存82万多个单位，由于是在不同经济发展阶段所兴建，这些组屋的居住环境质量水平是不同的;随着组屋区居住者年龄的增长,开始出现陈旧的趋势,建筑物和设施的老化导致区内的年轻人迁往新的市镇,使这些组屋区出现快速衰退的现象。新加坡政府主张积极更新市镇及社区,防止住宅区的退化,以达到住房的可持续发展。

6.3 公共租赁房项目总体规划布局

6.3.1 我国公共租赁房项目规划选址中存在的问题

1)选址过于偏远

公共租赁房的建设用地和建设资金一般由地方政府提供,按我国现有的土地出让政策,地方政府很大程度上依赖"土地财政"来获得地方建设资金。城市中心区域位置优越、用地紧张、土地价值较高。如果公共租赁房选址过于靠近城市商业中心,政府可能因此会损失高额的土地出让收益。因此,政府为了获得最大经济利益,往往不会把公共租赁房规划在这些城市核心区域。而位置偏远的城市周边则有大量未开发的土地资源,地价较低,公共租赁房的选址也就集中于城市周边。如重庆公共租赁房项目位于内环和绕城高速环线之间,北京公共租赁房项目就更为偏远,位于四环、五环地带。选址过于偏远所带来的问题主要是远离经济型公共交通服务设施,提高了出行成本,缺乏相应的服务设施;同时,导致居民远离就业密集区,增加了就业难度。

2)集中建设造成居住空间分异

由于目前我国大力建设公共租赁房,很多采用集中建设模式并且建设的体量巨大。如重庆从2010年开始建设的4000万平方米公共租赁房,多个已建成的公共租赁房项目均超过100万平方米的规模。这种建设模式致使大量同质群体聚集,形成居住空间分异,强化了社会不同阶层的聚类。

3)公共配套设施不完善

公共租赁房往往被设置在新城或者是偏远的郊区,远离学校、医院等公共服务部门,公共设施建设滞后,市政设施不齐,交通出行不便,增加了居住者的生活成本。

公共配套的缺失主要表现在两个方面:一是居住区域内配套不完善,经营不善。由于居住区域内自身规模及消费能力所限,达不到银行、邮局等公共服务机构设置设施的"最低门槛"和最低标准,或可能设置的设施规模过小,功能过于简单,而不能满足住户的实际需求。二是住区周边配套缺乏,项目相对孤立,周边没有可借用的居住区配套设施,或周边配套设施尚未开发完善,再加上住区开发建设的时间并不长,没有有效地带动周边区域经济的发展。

6.3.2 公共租赁房规划选址的原则

1)适应需求,均衡布局

公共租赁房作为保障性住房建设的重要组成部分,承担着调整住房供应结构的重要职能,而结构调整成功的关键在于受保人群规模的准确预测和空间上的准确对位。

公共租赁房的布局应遵循"大混居,小聚居"的原则。土地的价格与土地所处的位置有密切联系,大体上由城市中心向外围逐层递减。公共租赁房的选址布局受到两大因素的制约,分别为较为低廉的土地价格和地理位置。这就要求不能过于追求低地价而在偏远的郊区布局从而造成生活配套上的不达标,也不能过于追求优质生活而不顾地价,布局在地价峰值的区域。综合考虑,要在土地价格和土地地理位置之间找到一个最优的平衡点,即均衡最优点。

同时,公共租赁房的空间组合布局还应遵循分类梯度混合居住模式,分类梯度混合居住模式将住区分为两种主要类型:一种是由中等收入者与低收入者混合居住;另一种由中等收入者与高收入者混合居住。公共租赁房选址主要考虑前一种模式。所以在"居住社区"中选址时,公共租赁房住区应该选择建在中档普通商品房住区旁,也即主区的居民应该为中等收入者,同时,公共租赁房住区规模不能过大、过于成片集中,每个公共租赁房住区周边应有其他类型的商品房住区,使不同收入阶层的居民既能相对独立,又有机会互助和交流。这种"混合社区"的规划布局理念,有利于在尊重居住者合理选择住所权利的基础上,推动社会各阶层的融合与发展。国外不同收入阶层分类梯度混合居住的做法如表6.1所示。

表6.1 国外不同收入阶层混合的做法

国家	做法
美国住宅与城市发展部(HUD)和"倡导规划"(advocacy planning)	根本策略为不同收入混合居住。混合居住的居民家庭收入水平的浮动范围是平均收入水平的50%—200%。在同一个邻里中,公共和商品住宅的比例根据当地住房市场的状况来确定。一般情况下,20%—60%是HUD允许公共住宅的比例
德国慕尼黑的"福利住房"	城市的各个区域均有"福利住房"的存在,它们分布均匀。政府要求房地产商兴建的住区中"福利住房"要占到20%的面积
荷兰的"混合邻里目标"	为低收入群体提供住宅,建于城市中心,强调将不同收入家庭进行混合,在邻里社区中,保障性住宅所占的比例为20%—50%
英国的"空间上分散的可支付住宅"	可支付住宅所占居住用地的比例随不同城市区位的变化而变化。如2002年,市中心约为24%,在房价低的地区约为54%,在房价最贵的地区约为9%
新加坡的"新市镇"	保障性住房供应约在80%以上。通过住房面积控制使得在每个新市镇中确保不同民族的混合。划出一定用地建设高档私宅,比例不高,一般为新镇中居住用地的5%—20%,以此来推动不同收入阶层的混合居住
法国的"社会混居"	住宅建造规划中至少将20%的面积卖给社会福利房管理公司——法国政府低租金住房联合服务公司,由其出租或出售给低收入者

2)依托城市公共交通体系,发展以公共交通为主导的住区模式

公共租赁房的建设往往会带来相对集中的人群聚集,只有大容量公共交通才能适应其交通需要。其选址可分为两种情况。

(1)地铁沿线。

公共租赁房尽量选择在距离地铁站点步行10—15分钟的地段,建设高层、高密度的住区,兼顾地价的条件下,方便居民的交通出行。

地铁沿线通常地价较高,但可以结合城市地铁的开发时序降低土地投入成本。第一,一般情况下,地铁建成的初期,可以选首末端的某几个站点,这些地方的地价稍微便宜。

主要因为这些地段一般较为偏僻，发展不成熟，配套较为欠缺，这也是地铁建设为扩展城市空间的目的所在。所以政府就可以将公共租赁房建设在这些站点附近。其次，可以结合城市轨道交通网络规划，在未来轨道交通规划区域内考虑公共租赁房的选址，先进行公共租赁房的建设，再逐步完善公共交通，使公共租赁房的建设与交通等公共产品的投资决策协调推进。由于公共租赁房建设量大、入住速度快，也利于周边地段的快速成熟，利于城市的发展。

（2）"地铁+短途"接驳。

借鉴香港和新加坡的经验，以地铁为轴，通过短途小巴接通居住社区中心以及轨道交通站点。居民的出行可以首先乘坐巴士从居住社区到达轨道交通站点（或公交枢纽），然后从轨道交通站点（或公交枢纽）去往城市中心。这样既提高了居民出行的便利程度也提高了城市中心优质公共服务设施的可达性。

3）配套齐全

公共租赁房提供的不仅仅是一个住的地方，而应该是功能配套齐全、环境适宜的住区。中低收入人群更加关注住所周边的教育、医疗、交通等生活配套设施，他们对城市公共配套设施的依赖程度较高。一些城市公共租赁房入住率比较低，主要原因就是配套不齐全，生活不便。没有配套就很难吸引住户，没有人住也就更加没有办法去配套。因此，在公共配套设施资源的配置上要注意弱势群体的利益。

一方面，在公共租赁房地块中应规划一定比例的公共配套设施，包括基础教育设施、医疗卫生设施、文化体育设施以及社区服务设施。每个公共租赁房项目按建筑面积的10%进行共建配置较为适宜。同时，应安排一定比例的经营性商业配套，既有利于建设资金的平衡，又能增加就业岗位数量。

另一方面，在"住区混合"的基础上，应开放公共租赁房社区以及周边商品房住区的配套，这样可以改善住区封闭性对城市空间的阻隔关系，使住区公共设施和绿化景观城市化、公众化，并为不同阶层之间的交流创造条件，从而最大限度地实现社会利益的平衡。

同时，需要强调的是公共租赁房的选址要结合城市的发展方向与发展时序，避免与城市总体规划相背离，或步调相差过大而造成长期配套缺失。

4）与城市功能结构相复合

功能复合是城市高品质开发建设的一个重要条件。对于公共租赁房规划布局来说，功能复合就是公共租赁房所在区域的功能复合，即公共租赁房与周边城区范围内在功能上的相对复合，布局上靠近城市公共服务、产业发展等功能区域，增强区域发展的活力，达到区域范围内的职住平衡，避免"卧城"的出现，以及灾害性的"钟摆式交通"。

从社会阶层来看，公共租赁房的主要服务对象为中低收入群体，包括新就业学生、农业转移人口、城市流动人口等，他们的工作岗位大部分在城市的各大产业园区，部分服务于城市中心区域。因此，按照职住平衡的指导思想，公共租赁房的选址多靠近总体规划中产业园区周边。另外，应该按照集约用地的原则，对产业园区和开发区进行统筹规划，可以集中建设宿舍型和单元型公共租赁房再出租。

在实践中，香港工业用地划得很小，居住用地与工业园用地毗邻。同时，将保障性住房用地靠近低收入者，并使居住者通过简单的培训就能在工业园区就近就业。另外，新加坡的经验也值得借鉴。新加坡的组屋区域是按新镇来发展规划的，从布局和结构来看，镇（居住区）的设施配套是比较完善的。为了在住区周围提供就业机会，新镇一般在城镇边缘预留10%—20%的土地建设工业设施配套，多为一些无污染的小规模劳动密集型工业。

总之，公共租赁房建设不应该是一项选择几块地集中建设就能完成的指标任务，而是应该结合城市道路交通的节点、轨道交通站点，城市不同功能区，不同等级的社区进行选址。确定合理使用的规模，保证公共交通的可达性和职住的相对平衡，以及健全的生活配套设施。否则，公共租赁房会成为住房选择的"鸡肋"，也会加剧城市社区阶层和空间的分异。

6.3.3 公共租赁房项目选址评估指标体系

公共租赁房是专门面向城市新增人口（主要是农业转移人口和新就业学生）的保障性住房，他们的工作地点大部分在城市的各大产业园区或者是城市的区域中心。

研究发现，"夹心层"对公共租赁房的选址非常敏感，希望住所临近工作地点或交通便捷。按照职住平衡的指导思想，公共租赁房的选址应尽量靠近总体规划中的产业园区周边和城市的区域中心周边。同时，还应综合考虑公共租赁房的建设成本、目标群体、工作机会、生活成本等因素，在均衡布局、生活配套完善、依托城市交通体系、与城市功能相复合等指导原则下进行。

通过借鉴国内外保障性住房选址方面的相关经验，结合公共租赁房项目的具体特点和选址影响要素，本书尝试制定出了一套评价公共租赁房备选建设地址适宜度、最优性的选址评估指标体系。该体系包含两个层次：用地筛选体系和优选评价体系。

1）用地筛选体系

根据对备选地块适宜性的影响程度，将用地筛选指标体系分为三个方面：

(1) 潜在地价。虽然公共租赁房的建设用地通常采取政府划拨的形式取得，但在公共租赁房的选址上，还是应该尽量避开中心城区的"黄金地段"，即地价较高的位置和重要的地段，以避免土地用途上的冲突，使得政府通过买卖土地获得利益最大化。

(2) 建设成本。考虑到公共租赁房作为政府主导开发的公共产品，其开发建设成本必须控制在合理水平，以利于公共租赁房投资资金的有效利用和公共租赁房的可持续运营。因此，在选址上应排除预计未来建设成本较高的地块，比如一些地形、地质条件比较恶劣的位置。

(3) 规划限制。根据公共租赁房的特性，考虑区域规划要求和限制，剔除与该区域未来整体规划不协调的地块。

2）优选评价体系

将公共租赁房最优选址的评价指标体系分为三个方面，共九个因素。

(1) 交通条件。从具体的交通条件角度衡量公共租赁房项目的选址合理度。交通条件主要包括公共交通工具种类、公共交通通行情况、距区域中心距离等。

(2) 配套设施。在配套设施相对完善的区域布置公共租赁房，不仅可以为没有足够消费能力的入住者提供更好的福利,在一定程度上降低居民的生活成本,同时还能提高公共设施的使用效率。配套设施包括教育设施完备度、医疗设施完备度、商业设施完备度、市政基础设施完备度。

(3)区域经济条件。居住区域周边经济环境的好坏是本地区内居民能否实现充分就业的根本保障。由于公共租赁房的使用主体大部分是城市外来务工者和刚毕业大学生,因此,就业机会对他们来说至关重要。其选址靠近就业地点不但能够减少他们的通行成本,也能有效地帮助他们实现就业,增加竞争力。周边区域的就业机会主要取决于周边区域产业园区的多少和地块五千米半径内的企业数。

6.3.4 公共租赁房选址决策模型

公共租赁房选址决策模型综合考虑备选建设地块适宜性和优选性两方面因素,根据上述总结归纳的两级指标体系,首先引入模糊层次分析法(FAHP)构建出用地筛选模型,剔除不适宜建设地块;其次,运用熵权理想点法建立用地优选模型,评选出最优地块,最终得出最为科学合理的选址决策。

选址决策流程如图 6.1 所示。

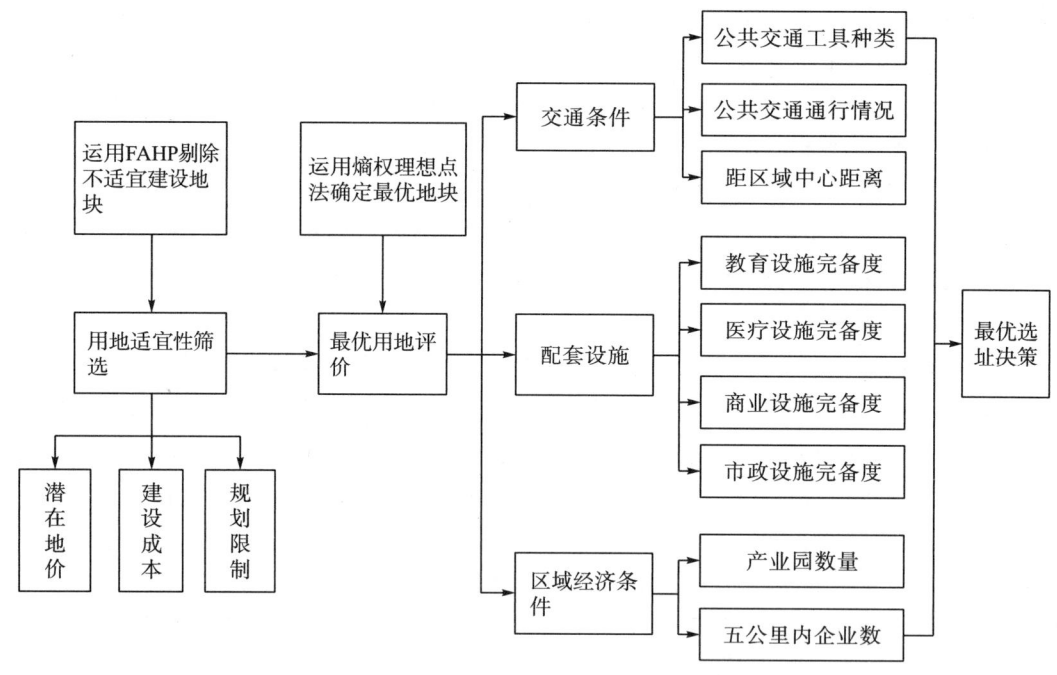

图 6.1 公共租赁房选址决策流程图

1)拟建用地筛选模型

引入模糊层次分析法(FAHP)和模糊数学法建立拟建用地适宜性筛选模型,对拟建用地是否适宜建设公共租赁房进行初步筛选。首先,运用模糊层次分析法确定筛选体系各指标的重要程度(权重);其次,根据模糊数学的概念将各筛选指标划分等级并用一定的数值表示;最后,把各项筛选指标的权重数与等级得分相乘求和得到拟建地块的总分值,确定阈值,并判断是否通过。其具体步骤如下:

(1) 建立筛选指标体系模型。

建立筛选问题的层次结构,根据对问题的分析,确定公共租赁房是否适宜建设的影响因素,得到筛选指标体系模型。

(2) 确定模糊互补判断矩阵。

在模糊层次分析中,判断矩阵两两比较的标度为:$a_{ij}=0.5$ 时,表示 a_i 与 a_j 同等重要;$a_{ij}>0.5$ 时,表示 a_i 比 a_j 重要;$a_{ij}<0.5$ 时,表示 a_j 比 a_i 重要。若模糊判断矩阵 $\boldsymbol{A}=(a_{ij})_{n\times n}$ 满足:$a_{ij}+a_{ji}=1$,$(i=1,2,\cdots,n;j=1,2,\cdots,n)$,则称模糊矩阵 $\boldsymbol{A}$ 是模糊互补矩阵。其中,a_i、a_j 为筛选指标,a_{ij} 为指标 a_i 对指标 a_j 定性模糊评价后得出的定量分值。

为了使任意两个方案关于某准则的相对重要程度得到定量描述,通常采用如表 6.2 所示的 0.1—0.9 标度法给予数量标度(马智利等,2013)。

表 6.2　0.1—0.9 标度及其含义表

标度	定义	说明
0.5	同等重要	两元素相比较,同等重要
0.6	稍微重要	两元素相比较,一元素比另一元素稍微重要
0.7	明显重要	两元素相比较,一元素比另一元素明显重要
0.8	重要得多	两元素相比较,一元素比另一元素重要得多
0.9	极端重要	两元素相比较,一元素比另一元素极端重要
0.1, 0.2, 0.3, 0.4	反比较	如果元素 a_i 和元素 a_j 相比较得 r_{ij},则元素 a_j 和元素 a_i 相比较得 $1-r_{ji}$

(3) 将模糊互补矩阵改造成模糊一致性矩阵。

设模糊互补判断矩阵 $\boldsymbol{A}=(a_{ij})_{n\times n}$,对矩阵按行求和:

$$r_{ij}=\sum_{x=1}^{n}a_{ix},(i=1,2,\cdots,n) \tag{6.1}$$

进行如下数学变换:

$$r_{ij}=\frac{r_1-r_i}{2(n-1)}+0.5 \tag{6.2}$$

得到模糊一致性矩阵 $\boldsymbol{R}=(r_{ij})_{n\times n}$

(4) 计算指标权重。

模糊一致矩阵每行元素的和:

$$l_i=\sum_{j=1}^{n}r_{ij}-0.5 \tag{6.3}$$

不含对角线元素的总和:

$$\sum_i l_i=\frac{m(m-1)}{2} \tag{6.4}$$

其中,m 为矩阵阶数。由 l_i 表示出指标 i 相对于上层目标的重要性,所以对 l_i 进行归一化可得到各指标权重:

$$w_i=\frac{l_i}{\sum l_i}=\frac{2l_i}{m(m-1)} \tag{6.5}$$

(5)方案筛选。

根据模糊数学的相关概念,将各项筛选指标划分为高、中、低3个等级,每个等级用一定的数值表示以便于量化比较,如每级按15、10、5打分。

把各项筛选指标权重与等级得分相乘,得到各筛选指标的得分,求和得到评估地块的总分值 T,既有 $T = \sum_{i=1}^{n} w_i s_i$。

将总得分与决策层确定的阈值 F 比较,低于或等于阈值 F 的地块评定为"通过",高于 F 的地块评定为"不通过"。具体判断过程如表6.3所示。

表6.3 拟建地块适宜性评价表

评估指标 x_i	权重 w_i	判断等级			得分
		高	中	低	
		15	10	5	
x_1	w_1		s_1		$w_1 s_1$
x_2	w_2		s_2		$w_2 s_2$
...	...		...		...
x_n	w_n		s_n		$w_n s_n$
合计	$\sum_{i=1}^{n} w_i = 1$				$\sum_{i=1}^{n} w_i s_i$

拟建地块筛选阈值 F

2)拟建用地优选模型

在筛选过后的用地方案中,建立拟建用地的优选评价模型,评选出建设公共租赁房的最优选址方案。本书引入熵权理想点法进行拟建用地的优选排序。熵权理想点的基本思想是:拟定理想方案与负理想方案,然后用欧式距离找出与理想方案最接近且与理想负方案最远的方案为最优方案。同时,运用熵权法计算指标的权重,熵权法最大的特点就是直接利用决策矩阵所给的信息来计算权重,而没有引入决策者的主观判断,使评价结果更为客观。具体步骤如下:

(1)构造初始数据矩阵。

假设进行拟建用地筛选过后还剩 m 个选址方案,共有 n 个评价指标,x_{ij} 表示第 i 个选址方案的第 j 项指标评价值,得到初始矩阵 $\boldsymbol{X} = (x_{ij})_{m \times n}$,按:

$$y_{ij} = x_{ij} / \sum_{i=1}^{m} x_{ij} \tag{6.6}$$

进行规范化,得到标准化矩阵 $\boldsymbol{Y} = (y_{ij})_{m \times n}$。

(2)计算各指标的权重。

设第 j 项指标的熵值为

$$e_i = -k \sum_{i=1}^{m} y_{ij} \ln y_{ij} \tag{6.7}$$

其中，常数 k 可以取 $k=1/\ln(m)$，这样就保证 $0 \leqslant e_i \leqslant 1$；定义 h_i 为各指标的效用价值，$h=1-e_i$，则各指标权重为

$$w_i = h_j / \sum_{j=1}^{n} h_i \tag{6.8}$$

(3) 构造规范化矩阵。

$$\boldsymbol{V} = (v_{ij})_{m \times n} = \begin{bmatrix} w_1 y_{11} & w_2 y_{12} & \cdots & w_n y_{1n} \\ w_1 y_{21} & w_2 y_{22} & \cdots & w_n y_{2n} \\ \vdots & \vdots & \ddots & \vdots \\ w_1 y_{m1} & w_2 y_{m2} & \cdots & w_n y_{mn} \end{bmatrix}$$

确定理想方案 V^+ 和负理想方案 V^-：

$$\boldsymbol{V}^+ = \{(\max v_{ij} \mid j \in J_1), (\min v_{ij} \mid j \in J_2) \mid i=1,2,\cdots,m\}$$

$$\boldsymbol{V}^- \{(\min v_{ij} \mid j \in J_1)\}, (\max v_{ij} \mid j \in J_2) \mid i=1,2,\cdots,m\}$$

其中，J_1 代表效益型指标集合；J_2 代表成本型指标集合。

(4) 计算各评价方案到理想与负理想方案的距离 s_i^+ 和 s_i^-
其中：

$$s_i^+ = \sqrt{\sum_{i=1}^{n}(v_{ij}-v_i^+)^2} \tag{6.9}$$

$$s_i^- = \sqrt{\sum_{i=1}^{n}(v_{ij}-v_i^-)^2} \tag{6.10}$$

(5) 计算相对接近度。

$$c_i = \frac{s_i^-}{s_i^- + s_i^+}, 0 \leqslant c_i \leqslant 1 \tag{6.11}$$

(6) 排序。
根据 c_i 的大小对各选址方案进行排序。

6.3.5 模型的运用

1) 项目概况

某市欲集中建设一个公共租赁房项目，建筑面积约为 50 万平方米，现有 5 个备选方案，备选方案具体特征如表 6.4 所示。

表 6.4 备选方案场地特征

编号	特征
方案 A	地块位于市区商业中心周边，交通便利，有轨道交通经过，商业、医疗等配套设施齐全
方案 B	地块位于市区近郊高档住宅片区，交通较便利，有多条公交线路，配套齐全，但该地块地质条件较差，规划容积率较低
方案 C	地块位于城市远郊，周边地价较低，交通不便，基础配套不完善
方案 D	地块位于城市区域组团中心附近，且靠近产业园区，交通条件较好，基础配套设施较完善
方案 E	地块位于城市近郊普通住宅片区，交通便利，配套设施齐全

2)决策分析

(1)拟建地址的筛选。

①建模。根据公共租赁房项目的特点,选取地价、建设成本、规划限制3个评估指标,建立筛选指标体系,见图6.2。

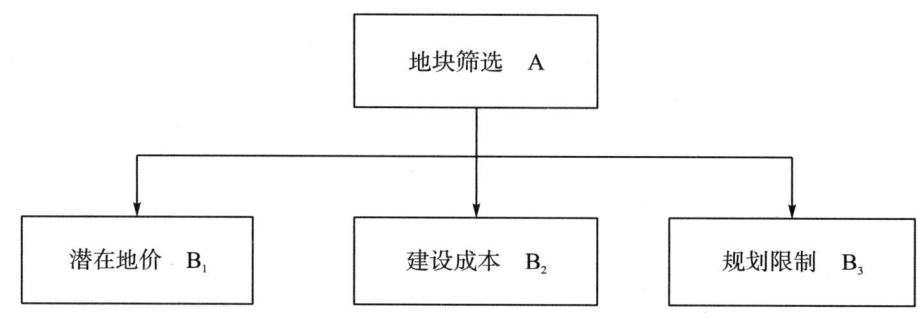

图6.2 拟建用地筛选指标体系

②确定模糊互补判断矩阵。结果见表6.5。

表6.5 A-B模糊判断矩阵

A	B_1	B_1	B_3
B_1	0.5	0.7	0.6
B_2	0.3	0.5	0.3
B_3	0.4	0.7	0.5

③将模糊互补矩阵改造成模糊一致性矩阵。由式(6.1)、式(6.2)计算,结果见表6.6。

表6.6 A-B模糊一致性矩阵

A	B_1	B_1	B_3
B_1	0.5	0.6	0.55
B_2	0.4	0.5	0.45
B_3	0.45	0.55	0.5

④计算指标权重。根据式(6.3)—式(6.5)算得各指标权重 $w_i = (0.383, 0.283, 0.334)$。

⑤方案筛选。对地块A(表6.7)至E进行用地适宜性筛选评价,得到A地块分值为10.245,B地块分值为11.425,C地块分值为5.000,D地块分值为6.915,E地块分值为6.415。专家拟定的筛选阈值为8,故剔除地块A、B,保留地块C、D、E进行下一步评估。地块A通不过筛选主要是由于其位于市区商业中心区域,属于城市重要的"黄金地段",潜在地价昂贵,不适宜用作公共租赁房建设用地。地块B被剔除主要是因为该区域地质条件较差,预估的建设成本过高,且不符合该区域的用地规划。

表 6.7 地块 A 适宜性评价表

指标 x_i	权重 w_i	判断等级			得分
		高	中	低	
		15	10	5	
潜在地价	0.383	15			5.745
建设成本	0.283		10		2.83
规划限制	0.334			5	1.67
合计	$\sum_{i=1}^{n} w_i = 1$				10.245
拟建地块筛选阈值 $F=8$					不通过

(2) 拟建地址的优选排序。

①构造初始数据矩阵。根据评价指标体系，着重从交通条件、配套设施、区域经济条件的三个角度出发，拟定以公共交通工具种类 x_1、公共交通通行情况 x_2、距区域中心距离 x_3、教育设施完备度 x_4、医疗设施完备度 x_5、商业设施完备度 x_6、市政基础设施完备度 x_7、产业园数量 x_8、五千米内企业 x_9 等 9 个指标作为评价依据。通过专家组成调查小组，对相应 3 个地块进行现场踏勘调查及科学评价，得到原始数据矩阵，结果如表 6.8 所示。

表 6.8 原始数据矩阵表

	x_1	x_2	x_3	x_4	x_5	x_6	x_7	x_8	x_9
方案 C	1	50	10	40	45	50	60	0	50
方案 D	3	80	2	75	80	75	80	1	200
方案 E	3	75	4	85	75	80	80	0	150

根据式(6.6)将原始数据进行规范化，可得标准化矩阵：

$$\boldsymbol{Y} = \begin{bmatrix} 0.142 & 0.244 & 0.625 & 0.200 & 0.225 & 0.244 & 0.272 & 0.000 & 0.125 \\ 0.429 & 0.390 & 0.125 & 0.375 & 0.400 & 0.366 & 0.364 & 1.000 & 0.500 \\ 0.429 & 0.366 & 0.250 & 0.425 & 0.375 & 0.390 & 0.354 & 0.000 & 0.375 \end{bmatrix}$$

②计算各指标权重。由熵权公式(6.7)、公式(6.8)计算各指标权重得 $\boldsymbol{W} = (0.116, 0.120, 0.110, 0.119, 0.120, 0.120, 0.121, 0.061, 0.114)$。

③构造规范化矩阵。

$$\boldsymbol{V} = \begin{bmatrix} 0.017 & 0.029 & 0.069 & 0.024 & 0.027 & 0.029 & 0.033 & 0.000 & 0.014 \\ 0.050 & 0.047 & 0.014 & 0.044 & 0.048 & 0.044 & 0.044 & 0.061 & 0.057 \\ 0.050 & 0.044 & 0.028 & 0.050 & 0.045 & 0.047 & 0.044 & 0.000 & 0.043 \end{bmatrix}$$

④确定理想方案 $\boldsymbol{V}^+$ 和负理想方案 $\boldsymbol{V}^-$。

$\boldsymbol{V}^+ = (0.050, 0.047, 0.014, 0.050, 0.048, 0.047, 0.044, 0.061, 0.057)$

$\boldsymbol{V}^- = (0.017, 0.029, 0.069, 0.024, 0.027, 0.029, 0.033, 0.000, 0.014)$

⑤由式(6.9)、(6.10)计算方案到理想点的距离。

$\boldsymbol{S}^+ = (0.0107, 0.007, 0.064)$ $\boldsymbol{S}^- = (0.000, 0.016, 0.073)$

⑥由式(6.11)计算相对接近度。

C=(0.000,0.941,0.533)

由 C 值可得三个备选地址的优劣排序为:方案 D 地块>方案 E 地块>方案 C 地块,即建设公共租赁房项目的最优建设地点为 D 地块。

6.4 公共租赁房建设的评价指标体系

对现今公共租赁房项目建设研究中一个重要的问题是:如何评价公共租赁房项目的建设水平,也就是说公共租赁房项目的建设应由哪些指标来表征,以及如何通过这些指标来评估公共租赁房项目的优劣水平,进而为其他项目提供参考和借鉴的依据。公共租赁房项目建设评价指标体系的制定不仅是评判公共租赁房项目建设质量的主要依据,也是对公共租赁房建设的研究从定性向定量迈进过程中必不可少的一个环节。只有建立一套科学、严密、完整的公共租赁房建设评价指标体系,才能利用一定的方法手段对公共租赁房项目建设的状况进行检测和预测,从而为公共租赁房建设的发展规划提供决策服务。

本章对公共租赁房建设的评价指标体系进行尝试性的构建。

6.4.1 公共租赁房建设评价指标的构建原则

为了客观、全面、科学地衡量公共租赁房项目的建设水平,在构建和确定评价指标体系和设定具体评价指标时,应遵循如下基本原则:

1)工程性指标与经济性指标相结合

"十二五"规划《纲要》提出未来 5 年建设城镇保障性安居工程 3600 万套,并明确指出要逐步使公共租赁房成为保障性住房的主体。国发 45 号文件在总体要求中提出"到'十二五'期末,保障性住房在全国覆盖面要达到 20% 左右,争取解决城镇中等偏下和低收入家庭的住房难题,有效缓解新就业职工住房困难问题,明显改善外来务工人员居住条件"。可见,公共租赁房建设的考核和评价不仅要注重各地政府在公共租赁房建设的工作进展、资源投入和政策落实情况,更要注重建设工作所取得的实际效果,特别是要注重公共租赁房项目建设质量和整个城市地区公共租赁房建设工作成效,从而使住房保障工作真正落到实处。因此,为了客观、合理、准确地反映公共租赁房建设质量和工作成效,从公共租赁房建设的工程指标和经济指标两个角度出发,构建评价指标体系。工程指标体系主要反映公共租赁房工程项目从规划选址到施工建设过程中的优劣水平,将主要选取交通条件、配套设施、环境质量、舒适性等方面的指标;经济指标体系主要从经济资源投入与产出,以及经济的可持续性等方面反映整个城市范围内公共租赁房建设的水平及成效。本书将主要选取土地供应、资金投入、保障效益、借款偿还能力等方面的指标。

2)全面性与重点考核相结合

公共租赁房评价指标体系是一个包括多种要素、不同过程综合作用的有机整体,因此,指标体系应反映公共租赁房建设的各个方面,从不同角度反映出被评价系统的主要特征和状况。但值得注意的是,如对公共租赁房建设过程中的每一个环节、每一项工作都进行评价,可能会导致评价指标过于繁复和庞杂,大大增加考核成本和难度。而在公共租赁房的建设和运行过程中,存在一些对公共租赁房工作成效有较大影响的关键因素和重点工作。因此,在公共租赁房建设评价指标体系中应结合这些关键因素或重点工作,选择影响公共租赁房建设的关键指标进行重点考核。

从公共租赁房项目建设优劣水平,也就是公共租赁房建设工程性角度来看,目前影响公共租赁房项目建设质量的关键影响因素,主要集中在前期项目规划选址和中期工程施工建设等方面。规划选址对整个公共租赁房项目的影响有着至关重要的作用,规划选址的好坏决定着将来住户的生活环境质量以及他们工作生活的便利程度,而项目的建设过程则决定了项目的投资、工期和最终住宅成品的质量。从整个城市公共租赁房建设水平来看,经济性因素的影响较大,而经济性因素中起关键作用的主要集中在经济资源的投入和所产生的效益以及城市公共租赁房建设的经济可持续性上。

3)系统性与易操作性相结合

为了更好地考核全国各城市公共租赁房整体建设的差距和成效,合理评价城市中各个公共租赁房项目的建设质量和水平,本书在设计公共租赁房建设评价指标时,着重考虑评价指标的全面性和系统性,通过认真分析公共租赁房建设的工作特点、工作要求和关键要素,构建了包含三级指标的评价指标体系。所构建的指标体系具有一定的层次结构,可具体划分为目标层、准则层和指标层。目标层和准则层注重全面性与系统性,综合反映公共租赁房建设的主要影响要素,指标层不同于目标层和准则层,其设计更加强调指标体系评价的可操作性和高效性。其主要做法包括三个方面。

(1)简化指标。

对于某一分析的评价内容,力图选择最具表征性的评价指标,最大限度地简化相同或类似的评价指标,从而使指标更加简洁清晰,判断意图更加明确,评价导向更加突出,减少不同评价指标之间的重复或冲突。

(2)强调指标的定量化。

指标体系中绝大多数为量化考核的硬性指标,如土地、投资、容积率等。并把一些不易衡量的软性指标,如教育、市政设施完备度等通过数学模型的构建定量化,从而实现科学合理地对指标进行度量。

(3)指标设计兼顾历史情况,便于前后对比。

有能够反映当前建设情况的指标,如本期资金和土地投入情况;也有能够反映长期建设工作成效的指标,如累计资金投入、累计土地供应等。

6.4.2 指标体系及其含义

公共租赁房评价指标(图 6.3)分为工程指标和经济指标两大类型。其中,工程指标体系是基于工程项目的评价手段,主要用于衡量某个公共租赁房项目从规划设计到项目建成的完成情况,从而实现有效引导和促进公共租赁房项目建设的目的;经济指标体系是基于城市宏观经济的评价手段,主要用于衡量整个城市的公共租赁房建设水平,通过对经济指标的分析对比,形成对某一城市公共租赁房建设水平的综合评价,准确发现该城市公共租赁房建设在全国或所在地区的相对水平及存在的差距。

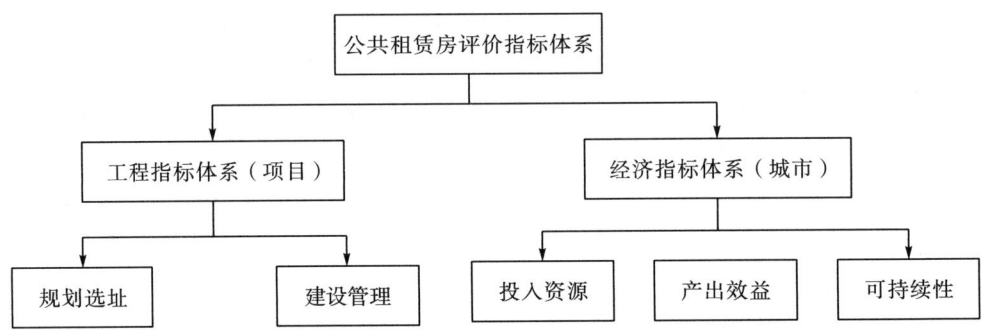

图 6.3 公共租赁房评价指标体系

1)工程指标体系

(1)规划选址。

指标层次：目标层。

指标含义：规划选址是对公共租赁房项目具有重大影响的前期工作，主要评价公共租赁房项目规划选址的合理程度。包括交通条件、配套设施、环境质量、舒适性四个二级指标(图 6.4)。

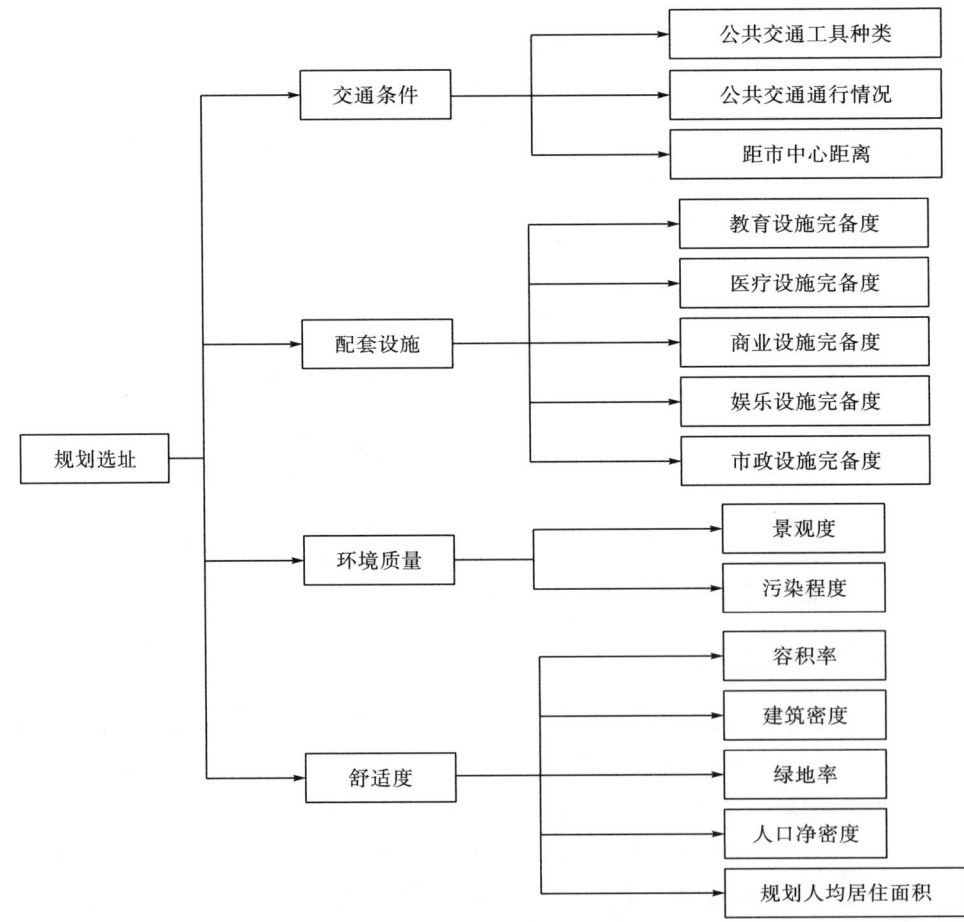

图 6.4 公共租赁房工程规划选址指标体系图

交通条件

指标层次：准则层。

指标含义：从具体的交通条件角度衡量公共租赁房项目选址合理度。交通条件指标主要包括公共交通工具种类、公共交通通行情况、距市中心距离三个三级指标。

①公共交通工具种类。

指标层次：指标层。

指标含义：公共租赁房地块周围的公共交通工具种类，是否有公交、地铁等公共交通。公共交通种类的数量越多，居民选择出行的方式也越多，交通也就越便利。

②公共交通通行情况。

指标层次：指标层。

指标含义：公共交通通行情况主要指公共交通站点数、线路数量、车次数量。

③距市中心距离。

指标层次：指标层。

指标含义：公共租赁房项目选址不能距离市中心过远，相当一部分数量的居民仍然需要到市中心寻找工作机会。因此，项目所在地与市中心的直线距离便成了影响住所居民交通便利性以及通勤时间的重要因素。

配套设施

指标层次：准则层。

指标含义：在配套设施相对完善的区域布置公共租赁房，不但可以为这些没有足够消费的入住者提供更好的福利，并在一定程度上降低居民的生活成本，同时提高了公共设施的使用效率。配套设施包括教育设施完备度、医疗设施完备度、商业设施完备度、娱乐设施完备度、市政基础设施完备度五个三级指标。

①教育设施完备度。

指标层次：指标层。

指标含义：本指标根据教育设施的等级以及数量赋予不同的权重，加权得到教育设施完备率。

计算公式：
$$I = \sum_{i=1}^{n} w_i p_i \tag{6.12}$$

式中，I 表示评价地块教育设施完备率；w_i 表示评价因子权重；p_i 表示评价因子等级。

②医疗设施完备度。

指标层次：指标层。

计算公式：采用式(6.12)计算。

③商业设施完备度。

指标层次：指标层。

计算公式：采用式(6.12)计算。

④娱乐设施完备度。

指标层次：指标层。

计算公式：采用式(6.12)计算。

⑤市政设施完备度。

指标层次：指标层。

计算公式：采用式(6.12)计算。

环境质量

指标层次：准则层。

指标含义：本指标主要考察选址区域以及周边的环境质量水平，包括景观度和污染程度两个三级指标。

①景观度。

指标层次：指标层。

指标含义：本指标考察居住区周边的景观质量，主要根据地块一定范围内绿地水体的数量和等级构建景观度指标。

计算公式：

$$I = \sum_{i=1}^{n} \frac{w_i}{d_i^2} \tag{6.13}$$

式中，n 为 2 千米半径范围内，各级绿地水体的数量；w_i 为等级；d_i 为与绿地水体的距离。

②污染程度。

指标层次：指标层。

指标含义：本指标根据地块一定范围内污染产业的分布构建。

计算公式：

$$I = \sum_{i=1}^{k} \frac{w_i s_i \times s_x}{d_i^2} \tag{6.14}$$

式中，s_i 为对评价地块有影响的污染产业用地面积；w_i 为该污染产业不同污染程度的权重；s_x 为评价地块的面积；d_i 为污染产业用地地块与评价地块的重心距离。

舒适度

指标层次：准则层。

指标含义：公共租赁房的建设形式以高层、高密度为主，但大规模、高体量的建设模式容易造成居住条件和居住品质的下降。本指标从居住舒适性的角度考核公共租赁房项目的规划情况。主要包括容积率、建筑密度、绿地率、规划人口密度、规划人均居住面积五个三级指标。

①容积率。

指标层次：指标层。

指标含义：容积率又称建筑面积毛密度，是指项目规划建设用地范围内全部建筑面积与规划建设用地面积之比。

计算公式：

容积率＝地上建筑总面积/规划用地面积

②建筑密度。

指标层次：指标层。

指标含义：指建筑物的覆盖率，具体指建设项目用地范围内所有建筑的基底总面积与规划建设用地面积之比，它主要反映一定用地范围内的空地率和建筑的密集程度。

计算公式：
$$建筑密度＝建筑物的基地面积总和/规划建设用地面积$$

③绿地率。

指标层次：指标层。

指标含义：指居住区用地范围内各类绿地的总和与居住区用地的比率。绿地率所指的"居住区用地范围内各类绿地"主要包括宅旁绿地、公共绿地等。其中，公共绿地，又包括居住区小游园、公园、组团绿地及其他的一些带状、块状化公共绿地。

计算公式：
$$绿地率＝居住区类各类绿地总面积/规划建筑用地面积$$

④人口净密度。

指标层次：指标层。

指标含义：是居住区规划的重要经济技术指标之一，反映居住区住宅用地的使用强度。

计算公式：
$$人口净密度＝居住总人口/居住宅用地总面积$$

⑤规划人均居住面积。

指标层次：指标层。

指标含义：指按居住人口计算的平均每人拥有的住宅居住面积。

计算公式：
$$人均居住面积＝住宅建筑面积/居住人口$$

(2)建设管理。

指标层次：目标层。

指标含义：建设管理主要包括项目质量及其控制、项目投资及其控制、项目进度及其控制三个二级指标(图6.5)。

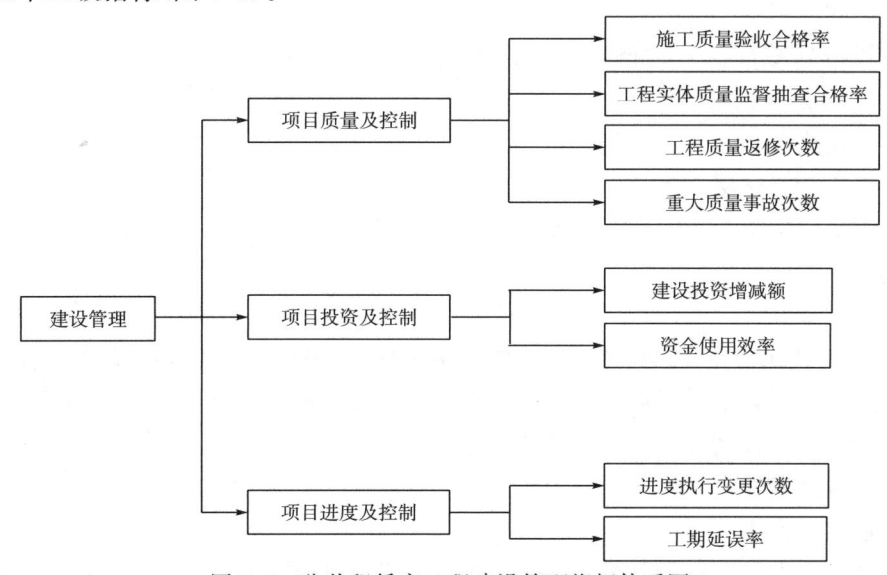

图6.5　公共租赁房工程建设管理指标体系图

项目质量及其控制

指标层次：准则层。

指标含义：项目质量及其控制主要包括施工质量验收合格率、工程实体质量监督抽查合格率、工程质量返修次数、重大质量事故次数四个三级指标。

①施工质量验收合格率。

指标层次：指标层。

计算公式：

施工质量验收合格率＝施工质量验收合格数/施工质量验收次数

②工程实体质量监督抽查合格率。

指标层次：指标层。

计算公式：

工程实体质量监督抽查合格率＝质量监督抽查合格数/质量监督抽查次数。

③工程质量返修次数。

指标层次：指标层。

指标含义：建设过程中所出现的工程质量返修次数。

④重大质量事故次数。

指标层次：指标层。

指标含义：建设过程中发生的重点质量事故次数。

项目投资及其控制

指标层次：准则层。

指标含义：公共租赁房项目投资及其控制包括建设投资增减额和资金使用效率两个三级指标。

①建设投资增减额。

指标层次：指标层。

计算公式：

建设投资增减额＝公共租赁房项目建设实际投资额－公共租赁房项目建设计划投资额。

②资金使用效率。

指标层次：指标层。

指标含义：资金使用效率为已完工作实际所花费的成本占已完工作计划花费的预算成本比例。

计算公式：

资金使用效率 I ＝项目已完工作的实际成本/项目已完工作的预算成本

当 I 大于 1 时，表明实际成本多于计划成本，资金使用效率较低；当 I 小于 1 时，表明实际成本少于计划成本，资金使用效率高。

项目进度及其控制

指标层次：准则层。

指标含义：项目进度及其控制主要考核项目建设过程中对进度的管理控制能力，包括进度执行变更次数和工期延误率两个三级指标。

①进度执行变更次数。

指标层次：指标层。

指标含义：公共租赁房项目建设过程中工程进度变更的次数。变更次数越少，说明对进度的控制能力就越好。

②工期延误率。

指标层次：指标层。

计算公式：

$$工期延误率＝实际工期－计划工期/实际工期$$

2）经济指标体系

（1）投入资源。

指标层次：目标层。

指标含义：投入资源指标是指所在城市建设公共租赁房所投入的公共资源，公共资源投入的多少反映各级政府推进公共租赁房建设的意愿和努力程度。主要包括土地供应和资金投入两个二级指标（图6.6）。

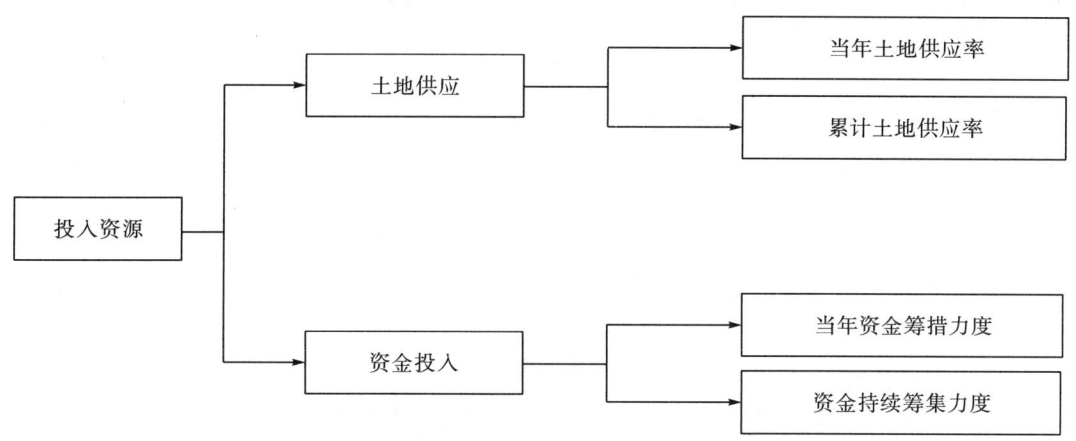

图6.6　公共租赁房经济投入资源指标体系图

土地供应

指标层次：准则层。

指标含义：公共租赁房的土地投放是实现公共租赁房建设工作顺利进行的重要手段。由于从土地投放到住房建设完成的周期较长，当年土地投放的效果可能不一定体现在当年。为此，在土地供应指标中设计了当年土地供应率、累计土地供应率两个三级指标。

①当年土地供应率。

指标层次：指标层。

指标含义：本指标考察当年地方政府供应的公共租赁房用地规模与经营性土地出让规模之间的比例关系。比例越高，则意味着在一定土地供应条件下，有更多的土地配置给公共租赁房。需要说明的是，有些大型城市公共租赁房土地供应的绝对量较大，但与当地城市规模和土地供应总量来比较,却不一定比供应规模较小的中小型城市更具优势。

计算公式:

当年土地供应率=当年公租房土地供应面积/当年购置土地面积

②累计土地供应率。

指标层次:指标层。

指标含义:本指标考核公共租赁房用地供应的持续性,及累计期内,地方政府所供应的公共租赁房土地与经营性土地出让之间的比例关系。通过考察供地持续性,可以抵消由于当年公共租赁房土地投入强度较大,而累计公共租赁房土地投入量不足所造成的误差。

计算公式:

累计土地供应率=累计公租房土地供应面积/累计购置土地面积

资金投入

指标层次:准则层

指标含义:从资金角度来评价各级政府在公共租赁房资源方面的投入力度。资金投入包括当年资金筹集力度、资金持续筹集力度两个三级指标。

①当年资金筹集力度。

指标层次:指标层

指标含义:当年本级政府公共租赁房资金筹措总额与本级政府财政一般预算支出的比例关系。比例越高,则意味着在一定财力资源条件下,政府在公共租赁房建设方面投入的意愿越强、相关相关金融创新能力越强。

计算公式:

当年资金筹集力度=当年公租房建设资金筹集总额/本级财政一般预算支出

②资金持续筹集力度。

指标层次:指标层。

指标含义:公共租赁房建设具有动态性、积累性和长期性的特点。因此,公共租赁房的建设工作不仅受当期资金投入影响,而且与以往资金投入也有密切关系。因此,本指标用累计期内公共租赁房建设资金支出占财政支出比例来衡量当地政府资金的持续投入能力,这个指标可以抵消由于当期资金投入量较大,而累计工作量不足所造成的误差。

计算公式:

资金持续筹集力度=累计公租房建设资金筹集总额/累计地区财政一般预算支出

(2)产出效益。

指标层次:目标层。

指标含义:产出效益主要是公共租赁房建设工作的成果,主要包括保障效益和入住率两个二级指标(图6.7)。

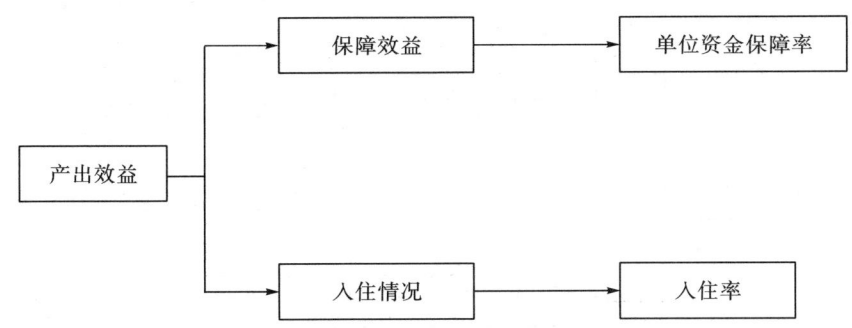

图 6.7　公共租赁房经济产出效益指标体系图

保障效益

指标层次：准则层。

指标含义：本指标主要衡量建设公共租赁房所产生的社会保障效益，由单位资金保障率指标来评价。

△单位资金保障率。

指标层次：指标层。

指标含义：指每年各城市公共租赁房体系保障总人数与公共租赁房年资金投入的比例，这个比例越高说明公共租赁房建设的经济效益越大。可以参考价值工程的原理，将公共租赁房资金投入看成是公共租赁房制度运行的"成本"或"费用"，而将每年的保障人数看成是这一制度所体现出来的"功能"，用"功能"除以"成本"即可得"价值"。

入住情况

指标层次：准则层

指标含义：入住情况主要由公共租赁房的入住率来评价。

△入住率。

指标层次：指标层

计算公式：

$$入住率 = 入住总户数 / 已建成公租房总户数$$

（3）可持续性。

指标层次：目标层。

指标含义：由于公共租赁房的建设是一个长期的过程，不可能一蹴而就，这就需要建设公共租赁房具备经济的可持续性。同时，所建成的公共租赁房还需让住户具备支付租金的可持续性，租金定价不能太高，太高住户可能不能长期租住，太低则不利于公共租赁房的可持续运营。可持续性主要有借款偿还能力和保障标准的经济可持续性两个二级指标(图 6.8)。

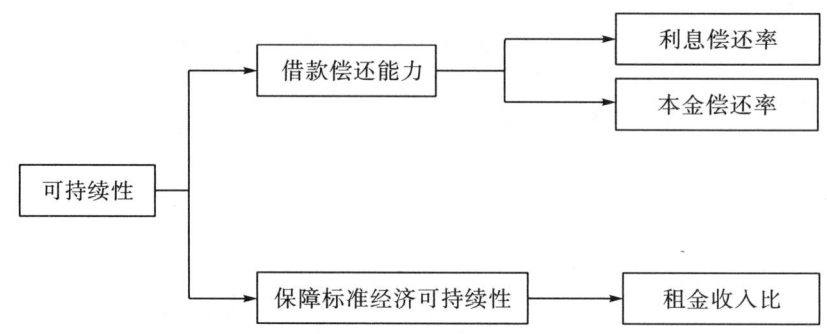

图 6.8　公共租赁房经济可持续性指标体系图

借款偿还能力

指标层次：准则层

指标含义：指偿还公共租赁房建设资金中来自银行和其他金融机构借款的能力。公共租赁房建设资金很大一部分来自社会融资，这就给政府造成长期的巨额财政负担，这也是公共租赁房在各地推进速度不理想的原因之一。重庆的解决方法是用房产租金来弥补债务利息和日常运营支出，通过配建商业用房销售和公共租赁房销售偿还本金。较其他城市建造的不可出售型公共租赁房，政府的资金压力相对较小。主要包括利息偿还率、本金偿还率两个三级指标。

①利息偿还率。

指标层次：指标层。

指标含义：公共租赁房的租金收入是支付银行等其他金融机构贷款利息的主要来源。因此，利息偿还率主要由当期公共租赁房租金收入和当期贷款利息的比例关系来表示。

计算公式：

$$利息偿还率 = 当期公租房租金收入 / 当期贷款利息$$

②本金偿还率。

指标层次：指标层。

指标含义：本指标用政府可用公共租赁房还款资金与公共租赁房借款本金之间的比例关系来考察偿还公共租赁房建设借款的能力。

计算公式：

$$本金偿还率 = 可用公租房还款资金 / 公租房借款本金$$

保障标准的经济可持续性

指标层次：准则层。

指标含义：保障标准的经济可持续性主要由租金收入比指标来进行衡量。

△租金收入比。

指标层次：指标层

指标含义：租金收入比就是租户平均月租金占其平均月收入的比重。租金收入比应处于一个合理的水平以保证保障标准的经济可持续性。

计算公式：

$$租金收入比 = 租户平均月租金 / 租户平均月收入$$

6.4.3 公共租赁房建设评价指标汇总表

公共租赁房建设评价指标汇总表见表6.9。

表6.9 公共租赁房建设评价指标汇总表

目标层	准则层		指标层
工程指标体系	规划选址	交通条件	公共交通工具种类
			公共交通通行情况
			距市中心距离
		配套设施	教育设施完备度
			医疗设施完备度
			商业设施完备度
			娱乐设施完备度
			市政基础设施完备度
		环境质量	景观度
			污染程度
		舒适性	容积率
			建筑密度
			绿地率
			规划人口密度
			规划人均居住面积
	建设管理	项目质量及其控制	施工质量验收合格率
			工程实体质量监督抽查合格率
			工程质量返修次数
			重大质量事故次数
		项目投资及其控制	建设投资增减额
			资金使用效率
		项目进度及其控制	进度执行变更次数
			工期延误率
经济指标体系	投入资源	土地供应	当年土地供应率
			累计土地供应率
		资金投入	当年资金筹集力度
			资金持续筹集力度
			规划期内项目建设进度
	产出效益	保障效益	单位资金保障率(年保障人数与年资金投入之比)
		入住情况	入住率
	可持续性	借款偿还能力	利息偿还率
			本偿还率
		保障标准的经济可持续性	租金收入比

6.4.4 公共租赁房项目造价控制

相对于普通商品房，公共租赁房最大的竞争优势在于较低的租金，也就是成本竞争优势。我国通过行政划拨土地、免收土地出让金、免配套费、免税费等政策为公共租赁房建设营造了较好的发展环境，重庆公共租赁房项目建设不允许政府有利润，因此，公共租赁房租金就是公共租赁房建设项目成本最直接反映。所以，公共租赁房项目的工程造价直接决定了公共租赁房租金的高低，也就决定了公共租赁房能否得到中低收入人群的接受和认可，从而反映出公共租赁房能否起到住房保障的作用。

公共租赁房建设评价指标中有一项就涉及造价的控制，本章将作详细介绍。运用灰色关联分析的方法，开展对公共租赁房项目造价控制的研究，对于公共租赁房建设的可持续发展有着非常重要的意义。

1)确定影响公共租赁房项目造价的因素

工程造价即进行某项建设项目所花费的全部费用。建设工程具有一次性、整体性、固定性、工期长、投资额大等特点。因此，运行过程中影响建设项目工程造价的因素有很多，加之公共租赁房项目兼有政府监督和社会保障的特点，其影响因素更加复杂且难以确定。任意一个因素的变动，都可能会引起工程造价的变化。从立项到竣工结算期间都属于工程造价控制与管理的区间范围，工程完工后，建设项目的实际造价才得以确定。

国内对于工程造价影响因素的研究已开展多年，也取得了很多具有代表性的成果。学者卢建认为，有 5 个对工程项目造价影响比较大的因素，即：招投标、工程设计、合同、工程量以及索赔。学者魏道生(2013)从影响工程造价的施工图预算、土地费用、工程变更费用、图纸设计及管理等几个因素出发，探析各个因素对工程项目造价的影响程度。学者朱丽提出了工程造价控制和管理过程中存在的问题，进而分立项、设计、招投标、施工竣工结算六个阶段对各影响因素提出加强造价管理效果的措施。其他学者如胡洪杰、等针对建设项目运行中的某一阶段提出了影响建设项目造价的因素以及管控措施。

由于国内学者对公共租赁房的研究于近几年刚刚起步，有关公共租赁房造价控制方面的文献更是少之又少。根据重庆、大连、广州三个市的五个公共租赁房项目的实地调查资料，结合对一般工程项目造价影响因素的研究成果，本书确定以下 6 个主要因素：

(1)土地费用。

土地费用在工程造价中占有很大的比重，是必须考虑的重要因素。一般来说，商品房项目开发的平均土地成本在 30% 左右，但该成本因地域差异而有很大的不同。目前，二、三线城市开发商的土地成本只占两至三成，而在北京、上海等一线城市，土地成本有时候占到房价的四至五成。由于公共租赁房的特殊性，其取得土地的方式多样性，不同公共租赁房项目的土地支出对项目总体造价的影响程度也不尽相同。以重庆民心佳园小区(重庆第一个公共租赁房项目)为例，整个小区占地 504 亩，市场出让价格至少每亩 600 万元，那么土地出让金收入为 30 多亿元。而以划拨方式供应的土地价格仅为每亩 42.6 万元，总价 2 亿多元，仅土地费用这一个单项就为此公共租赁房项目总造价节省 20 多亿元。

(2)设计费用。

工程设计是工程项目造价控制的关键环节,对建设项目的工期、造价、质量及建成后能否发挥较好的经济效益,起着决定性的作用。设计费用在项目投资中占的比例可能不足1%,但却影响着整个项目60%—80%的造价。一个较好的工程设计不仅能够指导建设项目施工的正常进行,还能够避免工程变更与索赔的发生,从而大大降低项目总造价。

(3)施工图预算。

施工图预算是工程项目造价的主要组成部分,也是建设项目在实施阶段进行造价控制的主要依据。一般来说,施工图预算与竣工结算的调整幅度在20%—30%,即施工图预算框定了项目总造价的变动范围,所以施工图预算无疑是工程项目造价管理的重中之重。

(4)工期。

进度控制是工程项目管理的主要内容之一。工期的长短对于造价有着巨大的影响。工期延误是建设项目中很常见的现象,故应慎重考虑其对公共租赁房项目造价的影响。

(5)工程变更费用。

在建设项目实施过程中,由于业主、设计方以及施工过程中存在的种种风险,工程变更不可避免,其费用管理也是公共租赁房项目造价控制的主要内容。

(6)工料机价格。

工料机(人工、材料、机械)费用在工程项目建安成本中约占70%,其价格变动容易受到市场变化、行业发展环境、政策调整等因素的影响,是工程项目造价管理中不可小觑的核心因素之一。

2)灰色关联分析的应用

灰色关联分析理论是由邓聚龙教授在1982年提出的,以"贫信息"不确定性系统为研究对象进行系统评估和研究分析的方法。灰色关联理论根据研究问题的实际背景,确定反映系统行为特征的因素为参考序列,选取影响系统行为的主要因素构成比较序列,通过计算参考序列与比较序列的灰色关联值,并对关联值进行排序分析来确定解决问题的最优途径。由于此理论从少量的已知信息出发,定量化分析模糊系统,并且不受其他任何规律和条件的限制,所以适用于经济社会系统中的一些抽象现象去了解因素之间的内在联系。

尽管项目造价在工程建设实施过程中是不确定的,但通过上文分析得出的六个主要因素,可利用灰色关联分析理论来研究各因素与公共租赁房项目工程造价的联系及其紧密程度,找出影响最大的因素,把握主要矛盾,提高公共租赁房项目造价管控效果,进而使各地公共租赁房项目租金控制在特定水平,更好满足公共租赁房保障对象的需求。

(1)基本原理。

灰色关联分析是对于一个系统内部的模糊关系进行描述,利用关联值来显示各因素之间关系的强弱,进而通过排序找到关联最大或者最小的因素进行分析。

(2)计算过程。

①原始数据的选取。

选取若干具有代表性的公共租赁房项目样本,将各个项目的工程造价(x_0)作为参考序列，确定因素如土地费用(x_1)、设计费用(x_2)、施工图预算(x_3)、工期(x_4)、工程变更费用(x_5)、工料机价格(x_6)为比较序列。如表6.10所示。

表6.10　n个公共租赁房项目的工程造价及影响因素数据表

指标	公共租赁房项目1	公共租赁房项目2	公共租赁房项目3	…	公共租赁房项目n
工程造价 x_0/万元	x_{01}	x_{02}	x_{03}	…	x_{0n}
土地费用 x_1/万元	x_{11}	x_{12}	x_{13}	…	x_{1n}
设计费用 x_2/万元	x_{21}	x_{22}	x_{23}	…	x_{2n}
施工图预算 x_3/万元	x_{31}	x_{32}	x_{33}	…	x_{3n}
工期 x_4/月	x_{41}	x_{42}	x_{43}	…	x_{4n}
工程变更费 x_5/万元	x_{51}	x_{52}	x_{53}	…	x_{5n}
工料机价格 x_6/万元	x_{61}	x_{62}	x_{63}	…	x_{6n}

序列矩阵可写成：

$$X = \begin{bmatrix} x_{01} & x_{02} & x_{03} & \cdots & x_{0n} \\ x_{11} & x_{12} & x_{13} & \cdots & x_{1n} \\ x_{21} & x_{22} & x_{23} & \cdots & x_{2n} \\ x_{31} & x_{32} & x_{33} & \cdots & x_{3n} \\ x_{41} & x_{42} & x_{43} & \cdots & x_{4n} \\ x_{51} & x_{52} & x_{53} & \cdots & x_{5n} \\ x_{61} & x_{62} & x_{63} & \cdots & x_{6n} \end{bmatrix}$$

②无量纲化处理。

由于所选取指标单位或量纲不同，且其数值的大小也会因地域等多种原因相差悬殊，这样的原始数据不可以直接运用。所以，为消除这些不利因素对决策结果的影响，用区间值变换法对序列矩阵进行规范化处理，实现指标无量纲化，转化为可直接运用的数据序列，进而通过运算进行比较分析。

计算过程如下：

$$r_i(k) = \frac{x_i(k) - x_{\min}}{x_{\max} - x_{\min}}$$

式中，$r_i(k)$为区间值变换后的无量纲数据；$x_i(k)$为原始数据；$x_{\min}$、$x_{\max}$分别为原始数据序列中的最小值和最大值。

③灰色关联分析步骤。

a. 灰色关联系数的计算。

灰色关联系数实质上是被比较的两个序列在特定环境下的联系紧密程度，范围为0—1。

$$\text{关联系数 } \xi_{ij} = \frac{\Delta_{\min} + \rho \Delta_{\max}}{\Delta_i + \rho \Delta_{\max}}$$

式中，$\Delta_i = |x_i - x_0|$；$\Delta_{\max}$、$\Delta_{\min}$为Δ_i中的最大值和最小值；ρ为分辨系数，一般为0—1，此处取$\rho = 0.5$。

b. 灰色关联度计算。

由于灰色关联系数是比较序列与参考序列在不同情况下的关联程度值,因此,它的数值不止一个,而信息过于分散不利于进行整体性比较。因此,对 ξ_{ij} 求平均值,减弱个别失真数据的误差反映,提高分析的准确性与有效性。

$$\xi_i = \frac{1}{n}\sum_{j=1}^{n}\xi_{ij}$$

c. 关联度排序。

将所得 ξ_i 按大小进行排序,然后进行评价分析。

3) 实例分析

(1) 原始数据选取。

通过现场调查和统计已建工程资料,选取重庆(大竹林公共租赁房)、大连(泉水、金州公共租赁房)、广州(高明、禅城公共租赁房)三个市的五个公共租赁房项目作为样本。重庆推进以公共租赁房为核心的保障性住房体系,公共租赁房建设规模较大,覆盖范围广。公共租赁房项目由政府出资建设,因其强大的"土地贮备计划"的支撑,公共租赁房建设用地由政府直接划拨。近几年,广州也在逐步加大保障房建设力度,2013 年年底,广州推出 7000 套公共租赁房(含廉租房)。广州通过多种渠道推出房源,在政府主导建设的基础上,鼓励国有企业利用自有土地建设保障房,将部分直管公房用作保障房,鼓励用地单位建设公共租赁房,或在商品房住宅小区配建一定比例的保障房,其土地供给方式仍以出让为主。大连政府对公共租赁房用地采取优先供应,并实行"限地价、竞公共租赁房面积"的"双竞制"出让模式,保证公共租赁房土地有效供给,防止土地市场盲目竞争和公共租赁房高地价现象。汇总数据如表 6.11 所示。

表 6.11　5 个公共租赁房项目的工程造价及影响因素数据

指标	大竹林公共租赁房	泉水 A 区公共租赁房	金州公共租赁房	高明公共租赁房	禅城公共租赁房
x_0/万元	361600	90000	29841	19815	21144.37
x_1/万元	34186.5	31740	15724	235.5	7644.04
x_2/万元	3536.45	793.5	479.77	352.1	215.95
x_3/万元	123341.76	31475.5	17674.46	11737	12523.31
x_4/月	18	12.5	25	24.3	24
x_5/万元	7846.72	8924.23	58.40	45.46	515.91
x_6/万元	47167.10	13648.2	7158.84	4798.98	5448.39

(2) 计算分析过程。

① 无量纲化处理。

变换后的数据见表 6.12。

表6.12 区间值变换后的数据

指标	大竹林公共租赁房	泉水A区公共租赁房	金州公共租赁房	高明公共租赁房	禅城公共租赁房
x_0'/万元	1	0.248868	0.082493	0.054765	0.058442
x_1'/万元	0.094511	0.087745	0.043451	0.000617	0.021106
x_2'/万元	0.009746	0.002160	0.001292	0.000939	0.000563
x_3'/万元	0.341077	0.087014	0.048846	0.032425	0.034600
x_4'/月	0.000015	0	0.000035	0.000033	0.000032
x_5'/万元	0.021666	0.024646	0.000127	0.000091	0.001392
x_6'/万元	0.130410	0.037711	0.019764	0.013237	0.015033

②指标集的差序列运算。

根据灰色关联度的计算方法,先计算 $\Delta_i = |x_i - x_0|$,即参考序列与比较序列的两极差(表6.13)。

表6.13 极差序列 Δ_i

极差序列	大竹林公共租赁房	泉水A区公共租赁房	金州公共租赁房	高明公共租赁房	禅城公共租赁房
Δ_1	0.905489	0.161123	0.039042	0.054148	0.037336
Δ_2	0.990254	0.246708	0.081201	0.053826	0.057879
Δ_3	0.658923	0.161854	0.033647	0.02234	0.023842
Δ_4	0.999985	0.248868	0.082458	0.054732	0.05841
Δ_5	0.978334	0.224222	0.082366	0.054674	0.05705
Δ_6	0.86959	0.211157	0.062729	0.041528	0.043409

由表中数据可以看出,$\Delta_{max} = 0.999985$,$\Delta_{min} = 0.02234$。

③利用公式求出六个因素的关联系数见表6.14。

表6.14 关联系数值

指标	大竹林公共租赁房	泉水A区公共租赁房	金州公共租赁房	高明公共租赁房	禅城公共租赁房
x_1	0.37164	0.790078	0.969015	0.942599	0.972092
x_2	0.350501	0.699521	0.898724	0.943147	0.936295
x_3	0.450708	0.789205	0.978812	1	0.997133
x_4	0.348227	0.697503	0.896784	0.941607	0.935405
x_5	0.353327	0.72124	0.896726	0.941706	0.937689
x_6	0.381381	0.73449	0.928226	0.964566	0.961228

④灰色关联度的计算。

利用公式 $\xi_i = \dfrac{1}{n}\sum_{j=1}^{n}\xi_{ij}$ 计算出各因素关联度并进行排序(表6.15)。

表6.15 参考序列与比较序列关联度

指标	关联度	排序
土地费用 x_1	0.809085	2
设计费用 x_2	0.765638	5
施工图预算 x_3	0.843171	1
工期 x_4	0.763905	6
工程变更费用 x_5	0.770177	4
工料机价格 x_6	0.793978	3

(3)结果分析。

各个因素关联度排序为：$x_3 > x_1 > x_6 > x_5 > x_2 > x_4$。可以看出，对公共租赁房项目工程造价最具影响力的因素是施工图预算，而根据魏道生(2013)的研究成果，施工图预算亦是影响一般工程项目最主要的因素，由此可知，正确编制施工图预算对于任何一个建设项目都是至关重要的。施工图预算是施工图设计阶段确定建设工程项目造价的依据，是设计文件的组成部分。虽然其与工程结算有着很大的差别，但施工图预算在一定范围内框定了工程造价的变动范围，而且是建设单位在施工期间安排和实施建设资金计划、施工单位进行施工准备的依据。所以，施工图预算的编制要尽可能的经济、合理、准确，且可以通过正确套用定额、提高预算人员素质、根据进度及时核定施工图预算等措施来加强对于公共租赁房项目造价的控制。

土地费用和工料机价格与项目造价关联度仅次于施工图预算，对公共租赁房造价控制有着很重要的影响。虽然有的地方政府采取行政划拨的方式提供公共租赁房开发所需土地，但随着近几年土地价格的暴涨，土地费用仍是一笔不小的支出，且大多数地方政府为保障土地收益，仍是采取出让的方式来筹建公共租赁房，仅在税费方面给予优惠和补贴。所以，土地成本的控制对降低项目工程造价有着至关重要的作用。工料机的价格在整个项目建安费用中占的比重很高，人工、材料、机械的价格浮动较大，受宏观市场和本地市场环境影响显著。因此，项目管理人员要有丰富的经验，熟悉市场并时刻跟踪其变化，分析人工、材料、机械的价格变化趋势，通过降低其成本来降低整个项目工程造价。

工程变更费用、设计费用分别位于指标中的第4、第5位。两者之间有一个共同点，其在工程造价中所占的比例不是很高，但对项目总造价的影响却不可小觑。设计阶段可推行设计招标，引入竞争机制，实行限额设计，来实现多层次造价控制。设计阶段进行造价管控可以提高公共租赁房项目的经济合理性，促使资金利用率的提高，进而也会减少项目实施阶段的费用变更。

工期作为唯一一个非费用因素，与公共租赁房项目造价的关联度排在最后一位，但这并不表明工期对公共租赁房项目造价影响较小。就一般项目而言，工期是制约项目造价控制的关键因素，工期对于一般建设工程的影响仅次于施工图预算和工料机信息价，排在第三位。但由于公共租赁房项目政府方监督管理的力度比较大，开发商与承包商的选择也要经过严格的程序筛选，所以公共租赁房项目发生工期拖延的概率大大降低。

加强全寿命周期的集成管理。本书所选的六个因素并不是独立的，而是相互影响、相互制约的，而且是贯穿于建设项目全过程的。所以，加强全寿命周期的集成管理是未来建设项目造价管控发展的必然趋势。

全寿命周期造价管理是综合考虑建设成本与未来发生成本，从而实现建设项目全寿命周期总造价最小化，要求从资金成本、社会成本、环境成本三方面来控制建设项目的总造价。加强项目各阶段、各参与方以及信息管理的集成，从土地费用、设计费用、施工图预算、工期、变更费用、工料机费用六个核心点来动态控制公共租赁房项目的造价，促进公共租赁房项目的可持续建设与运营。

6.5 重庆市关于公共租赁房空间规划布局和工程建设指标的案例分析

6.5.1 空间规划布局

从规划学的角度，城市发展中存在一种居住空间分异现象，即不同职业背景、文化取向、收入状况的居民在住房选择上趋于同类聚居，居住空间分布趋于相对集中、相对独立、相对分化的现象。总体来说，我国城市居住空间分异的格局已经初步形成，很多学者对这一现象进行了大量实证研究。有的学者认为，目前在南京已形成具有社会阶层分化含义且具有一定规模的六种居住类型，而城市边缘区和内城区已成为居住分异最显著的反差区。

这种趋势对公共租赁房建设提出了要求，在规划布局上大规模中低收入群体的聚集以及该群体与其他社会群体的隔离，会出现大量社会问题。为了促进社会稳定与和谐，保证社会经济的正常发展，采用居住的融合来抵抗居住空间分异的效应就颇为必要了。

另外，对于公共租赁房居住区的商业、市政以及交通配套，也应有相应地规划要求，以有效地降低居住者的出行成本、生活成本以及心理负担。

具体应该做到以下两点要求：

(1)公共租赁房的建设规划符合城市发展的战略要求，并成为城乡总体发展规划的重要着力点；公共租赁房的规划与商品房同步进行，并使公共租赁房与商品房混合建设。

(2)轨道交通等公共交通方式对出行的影响应在公共租赁房控制性规划上优先考虑，即将公共租赁房的建设地点选在轨道交通沿线或者相应成熟度较高的其他公共交通沿线附近。

符合上述两点要求的公共租赁房规划建设，能够避免出现前述的问题，同时还可以实现一种良性的可持续运营。以重庆主城区的公共租赁房建设规划为例：根据重庆市未来的城乡总体规划，重庆的发展将全面进入外环时代，主城区扩展至外环区域，自然地，在外环与内环之间的区域，将规划建设 21 个新的大型聚居区（图 6.9），以提升和带动重庆主城扩展区的发展，从而加快重庆城市化的步伐。在全城区一、二环线之间规划的 21 个大型聚居区布点建设公共租赁房，建设用地占整个聚居区净用地的 4%—5%，居住人口占聚居区总人口的 17%—27%（图 6.10）。

结合图 6.9、图 6.10 可知，重庆主城区的公共租赁房建设主要在这规划的 21 个大型聚居区的地块上，并且这 21 个聚居区中还规划有 5 个城市副中心级的聚居区，可以完全保证地块的商业以及市政配套的完善性。满足了公共租赁房的规划与商品房同步进行并使公共租赁房与商品房混合建设的要求，21 个大型聚居区必然会有商业楼盘的开发建设，使得商品房与公共租赁房的同时规划得到了实现，成功地促进了公共租赁房与商品房的融合，可以有效地防止空间分异现象。

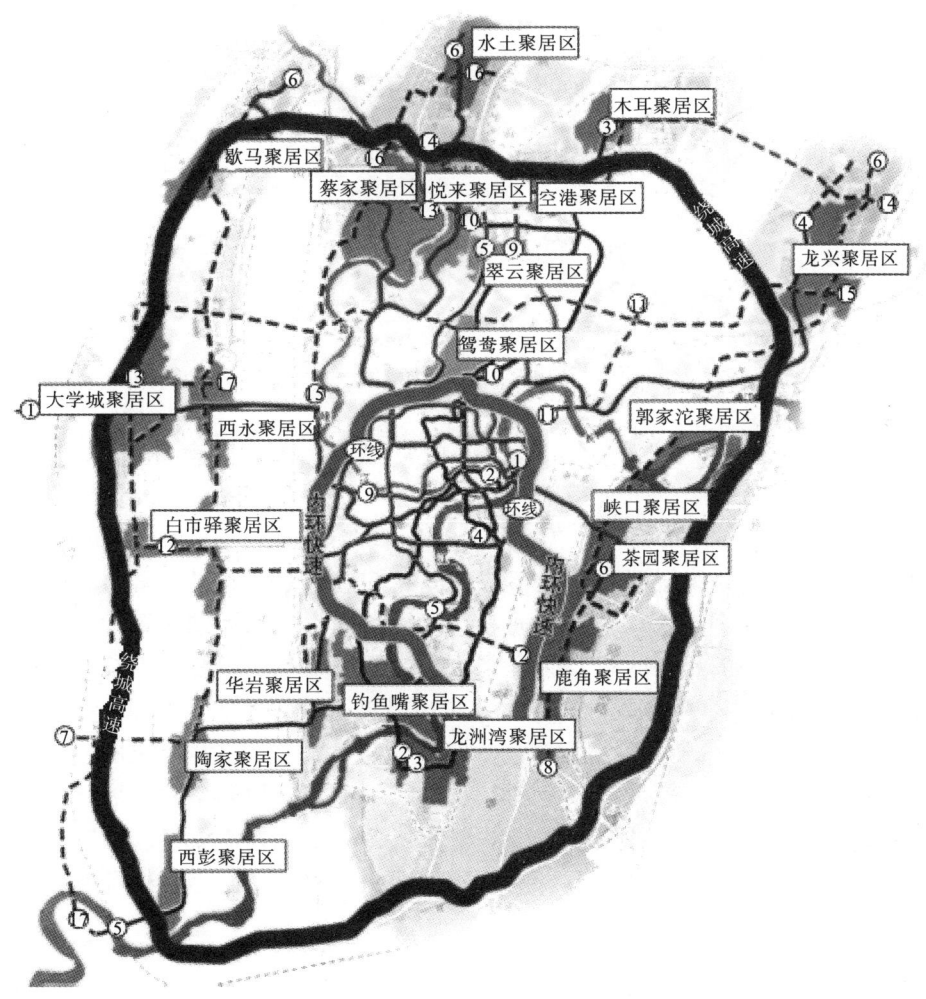

图 6.9 重庆规划新建的 21 个大型聚居区分布图

图 6.10　重庆主城区公共租赁房分布图

图 6.11 是重庆轨道交通规划远景图，规划轨道基本线网 354 千米，呈"一环六线"布局形态。规划远景轨道线网 522 千米，呈"一环九线"布局形态，内环线以内区域轨道线网密度为 0.84 千米/平方千米，内环线以外区域线网密度为 0.56 千米/平方千米。

通过将轨道交通规划远景图与公共租赁房分布图进行对比，可以看出重庆主城区的公共租赁房建设地点几乎都选在轨道交通沿线的站点附近，如空港、鸳鸯、和龙洲湾都是在轨道交通 3 号线上的站点附近，而华岩、钓鱼嘴则是在 2 号线的沿线上，符合前述（2）的要求，而且便利交通的蝴蝶效应，更是可以带动区域的经济发展和商业繁荣。

结合三张规划图（图 6.9—图 6.11）的解析，重庆主城区的公共租赁房建设在规划用地及空间布局上，充分结合了城市自身的特点，同时也符合规划学的发展要求。通过重庆市的实践证明和规划学理论的支撑，公共租赁房的建设规划需要符合城市总体的发展战略并作为主要着力点，在综合考虑公共交通配套和轨道交通网络规划的基础上实现科学的空间布局。

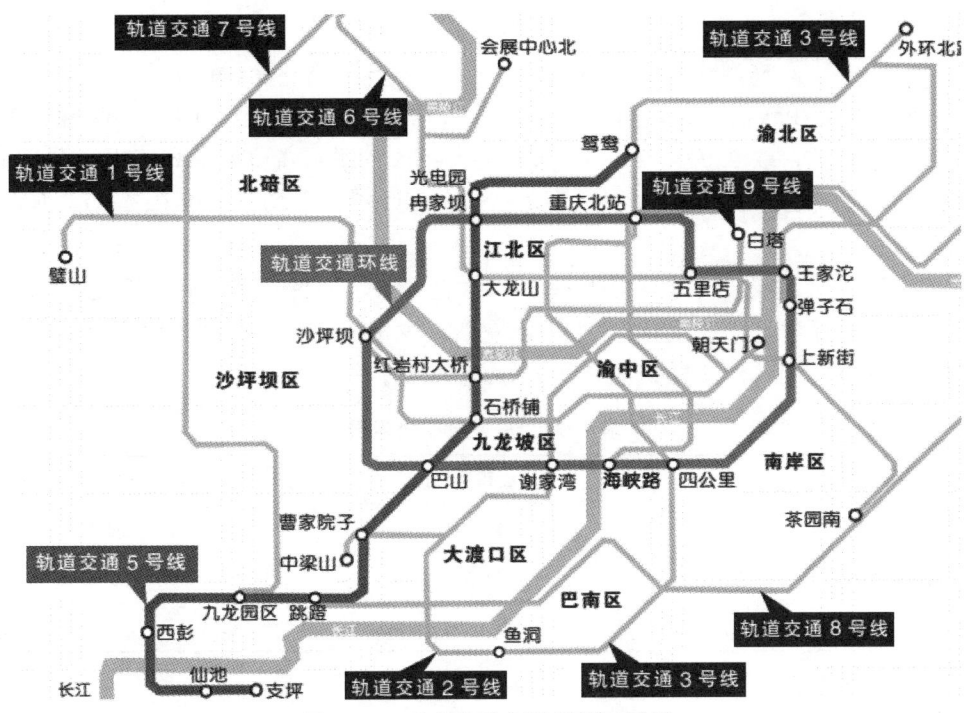

图 6.11 重庆轨道交通规划远景图

6.5.2 工程指标分析

公共租赁房建设应以高质量、高标准的要求进行,但其保障性住房的性质,又使得其建设的标准应有别于普通商品房。以重庆市为例进行分析。

1)户型设计

根据建筑设计标准中的住宅设计规范,住宅应按套型设计,套型分类如表 6.16 所示。

表 6.16 套型面积表

套型	居住空间数/个	最小使用面积/平方米
一类	2	34
二类	3	45
三类	3	56
四类	4	68

注:表内使用面积均未包括阳台面积。

2011 年重庆城市人均住宅建筑面积为 27.55 平方米。根据居住空间和住宅最小使用面积两个方面的指标可以计算出两个不同的户型面积,一个是以设计规范为基础,一个是以统计资料为基础。由于重庆城镇居民家庭平均每户家庭人口为 2.91 人,考虑到公共租赁房面向的是"夹心层"这一特殊群体,而这一群体多数是以年轻人和新组建的家庭为主,所以主要考虑三口之家和两口之家,则户型设计应多以一室一厅和两室一厅为主,应占整个户型的 90%以上,建设少量三室一厅供四口及以上的家庭之用,则得到面积计算公式：

$$户型建筑面积\ S = S_1 * \alpha * A_1 + S_2 * N * \beta * A_2$$

式中，α 为建筑面积转换系数，取 1.17；β 为平均面积折减系数，因为保障性住房应比平均住房水平稍低，取 0.95；A_1、A_2 为权重系数，考虑到高质量、高标准，分别取 0.3 和 0.7；S_1 为建筑设计规范最小使用面积；S_2 为统计资料平均建筑面积；N 为加权平均住户人数。

根据户型建筑面积公式计算得表 6.17，由表可知，一室一厅建筑面积应在 45 平方米左右，而两室一厅建筑面积应在 63 平方米左右，少量的三室一厅面积因面向的是人口较多的低收入家庭，则其建筑面积应在 98 平方米左右。

表 6.17　户型分类面积表

户型	建筑面积/平方米	户型人数
一室一厅	44.91	1 或 2
两室一厅	62.37	2 或 3
三室一厅	98.00	≥4

2) 建筑层高设计

实践证明，普通住宅建筑物，层高每降低 100 毫米可节省投资 1%。建筑设计中剖面设计的环节，主要包括层高设计、层数设计以及剖面形式设计等，而其中的层高设计对于建筑的技术经济性能尤为重要。根据建筑设计规范中对于层高设计的要求，普通住宅层高不应低于 2.8 米，而根据统计年鉴的资料显示，2010 年全国新建普通住宅层高平均在 3.0 米左右，因此，需要在两者之间寻找平衡点，来满足技术经济性能的要求。

层高影响到房屋前后间距的大小（图 6.12），尤其是当日照间距系数比较大时层高的影响更为显著，降低层高对节约用地的影响有时比单纯增加层数更为显著。

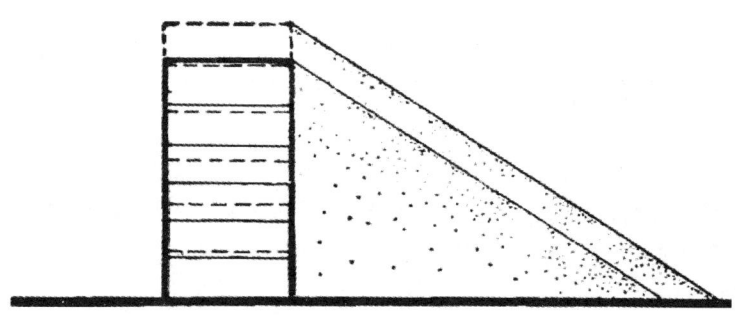

图 6.12　层高与用地关系图

另外，受到层高变化影响的其他主要建筑项目还有墙和隔断，以及与其有关的粉刷和装饰，因此，在不变更各层建筑面积的情况下，层高的改变会引起建筑物造价的变化。

所以，基于公共租赁房的保障性，在 2.8 米与 3.0 米之间采用权重系数法，取层高 $H=2.8\times A+3.0\times B$，其中，$A$ 取 0.7，B 取 0.3，得计算层高 2.86 米，考虑到高层结构需要和统计扰动项的干扰，层高设计应在 2.85—2.90 米。这样，既可满足功能上对于使用空间和日照系数的要求，又可适当的节约成本，达到技术经济性能的优化。

3）建筑规模与租金的确定

以净现值法和盈亏平衡分析法对公共租赁房项目的可持续运营进行模拟，净现值（NPV）是反映投资方案在计算期内获利能力的动态评价指标。工程项目投资决策是面对未来，项目评价大多数采用估算和预测，有一定的不确定性和风险，为尽量避免损失，有必要进行风险和不确定性分析，盈亏平衡分析就是其中一种，其主要思想就是在投入和回收之间达到一种平衡。将两种方法有机结合，即形成一种动态的盈亏平衡分析，称之为动态投入回收平衡分析。

动态平衡：$A\times M=M\times\alpha\times B+\sum(R\times M\times\beta-L)_t(1+i_c)^{-t}$

其中，A 为单方造价，重庆城镇竣工住宅造价为 1483 元/平方米，考虑到通货膨胀因素以及物价上涨指数，取增长修正系数 1.4，得 $A=2076.3$ 元/平方米；M 为建筑规模，即总建筑面积，根据重庆公共租赁房管理局的数据，并考虑未来 10 年新增人口及新增住房需求的预测，认为公共租赁房项目的最小建筑面积不应小于 25×10^4 平方米，取 $M=35\times10^4$ 平方米；公共租赁房项目应规划相应的商业配套以供直接出售，α 即是商业配套的比例，考虑到规划要求中公建配套的比例一般在 8%—20%，因此，公共租赁房公建配套取 10%，其中 $\alpha=9\%$；B 为办公商品房销售价格，重庆办公楼商品房销售价格 9537 元/平方米，因为公共租赁房地段的规划位于重庆未来重点发展区域，经济发展潜力巨大，考虑修正系数 1.1，得 $B=10395.33$ 元/平方米；β 取值在 1%—10%；考虑到时间过长会有大修成本的投入，取 $t=20$(年)；$i_c=8\%$；L 为年平均维护费取 216(万元)，R 为年租金。

将各参数代入动态平衡公式中，通过计算，得到租金为 11.329 元/(平方米·月)；取 $M=32.8\times10^4$ 平方米时得租金为 11.367 元/(平方米·月)。由此可知，规模越大，租金越低。

另一方面，通过统计资料和恩格尔系数指标综合分析表明：城镇居民的租房支出占其可支配收入的 15%—20% 时，居民生活的压力最小。2011 年重庆城镇居民人均全年可支配收入为 19099.73 元，因公共租赁房人群的中低收入者偏多，考虑折减系数为 0.8，根据不同户型，得到表 6.18 中的数据。

表 6.18 户型租金分类表

户型	每月租金/(元/平方米)	户型人数
一室一厅	10.2	1 或 2
两室一厅	10.2	2 或 3
三室一厅	10.9	≥4

当租金最小时所需规模就最大,根据动态投入回收平衡分析所得年租金与规模的函数 $1/M=(0.9/216)\times R-0.538$,计算租金最低为 10.76 元/(平方米·月),计算规模最小为 80×10^4 平方米。

综合考虑平衡分析与保障性的要求,租金应在 10—11 元/(平方米·月),其中三室一厅的租金应略高于其他户型,而建筑规模最小应为 75 万平方米。这样,公共租赁房的建设才能既做到高标准、高质量,又能在经济上保证可持续运营。

6.6 本章小结

本章主要分析了公共租赁房项目初期规划设计时存在的主要问题,在借鉴香港地区和新加坡规划经验的基础上,提出了公共租赁房空间规划布局组合的原理以及基本原则。这为政府对公共租赁房的宏观选址布局提供了理论上的参考。

在实践中,公共租赁房缺乏一套完整的评价指标体系,本章对公共租赁房指标体系进行了尝试性地构建,从工程性指标体系和经济性指标体系两大方面、单个公共租赁房项目和整个城市公共租赁房建设两个角度,设计了一套较为完整的公共租赁房评价指标体系。公共租赁房指标体系的构建对合理衡量公共租赁房建设水平以及指导公共租赁房健康、优质、持续地发展具有重要意义。

7 公共租赁房项目建设用地土地保障体系

7.1 我国城市建设用地现状

不同于发达国家和其他发展中国家的是：我国宪法规定城市土地归国家所有、农村土地归集体所有，并且实行严格的土地用途管制制度。

我国正处于工业化、城镇化快速发展阶段，大量农村人口涌入城市，随着生态建设和耕地保护力度的加大，以及"十八亿亩"耕地红线的紧箍咒，各项建设用地的供给面临前所未有的压力。

从表 7.1、表 7.2 数据可以看出：重庆、成都两城市，在 2010 年底时，城市建设用地面积已超出了 2020 年的规划；南京、天津、北京、深圳、武汉、西安城市建设用地面积在 2010 年时也快逼近 2020 年的规划建设用地面积；广州市在 2012 年 12 月 26 日通过的《广州市城市总体规划（2011—2020）草案》中，规划将广州市域面积 69% 划入基本生态控制线，保护和形成 5140 平方千米的非建设用地；上海城市建设用地在 2010 年时便已高达 47.12%。全国 10 大城市可用于建设用地的面积非常有限，用地指标空前紧张。

表 7.1 我国 10 大城市建设用地 2008—2010 年状况

指标 城市	土地面积 (市辖区)/平方公里			城市建设用地 面积(市辖区)/平方公里			城市建设用地占市区 面积比重(市辖区)/%		
	2008年	2009年	2010年	2008年	2009年	2010年	2008年	2009年	2010年
北京	12187	12187	12187	1311	1350	1386	10.76	11.08	11.37
天津	7399	7399	7399	641	662	687	8.66	8.95	9.29
广州	3843	3843	3843	895	927	952	23.29	24.12	24.72
上海	5155	5155	5155	2429	—	—	47.12	—	—
深圳	1953	1992	1992	773	797	817	39.58	40.01	41.01
南京	4723	4723	4733	597	621	647	12.64	13.15	13.67
重庆	26041	26041	26041	694	694	855	2.67	2.67	3.28
成都	2176	2172	2129	436	418	442	20.04	19.24	20.76
武汉	2718	2718	2718	461	480	829	16.96	17.66	30.5
西安	3582	3582	3582	370	370	277	10.33	10.33	7.73

表 7.2　至 2020 年各城市规划建设用地面积

指标＼城市	北京	天津	深圳	南京	重庆	成都	武汉	西安
规划建设用地面积/平方公里	1650	690	890	683.4	820	435	1030	490

数据来源于《中国城市统计年鉴》，各城市总体规划。

宏观上看，国内每年都要供应城市开发用地，要把农业用地、耕地转化为城市建设用地。几十年来，我国大体上平均每年要对 800 万亩农村耕地进行征地动迁，将其转化为城市国有建设用地。一年征地动迁 800 万亩耕地，那么 10 年就占用 8000 万亩耕地，在实际操作中，地方政府或者地方各种企业还有一些计划外的征地，其面积相当于国家用地计划的百分之十几，加上国家一年计划征用的耕地 800 万亩，每 10 年国家要用掉 1 亿亩耕地。改革开放 30 多年，国家的耕地少了 3 亿多亩，1980 年的时候，国家的耕地是 23 亿亩，到 2016 年，国家的耕地只有 20.24 亿亩，照此占用耕地的速度，再过 30 年我国耕地就不可避免地要降到 18 亿亩以下了。

根据国家的基本判断，要解决十三四亿人口的吃饭问题，至少需要 18 亿亩耕地。一亩地能产 1000 斤粮食，每年 1 万亿斤口粮就需要 10 亿亩耕地；蔬菜水果种植需要五六亿亩耕地；我国居民吃的肉类人均一年需要 40 公斤左右，全国有 13 亿多人口，即需要肉类 5000 万吨，按照 1 斤肉需要 4 斤饲料计算，则需要 2 亿吨饲料，而这 2 亿吨饲料需要五六亿亩耕地。所以，中国的耕地是不够的，目前，每年都要进口饲料。18 亿亩耕地的红线必须要守住，这是中国的客观需要和国家安全所在。

目前，国家的土地供应指标每年在减少，其中，2015 年国家土地供应指标为 770 万亩，2016 年国家土地供应指标为 700 万亩，2017 年国家土地供应指标为 600 万亩。国家每年土地供应的指标总量在减少，所以城市建设用地用地指标日趋紧张。

以 2017 年为例，由国土资源部下达的 600 万亩用地指标，用途分成四个方面，即农村建设用地、城市基础设施建设用地、工业用地、房地产开发用地。下达的用地指标理论上是城市建设用地，但是农村也同样有建设性用地的需求，比如在农村修建水库、搞农村基础设施，或者在城市之间修建高速铁路时途经的农村耕地，这些都农村用地都变成建设性用地。因此，600 万亩用地指标会有 35％左右实际上是用在农村里的建设用地，而真正用于城市建设的用地指标是剩下的 2/3 左右，即约 400 万亩的用地。

城市里的 400 万亩用地指标被一分为三。第一部分用于城市里的基础设施，如城市的道路、绿化、市政建设，这部分用地约占 50％。第二部分是工业，在国家改革开放的早期，要发展第二产业，工业用地是招商引资的本钱。过去几十年中，城市用地指标中工业用地所占比例约 30％，其中，2017 年国土资源部下达的 600 万亩用地指标中工业用地比例计划为 22％。第三部分是房地产开发，2017 年国土资源部下达的 600 万亩用地指标中只有 10％的用地指标用于城市房地产开发。

用地指标的划分比例明显是不平衡的，城市居民的住房用地理论上一般应该占这个城市所有用地指标的 25％，而实际只占 10％左右。在我国大量人口涌入的城市群中住房建设用地存在严重的供求失衡。城市住房建设用地指标不仅供应总量失衡，而且在城市间也存在用地指标分配失衡。那么，是不是人口多的大城市就应该增加用地指标，而人口少的小城市就应该减少用地指标呢？事实上，我国城镇化思路是调控大城市发展。在大城市中，用地指标增加到一定程度就不能再增加，其所容纳的人口也不能再增加；反过来，中小城市的发展能比较容易得到上级部门的支持，获得较多的用地指标。因此，现实是大城市人口集中，人口流入多，住房建设用地指标却很少，存在严重的供求失衡。

通过上述分析看出，大城市是极其缺少公共租赁房建设用地指标的。

7.2 目前公共租赁房项目用地来源

土地资源本身具有稀缺性和不可再生性，同时它还是地方财政的主要来源。每一年度各省市的建设用地指标值是有限的，若地方政府拿出大量土地来建设公共租赁房，则其用于出让的建设用地将减少，而以土地为支撑的财政收入会大量缩减。因此，我国公共租赁房建设用地供应压力巨大。

由住房城乡建设部等7部门联合制定的《关于加快发展公共租赁房的指导意见》指出：建设公共租赁房的土地实行划拨方式，其他可以考虑租赁、出让或作价入股等有偿使用形式。

厦门在《关于进一步加快公共租赁房建设的实施意见》中提出，住房困难职工较多的单位，在符合土地利用总体规划、城乡规划的前提下，经市政府批准，可以利用自用土地、自筹资金建设公共租赁房。浙江、襄阳、北京、武汉、福州等地也规定：距离城区较远的独立工矿企业和住房困难户较多的企业，在符合土地利用总体规划、城市规划、住房建设规划的前提下，经市、县人民政府批准，可以利用单位自用土地进行集资合作建房。

考虑到土地资源的有限性和城市用地的紧张，国土资源部2012年初指出，一些省会城市和直辖市由于建设用地紧缺和商品房价格较高，取得省级政府审核同意并且报部批准后，可以开展在农村建设用地上建设公共租赁房的试点。上海、北京成了首批试点的城市，试点范围在不断推进。用农村集体用地建设公共租赁房可说是益处多多：第一可以解决公共租赁房的土地来源，第二可以盘活农村的建设用地，第三可以为中低收入者解决住房困难的问题。

综上所述，目前我国公共租赁房项目土地供给途径组要有三类：

(1)公共租赁房建设最主要的土地供给方式是政府划拨，但由于政府划拨土地建设公共租赁房会影响地方政府的部分土地财政收入，这也是导致部门土地储备不充分的城市建设公共租赁房积极性不佳的原因。

(2)部分企业的员工中住房困难户较多，并且其储备有多余土地，这部分企业也可利用自有土地为企业员工建设公共租赁房。

(3)北京、上海可以利用城市周边农村集体建设用地建设公共租赁房。

7.3 公共租赁房建设用地土地保障体系的构建

7.3.1 "地票"模式

1)"地票"概念

随着我国工业化、城市化进程的加速，城乡人口比例不断发生变化，拉动社会经济增长主要依靠城市第二、第三产业的发展，大量的农村人口向城市转移，使得城市建设用地出现紧张的状况，由此形成的城市土地短缺问题制约着地方经济的发展。同时，农村的宅基地、乡镇企业用地、开发区用地等建设用地由于农村人口的转移和产业的衰败而大量的闲置。城市土地的供不应求与农村集体建设用地的闲置荒废，形成了鲜明的对比。把土地这一固定性的资源，通过"空间转移"，从而设计出一种城市与农村之间长期"供应"的制度，以实现土地的高效、集约利用。

在国家严格的用地总量指标管制下，城市的发展依赖于土地的存量，根据供求理论，土地价格的上涨，极大地增加了城市发展的成本。然而，土地具有空间位置的固定性，不能如普通商品一样实现自由的流通和交换，农村建设用地是具有特殊属性的不动产。因此，基于"过剩"和"短缺"这一对矛盾，为了解决农村建设用地富裕和城市建设用地短缺的问题，由此而衍生出一种调整城乡建设用地结构的制度。

农村的建设用地由三部分构成：经营性建设用地（主要为乡镇企业用地）、乡(镇)村公共设施和公益事业用地、村民住宅用地（宅基地）。

十八届三中全会规定：农村的建设用地中的经营性建设用地（主要为乡镇企业用地）在符合规划和用途管制前提下，允许农村集体经营性建设用地出让、租赁、入股，实行与国有土地同等入市、同权同价，其实质就是农村集体经营性建设用地可以同城市建设用地一样通过政府土地交易市场，逐步实现统一"招、拍、挂"出让。

乡(镇)村公共设施和公益事业用地要根据各地政府用地发展规划，必须予以长期保留，部分可以复垦。

在我国城市化进程中，遵循我国严格土地用途管制条件下，通过怎样的制度设计，盘活大量进城农业转移人口的宅基地，是我国改革的深层次问题。

"地票"是指将农村集体建设用地中的宅基地和部分乡(镇)村公共设施和公益事业用地，经过复垦为符合国家法定条件的耕地，用新增耕地指标补充城镇建设用地指标。通俗地讲，"地票"就是一种建设用地指标的票据化。其原理是：将先前农村集体建设用地属性的宅基地和部分未利用地进行性质变换，复垦为符合国家法定条件的耕地，用新增耕地指标，增加等量的城市建设用地指标。

目前，"地票"交易演进经历了三个阶段：

(1)"就近"的宅基地换房模式。

农村建设用地流转能够将土地的价值充分的激发，带动周边的发展，但是这种流转很难实现集约化的发展。一些地方政府为了盲目的发展经济，缺乏宏观的发展规划，追求短期的效益，最终导致产业的发展混乱，相关的产业之间不能形成集聚和关联效应，导致要素浪费十分严重，同时带来严重的环境污染、产业落后等问题。

天津滨海新区在当前的土地体制内积极地探索城乡建设用地的优化配置模式，并取得了初步的成果。所谓宅基地换房模式是以政府为主导，利用房屋实物补偿方式进行农村集体建设用地的置换。宅基地换房模式的推出，对于土地的所有者农民来说，能够使得农村集体建设用地走向市场，使得土地增值；另外一方面，它也有助于解决城市发展受制于用地指标不足的困境，同时能够加速农村的城市化进程。以天津华阳镇为例，该镇初期共有宅基地 1.2 万亩，通过宅基地换房之后，用于安置农民的土地仅 0.4 万亩，剩余的 0.8 万亩的土地则可以用于住宅、商业以及工业的开发建设，土地实现了集约化的发展，更加充分地发挥了土地的价值属性。但是，这种模式只是适用于距离城市比较近的城市的周边地区，依托城市的扩容，可以快速地达到发展，相较而言，远离城市的区域，由于交通和人口的限制，土地的价值不大，因而不能采取这种模式。

(2) 远郊的指标捆绑挂钩模式。

"就近"的宅基地换房模式对建设用地的区位有要求，而"指标挂钩"模式则能够很好地解决这个问题。"指标捆绑"模式，只需要位于同一个行政区的两地对于建设用地形成供方和需方就可以运作。

这种制度是成都市郫都区在 2004 年进行的制度的创新。正是基于此，2005 年国土资源部为了规范挂钩制度首次出台了 207 号文件。同时，国家批准天津、浙江、江苏、四川四省市作为挂钩试点的试验区，文件要求，指标捆绑挂钩项目的审批需要上报国土资源部。指标项目的流程采取先补新后占旧。相较于宅基地换房土地流转模式，捆绑挂钩模式具有两大优势：一是土地的空间置换不再局限于城市周边，土地置换的区域得到扩张；二是土地置换的补偿方式由原来的实物补偿转为货币补偿，货币具有更大的流通性。但是，挂钩模式是按项目捆绑式的点对点的指标交易，从流程上依然要按行政报批程序进行，审批的流程繁多、时间较长、成本较高。

(3) 标准化的"地票"交易模式。

上述两种地票的交易模式，属于初步探索阶段的成果，它们在当时都起到一定的作用，但都表现出了各自的局限性。重庆的"地票"交易是在前两种模式基础上发展起来的相对完善的城乡建设用地交易模式。"地票"交易是指建设用地"指标"的交易和流转，是一种将建设用地资产证券化的方式，建设用地的需求方和供给方在中介机构内进行市场化的交易。

自 2008 年底重庆农村土地交易所挂牌成立至 2015 年底，土地交易所共举行地票交易会 45 场，成交面积 17.28 万亩，成交金额 345.65 亿元（表 7.3 和图 7.1）。

表 7.3　重庆 2008—2015 年地票交易情况

年份	交易场数	成交总面积/亩	成交总价格/万元	成交均价/(万元/亩)
2008	1	1100.00	8980.00	8.16
2009	7	12400.00	119935.00	9.67
2010	11	22200.00	333007.60	15.00
2011	6	52900.00	1291827.00	24.42

续表

年份	交易场数	成交总面积/亩	成交总价格/万元	成交均价/(万元/亩)
2012	3	22339.48	466456.00	20.88
2013	5	20499.41	452369.00	22.07
2014	4	20474.84	391661.00	19.13
2015	8	20975.00	392300.00	18.70
合计	45	172888.73	3456535.60	
成交均价				17.25

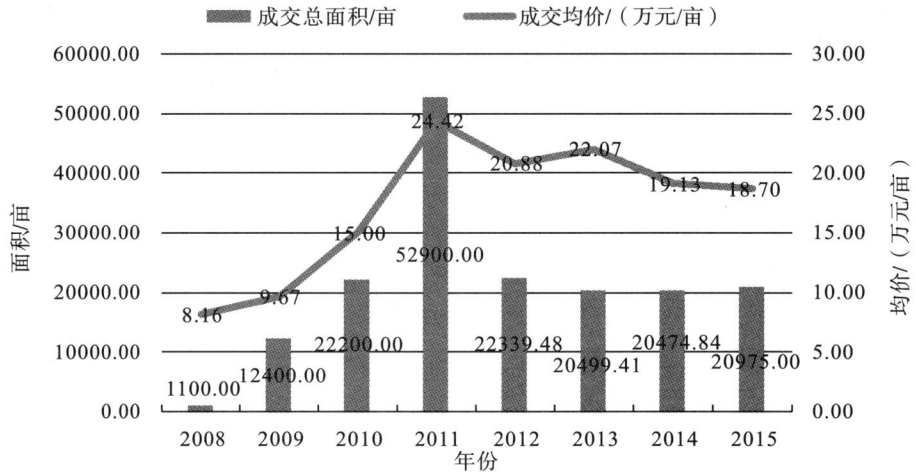

图7.1 历年地票成交变化图

注：以上数据根据重庆市农村土地交易所资料整理所得。

"地票"交易模式很好地弥补了前两种模式的缺点，扩大了要素流动和组合的区域，使土地级差收益的分配功能得到了更好的实现。其次，交易的市场化，也改变了原来的政府主导，改为市场主导机制，更加符合市场化的需求。

"地票"交易制度是城乡建设用地结构性调整的一种新路径。通过"地票"交易，实现了土地这一实物资产的证券化，完成了土地资产的货币化。通过级差收益的分配，实现了城市带动农村发展，城乡一体化发展的格局。"地票"交易制度是一种城乡统筹用地指标，需要建立城乡统一有效土地市场的一种制度。

2)"地票"性质

"地票"主要呈现以下四个方面的性质：

（1）"地票"是一种财产权利。

在"地票"进入农村土地交易所之前，其产权属于农村集体经济所有。"地票"交易后，其产权相应的归属于"地票"持有主体，"地票"持有主体有建设用地选择和提出征地建议的权利，而不是获得相应地块的所有权或者使用权。

（2）"地票"是新增建设用地指标。

"地票"表示减少的农村建设用地量，可以成为城镇新增建设用地指标，即购买"地票"的主体获得与其数量相等的城镇建设用地的指标用于城镇项目建设。

(3)"地票"是一种耕地均衡指标。

农村建设用地在经过复垦成为耕地后,需要经过国家相关部门的验收,土地的质量需要达到国家耕地的标准后才能形成"地票"。由此,"地票"代表着新增加的符合条件的耕地数量,是一种能够保证耕地总体存量均衡的指标。

(4)"地票"是有价凭证。

获得"地票"的主体,虽然没有获得地块的建设用地使用权,但可以将"地票"按规定进行质押。因此,"地票"是一种有价凭证。

3)"地票"运用现状

根据据国土资源部的估算数据,我国建设用地大约有 2500 万公顷,其中乡镇国有建设用地面积 360 万公顷,集体建设用地是其五倍,农村的建设用地由三部分构成:村民住宅用地(宅基地)、经营性建设用地(主要为乡镇企业用地)、乡(镇)村公共设施和公益事业用地,相应的比例为 5:1:3。

当前我国的土地法规定,只允许农村集体建设用地中的经营性建设用地(主要为乡镇企业用地)在符合规定条件的情况下可以进入市场流转。

《中华人民共和国土地管理法》第四条明确规定:"严格限制农用地转建设用地,改变性质的需要办理转换审批手续。"国家农用地管制非常严格。对农村集体建设用地只是部分实现市场化。

随着城市化的进程的不断推进,城市发展依赖土地的现象越来越严重,而城市建设用地的短缺越来越限制城市的发展。在城市的边缘地带,由于他们的地理区位优越、交通便利、靠近城市,存在着大量的集体建设用地。在土地红利的刺激下,大量的集体建设用地突破法律法规制约,尝试着以转让、出租、抵押、联营、入股等多样化的形式自发入市流转,流转规模和范围不断扩大,形成了交易活跃的"灰色"土地市场。20 世纪 90 年代以后,乡镇企业转换经营机制导致集体建设用地使用权大量发生流转。在此情况下,一些制度创新主体开始突破土地法的相关规定,将集体建设用地进行流转。虽然地方政府为规范集体土地流转市场秩序,尝试进行规范管理,但是由于地方政府也是受益者,当地政府的管控更多的是流于形式,未起到真正的遏制效果。"灰色"土地市场的成功使得更多人参与到非法流转集体土地,出于"法不责众"的心态,农村集体建设用地采取"先斩后奏"的做法,因此,违反相关制度的土地流转模式越来越多。

早期的农村集体建设用地流转方式混乱,名目繁多,由于没有相关的法律规定,地方土地管理部门在进行管理时无法直接管控,他们更多地在用地审批环节进行间接的管控。随着社会上土地流转越来越多,国土资源部也意识到这个问题,并选择若干城市进行改革试点,如:国家分别于 1995 年和 1997 年在苏州和湖州进行了相关的改革试点;2000 年国土资源部选择具有代表性的芜湖、苏州、顺德等九个流转比较多的地方进行改革,认可了流转的合法性,并对流转的程序、流转产权变更、流转收益分配等核心问题进行了积极的探索和模式尝试,并制定了流转的相关的条款约定。

2007 年国土资源部更大程度的改革土地使用权流转,并且在天津、重庆、成都等区域推行土地新政。其中,天津滨海新区试点挂钩城镇建设用地和农村建设用地;成都、重庆"统筹城乡综合配套改革试验区",尝试统筹城乡发展规划,深化土地管理和使用制度改革，让农民共享土地出让的增值，这样能够极大的促进城乡协调发展，实现城乡一体化发展和共同富裕目标的实现。武汉通过编制"1+8"城市圈国土规划，对城市圈域内土地资源进行统一的规划和布局，积极地与农村建设用地挂钩，与此同时，武汉市还整合了土地的市场，降低土地流转的成本，通过建立土地储备基金以及圈域内耕地有偿保护、集约发展和占补平衡机制，确保了全市范围内耕地占补的数量和质量"双平衡"。此外，武汉城市圈还获准进行"占补平衡"的试点，可以再在圈内9个城市间配置农地和建设用地资源，为土地的流转提供了更加广阔的空间选择。同时，这种模式也能够极大地激发城镇建设用地的需求。

正是通过这种"占补平衡"衍生出了一种实现宅基地复垦而产生的城市建设用地指标——"地票"，"地票"制度的出现不仅盘活了农村存量建设用地，凸显了农村土地价值，且在构建城市反哺农村、统筹城乡土地利用等方面都产生了巨大的推动作用，为农村集体建设用地的流转注入了一股新的活力。

4)"地票"的运作流程

"地票"的运行主要包括复垦、验收、交易和使用四个环节：

(1)复垦环节。将闲置土地(主要是农村宅基地)复垦为耕地，以做到"先造地后用地"。

(2)验收环节。土地主管部门对复垦之后的土地进行严格的验收，验收合格之后，由市土地行政主管部门向土地使用权人发放相等面积的"地票"。

(3)交易环节。农村土地交易所根据市场上地票的情况，进行公开的拍卖，价高者得。在交易环节中取得"地票"之后，等于取得了土地使用的凭证。

(4)使用"地票"环节。"地票"持有人要在符合土地使用规划和当地建设规划的范围内，寻找尚未被国家征收、又符合其市场开发需求的建设用地，但是找到满意的建设用地后，政府部门进行认可并且征收之后，才可以进行招、拍、挂。在招、拍、挂的阶段，倘若没有其他企业竞标，"地票"持有人才获得相应土地的开发的权利，在竞得"地票"时所支付的费用，能够用来冲抵土地使用费和耕地开垦费用。若"地票"持有人看中的地块被竞争对手高价拍下，则"地票"持有人可以全额得到取得"地票"时花费的费用。

5)"地票"存在的问题

(1)"地票"交易缺乏理论和法律支持。

"地票"即建设用地指标的票据化，但是在"地票"交易中，相关的权利并没有确定。在"地票"交易中，一方面，农民通过出卖农村集体建设用地的指标获得了价格的补偿，但是并没有明确的规定属于土地的何种属性带来的价值；另一方面，"地票"的购买者虽然通过土地交易所"合法"获得土地指标，但并不代表获得相应地块的建设用地使用权，也没清晰的界定其可以拥有土地的哪些权利。

重庆现行制度规定，"地票"持有者只拥有建设用地地块选择和提出征地建议的权利，但是这两种权利在我国无法进行清楚的界定，当前的土地权利中也不存在这两种权利。与此同时，我国对于土地发展权的归属、交易以及收益分配等都没有相关的约定。当前重庆的做法是："地票"交易收益的85%支付给农民、15%支付给农村集体经济组织"，但是缺少相关的理论和法律的依据。因此，执行过程中难免出现损害相关利益主体的利益的现象。

(2) "地票"不能落地时交易者蒙受的损失。

当前的交易制度约定,"地票"持有者经过土地招、拍、挂为取得土地后,可以足额拿到"地票"时所支付的费用。但在此过程中交易者将蒙受三方面的损失:一是机会成本,即取得"地票"的单位可把其费用投入其他行业并取得相应的收入;二是获得"地票"过程中的各种消耗,相关单位为获得"地票",需要付出大量的时间、资源和费用;三是资金的利息,相关单位在持有"地票"的阶段,将产生资金利息,而这一部分无法获得补偿。持有"地票"与不持有"地票"者相比,在参与其选定地块的招、拍、挂竞争中没有体现其优先权,对"地票"持有者来说是不公平的,这将影响到"地票"购买主体的积极性。

6) "地票"与公共租赁房土地供应

公共租赁房制度作为国家住房保障体系的重要组成部分,有其相应的政策规范和制度要求,其供给主体本应是政府或政府授权的公益机构,但为加速城市住房保障体系的完善,中央政府从 2009 年起逐年提高了保障性住房用地的供应计划,并对地方政府下达了保障性安居工程建设的任务。这些硬性指标必然会带来用地量的刚性需求及地方财政支出的增加。不少地方政府为确保保障性住房供应目标的实现,均按高于实际需求量的比例追加了供地计划。但在一些经济发达城市,由于地价高及城市规划、政府财力有限等因素制约,导致与保障性住房建设任务相配的土地资源供应紧张。在政策压力下,不少地方开始探索利用农村集体建设用地增加保障性住房供给的方式,以此来缓解公共租赁房建设压力。

因此,现实诱因催生了在农村集体建设用地上建设公共租赁房这一新型模式。一方面,城市房地产市场需求过旺,房地价格不断飙升,国有土地使用权交易已成为地方政府财政收入的重要来源。因利益驱动,地方政府在土地资源分配上必然有所倾斜,鼓励商业用地开发仍是主流,而为执行中央政策,缓解社会不同阶层间的矛盾,保障低收入者基本生存需要,分流一部分土地资源进行公共租赁房等公益建设是必不可少的。公益建设必然会减少财政收入、增加财政支出。故在土地财政和公益建设之间存在着某种程度上的冲突。另一方面,国家与集体土地使用权性质和功能上的差异,恰好为解决这一冲突提供了契机。

农村集体建设用地不能在市场流通,其交换价值就无法体现,这也就限制了其使用价值的发挥。农村集体经济组织存在以公共租赁房建设为突破口,实现其土地价值的利益诉求;同时,国有建设用地价值巨大,地方政府希冀充分发挥其经济效用,增加地方财政,过多的公益性住房建设无疑会牵制地方经济增长。故地方政府也有减少公益性建设用地供给的偏好。利用农村集体建设用地进行保障性住房开发,突破了法律刚性规定,同时迎合了两类利益主体的现实需求。

同时,城市的更新改造,是个不断交替的过程。随着人口的集约,农村及城镇边缘地带出现了大量的土地闲置荒废。积极开展土地征收储备工作,加快实施"地票"政策,一方面有利于土地的集约管理、城镇的规划;另一方面,可以缓解城市用地供应紧张与政策硬性指标的矛盾。

此外,"地票"模式打破了土地的地域限制,能够将离城市相对偏远的农村集体建设用地转移到城市周边。这样一来,不仅能够让农村集体建设用地不受地域限制,实现农民土地财产权,保障了农民经济利益,更是一种能很好解决公共租赁房建设与地方财政收入之间矛盾的好办法。将偏远地区农村集体建设用地转移到城市周边建设公共租赁房,也正好符合公共租赁房选址的要求。公共租赁房得以在城市近郊建设,既不占用城市建设用地指标,又能发挥其解决"夹心层"居住问题的作用。

7.3.2 配建模式

1)配建模式运作流程

对地方政府而言,商品房市场出让用地收入相当于一次性"租金",与以低价土地招商引资所获取的工业、商业、金融业持续贡献的税收收入相比,具有租税相互替代的功能;而用于经济适用房、公共租赁房等保障性住房的划拨用地,不仅不能为地方政府产生土地出让收入,而且还需要以财政资金进行投资建设、运营与管理。因此,发展出让用地的商品房与划拨用地的经济适用房或公共租赁房,对地方政府形成了不同的利益格局。一些地方政府在房地产市场调控过程中,长期选择性地执行中央政策,形成中央政府、地方政府、房地产相关利益集团三方博弈的局面。

如何缓解这种矛盾,使地方政府即能保持大量财政收入的同时,也兼顾到中央政策。"捆绑出让"(图7.2)是个不错的选择,即政府在城市规划区内规划住宅用地时,有计划地把建设公共租赁房作为部分或者全部土地出让的先决条件。政府在进行土地拍卖时,给予开发商一定的优惠政策,作为交换条件,开发商在进行商品住宅建设时,为政府无偿修建一定比例的公共租赁房,这个比例可由开发商在土地竞拍中确定,也可由政府提前制定。按一定比例配套建设公共租赁房,建成后纳入公共租赁房管理体系,由政府统一配租。

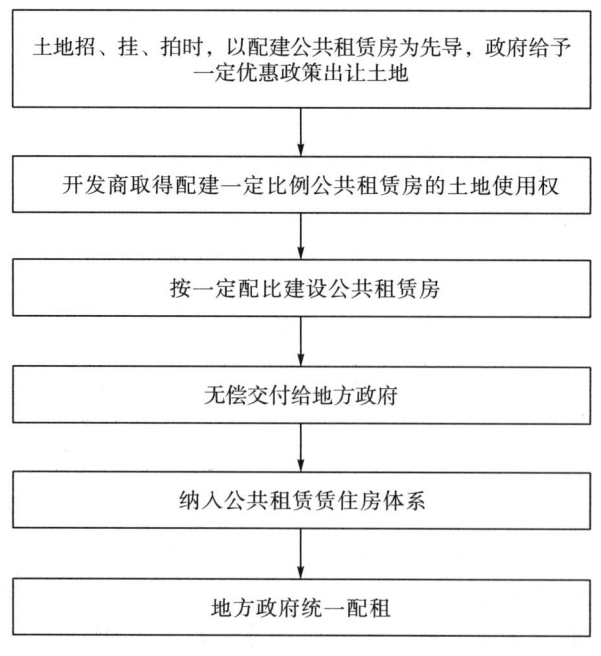

图7.2 公共租赁房配建模式运作流程图

2) 配建模式优势

(1) 缓解地方政府财政压力。

公共租赁房建设以政府为主导，而地方政府在建设公共租赁房过程中不仅面临公共租赁房建设土地供应与地方财政之间的利益冲突，还要面对公共租赁房建设巨大的资金压力、融资困难等问题。以重庆为例，根据重庆 2010 年计划，将在未来三年建成 4000 万平方米公共租赁房（其中住宅 3600 万平方米，商业 400 万平方米），这 4000 万平方米公共租赁房，总投资大概需要 1100 亿元资金（不包括土地成本），而 2011 年重庆全年地方财政收入仅为 2900 亿元，如果重庆政府每年拿出 5% 的地方财政用于公共租赁房建设，需要 6—7 年时间才能完成任务。由此可见，地方政府要按时完成公共租赁房建设任务，其资金压力巨大。虽然，目前公共租赁房建设也积极采取融资等途径缓解资金压力，但受现实环境的阻挠，公共租赁房依然以中央与地方财政支持为主，以公积金贷款、商业银行贷款为辅助，建设资金保障能力弱，建设进度缓慢。

然而，采取配建模式建设公共租赁房，地方政府通过土地获取优惠政策，可以无偿换取普通商品房住宅小区一定比例的住宅所有权，作为公共租赁房。这一定比例的公共租赁房，地方政府不需要花一分钱，在很大程度上缓解了地方政府资金压力。并且，开发商为尽早实现开发利益，其开发速度相对较快，这在一定程度上能够确保公共租赁房按计划进度执行。通过配建模式建设公共租赁房，政府只需要负责公共租赁房建成后的后期运营管理，负责公共租赁房配租、维护运营工作。

(2) 节约开发商土地成本，提升公司形象。

首先，配建公共租赁房的建设用地在土地出让时，给出了优惠政策的条件。因此，开发商取得配建公共租赁房的城市建设用地能够以相对合理的价格取得土地使用权，能在一定程度上节约土地成本，同时还能够避免"地王"的涌现。

其次，开发商无偿配建一定比例的公共租赁房，这能将公共租赁房推向公益产品的属性。开发商积极配建公共租赁房能够很好地体现企业的社会责任心，能够很好地提升企业的社会形象。并且，企业形象得到提升之后，能够推动企业的楼盘销售，能够加快企业实现经济利益。因此，商品房住宅项目配建公共租赁房，无疑是互利共赢的有效途径。

(3) 有效避免贫民窟出现。

在很多西方国家，公共租赁房往往和贫民窟联系在一起。主要原因是公共租赁房周边的基础设施、商业配套、人文环境相对较差，租赁群体的流动性又比较高，导致社区的档次相对较低。在我国公共租赁房建设实践中，也积极从规划选择、小区配套等方面，采取科学合理的措施，避免公共租赁房小区成为"贫民窟"。地方政府在规划时将公共租赁房建设项目优先选在公共轨道交通沿线或交通、环境、配套等条件较好的地区。尽管如此，我国公共租赁房建设规模巨大，人口密集，例如重庆首个公共租赁房小区"民心佳苑"可容纳住户 17876 户，如果社区和物业管理跟不上的话，难免会存在成为"贫民窟"的隐患。

将公共租赁房分散的配建于各商品房住宅小区，能够有效分流城市"夹心层"，避免出现人文环境相对较差的人群高度集居现象，进而有效避免公共租赁房项目"贫民窟"现象出现。

7.3.3 "产权共有"模式

1)"产权共有"模式土地供应流程

"产权共有"模式(图 7.3)是利用城市周边农村集体建设用地建设公共租赁房。城市周边农村集体建设用地所有权属于农村集体,使用权属于农民所有。村集体与农民将农村集体建设用地使用权以作价出资的方式投入于公共租赁房建设,为公共租赁房建设提供土地资源,村集体与农民成为土地供应方。有了土地资源以后,政府出资建设公共租赁房,建成后的公共租赁房由村集体与农民集体组织、地方政府分别以股权形成持有公共租赁房所有权,进而形成建设公共租赁房的"共有产权"模式。建成后的公共租赁房由地方政府进行统一的公共租赁房运营管理,公共租赁房管理收入(即租金收入),根据村集体、地方政府分别持有的产权比例,享受公共租赁房租金收入。

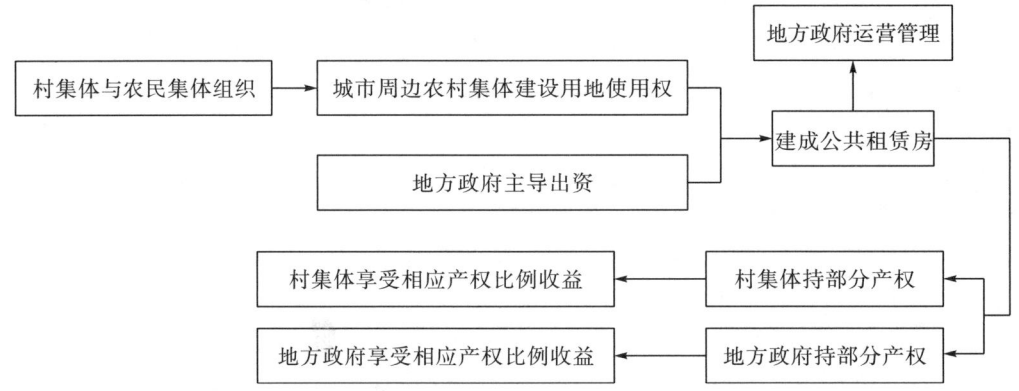

图 7.3 公共租赁房土地供应"产权共有"模式流程图

目前,由于北京、上海城市土地战略储备极少,很难保证公共租赁房建设用地。2012 年 1 月 7 日召开的"全国国土资源工作会议"批准了北京、上海可利用农村集体建设用地建设公共租赁房。因此,在全国范围内,只有北京、上海有权利采用"产权共有"模式建设公共租赁房项目。

自北京市政府获得批准在集体建设用地上建设公共租赁房以来,已有 5 个农村集体经济组织申请建房 1 万多套,而北京石景山区公共租赁房项目建设,是目前京西地区最大的公共租赁房项目,建成后,将可提供 2200 余套公共租赁房。上海在集体建设用地上建设公共租赁房试点获批后,也已选取了 20 多个点,涉及 8 个区,主要集中在外环线以外的郊区。早在 2010 年 12 月,上海在农村集体建设用地上建设公共租赁房的"试水之作"——位于闵行区的"联明雅苑",已被上海住房保障和房屋管理局认定为公共租赁房项目并获得肯定。

总结这两个城市在集体建设用地上建设公共租赁房的经验,可以归结为三种模式:

(1)政府主导型。

政府作为民事主体参与到集体建设用地上公共租赁房的建设和经营中,形成政府与集体之间的租地法律关系和政府与承租人之间的房屋租用法律关系。政府租赁农民的集体土地(土地的价格是通过谈判或者参照市场价格确定的),然后政府筹得相应的资金进行建设。这种情况下，政府是主体，农村集体经济组织则通过出租建设用地使用权获得收益。2009年《北京市公共租赁房管理办法（试行）》第7条规定："公共租赁房建设用地实行有偿使用，其中对于政府所属机构或者政府批准的机构建设的，其用地可以采取租赁方式，按年缴纳土地租赁金。"通过此条规定我们可以看出，在农村集体建设用地上建设公共租赁房可以由政府出面筹措资金主导建设与管理，其租赁农民的集体建设用地，按年缴纳土地租赁金。

(2) 运营机构主导型。

由政府组织和扶持从事公共租赁房投资和经营管理的专业机构参与集体建设用地上公共租赁房的建设与管理。政府提供法律支持，运营机构负责公共租赁房的筹资、建设和管理，农民集体经济组织以其建设用地使用权采取入股或者出租的方式来获取收益。上海市在《本市发展公共租赁房的实施意见》的通知中提到：公共租赁房是政府提供政策方面的支持，由专业机构根据基本居住要求限定住房面积和条件，按略低于市场水平的租赁价格，向政府规定对象供应的保障性租赁住房。营运机构是指由市、区（县）政府组织和扶持一批专业的住房经营管理机构，他们通过自己的专业知识和技能全过程地参与公共租赁房的投资、资金筹措和租赁管理，并依靠他们的信用和管理经验，吸引社会资本的投入。营运机构要求按照公司法有关规定进行组建，市场化运作，在获取一定的收益基础上着重体现公共服务的功能。其中，市和区（县）政府可投资入股营运机构，通过合理让渡或不参与分配租赁收益等方式，支持和保证运营机构持续发展公共租赁房。

在国有土地上单独选址、集中建设的公共租赁房，可将土地出让金作为政府的投入部分作价入股；市和区（县）政府提供其他土地、房产的，低于市场价的部分可折价入股。市和区（县）政府对公共租赁房建设和运营给予资金支持。

(3) 农村集体经济组织主导型。

对于一些有能力进行开发房屋的农村集体经济组织，可以采取"自筹自建自管"的模式，租金收益完全归农村集体组织，农民从租金中获得收益。上海闵行区七宝镇联明村的"联明雅苑"就采用了此种做法。

2) "产权共有"模式优势

(1) 有效提高农民财产性收入，加快改善农村面貌。

任何事物都有两面性，这一新型的农村土地流转模式，让很多学者为之担忧。有人认为，此举与现行法律相违背。因为我国《土地管理法》第43条规定，任何单位和个人进行建设，需要使用土地的，必须依法申请使用国有土地；但是，兴办乡镇企业和村民建设住宅经依法批准使用本集体经济组织农民集体所有的土地的，或者乡（镇）村公共设施和公益事业建设经依法批准使用农民集体所有的土地除外。国有土地包括国家所有的土地和国家征收的属于农民集体所有的土地。我国《宪法》《土地管理法》和《物权法》都已明确规定国家征收农民集体所有的土地必须限于公共利益的目的，非公共利益的目的不得征收土地。目前，关于集体建设用地上建设公共租赁房的法律制度还不健全，后期将会出现多方面的利益争端。

事实上，从另一方面考虑，目前正大力加强"三农"政策的推行，其中最重要的一点正是农民增收问题。随着经济发展、城市化推进，越来越多的农民选择更换居所，到城市中生活，这样一来，家中宅基地荒废。目前，法律层面没有给农村集体建设用地中的宅基地任何保护，农民无法获得其应得的土地财产权。"三农"政策也提到，要积极保护农民土地财产权，实现农民增收。"产权共有"模式供应公共租赁房建设用地，不仅仅是在响应"三农"政策的号召，提高农民收入，保护农民与集体土地财产权，也能够在一定程度上解决地方政府土地资源紧缺的尴尬局面。因此，农民通过贡献出农村集体建设用地，用于建设公共租赁房，能够实现农民增收，农村集体组织也能为改善村集体面貌增加收入来源。

需注意的是，农村集体建设用地上建设的公共租赁房不能进入商品房市场。

(2) 有利于避免"小产权"房出现。

随着城市住房需求压力的猛增，许多大中城市"小产权"房市场火热。"小产权"房主要是指在农村集体建设用地上建设，房屋销售给本村集体组织以外的人使用，这类房屋不符合现行法律规定，没有房屋产权，只有由村集体颁发的"乡产证"，因此也称"乡产房"。大部分"小产权"房项目都是打着新农村建设的旗号，在城市近郊或者区县周围修建的房屋。以深圳为例，目前深圳市"小产权"房面积占其总建设面积相当大的比例。

小产权房存在的原因主要有三个方面：第一，我国城乡土地二元制，是"小产权"房存在的最本质原因，如果没有土地二元制的法律障碍，根本不存在"小产权"房的说法；第二，高房价时代，较多社会中低收入人群在城市无力购买普通商品房，迫于无奈只能选择价格比普通商品房低30%—50%的"小产权"房，这一强大的市场需求，为"小产权"提供了广阔市场；第三，城市土地价值高，而农村土地价值低。农村集体面对这样的不平等，受经济利益驱使，不惜冒着法律风险，开发"小产权"房，获取土地增值收益，这就为"小产权"房建设提供了必不可少的土地资源。

"小产权"房不合法主要体现为两点：一是使用的土地是农村集体建设用地；二是所建房屋不一定符合政府规划或者没有政府规划。

利用城市周边的农村集体建设用地，建设公共租赁房，不仅可以保障地方政府土地财政利益，使农民依法获得土地增值收益，实现对社会中低收入人群的住房保障，更是遏制"小产权"房滋生的有效办法。

(3) 减少地方政府财政压力。

与前述两种供地模式（"地票"模式、配建模式）一样，"产权共有"也能减少地方政府的财政压力。"产权共有"让农村集体将土地作价入股，地方政府不需要一次性支付土地费用，而是以长期的租金收入作为回报。土地费用一般而言在住宅开发成本中占到30%左右，以此计算，以"产权共有"的方式，不但缓解了地方政府用地指标紧缺的压力，更在很大程度上降低了地方政府的财政压力。

7.4 本章小结

本章主要通过对比中国10大城市在2020年的规划建设用地面积与2010年的建设用地面积，分析了城市土地资源和用地指标的紧缺性。通过分析知，我国公共租赁房土地供应最主要还是依赖地方政府划拨，而地方政府用地指标非常紧缺，划拨土地建设公共租赁房必然会分流政府部分土地财政,这与地方政府利益冲突。

在这样的基础之上,本章积极探索其他土地供应方式,希望公共租赁房土地供应能得到保障。本章提出了"地票"、配建、"产权共有"等三种公共租赁房土地供应模式,在分析这三种模式详细的运作流程的基础之上,分析了这三种模式的优势,通过这三种模式构建我国城市公共租赁房项目建设用地的土地保障体系。

8 公共租赁房项目建设资金保障体系

8.1 我国公共租赁房建设的资金来源及运行现状

资金是公共租赁房建设顺利开展的重要前提，但资金不足、来源渠道不稳定成为制约公共租赁房建设的关键，直接关系到我国公共租赁房制度的可持续发展。中央及地方财政投入并不能满足建设所需的全部耗费，政府各种减税措施，造成了财政收入增幅下降，直接影响了以财政支出为主要资金来源的公共租赁房建设。由于公共租赁房投资回收期长和利润率低的显著特点，市场融资投资者对此兴趣不足。

解决好公共租赁房的资金来源问题，才能保证公共租赁房的顺利建设，才能真正解决"夹心层"住房难的问题。

8.1.1 我国公共租赁房资金来源途径

保障性住房主要有三个资金渠道：一是中央和地方用于保障房建设的资金预算；二是土地净收益的计提；三是住房公积金扣除相关费用后的余额。

1) 中央和地方预算内资金

由于公共租赁房的投资回报主要来源于租金收入，而投资收益率较低、回收期长，所以难以吸引以利润最大化为目的的营利机构参与，加之当前公共租赁房融资方式发展并不成熟，所以在公共租赁房融资中，来自政府方面的财政拨款占据了很大部分的比例，剩余资金则通过社会机构的投入和保障对象以及所在企业筹集。2011年，政府提出1000万套的保障房建设量，需要资金约1.3万亿元，其中财政住房保障支出3822亿元（占总投资约30%），比2000年增加1446亿元，增长60.8%。2012年，住房保障支出4446亿元，比上年增加625亿元，增长16.4%。这意味着2010年以来，中央用于保障性住房领域的财政资金补助在之后的三年实现了三级跳。可以说，保障房建设的资金主要来源于财政拨款。财政拨款是由两部分组成，一是中央政府专为公共租赁房建设划拨的专项资金；二是地方专为公共租赁房建设划拨的地方政府财政预算。

中央通过大数额的中央专项资金划拨体现了政府推进公共租赁房等保障性住房建设的决心，但是对于我国庞大的公共租赁房建设资金需求而言，中央专项资金远远不能满足建设的需求。因而，重担就落到了各级政府的预算投入上面，以2009年我国用于保障性住房的财政支出为例，中央专项资金达到26.43亿元，地方政府预算投入达到699.54亿元，其中地方政府预算投入占到保障性住房财政支出的96%。由此可见，地方政府预算投入是保障性住房主要的资金来源。

由于我国在短期内大大增加保障性住房的建设力度，并且连续几年不断出台各种房地产调控政策，地方的财政压力也随之倍增。

2）各大城市地方土地出让金计提入保障性住房的资金

由于我国住房和城乡建设部没有把全国各城市土地出让金计提入保障性住房资金进行统一的归口管理，因此，在掌握这部分资金来源的问题上，很难就全国的现状进行统一的论述。通过对 2007—2012 年全国土地出让金进行总结，希望借此揭示土地出让净收益计提入保障性住房的资金。

随着这几年房地产市场的持续火爆，土地作为地产开发的基础，价格不断攀升，出让国有土地使用权成为许多地方政府的重要财政收入。

(1) 2007 年全国土地出让总价款 1.3 万亿元。
(2) 2008 年全国土地出让总价款 9600 多亿元。
(3) 2010 年全国土地出让总价款 2.7 万亿元。
(4) 2011 年全国土地出让总价款 3.15 万亿元。
(5) 2012 年全国土地出让总价款 2.69 万亿元。
(6) 2013 年全国土地出让总价款 4.1 万亿元。
(7) 2014 年全国土地出让总价款 4.04 万亿元。
(8) 2015 年全国土地出让总价款 3.36 万亿元。

3）住房公积金增值收益计提入保障性住房的资金

住房公积金制度对我国住宅金融体系有十分深远的影响。住房公积金制度的优点主要体现在两点：第一，从宏观角度来看，住房公积金制度可以累积住房资金，从一定程度上解决我国居民的住房问题；第二，从保障居民的权益来看，住房公积金制度能够缓解居民住房困难的压力。不仅如此，住房公积金制度也促进了我国保障性住房制度的发展。在保障房建设中，可以将闲置公积金以一定的利率用于住房的建设资金需求。2008 年末，全国住房公积金存款余额共计为 5616.27 亿元，沉淀资金占 3/5。为了激发住房公积金的活力，住建部于 2009 年发布了《关于利用住房公积金贷款支持保障性住房建设试点工作的实施意见》（以下简称《意见》），《意见》中提出，要充分的发掘公积金的价值，将其用于保障性住房的建设和经济适用房的建设，拓展保障房建设的资金需求。

8.1.2　我国公共租赁房资金运作方式

从全国范围看，我国公共租赁房建设资金主要来源于三个方面：财政资金、土地出让金计提资金和公积金计提资金。由于各地经济发展水平、政策等方面存在差异，故各地在实施过程中的资金运作方式有所区别。这里将列举具有代表性的北京、重庆、天津和常州四个城市进行公共租赁房资金运作方式的介绍。

1）北京

北京计划在"十二五"期间建设约 100 万套，其中定向安置 40 万套，公共补贴配租 64 万套，包括公共租赁房 30 万套，租赁补贴 10 万套，经济适用房和限价商品房 24 万套。"十一五"期间北京建设保障性住房 35 万套，投资约 1035 亿，由此推知，"十二五"期间的 100 万套，至少需要资金 3000 亿元。北京通过采用住房保障金融产品等方式，解决公共租赁房建设的资金问题，主要融资方式有以下五种：

(1) 地方投融资。国家对于地方融资平台投融资进行压缩和调整，只有在保障性住房方面才可以增加。北京建立的平台吸引银行等投资，两年投资100亿元。

(2) 商业银行贷款。2010年北京住房和城乡建设委员会与中国建设银行战略贷款约定利率下调10%，贷款30年，建设银行为北京的保障性住房提供金融支持。

(3) 房地产信托。北京市通过与北京国际信托投资公司、民生平安信托等金融机构合作，将廉租房、公共租赁房资产和房租收益建立信托进行融资，融资规模达到40亿—50亿元。

(4) 公积金贷款。2011年1月，根据北京住房公积金管理中心相关要求，向北京经济技术开发区公共租赁房项目发放贷款13.5亿元。

(5) 社保资金。北京金融局与北京相关部门就保险资金投资的技术要求、项目情况等进行细致研究，投资于北京保障房建设的保险资金规模在300亿元至500亿元。

2) 重庆

重庆的公共租赁房建设一直走在全国前列，而有效的资金来源也成为其公共租赁房建设的保障。2010年重庆公布了公共租赁房建设方案：到2012年重庆全市公共租赁房开工量将达到4000万平方米。重庆公共租赁房融资采用"1+3"模式(图8.1)，即政府划拨土地、财政拨款、银行贷款、基金与保险融资等。运营期间，公共租赁房租金支付借款利息，配建的商业销售收入偿还一部分本金，五年后卖掉公共租赁房1/3后，再支付完所有本金。政府利用"1+3"模式解决公共租赁房的资金问题，而不会给政府及社会带来额外的负担。另外，还本付息后，还会有2350万平方米的公共租赁房作为国有的优质资产，保留在政府手中，一方面，可以继续满足部分群众租房的需求，另一方面，这部分优质资产还可以保值增值。

另外，重庆公共租赁房在建设和运营过程中享有一系列优惠政策。首先，公共租赁房用地取得的方式是直接划拨；其次，建设用地不用缴纳土地使用税和配套费、土地增值税等；再者，租售公共租赁房免征营业税和房产税，政府收购、改建住房作为公共租赁房的，免收相关税费。

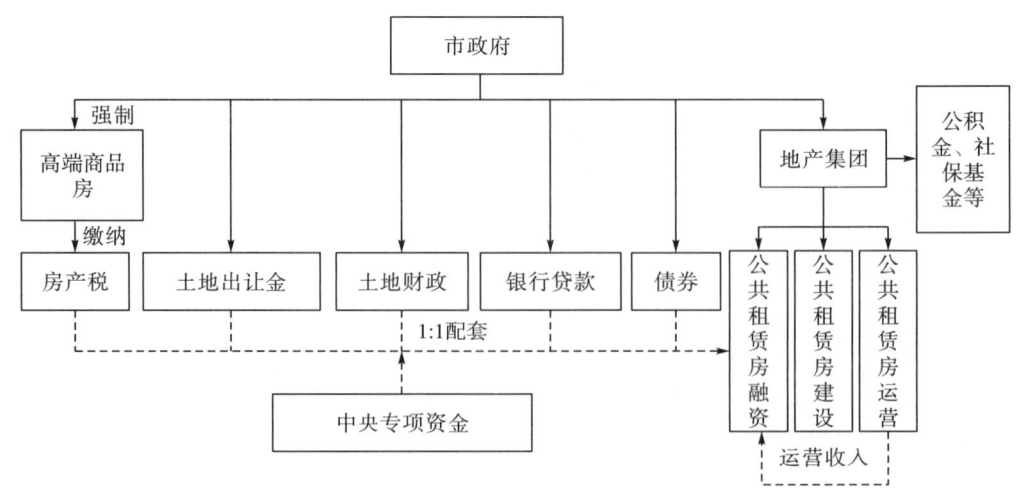

图8.1 重庆融资模式

这种融资模式灵活性强、专业化程度高，通过一个半官方的融资中介有效调动市场和政府的互动联系，不仅提高了公共租赁房融资的运行效率，也在一定程度上减轻了政府财政投入的压力。同时，也减轻了公共租赁房开发、经营过中的利益矛盾。部分城市中也开始实践该模式。重庆公共租赁房资金的有效保障是重庆公共租赁房建设走在全国前列的主要原因。

3) 天津

天津"十二五"期间住房保障规划将公共租赁房作为重要的住房保障方式，计划建设公共租赁房15万套，675万平方米，建设总投资约500亿元。"十二五"期间，天津公共租赁房主要以新建为主，包括公共租赁房单独建设、滨海新区蓝白领公寓、在普通商品住房和经济适用房等项目中配建等方式。

天津的公共租赁房资金来源主要通过四种模式筹集：

(1) 国家开发银行（国开行）模式。在计划投资公共租赁房建设的500亿元资金中，需贷款资金约330亿元。为落实贷款资金，与国家开发银行天津市分行共同拟定了"十二五"公共租赁房融资规划和解决方案，国开行银团负责为天津市"十二五"期间公共租赁房建设提供330亿元公共租赁房建设贷款支持，期限15年，前5年只偿还利息，接下来的8年偿还利息和1%的本金，最后2年偿还本息。

(2) 中德住房储蓄银行模式。公共租赁房项目贷款存在着贷款金额大、资本金需求大以及资本占用的时间长的特点，天津采取的是与中德住房储蓄银行合作，充分利用该行提供的专业化保障性住房金融服务，对选择中德银行项目贷款的公共租赁房开发企业，给予三项融资政策优惠：①对划拨土地和配套费提供政策减免，并要求配建30%商品房，通过商品房的销售满足前期资金需求；②为了解决租赁期还款能力不足的问题，由地方政府财政垫息50%；③约定10年的贷款时间，每年只需偿还利息，公共租赁房收回投资后，偿还银行本金。到2011年末，天津已使用中德住房储蓄银行贷款新建3个项目，约4000套、22万平方米。

(3) 住房公积金贷款模式。2010年6月，住房和城乡建设部委印发了《关于做好利用住房公积金贷款支持保障性住房建设试点工作的通知》，天津利用公积金贷款进行建设保障房，确定5个项目的6000套公共租赁房为申请利用公积金贷款支持保障性住房建设试点项目，贷款19.75亿元，期限5年。为了快速建设，5个项目于2009年先行使用商业银行贷款进行建设，后阶段采取了使用住房公积金贷款对商业银行贷款的置换。5个试点项目的借款人是天津公共租赁房管理中心，住房公积金贷款的抵押物是建设项目土地及在建工程。2010—2015年，贷款本息将达到22.88亿元，其中本金19.75亿元，利息3.13亿元。由项目的租金收入和住房公积金增值收益偿还贷款本息。为解决建设和运营期内的偿还问题，政府垫息50%，即1.67亿元。

(4) 蓝白领公寓模式。蓝白领公寓是指政府提供优惠，限定房型、面积和租金标准，向来新区就业的各类人员，以出租方式提供的、具有保障性质政策性的住房。滨海新区为解决蓝白领公寓运营资金，对区内建设的蓝白领公寓提供了三项政策支持：一是对配套建设的居民活动室、图书馆和娱乐室，按照每平方米1000元给予补贴；二是5年内按照住房面积每月每平方米0.5元给予物业管理费用补贴，3年内按照绿化面积每年每平方米5元给予养护补贴；三是对租金收入需缴纳房产税、营业税，区财政留成50%，

5年内补贴给运营单位。

4) 常州

常州的公共租赁房建设属全国范围内的先行者。按照2007—2011年常州住房保障规划，常州5年内完成了约2.8万户住房保障任务。完成5年保障性住房建设规划，经济适用房货币配租要8亿元，加上廉租房和公共租赁房建设资金，大约需要投资30亿元，而常州每年用于经济适用房和廉租房建设的财政拨付资金只有1亿元左右。常州公共租赁房的一大特点就是租金低，仅为市场价的30%左右，所以建设资金的筹集成为常州公共租赁房建设的工作重点。

为了解决资金问题，常州市政府于2009年成立了保障房的投融资平台，即常州公共住房建设投资发展有限公司，注册资本10亿元。为保证该房投公司具备持续的投融资能力，常州市政府为常州公共住房建设投资发展有限公司注入了3000亩土地资源，设计了包括市财政预算内安排、每年提取土地出让净收益的10%、住房公积金增值收益中的部分、一级土地开发的增值收益等资金，作为信贷融资的还款来源。其资金来源主要通过以下途径：其中一级土地开发的增值收益作为常州公共住房建设投资发展有限公司最主要的还款来源，3000亩生地经开发整理后，入市交易，一部分差价用于还贷；另外，由于常州市政府注入了优质资产，常州公共住房建设投资发展有限公司实力强，目前江苏已有10家银行对房投公司授信40多亿元。后来，在国家收紧常州公共住房建设投资发展有限公司信贷时，在清理各项投融资平台的大背景下，常州公共住房建设投资发展有限公司这一以民生项目为背景的融资平台刚好规避了这一风险。

8.1.3 我国公共租赁房融资过程中存在的问题

1) 资金来源不明确

目前，我国公共租赁房融资模式的资金来源主要包括政府财政拨款、公积金增值收益、土地出让金三大渠道。从资金来源构成上不难看出，政府是公共租赁房建设的主要出资人，发挥着主导性作用。虽然在《关于加快发展公共租赁房的指导意见》等政策法规中提出鼓励金融机构发放公共租赁房中长期贷款，探索运用保险资金、信贷资金和房地产信托投资基金等方式进行公共租赁房融资，支持符合条件的企业通过发行中长期债券等方式筹集资金，但缺乏可操作性的细则。不明确的资金来源使各地在融资探索中出现监管漏洞等问题，同时，各级政府在专项资金的使用上也没有科学的使用计划。

2) 公共租赁房建设的资金实力不足

资金短缺已经成为阻碍公共租赁房发展的首要障碍。从目前各个城市开始建设公共租赁房的现状来看，公共租赁房的资金紧缺情况较为明显。

首先，地方财力投入不足。由于公共租赁房资金主要来源依然是政府投入，即使是在北京、天津、深圳等经济发达地区，政府的投入仍不能满足建设的需求，经济相对较弱的地区的资金更捉襟见肘。公共租赁房是带有社会公益色彩的项目，它的投资回收期较长，同时盈利空间有限，无法吸引民间资本的投入，因而，政府的投入成为保障性住房的主要来源，大规模的建设保障性住房所需要的资金，对于当地政府的财政造成极大的压力。

其次，公共租赁房的收益较低。公共租赁房回笼资金主要依靠公共租赁房、配套出租和出售以及公共租赁房增值收入。由于公共租赁房建设的目的是解决中低收入家庭的住房问题，因此，其租售的定价是低于当地的市场价格的，根据相关的调查研究，目前，我国各大城市的公共租赁房的租金定价在市场价格的30%—60%，因此，公共租赁房的收益低。

3) 公共租赁房建设融资渠道单一

目前，公共租赁房来源主要是依靠政府主导的三大途径。同时，地方所建立的政府专门融资和投融资平台也是由政府出资组建或依靠国有企业融资，真正的社会资金和民间资金参与度较小。这种以政府为主导的公共租赁房融资手段，不仅加重了地方财政负担，而且融资缺乏灵活性和市场化运作手段。所以，如何创新融资渠道是公共租赁房融资可持续发展的重要突破口。

4) 资本市场不完善，相关融资机制不健全

首先，随着我国保障房体系的结构性调整，今后的保障房建设将以公共租赁房的开发建设为主导。保障房建设类型的变化也对融资方式提出了新的要求。但是现阶段，我国金融产品的创新更多的是外延式数量扩张而不是内涵式的质量上面的提升和创新，金融产品的创新更多的是换汤不换药，同质化严重，不能满足市场的需求。

其次，在各地的公共租赁房融资探索中，提出了资产证券化、房地产投资信托基金等融资模式，而这些模式对整个资本市场的完善程度要求较高。所以，资本市场是否完善不仅关系到是否能及时融得资金，还关系到融资成本、融资效率的问题。而中国现有的金融产品大部分属于方便操作、容易掌握且技术含量低的产品，融资成本相对较高、效率较低。可见我国当前金融体系尚缺乏相关服务的广度和深度，还需在实践中不断积累经验，不断完善资本市场，健全公共租赁房相关融资机制，这对公共租赁房健康快速发展尤为关键。

5) 缺乏专业的融资机构

目前，我国公共租赁房融资缺乏相关专业配套的融资机构。在发达国家，在公共租赁房建设中，往往会设立一个专门的、独立的融资机构，为公共租赁房建设的各个环节提供融资等金融服务。所以，我国公共租赁房建设资金，不仅仅需要政府给予相应的资金保障，还需要专业化的金融机构对建设的资金和后期的运作提供专业化的金融服务，这样能够全面掌控建设过程中对资金的需求以及后期的运营管理增值，降低融资的成本，提高资金的运作效率。在我国的公共租赁房融资实践中，地方通过建立投融资平台融资的城市和地区尚还不多，而且所建立的平台在一定程度上还依赖政府，其在融资方式、融资手段和其他金融服务上还没有形成专业化。

8.2 我国公共租赁房建设中吸纳社会资金的途径探讨

8.2.1 房地产投资信托基金融资模式

1) 房地产投资信托基金投资公共租赁房的可行性

房地产投资信托基金(real estate investment trust, REITs)是指信托公司通过发行受

益凭证的方式，募集特定多数投资者的资金，由专门投资机构进行房地产投资经营管理，并将投资综合收益在扣除一般房地产管理费用和买卖佣金后，按比例分配给投资者的一种信托基金。将 REITs 引入公共租赁房建设融资具有其可行性。

首先，从公共租赁房建设融资角度。在我国保障性住房体系中，公共租赁房不同于经济适用房和两限房，其物业不可以出售，投资只能通过租金收入回收，故其投资回报率低，投资回收期长。2012 年我国建设的 1000 万套保障房中，公共租赁房约占 23%，据估算，这 230 万套公共租赁房的建设资金需要 1725 亿元。公共租赁房融资渠道主要是政府预算、土地出让金等，由于公共租赁房的投资收益较低且投资回收期长，银行和金融机构的参与积极性较低。单一的融资渠道加重了政府的负担和担负的风险，而 REITs 作为一种新型的融资工具能很好地解决上述问题，一方面，它能够广泛地募集中小型投资者资金，扩大资金的来源；另外一方面，投资者按比例分享收益并共担风险，将风险的承担合理化。所以在公共租赁房融资中引入 REITs 不仅能降低政府的负担，也能合理分担银行的风险。

其次，从投资者角度。目前，我国的金融市场不健全，中小型企业家往往投资无门。2015 年末，我国金融机构本外币各项存款余额为 139.8 万亿元，其中住户存款 54.6 万亿元，非金融企业存款 43 万亿元。巨大的民间资本迫切需求资金增值的途径，释放资金的活力，而 REITs 的投资门槛较低，可以吸纳社会中小型投资者的资金。

另外，REITs 自身的特性也越来越受中小型投资者的青睐。主要表现在以下两点：首先，REITs 具有流动性强的特点，便于投资者进入和退出；其次，REITs 市场价值稳定，波动性较小，对于那些不善于经营股票等金融资产且对未来现金支出又不确定的投资者来说，是一个比较理想的选择。公共租赁房作为政府投资项目，比起其他房地产物业，虽然投资收益率低，但公共租赁房稳定的租金收益，使公共租赁房 REITs 成为一种稳定的，低风险的投资工具。

REITs 在公共租赁房建设融资中的应用具有其可行性。REITs 不仅可以拓宽公共租赁房建设者的融资渠道，缓解政府财政压力，调动公共租赁房建设的积极性，还为投资者提供了一种低风险、收益稳定的投资工具。

2) 房地产投资信托基金投资公共租赁房的运行模式

信托类型。根据投资方向的不同，REITs 可分为权益型、抵押型和混合型。根据公共租赁房"只租不售"并以租金为主要回款方式的特点，选择运用权益型 REITs，即直接投资并拥有收益型房地产，其收入主要来源于房地产的经营收入，包括租金收入和房地产的增值收益。

组织形式。REITs 主要有契约型和公司型两种组织形式，两者的区别主要在于发行主体的不同。契约型是由基金管理公司来募集资金，公司型是由信托机构发行信托计划。契约型是我国目前运用较多的组织形式，因为相对于公司型 REITs，其设立、运作和解散方便，组织稳定，能更好地保护投资人的利益。根据我国目前的市场环境和法律环境等情况，公共租赁房 REITs 宜采用契约型的组织形式。

运营方式。REITs 的运营方式分为封闭式和开放式。由于公共租赁房的建设期长，资金需求量大，且需要稳定持续的资金投入，宜采用封闭式 REITs，即在基金设立初期就确定发行规模和存续期限,在存续期内,投资者不能收回股份,只能转让。

资金募集方式。REITs 的资金募集方式分为公募型和私募型。公募型 REITs 可以面向市场的大众投资者公开募集资金,私募型则是采取非公开的形式向特定对象募集资金。鉴于我国目前尚未成熟的房地产投资信托市场以及相关法律法规的不健全,公共租赁房 REITs 宜采用公募型。

运营模式,见图 8.2。根据公共租赁房的保障房性质,首先是由基金管理公司发起 REITs,基金管理公司的组建应该由那些拥有政府背景的机构来承担。投资者注入资金,获取基金管理公司发放的受益凭证。REITs 的保管由基金管理公司选择的大型国有银行作为基金管理机构来负责。然后,基金管理公司选择公共租赁房开发企业完成公共租赁房的建设或收购,在此过程中,基金托管机构注入资金,政府也会适当提供一些优惠政策。公共租赁房建设完成后出租给符合条件的承租人。投资者获得的投资收益为基金托管机构发放的租金、REITs 收益、政府补贴等之和扣除一定比例管理费用后的剩余资金。整个运营过程中,政府是作为一个全过程的监督和管理的角色出现,除此之外就是给予政策优惠和补贴。

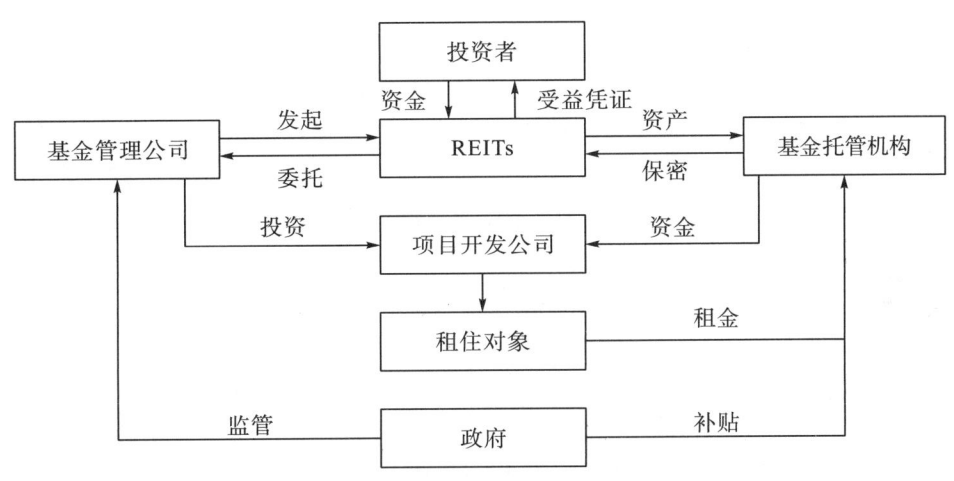

图 8.2 公共租赁房 REITs 的运营模式

8.2.2 公共租赁房建设债券

1) 债券融资的优势

债券融资能够很好地解决公共租赁房的建设资金需求,国家层面也对其进行了支持。2011 年住房和城乡建设部举办了"创新保障性住房融资渠道暨政府债券、企业债券支持保障性住房建设的研讨会",国家发改委下发《关于利用债券融资支持保障性住房建设有关问题的通知》等明确规定要发挥债券融资的优势、吸引社会闲置资金,确保保障性住房建设的任务圆满地完成。

在公共租赁房的融资方面,债券具有以下优势:①债券的融资成本低,资金回笼期限长。一方面,由于债券利息计入成本当中,因而可以减少缴纳的税金,起到降低税金的作用,这样合法的方式,能够极大地降低债券的成本;另一方面,债券的品种较多,有短期、中期和长期债券三种，长期债券正适合公共租赁房建设周期长的特点。②债券融资比较灵活。债券融资的来源和限制少，社会上的闲散资金、企业闲置资金等都可以成为债券的资金来源。与此同时，债券融资可以根据各地公共租赁房建设需求，设计债券融资的数量、规模和期限。③债券融资风险比较小。债券融资在运作过程中，债券承销机构来发行债券，银行第三方来进行资金的运作，这样就可以避免信息不对称带来的债券风险，更好地保证投资者的利益。同时，债券具有优先受偿权，对于投资者来说降低了风险。因此，公共租赁房债券融资具有很好的发展前景，其对于偏好风险小的投资者来说具有较强的吸引力。

2) 发行公共租赁房债券的可行性分析

首先，政策层面。2011 年 6 月，我国发布了《关于利用债券融资支持保障性住房建设有关问题的通知》，该通知中指出"允许地方政府通过融资平台发行公共租赁房债券，引入社会闲散资金加入公共租赁房的建设；并且要加强对这笔资金的监督和管理"。从该政策的出台，可以看出为了保证我国保障性住房的持续发展，国家正在积极地拓宽融资渠道。所以，从政策方面来看，国家鼓励公共租赁房证券化。

其次，融资资金来源。我国城乡居民储蓄和非金融机构储蓄额每年都呈快速增长趋势。2011 年城乡居民储蓄额达到 35.2 万亿元，2012 年城乡居民储蓄额达到 41.02 万亿元，2013 年城乡居民储蓄额达到 44 万亿元，2014 年城乡居民储蓄额达到 50.3 万亿元。由于我国投资渠道较窄，股票等风险较大，导致社会上存在大量的闲散资金。因此，如果能通过公共租赁房债券的形式将这些闲散资金利用起来，公共租赁房建设资金短缺问题就可以得到有效解决。社会上存在大量的闲散资金为进行公共租赁房债券融资提供了可行性。

第三，收益风险。公共租赁房投资收益率大于同期银行贷款利率。并且，公共租赁房由于配套设施较为完善、租金较低、保障对象范围较宽，在社会上具有巨大的需求。在后期的公共租赁房运营过程中，较高的出租率使得公共租赁房后期具有源源不断的收入。另外，政府对公共租赁房还有相关税收优惠、财政补贴方面的财政支持，保证了公共租赁房债券的还本付息能力。所以，公共租赁房债券具有收益稳定、风险较小的优点。因此，政策的支持、充足的闲散资金、较高的收益以及较低的风险为我国公共租赁房证券化的实施提供了可能，虽然现阶段我国金融市场并不完善，公共租赁房债券化实施存在一定问题，但这并不能阻挡我国公共租赁房债券化的发展。

3) 发行公共租赁房债券的操作模式研究

公共租赁房债券融资主体。公共租赁房融资主体是由政府注资设定的地方融资平台，或者是地方主导、社会参与，确定各方权利和职责所联合成立的融资公司。

公共租赁房融资债券发行方式。一般而言，政府发行两种债券：一般责任债券和收益债券。一般责任债券是以政府的信誉作为担保，其不与某个项目直接挂钩，地方政府完全依靠信誉吸引投资者。收益债券则不同，它是基于项目发行的，投资者的收益完全依赖于项目运行的好坏。由于公共租赁房投资回收期长、项目租金较低，如果以收益性债券的方式对投资者不具备较大的吸引力。因此，建议采用一般责任债券的形式，以政府信誉和财政收入作为担保。政府财政收入的担保降低了投资风险，对投资者来说具有一定的吸引力。

融资债券的偿还方式。债券偿还一般具有两种：部分偿还与全额偿还。部分偿还是指按照合同约定，分期偿还直至到期日全部付清；全额偿还是指在截止日期之前，一次性付清债券的全部本息。由于公共租赁房建设时间较长，公共租赁房的收入是后期出租带来的源源不断的租金收入，因此，采用部分分期偿还是较好的方式，这样不仅可以缓解政府一次性偿还的资金压力，而且投资者也可以享受后续运营中的增值收益。

公共租赁房的运作模式。整个过程中涉及融资、建设、运营三个主要过程，在此只介绍公共租赁房债券融资的运作过程(图8.3)。首先，政府设立专门的公共租赁房项目公司，项目公司作为公共租赁房债券融资的主要融资平台；然后，公共租赁房项目公司委托专门的债券承销机构向市场上筹集基金，债券承销机构向债券投资机构或个人发行债券，债券承销机构将投资机构或个人购买债券的资金委托银行托管，银行将设立专门的账户存储该笔资金，保证专款专用。银行在整个过程中负责资金的管理，包括所筹资金的管理、租户的租金管理以及支付投资机构和个人还本付息费用。作为第三方托管机构，银行会收取相应的管理费。

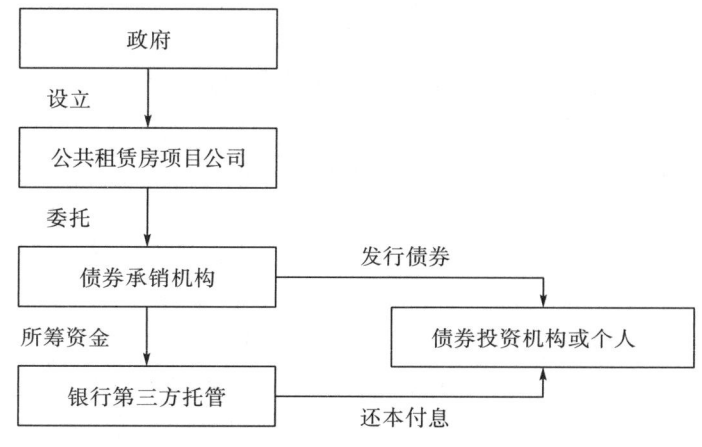

图8.3 公共租赁房建设债券融资的运行模式

8.2.3 利用住房公积金支持公共租赁房建设

1)可行性分析

首先，住房公积金制度面临发展困境，资金闲置、运行效率低下。我国的住房公积金制度自创立至今已经有二十多年，在发展过程中其主体框架基本没有做过改变，暴露出了资金闲置、资金运行效率低下等问题。2008年末，我国银行专户上的住房公积金存款余额已经达到5616.27亿元，完成备付金扣除之后的沉淀资金约为3193亿元，资金沉淀率(沉淀资金占缴存余额的比例)约26.35%。闲置资金占比量之大反映了住房公积金总体运行效率不高的现实。2005—2008年我国住房公积金运行情况见表8.1。

表 8.1 2005—2008 年我国住房公积金运行情况

年份	使用率/%	专户存款余额/亿元	沉淀资金/亿元	资金沉淀率/%
2005	68.67	2907.9	1656	26.46
2006	72.05	3520.02	1945.83	24.72
2007	74.58	4107.58	2186.55	22.76
2008	72.81	5616.27	2511.13	26.35

资料来源：2005—2008《住房公积金管理情况公报》。

由表 8.1 可以看出，2007 年至 2008 年，住房公积金的使用率呈现下降趋势，而资金沉淀率则有所提高。住房公积金作为一种信贷资金，必须重复地进行投入、周转和增值过程，在不断运营中才能充分发挥其资金职能，才可以最大限度地发挥资金的使用价值。住房公积金的大量闲置，不仅是对社会资源的一种浪费，而且很容易出现挤占和挪用现象。因此，在有偿的前提下，政府将住房公积金用于公共租赁房建设投资，可以减少公积金的闲置情况，并且可以提高资金的使用率。

其次，公积金投资渠道少，损害缴存人的资金收益率。在现有制度安排下，住房公积金的投资渠道非常有限，除了提供个人住房公积金贷款，实际上唯一的投资渠道就是购买国债。这样一来，由于投资国债的收益率较低，使公积金的资金收益率低下，给缴存人利益带来巨大损失；同时，这也是变相地让社会公众包括企业单位为政府财政部门提供廉价资金融通，是一种资金用途的异化，所以对购买国债应有所控制。将住房公积金用于公共租赁房项目贷款是对公积金用途的拓展，也是保护公积金所有者利益的方式。

2) 操作模式

根据公共租赁房"政府主导，市场化运作"的原则，住房公积金投资公共租赁房建设按管理方式，可分为三种：直接组织方式、全委托方式和半组织半委托方式。

(1) 直接组织方式，是指公积金管理中心作为所有者全程参与公共租赁房的建设，包括前期的资金投入、材料采购、建设招投标、建设过程的监督管理以及入住标准，后期运营管理等。

直接组织方式最大的优点是公积金中心能够及时、全面、快捷地获取公共租赁房建设进度、后续人员入住等管理信息，实现资金投向、实际使用状况的全面把控，这能提升对资金风险的防范与控制。但这种方式的缺点是非常明显的，公积金中心必须具备多样化的人才体系、完善的管理制度、充足的运营资源，以我国公积金管理中心的现状来看，达到这些要求仍有很长的路要走。

(2) 全委托方式，是指住房公积金管理中心委托一个或多个企业、专业机构具体负责公共租赁房项目的建设管理与运营管理。

可选择的方式一般包括全过程委托和阶段性委托两种。第一种方式是将公共租赁房建设与管理作为一个整体打包委托给一个企业或专业机构来实施；第二种方式是将公共租赁房建设与管理任务按照阶段的不同进行划分，例如分为建设管理阶段和运营管理阶段，分别委托给相应企业或专业机构来实施。全委托方式与直接组织方式相反，公积金中心只需遴选出受托方，然后注入资金，进行监管。这种方式对公积金管理中心的专业要求较低，但由于委托方和受托方的信息不对称，在资金等方面存在较大的风险，在制度成效方面的风险也难以掌控。

（3）半组织半委托方式，包含了以上两种方式的特点。公积金管理中心根据自身能力和特点承担公共租赁房建设和管理中某一阶段的实施职责，例如承担前期房屋建设组织管理职能，将后期的运营管理职能委托给企业或者专业机构；或将前期的房屋建设组织管理委托出去，接管建成交付运营之后的房屋。

半组织半委托方式兼具其他两种方式的优点，意在发掘和利用公积金管理中心的自身能力，结合有限外部资源，实现对项目情况的全面掌握、对潜在风险的高效防范与项目成功完成的高度统一。

综上所述，半组织半委托的方式是目前我国住房公积金进入公共租赁房建设投资领域的最佳操作模式。

上海是对公积金进入公共租赁房建设投资领域探索走在全国前列的城市之一，2011年，上海公积金管理中心从公积金增值收益中出资近15亿元，收储了新江湾"尚景园"公共租赁房项目。在这个项目中，上海公积金管理中心并没有参加公共租赁房的建设环节，而是直接通过收购的方式拥有了公共租赁房的产权，并享受收益。其具体运作过程（图8.4）：上海公积金管理中心出资收储"尚景园"项目并拥有其产权，委托杨浦区公共租赁房运营公司对项目进行租赁管理和物业管理，将公共租赁房出租给社会符合条件的承租人，对符合条件的公积金缴存人优先出租，然后公积金中心通过租金来回收资金。

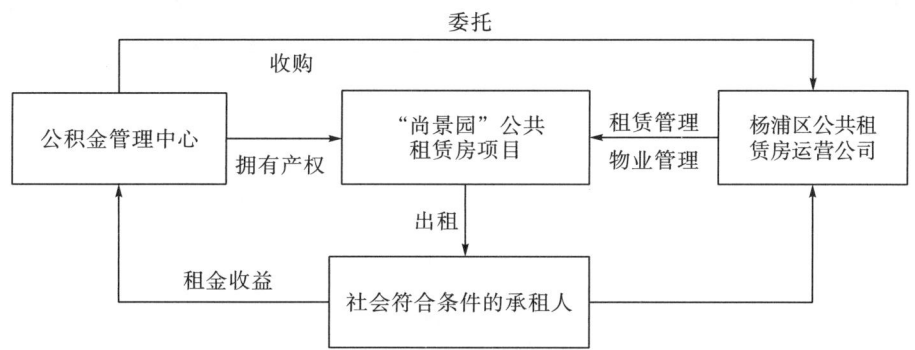

图8.4 上海公积金投资"尚景园"公共租赁房项目运营模式

8.3 公共租赁房市场化融资平台建设体系设计

公共租赁房市场化融资平台是具有政府背景的实行市场化运作的公共租赁房融资与运营实体。虽然公共租赁房属于社会保障体系的一部分，其建设和运营，政府应起主导作用，但并不意味着政府要进行全程管理，如果由政府全程运作，其公平和效率不能得到保证。在公共租赁房的工程建设、修缮维护、日常管理等方面应充分引进市场化运作机制。

8.3.1 公共租赁房市场化融资平台的运行模式

1）设立主体

由于公共租赁房的保障房性质，公共租赁房市场化融资平台的设立主体必须是政府或者有政府背景的国有企业。

2）资金来源

公共租赁房市场化融资平台的资金来源主要有两个方面：政府投入和社会融资。政府的投入主要是指政府以财政资金、专项补贴、土地出让金等形式将资本金注入公共租赁房融资平台中，形成平台公司的自有资金。而在社会融资渠道方面，民间资本更愿意以项目融资的形式进入公共租赁房建设领域，项目融资中，公共租赁房项目一般实行封闭式管理。

3）操作流程

首先，应由政府授权具有政府背景的国有企业成立公共租赁房融资平台公司，并由政府通过财政资金、专项补贴等方式将资本金注入，形成公司自有资金。然后，根据规划的公共租赁房项目，通过商业银行贷款、住房公积金贷款、房地产投资基金等形式向社会资本进行项目融资，其具体的流程（图 8.5）：民间资本与公共租赁房融资平台就意向项目签订协议，民间资本定期将资金打入公共租赁房融资平台公司的专项账户中，根据项目建设情况，向公共租赁房融资平台专项账户申请，申请通过后再将资金支付给在建公共租赁房，公共租赁房的租金和销售收入用来还款付息。政府要对公共租赁房融资平台的整个运作情况进行监督管理，以实现政府调节和市场机制的有效结合，确保平台的平稳有序进行，保证公共租赁房建设资金的持续供给。

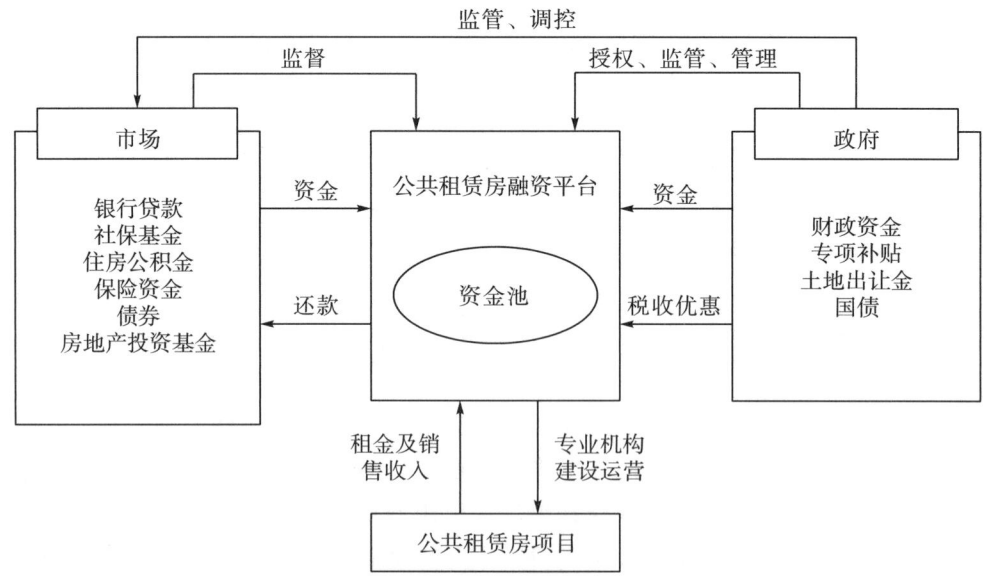

图 8.5　公共租赁房建设资金供给操作流程图

8.3.2 公共租赁房市场化融资平台的优势

首先，公共租赁房市场化融资平台的设立，可以将住房公积金、保险等沉淀资金盘活，并通过REITs、债券等方式将闲散的社会资金集中起来，支持公共租赁房的建设，解决困扰各地公共租赁房建设的资金难题。

另外，公共租赁房市场化融资平台在为政府财政减压的同时，通过多方式募集资金及政府全方位的监管，有效的分散了公共租赁房融资过程中存在的风险，更好的保证公共租赁房建设资金链的持续和稳定。

8.4 我国保障房并轨后资金供给研究

经济适用房在实行过程中，存在着权力寻租现象，各地政府逐渐用"以租为主"的租赁性廉租房、公共租赁房代替经济适用房。2013年底，住建部、财政部、国家发改委公布《关于公共租赁房和廉租住房并轨运行的通知》，要求全国从2014年起，各地实施"两房并轨"。在提出保障房最新政策之时，需要对廉租房和公共租赁房并轨管理带来的新变化进行思考，因此发现了两个比较重要的待以解决的问题。其一，保障房管理机制需要重新建立。因为保障对象的家庭状况、经济实力等不同，需要政府对他们给予不同的人头补贴，以保障他们的基本生活质量。其二，新政策的推出使保障房的种类逐渐转为"以租为主"的租赁性住房，由于租金低、回收期长，对社会资本参与建设的吸引力弱。近几年来，各地都在大规模建设保障房，政府的资金压力已经很大，一些地方政府为此背上债务。

不难看出，经济适用房、廉租房和公共租赁房并轨所带来的建设资金短缺成为最棘手的问题。通过定量分析粗略估算出3600万套保障房所需要的土地和建安成本约4.97万亿元。面对建设保障性住房巨大的资金压力，在学习借鉴国外保障房建设经验和分析国内保障房问题的基础上，本研究提出了解决保障房资金困难的新思路，促进保障性住房快速顺利发展。

8.4.1 国内外保障住房资金供给筹措方式

保障性住房是政府为了照顾中低收入家庭而提供的一种政策性住房，对于改善民生、促进和谐具有重大意义，同时对抑制商品房价格过快增长具有深远影响。

1)国外保障房资金供给筹措方式

(1)新加坡保障房资金供给筹措方式模式。

国外一些国家保障房的发展比较成熟，有很多先进的经验值得我们学习，其中以新加坡、美国、英国为代表的国家的保障房资金供给筹措方式模式颇具特色。

新加坡在住房保障制度方面很有特色，成功解决了住房问题。其主要特点：①建屋发展局负责组屋的开发建设，政府主导支持；②土地资源由政府控制，保障了组屋的土地供应；③完善的住房公积金保障制度破解了组屋建设融资难题。政府通过卖国债向中央获取公积金，并通过贷款和补贴的方式注入建屋发展局，建屋发展局获得资金进行组屋建设,并且将建好后的组屋销售或者出租给居民。居民可以提取公积金进行支付。建屋发展局再将回流的资金偿还贷款,余下部分作为下一批组屋建设的启动资金。这样,中央公积金局实际上就为公共住宅建设提供了源源不断的大量资金来源,由此形成了政府、老百姓和建屋发展局三者之间的良性循环(图8.6)。

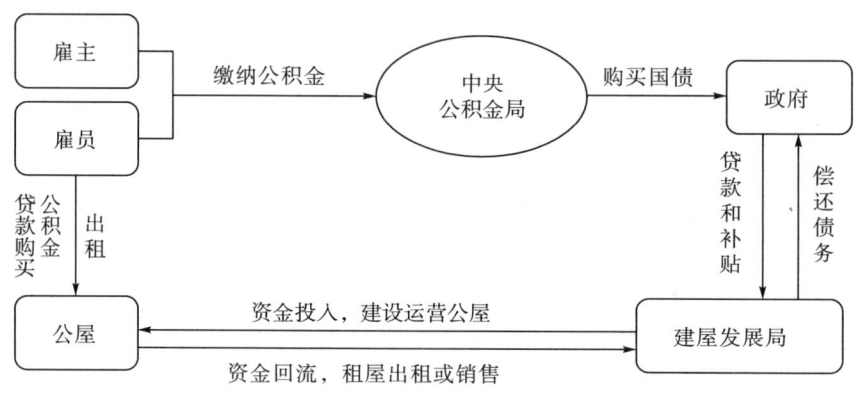

图8.6 新加坡租屋资金运作模式

(2)美国保障房资金供给筹措方式。

美国联邦政府对低收入者提供的住房支持主要包括4种形式:

①提供大量资金,支持保障住房的建设;

②为州及地方政府提供资金,资助发展地方住房项目;

③为低收入家庭提供租金补贴,保证"租得起房";

④为购买住房的家庭提供金融和税收支持,主要包括贴息贷款、担保和贷款利息在个人所得税税基中予以抵扣等。

其中,第4种是美国联邦政府采取的最为普遍的支持模式。

(3)英国保障房资金供给筹措方式。

英国前期的保障房主要靠政府出地出钱资助住房协会。现在政府对住房协会的财政支出紧缩,住房协会寻求多种不同的途径筹集资金。譬如"混合开发"方式,即政府提供土地,住房协会进行保障房建设的同时可以进行商业地产(包括写字楼和商铺)的开发,这部分商业产权归住房协会所有,后期商业物业的经营收入,可以弥补保障房建设的资金投入。还有一种是"规划得益"机制,也就相当于我国的配建制。政府通过规划手段,强制要求新的住宅建设项目配建一定比例的保障性住房,而开发商通过税收和土地方面的优惠政策得益。配建比例一般占整个项目的15%—30%。

2)国内保障房发展过程

我国保障房的发展起步晚,发展形势经历了经济适用房、廉租房、两限房、棚户区改造、共有产权房和公共租赁房等类型和阶段。

各种保障房的发展情况如表8.2所示。

表 8.2 我国保障房发展现状

	经济适用房	两限房	廉租房	公共租赁房	共有产权房
起源时间	1998 年	2007 年	1998 年	2010 年	2007 年开始试点
适用对象	中低收入者	本地户籍的中低收入者	低收入贫困者	夹心层	中低收入者
租售性	出售型	出售型	只租不售	可租可售	可租可售、产权共有
优点	经济适用、成本回收快	成本回收快	租金低廉	覆盖面广、经济实用	政府建设资金回笼快
缺点	权力寻租、滋生腐败	权力寻租、滋生腐败	住房质量差、政府积极性低	运营机制待完善	可能会导致公共资源的权力寻租

从表 8.2 可以看出，为了顺应时代的变化，面对每个阶段保障房出现的弊端，保障房的供给形式也在不断地变化。但是，我国保障性住房在不同的发展阶段存在诸如住房质量差、配套不齐全、管理监督机制不完善、融资方式狭窄、准入和退出制度的不科学等弊端。

8.4.2 保障房的"两房并轨"

1）为何要实行"两房并轨"

根据我国各类保障房的发展现状，经济适用房由于种种原因，正渐行渐远。在现实中，由于统计审核复杂，不少地方出现了保障房供应与需求不平衡现象。例如：某些地方廉租房供应过剩，公共租赁房供不应求；公共租赁房空置，廉租房保障对象没房可住等现象。供需不对等，造成了管理成本偏高、运营效率低、公共资源浪费等问题。而新的政策，可以很恰当的解决诸如这样的问题。廉租房和公共租赁房并轨不仅让被保障对象有了更大的申请余地，而且还减少了退租、换租的流程，方便了群众，提高了效率。

2）"三房并轨"出现的资金缺口问题

虽然经济适用房在实行过程中，存在着权力寻租现象，但是出售能快速回笼资金用于新的保障房建设，逐渐取消经济适用房政府建设保障房的财务负担大大增加了。廉租房与公共租赁房建设标准不同，并轨后建设标准提高了，但租金仍然会因人群的收入而不同，这样一来对于政府不仅增加了建设成本，而且还要解决好廉租房保障对象的货币补偿问题。所以"三房合一"保障房体系在执行过程中，会比原来的保障房资金缺口更大。

根据对 2011 年各类保障性住房比例以及平均面积可以得出保障性住宅加权平均面积为 64 平方米。一般住宅小区容积率为 2.0—2.5，取 2.3 作为全国保障房的容积率，则可以推算出我国 3600 万套保障房需要土地 150 万亩。并且，对中部城市的征地拆迁标准进行了分析，在本部分计算时，我们取 30 万/亩来作为我国平均的征地补偿标准。通过对 2011 年保障房建安成本数据整理以及后面建安成本价格趋势预测，3600 万套保障房建安成本约 3.67 万亿元。小区配套一般为 350—400 元/平方米，此处取 375 元/平方米。

经过计算可知（表 8.3），我国 3600 万套保障房共需要 4.97 万亿元资金，这里边只包含了土地整理费用、建安成本和小区基本配套费。做这样的估算前提是各级政府免去城市基础设施配套和开发过程中的各项税收，并且没有考虑建设期间各种贷款的资金成本。

表 8.3 保障房各项开发成本汇总

主要开发成本	单价	总量	总额/万亿元
土地整理费用	30 万/亩	150 万亩	0.45
建安成本	—	—	3.67
小区配套费	350—400 元/平方米	23 亿平方米	0.85
总计			4.97

3)解决公共租赁房建设资金问题思路

目前我国保障房主要资金来源是财政资金、银行贷款和直接融资。现阶段我国保障房融资渠道存在很多问题，包括财政资金支出不足、银行贷款有限、政府支出主要依靠土地出让金等。在直接融资渠道匮乏，间接融资渠道不畅的情况下，公共租赁房的建设面临很大的问题。因此，必须引入新的资金来源，拓宽新的融资渠道。

(1)拓宽可用于公共租赁房建设的专项财政资金。

目前，土地出让金是支持保障房建设的重要来源。以土地出让金为主导的保障房建设专项资金供应机制存在极大风险，一旦房地产市场出现波动，土地收入受到影响，能支持保障房建设的财政资金就会缩减。因此，地方政府要逐渐减轻对"土地财政"的依赖，寻求新的财政收入来源。

本书建议扶持房产税(进行过试点，但没有推广)，因为即使是政府通过发行债券、银行贷款等其他形式来筹集保障房建设资金，也是以政府之后若干年的财政收入作为担保的。所以，开辟征收房产税来拓宽政府财路是有必要的。在本书后面将会对房产税做详尽的介绍。

(2)拓宽民间资本进入保障房领域的渠道。

民间资本参与到社会公共基础设施中来，有很多种方式，各种融资模式都有自身的特点和适用范围，到底哪些适合保障房的建设，具体运作模式又是如何，将在本书后面做详细解读。

8.4.3 拓宽资金来源建议

8.4.3.1 建设全面完善的房地产税收政策

1)试点城市房地产税政策梳理

重庆和上海是国家首批征收房产税的试点城市，从 2011 年开征以来就受到各界的争议。有人把房产税比喻为"退烧药"，希望房产税的实施可以降低房价。但几年过去了，房地产市场的热度不减反增，于是有很多人批判房产税没有用，应当取消。

房产税解决不了房价。房产税是一个长效机制，现在房产税的征收力度不大。因为中国人买的房子都是把 70 年的土地出让金一次性付给政府了，如果对所有的存量房，老百姓每个月再加几百块钱的税，他们的税收负担可能比较重了。

房地产税的核心问题有两个方面：一是增加投资者、投机者的持有成本；二是为地方财政寻找到一个广泛的、持续的财源，使它不再依赖土地财政。后一个是主要目的，因为西方的城市50%—70%的收入是来自房地产税,这也是地方政府持续不断的税收。

我们应该客观理性地去看待房产税的作用,房地产毕竟是市场竞争,房价是由很多因素决定的:供需情况、城市化、家庭收入、年龄结构、货币发行量、净人口流入量等等。

对上海和重庆两地房产税政策进行梳理,见表8.4。

表8.4 我国房产税试点城市政策梳理

试点城市	上海	重庆
试点范围	上海市行政区域内	主城九区
征收对象	上海市居民家庭新购且属第二套及以上的住房; 非上海籍居民家庭新购住房	①个人拥有的独栋商品住宅,存量房和增量房均要征税; ②个人新购的高档住房; ③非重庆籍的无企业、无工作的个人新购的第二套及以上的普通住房
免征面积	家庭全部住房建筑面积人均不超过60平方米	一个家庭可对一套应税住房扣除免税面积,存量独栋住宅为180平方米,新购高档住房为100平方米
税率	以上年度上海市新建商品住房均价为基准,2倍及以下的,税率暂减为0.4%;2倍以上的,暂定为0.6%	以上两年主城区新房均价为基准,3倍以下的税率0.5%,3—4倍的税率1%,4倍以上的税率1.2%

注:①重庆的高档住房,即建筑面积交易单价达到上两年重庆主城九区新建商品住房成交建面均价2倍及以上的住房;②上海税基暂按应税住房市场交易价格的70%计算。

2)我国房地产税存在的问题

从重庆和上海两个城市增收房产税的条件来看,我国实施房产税存在以下问题:

(1)存量房和增量房的差别对待。上海和重庆两试点城市,房产税的征收方案都存在着差别对待。上海只对增量房及新购房征收房产税,而没有触动拥有存量房业主的利益。在重庆,只有独栋商品住房中的存量房在征税之列,其他房产的存量房并未涉及。也就是说,即使某人拥有的独栋商品房之外的房产数量再多,但若是存量房,则无须缴纳房产税。房产税是对不动产征收的一种税,其额度应该根据公民拥有财产的多少决定,因此,沪渝两个试点城市,所出台的征税政策违背了税负公平原则。

(2)普通房与高价房的差别对待。对于重庆籍居民,只对新购独栋别墅和房价超过主城九区过去两年新建商品房成交均价2倍的高档住房征收房产税,普通房并未涉及。据此,只要新购置一套高档住房,公民就需缴纳房产税;但新购置很多套普通房,仍无须缴纳房产税。这种只按照房产的价值来征税的做法,会引导投机者进军普通住宅,有可能提高刚性住宅的价格。

(3)本地居民和外地居民的差别对待。在上海,沪籍居民家庭只需对新购且属第二套及以上的超过免征面积的住房征收房产税,而对非沪籍居民家庭新购住房均要征收房产税,这样虽然可以打击外来炒房客,但也误伤了在上海工作,并且想要立足的人群,增加了他们的购房经济负担。在重庆,对重庆居民则只对高档住房和独栋别墅征收房产税。对于在市区无户籍、无企业、无工作的"三无"个人新购的第二套普通住房要征收房产税,经过限定条件,增加一部分没有重庆户籍,但在重庆工作生活的外地人购买第二套房子的成本。

3）对房地产税收的建议

(1)拓宽房产税的征收范围

在房产税试点过程中，一个较受争议的问题就是对存量房的征税。在中国，房地产开发流转环节税负过重，房地产保有环节的税负偏轻，致使房地产空置现象严重。房产税应该对二套房以上的所有房地产实施征收才具有效果，不管是新购房还是存量房。征收房产税最重要的目的，不是要增加地方政府财政收入，而是要对房产市场进行调节，从而回归住房的民生属性。不动产登记对存量房产征税提供了基础。并且，征收房产税既要考虑购房单价标准，又要考虑总价标准。

(2)加大房产税征收的力度

房产税的征收可以筹集到更多的资金用于公共租赁房的建设。但是房产税解决不了房价上涨问题，房产税是一个长效机制。

中国不同于西方，我国的城市建设土地归国家所有。现在房产税的征收力度不大，因为中国人买的房子都是把70年的土地出让金一次性付给政府了。在这个时候，如果针对所有的存量房，对老百姓再征收较高税率的房产税，居民的税收负担可能就比较重了。

房地产是资本品，资本品就应该收取资本保有环节税，也就是物业税或者房产税，重庆房产税试点模式在我国城市发展中具有积极意义。

2011年初，重庆和上海进行了房产税试点。为什么重庆房价很平稳，除了土地供应和价量、房地产投资供求控制以外，很重要的一个原因是房产税政策的出台。房产商怕房价高收房产税而卖不动房子，不敢轻易抬高房价。这使得房价理性上升，而不是盲目上升，起着阻碍投机的作用。

房产税的意义有三条：

一是丰富了中国房地产的税种，形成直接税和间接税的完整体系，长远有利。现在中国的房地产税，基本是生产环节税，交易契税、所得税、营业税、增值税，而资本保有环节的税基本没有。

二是由于增加了持有成本，对投机炒作闲置房起着压制作用。

三是对调控、抑制住房造成的贫富差距有一定作用。房产税有益于财税体制改革，有益于房地产市场的健康发展。

从税量上讲，房产税是一个财产税，每套房子一旦征税，会持续下去，随着每年发生的一级市场交易过程，每年收的对象都会增加一批，历年累计下来，房产税的税基会很宽。现在不是要收多少税的问题，现在收取对象越小，切入点越小，社会越平稳，房价调控的效果越好。

目前，重庆房产税的试点方案，只对7%左右住房对象收了房产税，93%左右的普通商品房对象没有包含在内，相当于只对少量高档豪华公寓、别墅收了特别消费税。

重庆房产税试点试验意图是：现在的商品房都交了土地出让金，50年、70年到期后要不要补交出让金？答案是可以不再交，顺势转为一年交一次房产税，从而形成土地出让金和房产税之间的平稳转换。

8.4.3.2 采用 BT 融资模式

1) 项目融资模式对比分析

为了区分不同的融资模式应用于公共租赁房建设的适用性，表 8.5 将从每种融资方式的适用范围、投资主体、风险大小及承担主体、资金来源等 5 个方面进行比较分析。表 8.6 罗列了各个模式适用于保障房的推行障碍。

表 8.5 五种融资模式差异性比较

类别	BOT①	BT②	PPP③	PFI④	REITs⑤
适用范围	收益性高，规模较大，纯经营性项目	政府基础设施，非经营性项目	经营性项目，不要求较高收益	经营或非经营性项目，不要求较高的收益	房地产经营性项目，收益稳定
风险大小及承担主体	风险较大，外商或私营资本承担风险	风险较大，主要由私营资本承担风险	风险较小，政府、私营资本共同承担风险	风险较小，主要由私营资本承担风险	风险较大，投资风险分散
投资主体	外商及私营资本	外商及私营资本	政府、民营企业	政府、本国民营企业	全社会投资者
资金来源	自有资金、贷款等	自有资金、贷款等	自有资金、贷款、财政支持等	自有资金、贷款、政府分期付款/补贴等	资本市场
私营资本收益形式	特许期内的经营收入	政府回购资金	特许期内的经营收入	特许期内的经营收入	项目资产的现金流入

表 8.6 各融资模式应用于公共租赁房的推行障碍

	BOT	BT	PPP	PFI	REITs
推行障碍	私营机构在特许期内拥有保障房经营权，收益率较低；政府监管难度大	项目竣工后，若政府财政不足，无力回购项目	我国 PPP 融资模式法规制度缺失，政治法律风险较大	经营期内，政府对项目没有控制权，产品保障属性有缺失的风险	法律和政策的不完善；公共租赁房的低回报率难以吸引社会投资者的目光
相对适用性		最优			

由以上分析可以看出，BOT 适用于规模较大的纯经营性项目，对收益要求较高，与公共租赁房低廉的租金收入不符合，并且特许协议期内的项目运营，加大政府的监督工作。而 BT 模式中，私营企业不用承担项目建成之后的经营后果，盈利是靠与政府提前约定好的项目回购费用，不过这种方式私营让企业不仅要承担项目建设风险，还要面临的最大风险是政府没钱支付回购款。PPP 和 PFI 两种模式中，转换了政府的职能，但应

---

① BOT(build-operate-transfer)，即"建设—经营—转让"。
② BT(build-transfer)，即"建设—移交"，是政府利用非政府资金来进行非经营性基础设施建设项目的一种融资模式。
③ PPP(public-private partnership)，又称 PPP 模式，即政府和社会资本合作，是公共基础设施中的一种项目运作模式。
④ PFI(private finance initiative)，英文原意为"私人融资活动"，在我国被译为"民间主动融资"。
⑤ REITs(real estate investment trust)，即房地产投资信托基金。

该值得注意的是，PFI模式中，政府对项目运营的管理作用是有限的，项目的控制权是由私营部门掌握的，因此也不太适合应用于公共租赁房。PPP模式理论上是一种运用于公共租赁房的建设较理想的模式，但是由于我国起步较晚，我国政府对PPP项目政策、规定等落实不到位，政府权责划分不清，法规制度缺失。对于民营企业来说，在与地方政府的博弈中处于弱势地位，并且项目合同的执行经常受到地方政府换届的影响，所以在法律层面上风险较大。综合以上分析，BT模式是较优的模式。

2）公共租赁房的BT融资模式运作流程

采用BT融资模式运作流程为(图8.7)：①政府首先确定BT项目，颁布BT特许权意向，公布BT项目招标公告；②意向企业根据招标公告申请投标，提交技术经济可行性研究方案以及BT实施方案；③政府部门根据各个投标企业递交的方案进行资格预审、评标，确定BT投资建设方；④政府部门与BT投资建设方签订合同，明确双方的权利与义务，成立项目公司；⑤项目公司负责项目设计、确定施工单位、进行材料采购等工作，项目进行建设，政府部门进行建设项目过程监管；⑥项目完工后移交政府部门，政府部门负责项目的运营并偿还债务。

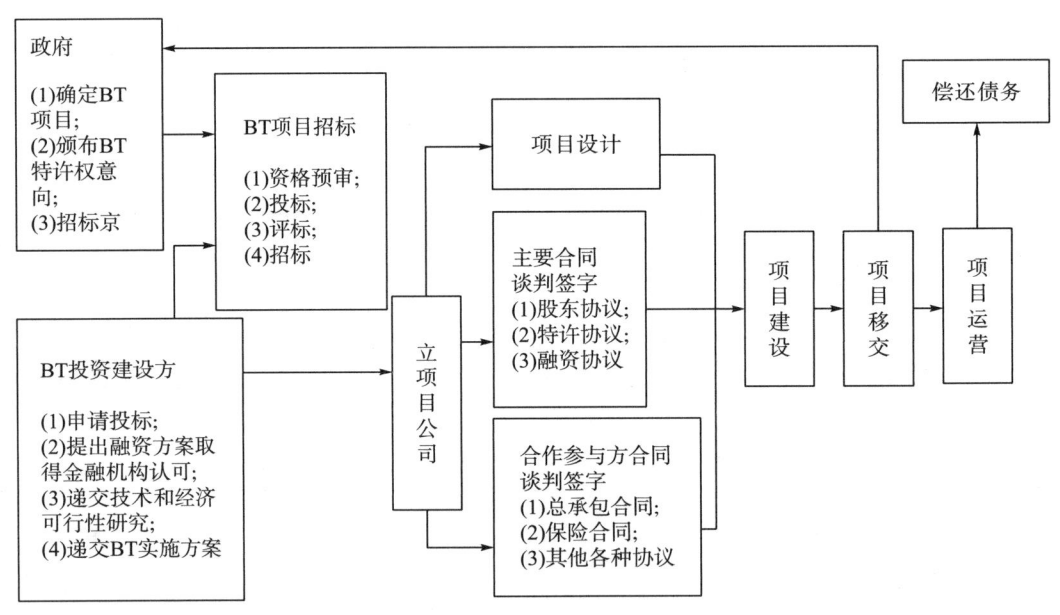

图8.7　BT融资模式运作过程

BT模式不仅缓解了政府部门公共租赁房建设的资金压力，而且提高了项目公司的专业化管理和建设效率。

8.5　本章小结

本章通过对公共租赁房建设资金来源途径、运作方式等现状的分析，提出在公共租赁房融资过程中存在资金不足、来源渠道单一等问题。并针对存在的问题，提出了将房地产投资基金投资公共租赁房建设、公共租赁房建设的债券融资和利用住房公积金支持公共租赁房建设三种创新的市场化融资途径。为了更好地解决公共租赁房建设的资金问题并有效的分散风险，设计了由政府主导的公共租赁房市场化融资平台。最后，通过对我国"三房并轨"后资金供给的研究，建议通过推广房产税来拓宽政府财政收入，进而支持公共租赁房建设；在其他融资渠道方面，在对多种融资模式进行比选和分析后，提出 BT 融资模式适用于公共租赁房的建设。

9 公共租赁房项目可持续经营制度设计

9.1 公共租赁房建设设施与物业配套的可持续性

在大批量建设公共租赁房投用后，公共租赁房社区的配套建设与物业管理，成了更大的考验。如何使公共租赁房更宜居，如何令其真正良性的运营下去，需要让公共租赁房从初期的规划布局到后期的管理运营实现项目的良性可持续发展。

9.1.1 公共租赁房建设设施与物业配套现状及其存在问题

1）公共租赁房建设设施现状及存在问题

(1) 缺乏相应的配套设施。

由于当前我国各地政府的财政重要来源是通过出让土地所得，地方政府大都不愿意将交通地理位置相对较好的地块用于建设公共租赁房。因此，大部分公共租赁房项目是建立在比较偏远的地区，交通、周边商业等配套设施缺乏。在建设中，小区内相应的生活配套设施没有同步，致使租房居民虽有房住，但生活很不方便。

(2) 标准较低。

从现在建成的情况来看，公共租赁房小区在配套设施上较为注重学校和商业，而其他几类配套设施相当缺乏，如文体类设施等。并且将建成的学校，商业，医院等规模与《城市居住区规划设计规范》的标准相比，公共租赁房小区的各项标准常常采用的是最低标准。

(3) 配套资金缺乏。

大部分公共租赁房建设资金都是由政府出资，在政府财政有限的情况下，出资建设公共租赁房都有很大的资金缺口，政府还要主导项目贷款资金的还本付息，资金压力巨大。因此，在实际情况中，公共租赁房项目的后期运营往往没有得到重视，运营资金也难以得到保障。

(4) 规划存在不合理现象。

目前，很多公共租赁房项目在项目规划时，更多希望在同样面积的土地上尽量多的建房屋，最大化地利用容积率这一指标，可能对项目的居住密度，对人居环境的考虑少一些。

(5) 配套质量有待提高。

公共租赁房由于其自身的特殊性，以及其建设资金缺乏的事实，导致有关部门在建设配套设施的时候尽可能降低成本。在不减少配套设施的前提下，通过降低建设标准来降低开发成本，使得配套设施在后期使用时运营、管理困难，小区居民在使用的时候存在一些问题。

2) 公共租赁房物业配套现状及存在问题

(1) 物业管理费用偏低、收缴困难。

公共租赁房的居住对象主要是中低收入家庭，为切实起到缓解中低收入人群的经济压力，物业管理费一直是由政府定价或执行政府指导价，其标准普遍不高。

以重庆公共租赁房为例，2011年重庆物价部门审批出台了民心佳园和康庄美地两个公共租赁房小区的物业服务收费标准，为 1.03 元/(平方米·月)(含电梯费、公共消耗费)，费用大大低于商品房的收费标准。公共租赁房物业管理费收费偏低，导致的结果就是物业管理公司降低服务成本，降低服务质量。其次，公共租赁房在物业费收缴方面也存在一定的困难，最极端的情况是有部分公共租赁房小区无法收缴物业费。本身收费标准就不高的物业管理费再遭遇住户的拖欠，进一步增大了人力成本高昂的物业管理公司的运营难度。

(2) 物业管理服务的设置和定位不合理。

公共租赁房小区住户群体与一般商品房有所不同，因此，在物业管理服务的设置和定位方面也应有一定区别。然而，有些物业管理公司缺乏对市场和客户的调研，某些服务既不与公共租赁房小区住户的承受能力匹配，也无法满足他们的实际需求，最终导致物业管理公司的盈利困难。与此同时，一部分物业管理公司为了缩减开支、节约成本，在服务项目、服务标准方面大打折扣，反而使得自身存在感低，无法得到住户的认可，继而难以收缴物业管理费，形成了一种恶性循环的模式。所以，公共租赁房小区的物业管理公司应当兼具自身的经营效益和住户的实际体验，在充分调研市场需求、把握业主群体特点的前提下，优化服务产品线，以服务对象量级和口碑影响力的提升换取运营的成功。

(3) 小区劳动力资源利用不充分。

公共租赁房是针对低收入人群的住房，在这一人群中有相当一部分收入不稳定或是没有收入来源，这客观上也是形成物业管理费收缴困难的原因之一。物业管理公司在员工选择方面，可以选择聘请小区内的低收入和无收入者，这在为公共租赁房小区住户提供就业机会的同时还能在一定程度上缓解物业管理公司的运营困境。同时，这部分人生活质量的提升，有利于培养他们的主人翁意识，实现小区整体氛围的和谐。目前的情况是，大多数小区的物业管理人员源于社会招聘，他们对小区缺乏归属感和认同感，增加了物业管理公司的管理成本和难度。

(4) 公共卫生环境管理困难。

公共租赁房小区一般规划的比较密集，居民总量大，客观上存在教育程度和自身素养不及一般商品房小区的现象。部分住户没有意识到公共卫生环境的重要性，给小区相关方面的工作带来一定程度的困扰。一旦物业管理公司在人员配备和资金准备方面有所欠缺，便会使得这个问题变得尤为突出，在影响公共租赁房小区整体环境和对外形象的同时也大大降低了住户的居住体验。

9.1.2 公共租赁房配套设施建设规划布局设计

面对公共租赁房配套设施建设涉及的种种问题，充分反映出现今公共租赁房配套设施配置缺乏针对性、设施建设滞后等方面的窘境。规划只有站在保障群体的角度，考虑他们的切身利益和固有的特征,有针对性地进行社区配套,才能真正体现效率与公平。

1)公共租赁房的保障对象需求特征

根据 2010 年颁布的《关于加快发展公共租赁房的指导意见》:公共租赁房的保障对象为城市住房有困难的中等偏下收入的家庭。部分地区可以根据当地条件将刚就业员工和有稳定职业并在城市居住一定年限的外来务工人员纳入供应范围。

重庆公共租赁房打破了城乡和内外差别,不设户籍限制,涵盖各类低收入家庭。主要涵盖了三类人群:本地住房困难家庭、大中专院校毕业生、进城务工以及外地来渝工作的无住房人员。

(1)交通出行需求。

这些人群的出行便捷性很大程度上依赖于城市道路和公交网络的完善程度,这类交通基础设施也影响着人群对城市资源的利用以及人际交往圈层的范围。当今社会,私有交通工具普及率越来越高,处于社会较低层次的中低收入群体更难获取城市资源。据在重庆多个公共租赁房小区调查显示,中低收入群体出行以公交车与轨道交通为主,占到出行主要方式的 90% 以上。因此,保障对象对公共交通便利程度有着更高的诉求。

(2)区域就业需求。

城市公共服务设施为居民提供了必要的生活、生产的服务条件,同时,公共服务设施由于其行业特性,需要大量不同层次的工作人员,某种程度上推动了社会劳动力的合理配置,这一点对于中低收入群体尤为重要。众多失业、半失业居民受制于收入情况和交通成本不得不选择短距离生活就业模式,在社区或周边从事商服业工作便成了他们的主要选择之一。与此同时,许多国外建设实践证明,即便居民通过旧城更新迁往新区,获得了住房保障,他们的生活品质仍然由于生活就业模式的变更而没有得到实质性的提高。

(3)公共配套设施需求。

城市中低收入人群作为公共租赁房的保障对象,他们原本大多生活在城市中心地区,对于城市中低收入人群来说,便利的住区公共服务设施是其维系生活原状态重要的因素之一。调查显示,重庆中低收入群体最常用的公共服务设施分别是超市、中小学校、幼儿园、文化娱乐设施、医疗卫生设施等。

(4)社会支持网络需求。

城市中低收入人群受制于自身能力和经济条件,往往无法获得社会活动空间的拓展,长期依赖于居住地附近的社会联系。就目前的情况来看,公共租赁房项目的成本和地价约束使之往往被规划在城市郊区,远离公共交通、医疗卫生、文体娱乐、教育资源等配套设施,这给公共租赁房住户带来了诸多不便。受保障人群以原有社会网络为代价换取了住房福利,不得不承受就医、入学、娱乐、治安等压力。

2)从保障对象需求出发,合理规划布局

公共租赁房小区居民为中低收入人群,自身资源相对匮乏,因此,建议从受保障对象实际情况出发,充分利用社会资源,合理布局保障房项目。公共租赁小区应选址于城市配套设施相对成熟地段,借用小区周边城市配套设施来满足或部分满足公共租赁房小区居民对城市配套设施的需求,缓解公共租赁房小区配套设施不完善的情况。合理布局公共租赁房小区用地,新城或城郊接合部与主城区相结合,最大限度地提高公共租赁房小区选址的合理性,位于新城或城郊接合部的公共租赁房小区,建议选址于地铁站或公交站点附近,增加居民出行的便捷性;同时,政府需加大对居住区配套设施的投入,满足居民日常生活的需要。公共租赁房可选址于具有发展潜力的新城或卫星城。

选址于具有发展潜力的新城或卫星城具有以下四点优势:一是由于新城或卫星城土地成本较低,可降低公共租赁房整体容积率,从而降低建设成本、提高公共租赁房居住区居住环境;二是新城或卫星城由于产业发展迅速,可创造较多的就业机会,实现公共租赁房居民就近就业;三是公共租赁房建成后即入住,可实现短时间内人口大量聚集,快速催熟新城或卫星城,促进新城或卫星城快速发展;四是由于新城或卫星城远离主城区,物价等明显低于主城区,有效减轻公共租赁房居民生活压力。

重庆公共租赁房不仅规模位居国内前列,而且在布局和规划上也走在全国前列。重庆主城区 21 个公共租赁房小区,均位于内环和绕城高速公路之间(图 9.1),将近 1000 万平方米。21 个群居区中实行公共租赁房与商品房无差别的"混建"(图 9.2)。容积率控制在 3.5—4.2,绿化率为 35% 左右,交通出行方便(全部处在内环和绕城高速公路之间的地铁线和轻轨沿线,如图 9.3 所示),配套建设有教育、医院、文化、体育以及经营性商业设施和公共活动场地。重庆公共租赁房定位于面向"夹心层"群体,他们希望缩短居住地与工作地之间的距离以缓解生活压力。因此,重庆公共租赁房项目的区位选择较为科学合理。

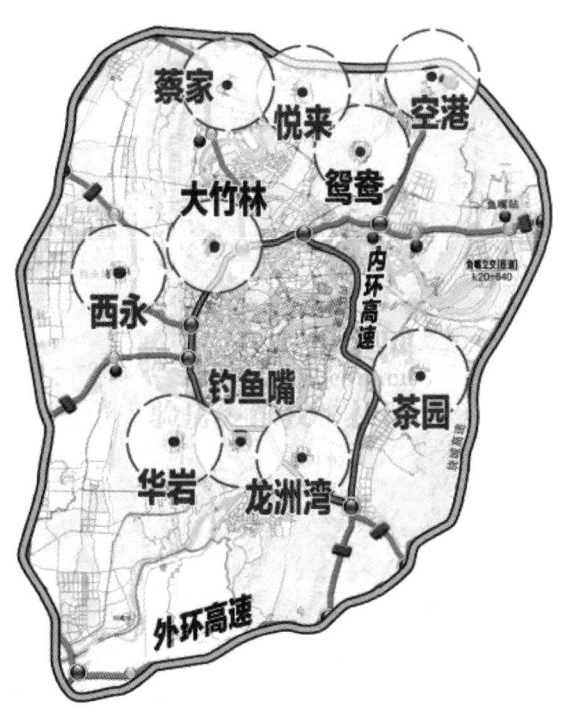

图 9.1 重庆主城区公共租赁房布局示意图
注:图片来源于重庆公共租赁房规划办公室。

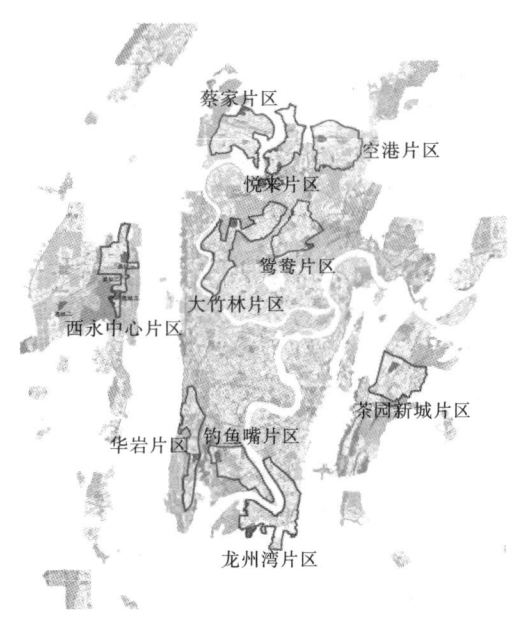

图 9.2 重庆新建公共租赁房规划示意图
注:图片来源于重庆公共租赁房规划办公室。

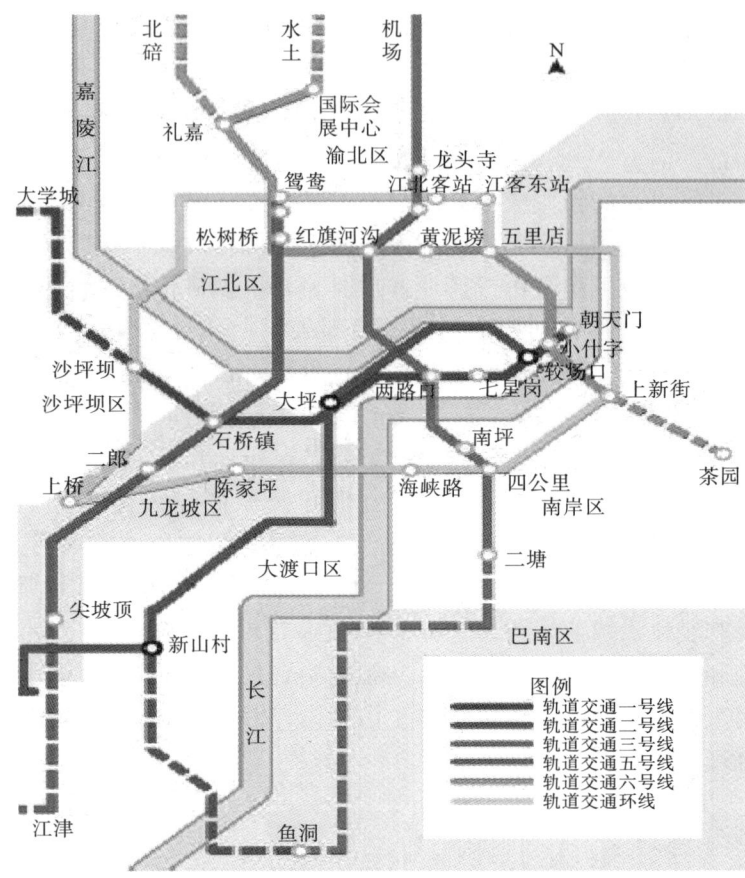

图 9.3 重庆轨道交通示意图
注：图片来源于重庆轨道总公司

重庆公共租赁房布局原则有以下五点：

(1)均衡布局。根据公共租赁房政策，租满 5 年后可以续租或购买，这在一定程度上确实会造成公共租赁房居住区平民化或是贫民化趋向。为不使低收入居住区变成"贫民区"，在 21 个聚居区里面都规划一定规模的公共租赁房，实行公共租赁房与商品房无差别的"混建"。全市各个方向都有，避免造成单一特性的居住建筑过于集中的布局。

(2)公交支撑。公共租赁房项目由于本身的非营利性质，不适合通过市场行为到土地市场拿地，而是通过政府行为在城市周边地区实现规划。这类地区一般都被定位为城市未来居民聚居区，基础设施薄弱。因此，公共租赁房规划必须着重考虑公共交通因素，通过设置与城市中心区域紧密联系的公共交通系统让公共租赁房居民解决通勤及其他社会生活的问题。

重庆在区域内公共交通支撑的支撑度非常高，特别是有轨道线网通过，并且和轨道站点的距离控制在 10—15 分钟的步行距离。鸳鸯片区、大竹林、华岩等几个片区都是在现已建成的 1、2、3、6 号轨道线站点周边。同时，还有高密度的普遍公交线路支撑。所以，重庆不仅仅是优化了原来的轨道线网规划，加大了轨道线网覆盖密度，同时也优化了其干路网规划，即在地面交通上有更长线路及更大密度的交通支撑，减少居民出行的成本。

(3)职住平衡。职住平衡就是将周边的产业布局结合在一起规划。重庆这 21 个大型聚居区的周边都有非常多的产业布局，这主要是结合重庆城乡总体规划和主城区空间发展战略规划的要求，按照疏解旧城、拓展新区的发展思路，城市规划引导这些城市空间积极的、高质量的建设城市社区。这些产业布局也要向二环发展，所以，从这个角度来讲，这些公共租赁房的周边都有相对成熟的产业配套，给居民提供就业的机会。

(4)配套完善。公共租赁房的建设，必须开始着眼于住区内各项公共设施的配套建设，并尽量使之与住宅建筑同步完工，投入使用，从而满足居民日常生活的基本需要。区域内的城市建设应有一定的基础设施，要为这些公共租赁房的住户提供完备的游乐空间，比如绿地、广场以及中小学、医院、购物等。

(5)环境宜居。重庆主城区内环以内的范围比较小，比较密集，很难再提供大规模的公共租赁房的用地，重庆通过轨道线网往外的拓展和公共交通的线路优化，干路网的优化，在这些地方布局了很多公共租赁房，这样就有利于降低租金，让利于民，降低建设的成本。从居住环境上来讲，内环以内的城市环境比较拥挤，环境改善难度也非常大；内环以外，二环时代的区域大多数自然环境非常优美、特色资源丰富。重庆还规划了十几个郊野公园和生态隔离的绿带，有利于重庆的生态建设。

3)公共租赁房配套设施配建指标体系

社区设施在《城市居住区规划设计规范》中定义为："居住区公共服务设施(也称配套公建)，应包括：教育、医疗卫生、文化体育、商业服务、金融邮电，市政公用、行政管理和其他八类设施"(表9.1)。在社区规划中按照配套公建的性质，可将公共服务设施分为三类：一类是不以营利为目的且面向全体社区居民的设施，如活动中心、公共厕所、运动场所、行政管理用房等；二类是虽不以营利为目的但面向特定受益人群的设施，如托儿所、幼儿园、中小学等事业性质的设施；三类是以营利为目的的商业服务设施，例如洗衣房、菜市场、餐馆、门诊所、储蓄所、收费停车场，此类设施通过自主经营活动既方便群众又获取收益。

表9.1 公共服务设施控制指标 （单位：平方米/千人）

类别	居住规模	居住区(3万—5万人)		居住小区(1万—1.5万人)		组团(3000—5000人)	
		建筑面积	用地面积	建筑面积	用地面积	建筑面积	用地面积
总指标		1635—3000 (1775—3250)	2095—5260 (2255—5430)	1166—2522	1242—3674	363—854	502—1070
教育		600—1200	1000—2400	600—1200	1000—2400	160—400	300—500
医疗卫生(含医院)		60—80 (160—280)	100—190 (260—360)	20—80	40—190	6—20	12—40
文体		100—200	200—600	20—30	40—60	18—24	40—60
其他	商业服务	700—910	600—940	450—570	100—600	150—370	100—400
	金融邮电(含银行、邮电局)	20—30(60—80)	25—50	26—22	22—334	—	—
	市政公用	40—130	70—300	30—120	50—80	9—10	20—30
	行政管理	85—150	70—200	40—80	30—100	20—30	30—40

注：①居住区级指标包括居住小区和组团两个指标，小区级含组团级指标；②公共服务用地控制指标符合相关的规定。

在一般商品房社区的基础上，对公共租赁房配套设施配建指标体系做出以下调整建议：

(1) 公共服务设施分级的增加与细化。

随着住区人口规模的增大与用地规模的转变，居住区的分级较之以往需要增加，公共服务设施配置标准也细化到了组团级，使居住区尽可能满足人们的各种需求。

目前，重庆公共租赁房采取"大分散、小集中"的方式，选址在交通便利、市政配套齐全或产业功能聚集区域。由于公共租赁房规划在人口密度方面高于一般商品房人口密度的1.5—2倍，为避免过于分散的配套设施造成土地的浪费，应适度调整公共租赁房住区公共服务设施配套标准、规模与分级结构，符合未来发展趋势。

重庆市的规划将公共租赁房居住区分级规模进行了合理调整，居住区人口规模由3万—5万人调整到5万—15万人，小区级由1万—1.5万人调整到1.5万—3.5万人，组团（街坊）级由3000—5000人调整到0.5万—1.5万人，与此相应的配套设施项目进行适当调整：如人口大于8万小于12万的大型居住区，需配置综合医院、综合文化活动中心，居住组团级中的物业管理用房、早点部和便利店合并至居住小区级公共服务设施配置标准中等等，以此适应公共租赁房住区发展需求，引导公共租赁房配套设施合理的规划建设。

(2) 细化服务群体，按需分类引导。

居住区域公共服务设施功能的变化往往源于居民生活的变迁，公共租赁房居住区由于居民职业、层次多元化，呈现出内同外异的格局。对于公共租赁房小区的公建配套规划必须建立在充分调研公共租赁房与普通商品房居民需求差异的基础上，建立与服务群体相匹配的公共配套指标体系。

本书在北京、上海、重庆、天津等同级城市住区公共服务设施配置标准分类对比的基础上，充分借鉴公共设施配置标准的合理性与科学性要素，并且结合前文所述被保障人群的构成及需求特征，提出公共租赁房公共服务设施配建指标调整建议（表9.2—表9.4）。

表9.2 居住区教育设施配置标准对比

分类	项目	天津 千人指标/(平方米/千人)		北京 千人指标/(平方米/千人)		上海 千人指标/(平方米/千人)		重庆 千人指标/(平方米/千人)	
		建筑面积	用地面积	建筑面积	用地面积	建筑面积	用地面积	建筑面积	用地面积
教育	幼儿园	280	364—420	280—310	420—450	446	801	240	270
	小学	450	650—750	274—305	548—610	275	625	350	753
	中学	230	414—460	184—210	368—420	425	850	200	375
	高中	—	378—420	134—153	268—306	425	850	255	540

表 9.3　不同城市居住医疗设施配置对比

分类	项目	天津 千人指标/(平方米/千人)		北京 千人指标/(平方米/千人)		上海 千人指标/(平方米/千人)		重庆 千人指标/(平方米/千人)	
		建筑面积	用地面积	建筑面积	用地面积	建筑面积	用地面积	建筑面积	用地面积
医疗卫生	服务中心	60	60	50	75	—	80	25 小于6万人	—
	服务站	15	10	24	40			3	—
	服务点	30—40	15—20	—	—			200	367
	综合医院	—	—	264 大于5万人	460			250 小于6万人 大于12万人	458

表 9.4　社区服务设施配置标准对比

城市	天津	北京	上海	重庆
社区服务	社区养老院、托老所	敬老院	敬老院、托养所	敬老院、托养所
	老年人活动中心	残疾人康复托养所	残疾人康复室	残疾人托养中心
	社区综合服务中心、服务站、服务点	社区综合服务中心、服务分中心、服务综合部	社区服务中心	社区服务中心、服务站
	物业管理服务用房	物业管理服务用房	残疾儿童寄托所	物业管理服务用房
	—	—	精神病人工疗站	物业管理处及业主委员会
	—	—	福利加工厂	居委会

第一，教育配套设施。公共租赁房的居住人口主要是成长中的城市白领、蓝领或是普通的打工一族，其年龄分布的特征就决定了公共租赁房人群对教育配套设施的需求。这部分人群有孩子的可能性较大，并且大部分都应该是上小学或是幼儿园的适龄儿童。所以公共租赁房教育配套要特别注重幼儿园、小学的建设。根据统计，我国社会平均寿命以 75 岁计算，小学占总年龄段的 8%，幼儿园、初中、高中年龄段各占 4%。但是由于公共租赁房租户的特殊性，相应的小学和幼儿园人数计算标准提高；再根据指标估算学校规模，规划建校地址，对于高中来说，高中生生活自立能力较强，家长几乎不用担心其生活方面的问题，并且多数家长择校是以学校教学质量为准，选择性较大，所以高级中学的配套适当调整，以一个居住区按一般规模设置一处为宜，幼儿园、小学、初级中学的配置按常规配置。

第二，医疗卫生配套设施。公共租赁房由于其保障性质，其资金和土地的供给给政府很大的压力。但是政府的工作不单单是将公共租赁房建好，更要注重后期的运营管理，实现其可持续发展。医疗设施适用于任何年龄阶段的人群，所以小区必须配套医疗卫生设施。但由于公共租赁房的性质，决定了政府将会最大限度地减少公共租赁房建设中的各种开支，其中也包括医疗卫生设施的配套。但这并不意味着公共租赁房住宅小区就不配备医疗卫生设施，而是政府在建设公共租赁房小区的时候就要综合考虑周围的因素，尽量将小区医疗卫生设施配套跨小区设置。这样不仅仅节约配套费用，更能提高设施的使用效率。

第三，文体类配套设施。公共租赁房社区更应该注重文体类设施的配套。公共租赁房居住区的居民大多是青年人，平时生活工作节奏较快，但他们是比较注重生活质量的人群。但是在配建文体类配套设施的同时，不应该从传统设施配套角度出发规划配套，因为这样就会造成很多小区都存在的浪费问题。考虑到公共租赁房小区住户人群特征，小区体育设施的配套更多的应该考虑到孩子，应该配套更多适合小孩活动的体育设施，关注孩子身心健康发展。此外，公共租赁房小区配套更应该注重信息网络时代人们获取信息的方式方法，规划创新一种新的文体类配套，如构建虚拟电子图书馆等。总之，公共租赁房小区配套可以优先考虑电子信息时代，网络带给人们的方便，减少实物建筑，提高设施的利用率。这样不但减轻政府配建公建设施的财政支出，也很符合人们的生活习惯。

第四，社会服务类配套设施。对于公共租赁房小区，人们更加看重的是便民服务设施建设，这是由小区居住人群的特殊性决定的。对于普通小区来说，不能不设置老年人服务中心和残疾人服务中心，但是，鉴于公共租赁房小区的特殊情况，在公共租赁房小区可以不设或是按照最低标准设置这两类服务设施。这是根据实际情况设置小区社会服务类配套。

第五，金融邮电类设施规划。根据公共租赁房小区人群特征，这部分人群比较注重理财投资或是金融类，但是，不需要多设置或是提高设置标准来满足人们的需求，因为这类人群更多的是注重电子货币交易或是投资。因此，公共租赁房小区金融邮电类设施可以适当调整，如合理增加保险公司、证券交易所的规模、数量，适当减少一些银行及邮电邮政局。人们越来越习惯网上电子货币消费，并随着信息时代的发展，现在已经很少有人使用邮件，基于此种考虑，可以适当减少银行邮政设施。此外，同样基于信息时代，网络发展迅速，小区应该设立物流一类的小公司。越来越多的人开始足不出户，在网上购买东西，这就给物流发展提供了一个大好机会。配套这种物流小公司要求较低，不用政府特地配建，使用街道或是一些空闲的服务设施一类的建筑物即可。

第六，市政公用类设施规划。公共租赁房小区严格按照规定来，市政公用基础设施达到以下标准方能交付使用：公用工程已办理了竣工备案，供水、燃气、排水、道路等验收合格准予交付使用的证明；用水进入城市排放系统；电力纳入供电网络；住宅与干道有链接；消防、防盗等验收合格；园林绿化符合相关规定。按照此要求，保证居民日常生活正常进行，有利于公共租赁房健康持续发展。

第七，行政管理类设施规划。公共租赁房小区必须要配备街道办事处、公安派出所（含训练场地）等社区管理机构，但是应适当缩减面积。

(3) 实现弹性预留，增强可持续性。

在公共租赁房住区规划中，满足可持续发展的要求是一项重要任务。为此，公共租赁房规划在满足相关规范要求之外，还应实现一定程度的"弹性预留"。首先，根据现行公共租赁房建设规范和公交导向的原则，公共租赁房机动车停车泊位指标应在商品房基础上适度降低，但是考虑到未来保障房的发展趋势，特别是公共租赁房"租、转、卖"的可能性，应预留未来机动车停车面积以适应商品化之后的公共租赁房发展要求。其次，由于公共租赁房的公建和市政配套相对简单，仍需规划部分预留用地，并且以小区为单位预留配套公建，以适应未来有可能出现的新公共配套设施以及新能源、新生态处理等市政设施的建设。

基于公共租赁房发展趋势以及被保障人群固有的特征，公共租赁房公共服务设施原有配建指标体系的调整势在必行。这种调整既要体现住区公共服务设施发展的趋势，还要兼顾效率和公平，区别对待不同类型的公共租赁房住区；同时，结合住区长远发展的需要，体现公共服务设施的弹性规划思路，为公共租赁房实现经济、社会、环境三方面效益的优化以及可持续发展奠定坚实的基础。

9.1.3 公共租赁房后期物业管理可持续运营

随着公共租赁房建设力度的加大，建成后如何对其进行管理是一个亟待解决的难题。公共租赁房的建设本身是民生工程，然而，如果公共租赁房在运营期产生的物业管理问题得不到妥善解决，那就只是单纯地把这部分居民的社会生活困难由居住问题转化为其他民生问题，长此以往，必然会影响到我国社会的和谐与稳定。

1) 公共租赁房与商品房物业管理的区别

公共租赁房与一般商品房不同，它的居住对象主要为中低收入群体，鉴于对象的特殊性，物业管理服务需要针对物业类型、物业产权、物业服务对象、物业费以及物业服务的重点进行相应调整(表9.5)，不能将商品房的管理模式加以简单粗暴应用。

表 9.5 公共租赁房物业管理与商品房物业管理的区别

物业类型	商品房	公共租赁房
物业产权	业主	业主有限产权或政府所有
物业服务对象	中高收入人群，素质较高	中低收入住房困难群体，素质较低
物业费	自主定价自负盈亏	政府控制价格，提供补贴
物业服务的重点	侧重于居住环境和服务	侧重于居住人群的管理

2) 现有公共租赁房物业管理模式的比较分析

通过对现有公共租赁房小区物业管理模式进行分析，当前我国的公共租赁房物业管理主要有两种类型：①政府直接管理模式；②市场化管理模式。

(1) 政府管理模式。

政府对公共租赁房直接进行物业管理是目前我国应用最广泛的一种模式，即由公共租赁房所在街道成立物业管理公司，提供相应的物业管理服务。这种模式有利于维护社会稳定，原因在于：第一，政府对公共租赁房小区的控制力较强。各个街道下属的物业管理公司可以确保公共租赁房的管理完全符合政府意愿。它们出于对上级单位负责的态度，会将维护公共租赁房小区社会稳定放在重中之重的地位，充分体现政府兜底的作用，不会发生由于经济利益而放弃管理的现象，整体社会风险较小。第二，有利于推动公共租赁房小区事务的解决，作为街道下属的物业管理公司能很好地承担居民与公安、城管、司法等部门联系的职责，使得各类矛盾得到及时有效地处理，同样能够维持整体氛围的和谐。

但这种管理模式也存在一些弊端：第一，难以提高运营效率。作为街道下属的物业管理公司往往脱离市场经济本身，着力于社会效益，加之拥有政府财政补贴，缺乏改善服务水平、提升竞争力的动力，导致进入运营能力低下、物业费难以收缴的恶性循环，最终成为政府财政的负担。第二，难以提高物业服务水平。这类物业管理公司并非由于市场原因自发组建，而是通过行政指令被动成立，缺乏专业化的管理团队、服务团队，难以承担维护和提升公共租赁房居民区生活品质的责任。

(2) 市场化模式。

市场化模式，即由政府通过公开招标的手段，从市场上选择具有相应资质的专业物业管理公司，以合同的形式约束双方成为公共租赁房小区的管理委托方和管理实施方，保证公共租赁房小区得到完善的、专业的、标准化的物业管理服务，赋予物业管理公司按照合同约定向业主收取物业费的权利，政府不提供财政补贴，由物业管理公司自负盈亏。

这种模式的优势在于：第一，缓解政府的财政负担。通过招投标进入的物业管理公司完全通过市场行为自负盈亏，政府不用提供直接补贴。第二，提升管理效率。专业化的物业管理公司为了提升物业费缴费率和增值服务盈利率，势必会想方设法提高自身的服务水平。第三，提供专业化服务。物业管理公司能够通过整合业界经验和资源为公共租赁房居民提供更为周到全面的管理服务，以提升自身形象。

这种模式也存在一定劣势：第一，难以管控社会风险。从市场上选择的物业管理公司以追求经济效益为目的，往往在维护公共租赁房小区社会稳定方面存在职责缺失，甚至在利润难以为继之时会选择撤出公共租赁房小区，导致管理缺位的发生。第二，无法保证公共资产的完整。物业管理公司往往试图通过各种渠道增加收入，容易出现出租公共资产的现象，给公共租赁房小区的长期稳定运行带来潜在隐患。

3) 公共租赁房物业管理的创新模式

通过分析可以看出，政府管理模式与市场化管理的模式都无法完全满足现行公共租赁房模式的要求，需要创造性地提出一种将二者结合起来的新模式，以达到公共租赁房物业管理的最理想状态。因此，一种介于二者之间的准市场化运营模式便应运而生。

在这种模式下，政府依然通过市场招标的方式选择专业化的物业管理公司，但其本身仍然要参与到公共租赁房的管理活动之中。准市场化运营的"准"主要体现在三个方面：第一，政府不能在引入物业管理公司之后退出，仍需要承担相应的社会管理职能。政府的作用在于积极协调社区、城管、公安、司法、民政等多个部门的综合管理。第二，公共租赁房项目需要规划相应体量的商业设施，将这部分商业设施的收益提留部分作为物业管理公司的补贴，实现公共租赁房物业管理的可持续经营。第三，以降低公共租赁房小区物业费收费标准来减轻住户的经济压力，同时也能提高物业费的收缴率，与市场差额部分也可以通过商业设施的运营收益进行补贴。

这种模式融合了政府与专业化的物业管理公司两者的优势。一方面，能够给公共租赁房住户提供专业化、标准化的物业管理服务；另一方面，又能将社会风险控制在一定范围内，实现社会稳定与安居乐业的和谐统一。

根据各地公共租赁房建设和运营的实际情况，有以下两种准市场化模式以供参考。

1) 政府主导、街道牵头，准市场化运营

由于公共租赁房项目的民生特点，它的管理不是简简单单的物业管理，而且还纳入属地管理的综合性管理。街道作为政府最末一级的属地管理部门，应当利用自身在综合管理方面的工作优势，牵头对公共租赁房项目进行管理。街道的牵头作用主要体现在三个方面：第一，在遴选物业管理公司的工作上牵头；第二，在对物业管理公司日常服务工作绩效考核与监督的工作上牵头；第三，在对公共租赁房小区社会稳定维护的工作上牵头。

在监督街道和物业管理公司的工作方面，相关政府部门也不能缺位。市一级政府要建立完善的综合协调机制，协调组织各级政府部门、各相关单位一同做好公共租赁房小区的物业管理工作；区一级政府应当落实对辖区内公共租赁房小区的物业管理领导和组织工作，明确相应街道的管理职责，建立透明有效的考核机制，确保属地街道能够妥善有效地完成物业管理工作(图9.4)。

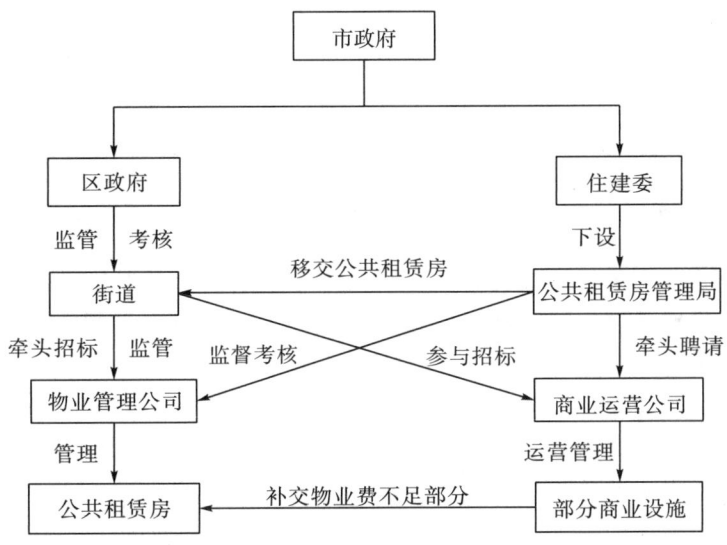

图9.4 政府主导、街道牵头，准市场化运营模式示意图

这种模式的优势在于：第一，责任清晰。在这种模式下，责任划分明确，各个参与单位对自己的领域负责，操作性很强。第二，优势互补。这种模式既有能够发挥街道的社会综合管理优势，又能够发挥公共租赁房物业管理公司专业化、标准化的运营管理优势，以便共同管理好公共租赁房片区。第三，资源配置合理。对于留存的商业设施，由公共租赁房商业运营公司来统一管理，那么公共租赁房管理局就可以将这些资源在各公共租赁房小区之间相互调度，使得资源能够得到有效利用。

这种模式也存在以下劣势：第一，难以调动街道的积极性。在这种模式下，街道所负的管理责任较大，他们缺乏相应的物力、人力资源和与之匹配的利益收获，从而导致这种模式落地困难。第二，组织协调难度大。在实际运用过程中，势必在公共租赁房公司和街道之间产生众多的管理交接面，沟通成本较高，同时，二者不存在隶属关系，协调难度更大,管理效率会不理想。

2)政府监督,开发商主导,准市场化运营

在这种模式(图9.5)下,公共租赁房项目开发公司承担主导责任,由其通过市场化方式挑选专业化的物业管理公司,可以尝试降低物业管理公司的门槛,拓展选择范围,有助于挑选出最具综合竞争力的物业管理公司。

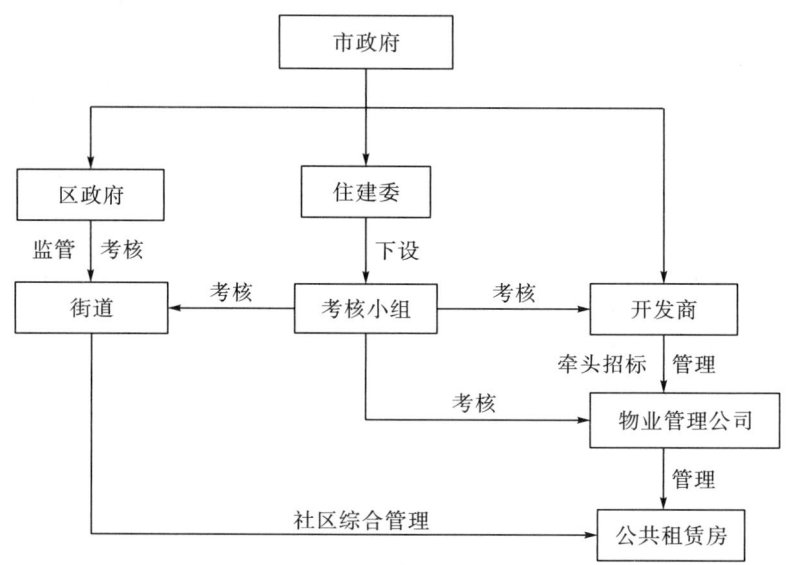

图 9.5 政府监督、开发商主导,准市场化运营模式示意图

由主管单位联合相关部门共同成立专门考核小组有助于对开发商的招投标活动进行有效监督,这个监督是包括制定标书、招标、评标、定标的全过程监督,确保最终签订合同的物业管理公司是在公开、公正、透明的机制下脱颖而出的。此外,考核小组还要对物业管理公司的日常物业服务进行考核,一方面确保服务的内容满足标准;另一方面,监控物业管理公司的运营成本,从而确定给予物业管理公司补贴的额度。维护公共租赁房小区整体社会稳定的责任由街道担当,使之成为城市大管理平台中基础的一环,并由考核小组对街道的管理工作进行考核,甚至可以从商业设施收益提存中提取部分作为街道工作的奖励,以提高相应工作人员的积极性。

这种模式的优势在于:第一,管理职权移交便捷。公共租赁房开发商作为项目前期建设的介入者和领导者,对小区整体情况比较了解。通过其下属的物业管理公司统筹项目物业管理,缩短了了解小区的过程,如果小区在实际使用过程中出现问题,能够推动物业管理公司和其所属的房地产开发公司进行对接,有效解决开发阶段遗留的问题。第二,服务质量能够保证。公共租赁房开发商直接参与物业管理有助于聚合相应的专业优势,把控服务质量,保障服务品质。第三,提升小区居民物业管理意识。由于物业管理公司的选择以及后期的管理都是在市场的范畴内进行的,有助于给公共租赁房小区居民传递"花钱买服务"的意识,从而降低后期物业费的收缴难度。

这种模式也存在一定劣势:第一,开发商意愿淡薄。公共租赁房的民生属性决定了物业管理利润较低,开发商缺乏参与的积极性。第二,物业管理区域划分困难。部分公共租赁房项目由不同的开发商代建，在物业管理公司的选择和具体区域的划分上容易产生混乱，无法实现后期统一管理的初衷。

公共租赁房建设作为一项"惠民工程"，能否真正改变老百姓的居住环境，关键在于公共租赁房在建成之后能否管理好。"三分建，七分管"，一旦管理不到位，必然会使得建设好的公共租赁房小区成为一个又一个"贫民窟"，政府仍然实现不了建设公共租赁房的目的。

为了能够提高公共租赁房物业管理的效率，必须要引入市场化的物业管理公司来提供专业化服务，但是考虑到公共租赁房的特殊性，政府在公共租赁房的管理中必然也要发挥重要作用。因此，政府与专业化物业管理公司共同参与的准市场化模式对管理好公共租赁房更为有效。准市场化模式又可以有不同类型，具体采用哪一种更为有效，应具体分析公共租赁房的建设模式、区域分布以及人员构成等，综合考虑做出选择。

9.2 公共租赁房小区商业配套面积的可持续管理运营

公共租赁房配套商业是以公共租赁房小区的居民为主要服务对象，以便民、利民和满足居民生活消费为目标的社区商业。加快发展公共租赁房配套商业，有利于形成合理的社区商业网络体系；有利于形成社区商业集聚区，促进居民日常消费便利化，降低购物成本，缓解城市交通压力；有利于实现公共租赁房小区居民享有便捷周到的商业服务，提高居民生活品质，构建和谐社区；有利于推进住宅改革创新，探索新型社区商业发展模式，为城市扩容新建居住区配套商业改革创新提供有益经验，推进城市化建设。

9.2.1 公共租赁房小区商业配套面积承担的三大功能

1）大中型公共租赁房社区配套商业承担的三大功能

（1）公共租赁房项目本身社区的生活配套功能，简称社区商配功能。社区商配功能指的是对各公共租赁房具体项目所形成的社区（简称公共租赁房社区）提供商业配套的功能，主要是解决社区日常的、基本的、主要的衣食住行相关商业需要的问题，属于典型的社区商业功能范畴。

（2）公共租赁房项目建设或可持续发展的融资功能，简称融资功能。由于公共租赁房项目较低的利润率或者没有利润，对社会资本缺乏吸引力，因此，资金来源是公共租赁房建设的焦点、难点问题，通过设置足量商业配套能够有效解决这一基础性问题。例如，根据重庆的公共租赁房建设账本，公共租赁房项目的商业配套板块收入约占建设资金的三成。可见融资功能在公共租赁房建设、运营、管理方面的重要性。

（3）城市副中心先行区商业配套服务功能，简称副中心先行区商配功能。根据各城市对公共租赁房项目的规划可以看出，大部分项目都选址于未来城市拓展的副中心方向，使得这部分项目具备未来城市副中心先行区的意义。相应的，公共租赁房项目包含的这部分商业配套也肩负着为未来城市副中心提供商业配套的职责。

2）三大功能实现障碍及隐忧

综合相关情况看，全国目前在实现中大型公共租赁房商业配套三大功能方面存在着一些理念、机制上的障碍，如果不及时发现并有效解决，轻则使公共租赁房这一重要民心工程出现种种瑕疵，重则可能严重影响三大功能的实现，甚至导致整个公共租赁房建设管理机制的制度设计失败和整个政策失败，并留下一系列后遗症，重蹈经济适用房政策设计和执行异化的覆辙。

将三大功能的实现障碍和潜在隐忧做一个简要梳理：

(1)任务紧迫、上马仓促导致项目规划和建管机制障碍。

众所周知，目前全国各地的公共租赁房建设项目由于任务紧迫，很多都上马仓促，相当一部分甚至连一般建设项目必需的基本的规划选址、用地、设计、建设、招投标方面的法定程序都没有履行，就已经开工，甚至完工并投入使用了，有的甚至完成了配套商业的招商工作，并进入营业状态。这种建设管理机制，存在着一系列或轻或重的问题，已引起多方面的关注。上马仓促，对于商业配套工作有多方面的不利影响，是最基础、最主要的障碍或者说难题之一，导致了一系列问题。例如，公共租赁房项目选址不够科学合理，导致对应的商配定位和运管困难，同时，仓促组建的配套商业管理部门也缺乏相应的专业经验和水平，对策划招商代理机构的物色和确定也欠缺考虑，由此产生的代理机构缺乏进行必要市场调研、理念集成和方案优化的工作周期，从而导致一系列现实问题和隐忧。

(2)业主单位缺乏大中型住宅社区建设，特别是商业配套建设管理的相关一系列经验。

由于大中型公共租赁房住宅社区前期建设处于探索阶段，前期对资金需求较大，需要较多的垫资，如重庆的公共租赁房建设项目强调的"公共租赁房姓公""公事公办、公建、公管"原则，项目由基础设施建设的平台公司进行建设和相应的管理。这些公司在房地产开发运营和商业地产运营方面经验寥寥，导致对整个配套商业的建设理念确定、代理公司择优、方案优劣鉴别、实施效果判定等方面都欠缺考虑，尤其是对商业渠道变化的预判欠缺考虑，有可能引发项目落实过程中的隐患和风险。

(3)仓促确定配套商业招商策划和选择运营机构，会导致策划运营的理念、招商和运营工作的粗放。

与此同时，存在的问题就是代理机构的专业水平、市场调研时间往往不足，这给后期带来的问题就是业态配置不合理、住户日常生活配套需求得不到有效满足。此外，也会产生业态供应缺失、准许垄断经营等问题，势必导致商品和服务在高价位上运行，引发不必要的投诉，最终影响公共租赁房项目的整体形象。

(4)相关融资功能实现困难。

即便是对公共租赁房项目融资考虑最为周全的重庆，在实行公共租赁房社区配套商业上采取的模式依旧是前期自持产权、招商经营。在这一过程中，已经将商业配套租户的经济和心理承受能力纳入考量，虽然具体各项目、各商铺有所差异，总体上仍采取低租金、短缴纳周期的模式。这种运营模式势必会导致商业配套收益只能维持基本运行，甚至存在缺口需要政府财政的直接或间接扶持，并不能良好落实对公共租赁房建设管理融资功能的补充作用。然而，如果将公共租赁房配套的社区商业一开始就全部出售，从商业地产运营的角度看，既不利于日常运行管理，也无法获得商业资产的未来增值。

9.2.2 公共租赁房配套商业配建比例以及开发规模

社区商业的繁荣与发展受多方面因素的影响，一般来说，所在地区的经济水平、社会零售总额、人口（消费者）、社区组织模式、地块所处的位置、交通等是决定商业模式及数量的重要因素。公共租赁房的商业配建比例以及开发规模则需要将公共租赁房配套商业的三大基本功能考虑在内。

9.2.2.1 从社区商业配套功能角度研究公共租赁房商业配建规模

1）千人指标和千户指标

目前，我国社区商业规模确定主要是根据千人指标和千户指标，国外商业发展比较成熟，由此产生的相关研究成果也比较多。本书通过梳理和归纳国外商业研究的经验，并将其应用于我国公共租赁房商业配套的定量分析，以期结合我国居住区规划的两大指标——"千人指标"和"千户指标"，确定满足公共租赁房需求的商业规模。

我国目前计算社区商业规模的主要方式有以下几种：

（1）"千人指标"法。

千人指标，指的是每一千居民满足生活需求所需要的公共服务的面积和用地面积。它按照公共建筑的不同性质进行计算。商业是按每千人所需售货员人数为计算单位，然后折合成每千人建筑面积和用地面积。

（2）"千户指标"法。

千户指标，是指满足一千户家庭需求的公共服务建设所需要的面积。由于家庭是城市的组成单元，根据中国群居的特点并与家庭的购买力以及需求进行预测，同时，千户指标也符合住房设计以家庭为单位的原则。

（3）对"千人指标"和"千户指标"的评价。

在我国实行住房分配之前，社区成员之间的差异来源于单位组织的差异，可以采用具有相当程度均质性的"单位"社区居民群体需求指标作为考量标准，这种情况下产生的"千人指标"配建指标体系具有相当的合理性。在采用千人指标计算方法对规划定点、定面积和按级配套的这二十多年里，居民的基本生活配套需求得到了相应满足。因此，目前住宅商业配套体量的确定还在沿用这一规定。然而时过境迁，这种简单易行的算法已经不能适应当今人们改变巨大的生活消费方式和不平衡的地区发展水平。同时，计算的总面积受每户平均人口的增减和社区动态发展人口变化的影响。根据"千人指标"规定，商业设施配置的弹性较大，公建配置上限比建筑面积下限多68%，真正在确定过程中仍需参考当地的经济发展水平、人口状况进行调整。而且，各级政府还应该在"千人指标"的确定上加入当地经济发展状况的因素，制定符合地方状况的"市级千人指标"，这些与时俱进的规定对于新建社区商业配套的确定更加具有指导的意义。

9.2.2.2 商圈理论

商圈是指在以商场或者商业区、街道为核心，向周边进行辐射和影响，对周边的客户形成凝聚力和吸引的一定的辐射半径。可以分为核心、初级和边缘商圈三个层级。可以将商圈视为以零售店为中心，向四周均匀展开的同心圆。核心商圈吸引了55%—70%的顾客，次级商圈吸引了12%—25%的顾客，剩余部分的顾客则来自边缘商圈。此理论被广泛地应用在确定零售店的规模上，研究的目的在于：对社区商业规模进行合理性的验证。研究商圈的主要模型包括雷利吸引力模型、贝利模型、康维斯模型、赫夫模型等，它们在商业选址、规模确定方面有指导性作用。

从目前来看，确定商业开发体量并没有一个像住宅产品定位一样比较成熟的研究模型。但就一般情况来说，目前商业体量的测算一般都是建立在市场调研的基础上，建立相关分析模型对该项目可能发生的客流量进行测算，结合所在地区人均零售消费额进行判断，得出相应的零售额，然后参照商业设施的零售额，可以知道商业地产项目预计发展合理的规模。

一个城市的商业地产规模可以根据这个城市所提供的经济数据计算出来，这为开发商业地产提供了理性的支持点。具有一定科学性的数学模型，使社区商业的开发规模能建立在更加客观的数据基础之上。

目前，比较常用的是雷利法则、赫夫概率模型与饱和理论结合进行体量的测算方法。以下就对这几种方法进行初步的介绍。

1) 利用雷利零售引力定律公式测算出商圈范围

雷利指出，位于两个城市交界处的顾客对于零售地的选择与地域的规模呈正比，与两个城市商业区到该地域的距离的平方成反比，并推导出下列公式：

$$T_a/T_b = P_a/P_b \times (D_b/D_a)2 \tag{9.1}$$

式中，T_a为a市对分歧点的零售吸引力；T_b为b市对分歧点的零售吸引力；D_a为分歧点与a市的距离；D_b为分歧点与b市的距离；P_a为城市a的人口数；P_b为城市b的人口数。

雷利零售引力定律的假设前提：①两城市主要道路交通易达性一样；②两城市零售店经营绩效无多大差异；③两城市人口分布相似。

雷利零售引力定律的局限：①未考虑到到达区域周边的交通状况；②顾客之前的购物体验或者相应的品牌、服务等会影响消费者的体验，好的体验会使得他们愿意花更多的路程前往；③消费的状况因人而异，使得判断不准确，销售额更难反映相应区域的吸引力。

雷利零售引力定律较为粗略，适合在资料不足的情况下进行估算，同时，也要结合相关的专业知识和对区域的认识综合判断。

2) 利用赫夫的概率模型理论测算出光顾概率

零售引力定律经雷利发展，由康维斯修正，但在现实中还是有许多限制。1966年，赫夫将过去以都市为单位的零售商圈理论，改成以商业街、市场、百货公司、超市等零售业为单位发展出新的模型理论。

赫夫利用雷利及康维斯计算商圈所使用过的"人口"和"距离"的系数，以及商业集中区的"零售面积规模"，经这三项重要指标的组合，将各商圈的吸引力强弱或购物比率，发展成为概率模型理论。赫夫模型的公式为

$$P(C_{ij}) = \frac{\dfrac{S_j}{T_{ij}^{\lambda}}}{\sum\limits_{i=1}^{n}\left(\dfrac{S_j}{T_{ij}^{\lambda}}\right)} \tag{9.2}$$

式中，$P(C_{ij})$ 为居民区 i 到购物区 j 购物的频率；S_j 为 j 商业中心的面积；T_{ij} 为居民区 i 到购物区 j 的时间；n 为居民区 i 周边的商业数量；λ 为不同购物目的的行程时间的作用系数（是经验测定的指数）。

(1) 赫夫模型的实用性评价。

赫夫模型广泛用于零售店商圈规模的测算，它以商场、百货店为单位，全面考虑了社区人口、商业的规模、出行的时间等方面的影响，并重点对商场引力和出行的阻力进行重点的研究，对商业区域的销售额进行预测和集聚的解释，并反映商圈的竞争关系，因而获得了极大的应用。

(2) 赫夫模型应用局限性。

① 赫夫模型的修正参数难以确定。由于不同地区的商业情况和消费文化有所不同，导致各地区的参数差异较大，这方面产生的偏差需要花费较多的时间和费用进行调研来降低。

② 耐用品和日用品需要区分。对于消费者来说，往往不愿意为了购买一件小商品去较远的商店，在考虑价值较高的商品时，更多的品种和价格选择降低了他们对距离的排斥。

③ 未考虑商店的形象、商誉、购物气氛、服务、销售能力、竞争力、魅力等其他因素。这部分欠缺的因素应当使用赫夫模型根据实际情况进行修正。

赫夫模型对城市零售业选址有着重要作用，这部分研究对公共租赁房项目的社区商业配套选址和规模确定有着帮助作用。

9.2.2.3 饱和指数的运用

任何一个商圈都可能会处于商店过少、过多或饱和的情况。饱和指数表明，一个商圈所能支持的商店不可能超过一个固定不变的数量，超过这个数量就会导致每家商店都得不到相应的投资回报。选址地周边的竞争情况可以通过饱和指数来量化，这是表示一个商圈最多能支持的商业数量的指标。饱和指数通过计算可得出。

$$IRS = C \times RE/RF \tag{9.3}$$

式中，IRS 为商业圈的零售饱和指数；C 为潜在消费者的数量；RE 为消费者人均消费额；RF 为商店的营业面积。

例如，在一个商圈（3平方公里）中共有15家商场，营业面积总共90000平方米。商圈内有10万人，每人每周的购物支出为40元人民币。则该商圈的饱和指数为

$$IRS = 100000 \times 40/90000 = 44.44$$

IRS 就表示商圈的零售饱和度，其值越小，表明该商圈内的饱和度越高；其值越大，表明该商圈内的饱和度越低。

商家在选择开店地址时，应尽量避免商圈饱和度较高、零售饱和指数较小的商圈，

不管哪个城市都应遵循这个原则。同时,我们也可以利用这个指标来推算出理论上的新开发商业项目的规模面积,只要知道商圈内其他竞争项目的商业面积以及饱和指数即可。

例如,某商圈(3平方公里)营业面积60000平方米,有8万人,每人每周的购物支出为40元人民币,经研究预测该商圈的饱和指数为30,可以通过以下方法来计算新开发项目的商业面积:$RF = C \times RE/IRS = 80000 \times 40/30 = 106667$平方米。因此,新开发项目商业面积最大可为:$106667 - 60000 = 46667$平方米。

9.2.2.4 商圈概念在公共租赁房社区商业的应用

商圈理论表明,有55%—70%的顾客是来自核心商圈的,来自次级商圈的有12%—25%,其余来自边缘商圈。根据这一规律,我们可以推导出社区商业规模的计算方法:

$$S = \frac{M \times q \times 55\% + N \times q \times 15\% + P \times q' \times 5\%}{X} \quad (9.4)$$

式中,M为核心商圈内居民数;N为次级商圈内居民数;q为人均日用品每月平均支出;S为商业的营业面积;X为城市每月平均每平方米的营业额;P为商业平均每月光顾的流动人口;q'为人均消费额。

据此,现假定要建设一个社区商业中心,假设此地流动人口为60000人,人均每次消费金额为60元,核心商圈中有25000户,次级商圈有40000户,人均每月日用品消费900元,该市此类商业中心每月平均每平方米营业额为4000元,可计算如下:

$$S = \frac{25000 \times 900 \times 55\% + 40000 \times 900 \times 15\% + 60000 \times 60 \times 5\%}{4000} = 4488$$

通过计算可知,拟建的社区商业面积为4488平方米。

1)我国商业应用商圈理论的限制因素

(1)市场经济的完善程度。

我国目前仍处于市场经济的初级阶段,市场化程度还有很大的提升空间,政府的杠杆作用效果仍然不容忽视,所以模型的有效性受到影响。反观西方国家,其商业都是经过了几百年的发展,商圈理论是在有了成熟商圈之后建立在成熟的市场经济条件下的。

(2)市场法制体系的健全程度。

我国市场经济的不完善还体现在我国市场的法制体系不健全。由理论推到模型可知,商圈模型的构建必须建立在一个具备完善的法制体系、能够公平交易的市场之中,显然,我国目前这种不健全的市场法律体系会对商圈分析模型的有效性造成一定程度的影响。

(3)消费水平层次。

我国2005年全国居民的消费是5439元,2007年人均收入不足2000元,而美国的人均收入早在1920年就达到了5000美元。消费水平的显著差异势必造成分析结果的偏差,所以,应用模型时,消费水平和经济水平应给与充分的考虑。

(4)社区商业发展情况不同。

在欧美国家,商圈的形成较少的受到政府的影响,一般是自发性的,伴随着市场和商业发展逐步形成。我国政府导向作用则很明显。政府重点关注的区域经济发展就比较迅速;反之,商圈就不易形成和保持增长。所以,政府的城市规划、区域规划对商圈的形成和繁荣影响作用不容小觑。

再如,欧美发达国家的社区商圈很多都是在社区商业的基础上形成的,他们的社区商业都比较发达。有研究表明,当人均 GDP 超过 3000 美元之后,社区商业所占消费零售总额的比例一般在 40%—60%。而在我国,即使在上海这种商业经济发达的城市,社区商业也仅占社会商业支出总额的 30% 左右。

2) 公共租赁房社区商业应用商圈理论的限制因素

(1) 由商圈理论的计算方法可知,分析零售企业商圈的吸引力是从宏观角度进行的,那么分析社区商圈这样一个小范围的商业时,就有了局限性,所以还应基于社区的具体规模进行权衡。

(2) 在进行社区商业的模式选择和规模定位等问题时,需要考虑社区的人口状况、社会背景,社区的交通条件、所属的地理环境、地域特征等特点。不同的社区之间差异很大,而这些都是制约社区商业发展的重要因素。所以,将社区商业的业态、商品结构、商圈氛围和社会环境等协调起来是非常必需的。

从赖利的吸引力法则,哈夫、康维斯模型以及饱和度理论可知,有关商圈发展的理论经过了一个向前发展和不断完善的过程。这些商圈理论也为社区购物中心和社区商业街的选址提供了理论依据,有重要的指导意义。公共租赁房在对社区商业选址、确定商业规模、选择经验策略时都可以借鉴应用。如今,伴随着计算机水平的提高和大量实用软件的开发,诸如 GIS 软件系统等,公共租赁房社区商业模式选择以及定量计算也会越来越客观、准确。

总之,社区商业受到很多因素的影响,要充分考察调研影响社区商业规模的因素,利用商业地理学、区域经济学、消费心理学等各学科的知识,通过商圈模型才能较为准确地确定商圈规模。

9.2.2.5 平衡运营资金功能

在公共租赁房建设及资金筹集过程中,遇到的最大难题就是资金筹集的压力。目前,我国需要数量巨大的公共租赁房房源,因此,需要雄厚的资金作为支撑。而要实现公共租赁房的可持续性发展,仅仅依靠政府的财政支持是很难完成这样艰巨的任务的。大规模建设公共租赁房,资金难以平衡,会使地方财政不堪重负。长此以往,很难建立起公共租赁房建设良性运转的长效机制,势必影响其可持续性,甚至会走入死胡同。

现以某一公共租赁房项目为例来研究公共租赁房建设的商业可持续性。商业银行信贷支持该公共租赁房项目建设和运营,贷款资金占总资金的 80%,贷款期限为 15 年,利率为 5 年期贷款基准利率的 0.9 倍(合同利率为 7.05%),当地财政贴息 50%。项目建设期贷款本金分 5 年投入,为宽限期,不还本只付息。第 6 年,公共租赁房项目正式运营,每年租金扣公共租赁房营运成本后全部用于偿还贷款本息。另外,该项目配套一定比例商业设施和商用物业,以市场价格对外出租或出售,这些售房资金和租金收入扣除各项成本、税费后全用于偿还贷款本息。以此项目有关数据为基础,简化一些条件,利用贴现现金流模型 $\left[\text{DCF 模型}, NPV = \sum_{t=1}^{n} \frac{CF_t}{(1+y)^t} \right]$,分析公共租赁房租金收入能否支持商业可持续,若不可持续,需要增加什么条件才能达到商业可持续性的基本要求。

基本假设前提条件:

(1)项目自有资本金占比20%,融资占比80%。

(2)无经营性商业配套。

(3)公共租赁房全部用于出租。

(4)租赁收入扣除成本后全部用于还本付息。

(5)贷款期15年,包括5年建设期、10年运营期;建设期只还息,贷款利息由财政支付;运营期还本付息,财政不贴息;本金分5年,于每年年初投放,分别按合同金额的45%、35%、10%、5%、5%,共投放11.45亿元;利率参照项目贷款利率7.05%。

(6)租金每3年上涨6%,运营成本每3年上涨5%。

(7)公共租赁房出租率为90%,租金收缴率为90%。

评价商业可持续性的标准:

(1)在既定利率水平下,$NPV = \sum_{t=1}^{n} \frac{CF_t}{(1+y)^t} \geq 0$。

(2)在$NPV = \sum_{t=1}^{n} \frac{CF_t}{(1+y)^t} = 0$时,$IRR = r \geq$最低收益率。

建设初期贷款投入:11.45亿元。

运营期每年还贷资金:还贷资金=租赁净收入=租金收入-营运成本=(租金价格*总出租面积*出租率*租金收缴率)-营运成本。在不同条件下,分析该公共租赁房项目能否达到商业可持续性要求。

(1)在上述条件约束下,经过测算:在7.05%利率水平下,$NPV=-9.37$(亿元)<0;在$NPV=0$时,$IRR=-18.66\%<7.05\%$。说明仅靠公共租赁房租金收入,远不能完全覆盖贷款本息,达不到商业可持续性要求。

(2)仅放宽条件(5),假设公共租赁房运营期财政贴息50%。经过测算,在7.05%利率水平下,$NPV=-8.97$(亿元)<0。说明财政进行贴息,虽不能完全覆盖贷款本息,达不到银行商业可持续性要求,但在一定程度上能提高项目偿债能力。

(3)仅放宽条件(1),假设增加项目初始投入,项目资本金提高到30%,降低融资成数至70%。经过测算,在7.05%利率水平下,$NPV=-7.92$(亿元)<0;在$NPV=0$时,$IRR=-17.10\%<7.05\%$。说明增加一定比例的项目资本金投入,虽不能完全覆盖贷款本息,达不到银行商业可持续性要求,但也能在一定程度上提高项目偿债能力。

(4)仅放宽条件(2),假设有配套商业供出租出售,商业面积占总面积的30%,出售进度为前6年每年5%,后4年每年17.5%,未售期间对外出租,出租率和租金收缴率为100%,出售价格和出租价格参考当地市场价格。经过测算,在7.05%利率水平下,$NPV=-3.21$(亿元)<0;在$NPV=0$时,$IRR=-2.82\%<7.05\%$。说明配建一定比例的商业设施和商用物业用于出租出售,可以在较大程度上提高项目偿债能力。

(5)同时放宽条件(1)、(2)、(5),相关参数设置参照上述假设条件。经过测算,在7.05%利率水平下,$NPV=0.28$(亿元)>0。说明通过加大资本投入、财政贴息、合理配建商业比例以及合理安排配套商业的出售进度,能大幅提高项目偿债能力,可以满足商业可持续性的要求。

(6)假设项目运营阶段,以投资角度测算永续条件下项目投资的现金流收益率。假设放宽条件(2),配套商业面积占总面积的30%,全部出租,出租率和租金收缴率为100%,出租价格参考当地市场价格,经营期财政不贴息。经过测算,第1年,贷款的现金流收益率为5.35%,且由于假设每3年租金上涨6%,运营成本上涨5%,现金流收益率每3年会提高6.04%,第4、7、10年的年收益率分别为5.68%、6.02%、6.38%。如果政府加大投资补助或进行财政贴息,则项目投资的现金流收益率会更高,这对长期投资机构的投资进入或者再将项目打包进行结构化融资安排具有较强的吸引力。

从公共租赁房项目投融资实证分析可以看出,金融支持公共租赁房建设能否商业可持续,一是要看当地政府是否能加大政策扶持,或者增加项目投资补助和项目资本金,或者增加财政贴息;二是公共租赁房项目能否配建相当比例的商业设施和商用物业供出租出售,以提高项目偿债能力;三是在项目运营阶段能否有适当的项目退出或转让机制的制度安排(如政府回购,长期投资机构等进行投资收购持有运营等),项目建设融资资金可安全退出。公共租赁房项目能否形成稳定、足额的现金流是吸引社会资金进入的关键,只要现金流充裕、达到合理的收益水平(还包括持有物业的升值收益),即使投资回收期限长达15年、20年甚至更长,社会资本和长期投资机构应该也是愿意进入保障房领域的,进而一并提高金融机构为前期项目建设提供融资支持的意愿和力度。

通过配套商业,能大幅提高项目偿债能力,可以满足商业可持续性的要求。可以建立租售并举、动态平衡的偿债模式。承债能力及债务偿还的时限、方式等,直接关系融资收益和资金安全。公共租赁房的商业配套,具有良好的市场前景,是公共租赁房项目的有力支撑。

从重庆公共租赁房资金的运营模式可以看出,公共租赁房的配套商业对建设期投入的资金起到了一个非常好的平衡作用。随着发展步伐的加快,公共租赁房将逐步成为我国保障性住房的主体。公共租赁房能否顺利建设,直接关系保障性安居工程的成败,影响"住有所居"目标的实现。通过在公共租赁房项目中配建一定比例的商业用房等多种措施,充实运行管理资金,能够使公共租赁房制度实现可持续运行。

根据重庆公共租赁房运行的模式,如果以配建商业的形式来平衡公共租赁房建设期的投资,公共租赁房建好后运营期前5年住宅和商业租金的年收入用于支付贷款利息,第5年末部分住宅和全部的商业出售,销售收入用于偿还本金。可以建立如下公式,得到商业配建比例:

$$KSP_1 + NSP_2(1-K) = M \tag{9.5}$$

式中,K为商业配建的比例;S为项目总建筑面积(平方米);P_1为商业部分售出单价(元/平方米);P_2为住宅部分售出单价(元/平方米);N为5年后住宅售出比例;M为建设期总投资(元)。

例如,某公共租赁房项目2013年规划建设的建筑面积为8万平方米。如不含土地费用,2013年共需投入资金约2亿元。公共租赁房小区配建了一定比例的商业配套,以降低建设成本,等到第5年末,出售全部商业(单价1.2万元/平方米)和1/4的住宅(单价4000元/平方米)。可以根据公式求出需配建的商业部分的比例K为15.79%,商业配建部分的面积为

1.26万平方米。

9.2.2.6 城市副中心商业配套功能

在公共租赁房社区成为城市副中心的过程中,其社区商业肩负着为副中心提供相当程度的商业配套的功能。对于公共租赁房社区商业规划、定位,不应局限在开发社区的单个地块,而是要从整体出发,与区域板块以及城市的总体规划相结合,顺应其发展方向。

1)经济发展与人均GDP

居民购买力的变化会受到收入水平的影响,而城市人均GDP是随着收入水平的变化而变化的。所以可以通过城市居民收入水平来衡量城市人均GDP,进一步体现出城市居民消费水平和对商业产业的需求(表9.6)。

表9.6 2012年我国各省(直辖市)GDP总值及人均GDP增速排行榜

名次	地区	GDP/亿元	地区	2011年人口	人均GDP/元	地区	增速/%
1	广东	57100.00	天津	1355	95093.58	贵州	14.00
2	江苏	54058.00	北京	2019	88167.51	天津	13.80
3	山东	50013.20	上海	2347	85646.91	重庆	13.60
4	浙江	34606.30	江苏	7899	68436.79	云南	13.00
5	河南	30000.00	内蒙古	2482	64417.16	甘肃	13.00
6	河北	26575.00	浙江	5463	63346.7	陕西	12.90
7	辽宁	24800.00	辽宁	4383	56585.22	四川	12.60
8	四川	23849.80	广东	10505	54324.53	青海	12.30
9	湖北	22250.16	福建	3720	52961.77	安徽	12.10
10	湖南	22154.20	山东	9637	51897.1	吉林	12.00
11	上海	20101.33	吉林	2749	43426.05	新疆	12.00
12	福建	19701.78	重庆	2919	39256.59	西藏	12.00
13	北京	17801.00	湖北	5758	38642.17	宁夏	11.50
14	安徽	17212.10	陕西	3743	38608.55	福建	11.40
15	内蒙古	15988.34	全国	135404	38353.52	湖南	11.30

资料来源:以上数据来源于2012年统计公报。

根据国际上的经验,当一个国家的人均GDP达到3000美元时,人民倾向于方便快捷的消费方式,人均GDP超过4000美元之后,消费结构和方式转向现代综合消费。

就世界商业的发展历史角度来说,由于一个国家或地区经济所处的阶段不同,商业的业态以及商业模式也会有所不一样。国际经验证明:当一个地区人均GDP上升到1000美元,百货商店兴盛;上升至2000—3000美元,超级市场繁荣;达到6000美元,便利店兴盛;达到8000美元,仓储式商店兴起;人均GDP上升到12000美元时,才真正发展到大型购物中心大发展时代。由表9.6可以得出,目前,我国城市人均GDP超过8000

美元,每年也以较高的增长率在增长,但是我国城市内部区域发展很不均衡,就同一城市而言,不同地区的人均收入也存在较大差异,这就为我国各种类型的社区商业的发展提供了良好的基础。

2)经济发展与零售业

我国经济的增长同时促使消费品零售市场的扩张。国家统计局数据显示,2016年,社会消费品零售总额突破33万亿元,达到332316.3亿元,比上年名义增长10.4%,消费对经济增长的贡献率不断提高。2016年,最终消费支出对经济增长的贡献率为64.6%,高于2015年4.9%,高于2014年15.8%。

深入分析所在城市的区域经济发展水平,充分了解该区域当前的经济状况、在城市中的地位、发展变化可能性和方向,依据开发地块所在地的经济发展状况,从而发展不同的商业模式以及商业业态,定位好社区商业成功的第一步。

3)计算公共租赁房社区商业规模

对商业项目的规模进行计算,除了运用饱和指数,还可以从另一个角度,运用其他公式来进行测算,将结果数据进行比较分析,这样可以使得计算结果更加科学。下面的公式是从城市 GDP 增长率以及城市商业地产的年营业额角度出发,测算公共租赁房商业项目的适宜面积以及超前开发面积。

$$\begin{cases} X = ab(100\% + i)^n/(vm) \\ Y = ab/v \end{cases} \tag{9.6}$$

式中,X 为某项目商业开发面积总值;Y 为年营业额;a 为项目总投资;b 为预计项目回报率;i 为预计城市 GDP 增长率;n 为项目可承受超前开发的年数;v 为租户的接受租金与营业额的比例;m 为项目单方成本。

还可以通过城市商业地产项目年营业额与城市 GDP 总额的比较,判断标准是否合理。如某项目总投资为10亿元,要求的平均年回报率至少为12%,那么项目的租金收入至少应该为1.2亿元。而在此城市,租户对租金占营业比率的平均承受能力为11%,则该商业地产项目年营业额必须达到10.9亿元。即$(10 \times 12\%) \div 11\% = 10.9$亿元。

就项目本身放开而言,可以看出一座城市或者一个社区的实际消费能力能否支持这一消费基础,据此判断项目规模是否合适。

其中,在项目规划中也会有一些超前因素存在,也就是说项目的总开发面积是一个适度超前的规模,从公共租赁房可持续运营这一角度,没有必要太过保守。即在项目的开发过程中,是可以保持适当的控制和超前的。对于超前与审慎开发之间的关系,可以用下面的公式来测算。

$$S = P(i + 100\%)^n \tag{9.7}$$

式中,S 为适度超前的商业面积;P 为现在的商业面积;i 为该城市未来的预计 GDP 增长率;n 为项目可承受超前开发的年数。

通过计算得出,项目现在可容纳商业面积为10万平方米,然而,项目设计任务书的要求5年之内保持领先,10年之内不落后,另外具备项目开发的实力及资金条件,那么这个项目的开发规模允许超前5年。由项目所在城市的 GDP 增长速度能够预测,该城市在未来5年内的增速将会保持在7%左右,则项目适度超前的商业面积可为

适度超前的商业面积＝10万平方米×(7％＋100％)^5＝14万平方米

根据计算，得到适度超前的商业面积为14万平方米。从理论上说，这一商业面积在第1年进入市场时，将会有4万平方米的商业面积空置，整体出租率仅仅在71％左右，然而，随着发展，空置面积会有所释放，并且在第5年达到100％的出租率。显然，在实际的操作中，是不可能按照这种规律刻板操作的。例如，一个项目在投入市场时，它产生的弹性空间是非常大的，其关键还在于我们操作的方法和力度，假如操作比较好，吸入外部力量多，那么出租率就会上升到令人满意的程度，但是如果操作不当，无论是多么大的商业面积，都有可能出现极低的出租率。

在式(9.7)中，还需要分清楚的是"项目单位建设成本"这一数值。"项目单位建设成本"不仅仅包括传统意义上项目建设的相关费用支出，还包括时间成本，时间对于项目而言至关重要。"项目单位建设成本"就是总成本除以建设面积。

式(9.7)的计算方法，在宏观上为公共租赁房社区商业的开发提供了一个参考。然而这仅仅是一个理论上的数据，并不能对详细数据做出最精准的测算。对于细节数据的测算，还有待于项目建设者依据公共租赁房项目的实际情况，对项目进行精细核算。在实际操作中，从商业零售额的角度计算到底能建多少商场、零售商店呢？其实，可按大城市2万元一平方米计算；还有一种方法，即在大城市中按一个人2平方米计算，社区商业按有效人群人均1.2平方米计算。

9.2.3 公共租赁房小区配套商业的管理运营

1)商业设施规划

商业设施的规划应依据人口居住规模、人口构成、收入水平、消费习惯等内容来确定，不可以单搞一个模式。商业设施服务的对象是居民，各个社区居住环境不同、收入水平也有差异，就会有不同的消费习惯和消费方式。因此，商业设施不光要满足购物，还应该提供不同的消费需求，将购物、休闲、餐饮、娱乐、服务集为一体，充分体现出商业设施的多样性、适宜性。从这一点来说，政府在规划上应起到强有力的导向以及规范作用，尽可能消除商业设施布局混乱和结构不合理情况。

公共租赁房配套商业设施要纳入城市建设总体规划和控制性详细规划，并与城市商业网点规划相互衔接，与住宅和其他公共设施同步规划、设计、建设和验收，确保规划的科学性和可操作性。成片建设的公共租赁房，按组团式、沿街式等模式集中配置或集中与适度分散相结合的模式配置商业设施。规划建设社区便民商圈，实现商住相对分离、商业相对集中，提高资源利用率。

社区便民商圈宜布局在居住区内地理位置适中、交通便利、人流相对集中区域，可结合社区服务、文化教育、体育卫生、市政公交、社保邮政等公共设施集中布局。按照同类相聚、分区布局、方便消费的原则，科学规划购物、餐饮、其他生活服务业聚集区域，合理确定商业功能分布，明确商业设施用途。商业和综合服务设施面积应符合有关要求，成片建设的公共租赁房应配置能满足需求的标准化菜市场。按照服务半径合理和适度竞争的原则，根据居住区人口数量、消费能力、消费需求、周边商业等因素，科学确定商业业态的种类、数量、面积、定位、业态配置比例，预留足够的商业设施，合理确定预留配置方案和后期商业业态调整方案。按照社区商业建设规范，优化商业建筑结构设计和交通动线，使建筑物的楼层、面积、层高、柱距、设计荷载、给排水、供配电、停车场等，满足超市、菜市场、餐饮店、银行等商业设施的功能要求。

2) 商业业态配置

开发商在前期策划中一般只规划商业店铺的位置、规模，对后期经营的商业业态则缺乏控制。在实地运行中，因考虑经营利润，商铺的投资商往往把商铺出租给能够承受更高租金的承租者，因此使得便利超市、美容美发、书店、生鲜店等受到排斥。在国外，多半是将购物中心当作社区商业的主力，使得购物中心和连锁组织能够相互促进、共同发展。由于国内缺乏规范的引导，大多数开发商都是以回收资金为主要目的，商店未来的经营缺乏很少规划。尤其是大型新修社区，房子出租以及售卖价格较高，社区周边也会有多家房屋买卖租赁等中介公司，然而居民生活便利店等受到排挤，严重影响了居民生活的便利性。从而使得社区商业种类参差不齐，服务质量较低，整个商业社区品质得不到很好提升。例如，北京回龙观文化民居社区，与生活相关的超市、日用品店，规模都很小，档次较低，房屋买卖租赁公司却有我爱我家、中天置地、21世纪不动产、链家等多家中介公司，社区商业并没有发挥其真正的便民目的。

社区商业业态分为基本型和补充型。通常基本型商业业态是社区中必不可少的，主要有便利店、连锁超市、餐饮店、药店、理发店、书报亭和维修回收点等。而补充型业态是为了满足居民多样化、个性化生活的消费，包含了购物中心、品牌专卖店、酒吧、餐厅、花店、面包房、美容美发厅等。

一个社区的商业业态组合好，就能够使社区居民、投资者、经营者、开发者多方实现共赢。因而，准确把握当地社区居民收入水平和消费需求程度是社区商业业态组合规划的前提条件，总体原则是以人为本，搭配合理。

(1) "商业黄金分割"定律。

在对国内外成功的购物中心进行研究分析之后，得到了被众多商业专家广泛认同的一个标准，商业：娱乐：餐饮=52：30：18，将其称之为"商业黄金分割"定律。尽管很多商业家对此定律给予充分肯定，然而在实际操作中，商业地产开发商们经常会偏向商业和餐饮方面，对娱乐方面重视较小。主要原因是：大多数社区商业经营面积普遍偏小，主要利润的来源在于商业经营面积，在此情况下，开发商需要缩小娱乐的比重，因为娱乐不能带来较高产业效益。"商业黄金分割"定律并不是一个全能的指标，这一定律在不同情况下有不同的应用，在不同的国家、地区、不同的项目、不同的区域位置，其指导意义都有差异。当下我国社区商业的物业形态主要以社区商业街为主，经营面积结构多数按购物：餐饮：其他服务=40：30：30 的比例来进行设置，相应的娱乐功能比较小。依据社区商业的发展趋向，将来成熟的社区购物中心将在这一比例基础上，合理借鉴"商业黄金分割"定律，循序渐进完善各项功能，使其成为社区的有机组成部分。表9.7列举了现代购物中心的主要功能组合。

表 9.7 现代购物中心功能组合

类别	功能
购物功能	最基本的功能，注重商品种类和档次
服务功能	基本功能之一，注重服务质量
休闲功能	附加功能，注重配套设施
娱乐功能	附加功能，注重设备
餐饮功能	中西餐、快餐、小吃、水吧、咖啡厅
修理功能	家电设施的维修
批发功能	批售兼营
商务功能	商务服务中心

(2)社区商业业态组合。

商业业态规划的最优化会给商业项目带来长期的可持续收益。社区商业主要需要配置便民超市、专业理发店、菜市场、饭店、基本生活配套等服务店；配置适当的大型超市、休闲娱乐店等；一般不需要配备仓储和大型的专业材料市场等。当然，在进行商业配置组合时，应该根据项目的自身情况而定。对于"沿街式"社区商业中心，商铺的消费群体是周边的工薪阶层。因此，一般设置一家中型超市，几家生活配套服务店和几家中小型餐馆等。但是对于"多点式"和"组团式"社区商业，相应的业态规划主要以大型综合超市为主体，重点发展一些小型餐馆、便利超市、美容美发店等便民利民店，形成功能齐全的商业组合。另外，还可进一步拓宽社区商业服务覆盖，给劳动、卫生、体育、民政等部门提供相应的活动场所，也可设立宣传栏，为就业、医疗咨询、各种服务技能培训、全民健身、公益事业和社会福利事业等活动创造条件，使社区同时成为社区文化建设的有效载体。

(3)社区商业招商。

招商是商业物业营销推广链条中最重要、附加值最高的环节，目前，发展商已经认识到招商的重要性。招商的前提是商业物业的业态分布和规划，在成熟的规划基础上的招商才是有效和匹配的。招商分为4个部分：主力店、次主力店、独立精品店和特色店。值得注意的是，目前社区商业的招商因其规模和体量不大，没有专业可寻，基本还停留在"成行成市"的原始方式上，因此，如何做好社区商业的招商和管理是现阶段的一个挑战。从推广方式来看，社区商铺的营销推广日趋理性，针对性地锁定目标客户群体，进行有效的信息传递。居民关注社区发展的同时，对社区服务、居住环境、文化娱乐、医疗卫生等均提出了更高层次的需求。

社区商业项目和住宅项目销售不同，商业项目要一气呵成，招商时间不宜过长，因为商业项目是统一开售的，一旦入伙，就容易出现节点，要乘人气最旺时期，一气呵成或冲到80%—90%，这样才能够保证人气的持续，使后期的招商更为顺利。商铺项目在设计之初，就要注重策划，避免产品的缺憾，设计保证均好性。

一般来说，社区商业的招商应从核心主力店开始启动，按照核心主力店、次主力店、品牌专卖店、小型商家这样一个顺序来进行。用核心主力店来带动次主力店和中小商家。

核心主力店对社区商业的成败起着决定性的作用，它决定了社区商业的品牌形象。对于超级大盘来说，社区主力店的招商成为整个社区商业成败的关键。

政府各相关部门要指导商业设施运营单位制订优化招租方案和探索培育期内的租赁管理办法，加大力度吸引优质商户，引导管理科学、连锁经营、诚信惠民、实力较强的商业企业入驻，严把招商质量关。对难以引进品牌企业入驻的部分小型门面，支持发展微型商业企业。优先招租和定位主力店，按照社区综合超市、菜市场、其他必备型、选择型的顺序择优招租和配置商业业态，实现商业业态配置最佳组合。项目建设单位应提前招商，为经营必备型商业业态的商户提前介入商业设施结构设计和装修创造条件，并同步配套建设生活服务设施，实现商住同步，为居民入住后的消费需求提供保障。

(4) 推进规范发展。

项目建设单位要按照有关规定对配套商业设施统一规划和建设。探索和创新管理办法，整合公共租赁房商业设施运营机构，组建统一运营平台，负责招商、运营和管理公共租赁房配套商业设施。建立市场准入和退出机制，督促商户按照有关法规和合同约定诚信经营、规范服务，方便居民消费，确保配套商业持续经营。加强社区商业设施用途管理，不得随意改变必备型业态商业网点的使用性质。对综合超市、便利店、菜市场、菜店、农副产品平价商店、早餐店、家政服务点等必备型设施业态的门面只租不售。各级政府和有关部门要按照各自的职责依法加强监管，严格查处各种违法违规行为，严格控制噪声、烟气、污水等环境污染，坚决取缔占道经营，确保市场环境整洁、秩序规范、食品安全和价格稳定。充分发挥镇街、社区日常管理作用，适时开展形式多样的惠民、利民活动和示范经营户、诚信经营户等评选活动以及居民满意度调查，营造良好的购物环境和消费氛围。

9.3 进城农民工"住房券"交易公共租赁房的制度设计

改革开放以来，我国经济生活中出现了一个特殊现象——农民工问题，农民工实际上就是我国工业化和城市化过程中的农业转移人口，随着我国城市数量不断地增加、城市规模不断地扩张，越来越多的农村转移人口涌入城市。在我国很多城市，农民工在第二、第三产业的劳动力比重已经超过50%，对第二、第三产业的贡献份额逐年增加，在我国工业化和城市化的过程中起着不可替代的作用。

2016年10月，国务院办公厅印发了《推动1亿非户籍人口在城市落户方案》(下称《方案》)。《方案》指出，促进有能力在城镇稳定就业和生活的农业转移人口举家进城落户，是全面小康社会惠及更多人口的内在要求，是推进新型城镇化建设的首要任务，是扩大内需、改善民生的重要举措。

随着我国城市化的不断发展，进城农业转移人口数量不断上升，2014年末，中国农民工总量为27395万人，占全国就业人口的35.46%，其中外出农民工16821万人，占比61.4%，数量十分庞大。汲取印度、拉美国家的教训，解决城市化中农村移民的住房问题，是城市化政策的重中之重。通过全国农民工数据监测报告显示，目前我国外出农民工的居住水平偏低，居住条件较差，超过45.5%的外出农民工居住在单位宿舍或工地工棚，仅1%的农民工在务工地自购住房，农民工居住条件亟待改善。

大量的农业人口转移到城市后，居住问题的解决已成农业转移人口在城市落户的关键，也成为影响我国城市化进程健康推进的关键，直接影响着我国城市化的质量。

城市化的过程包含着大规模农村人口流向城市并在城市聚集的过程，解决进城农业转移人口的住房和城市规模的扩大问题，需要增加相应的城市住房建设用地指标，这是农业转移人口举家进城得以落户的关键。

9.3.1 进城农民工土地和住房政策障碍

在我国，任何城市建设用地指标的增加和城市规模的扩大，都必须在保证不突破十八亿亩耕地红线的前提条件下进行，我国实行严格的土地用途管制和限额用地指标制度。

相比英国、瑞典建设公共住房、政府财政建房，以及美国扩张城市在郊区建造住宅的方式来解决新增城市人口的居住问题，中国受国情的约束，不具备模仿欧美等发达国家城市化模式的条件。

人口过亿的大型发展中国家，以印度、墨西哥、巴西及部分非洲国家为代表，鲜有国家的城市化是成功的，因为在城市化的过程中，都制造了大型的贫民窟。巴西是典型的"过度城市化"的国家，其1960年的城市化率与中国2014年的水平相当，但人均GDP不足2014年中国的1/6。同时，由于土地私有，农场主拥有大量的土地，农民失地后涌入城市，而城市无法为过剩的劳动力提供就业机会，大量的失业人群只能聚集在贫民窟。2000年，巴西的贫民窟超过39059个，在首都巴西利亚，居住在贫民窟的人口达到150万，占城市人口的30%，这也引发了大量的社会问题。同样的情况也存在于印度、墨西哥及一些非洲国家。

目前，我国进城农业转移人口的居住水平不高，对于进城农业转移人口的住房补贴及保障政策十分不健全，进城农业转移人口的住房需求没有得到充分的关注和支持。对于巴西、印度、拉美等发展中国家出现的过度城市化，我们应引以为戒，它们在城市化进程中创造了大量的贫民窟，给社会经济的稳定健康发展带来极大的影响。

大量农民进城，"人地分离"后难以资本化的主要是农村建设用地中的宅基地。

农用地所有权、承包权、经营权（简称"三权"）分置后，大量农民进城，造成"人地分离"，离开农村的农业转移人口的集体收益分配权可以以股权的方式继续拥有和维护，并持续享受收益分配；土地承包权可以以股权的方式继续拥有，也可以以股权转让的方式进行自愿有偿退出。

不同于发达国家和大型发展中国家，我国农民具有集体收益分配权、土地承包经营权、宅基地使用权。

通过集体收益分配权、土地承包经营权资本化的手段，使大量进城的农村转移人口在我国城市群、中心城市"留得住""留得下"，集体收益分配权、土地承包经营权通过股权形式的资本化转让成为农业转移人口进城安家的"资本"，有助于实现农业转移人口举家进城落户。但农业转移人口通过集体收益分配权、土地承包经营权资本化获得的财产性收入往往是"渐进性"的。

农民宅基地使用权受制于宅基地所有制性质和严格的土地用途管制制度，目前，无法实现农民宅基地使用权资本化、股权化,这不仅导致农业转移人口进城安家的"成本"增加,也使得我国城市化过程中农用地在减少(这在世界各国城市化过程中是绝无仅有的),冲击着我国"十八亿亩耕地"的红线。

由于农民宅基地使用权受制于宅基地所有制性质和严格的土地用途管制制度,农民工面临着宅基地使用权难以自由流转的问题,以及收入较低、户籍限制等而不能依靠自身能力来满足其在城市的住房需求所产生的问题。

农民工进城后的宅基地问题以及居住问题都成了农民工市民化的制约与羁绊。

1)农民工的土地政策障碍

我国宪法规定:城市土地归国家所有、农村土地归集体所有,并且实行严格的土地用途管制制度。

农村集体建设用地中的宅基地难以自由流转,在一定程度上遏制了部分农民向城市转移的动力。由于国家社会保障体系在农村保障水平低,使得农村土地背负着农民社会保障的功能,进一步加深了农民的恋土情结。所以,农村土地问题成了农民工市民化过程中绕不开的问题,主要表现在以下几个方面。

(1)农村土地制度的制约问题。

我国的土地制度实行"二元"土地制度,即城市土地归国家所有,农村土地归集体所有。随着市场经济的建立和完善,城市土地得到了高效利用,土地所有者也享受到了土地增值所带来的收益。然而,由于农村集体建设用地中的宅基地不能自由进出市场,其价值很难体现。

我国的农村土地实行集体所有制,国家对农村土地持有征用权,它具有土地权属变更性、强制性和补偿性的特点。所以,农村土地一旦被征用,土地也就由集体所有转为了国家所有。

(2)土地流转机制不完善。

改革开放之初,在农村实行家庭联产承包责任制,将土地所有权和承包经营权分设,所有权归集体,承包经营权归农户,极大地调动了亿万农民积极性,有效解决了温饱问题。

现阶段深化农用地制度改革,将土地承包经营权分为承包权和经营权,实行所有权、承包权、经营权(简称"三权")分置并行,是继家庭联产承包责任制后农村改革又一重大制度创新。

农业用地的经营权的流转表现为多样性,具体表现为:流向家庭农场、专业大户等适度规模经营的主体;农户实行以地入股,组建股份合作组织,采取自营或委托经营等方式发展农业适度规模经营;以代耕代种、联合经营等方式,促进农户合作经营;支持城市工商资本到农村投资发展良种种苗繁育、高标准设施农业、规模化养殖等适合企业化经营的现代种养业。

但是农村建设用地中宅基地的流转仍然限制在农村集体组织成员内部之间,需要进行积极探索其新的流转形式。

2)农民工的住房政策障碍

当下我国的城镇住房保障体系以解决城镇中低收入者住房困难为目的,大部分农民工缺少申请购买经济适用房资格，一些城市公共租赁房仍把户口作为重要的进入准则，对大多数农民工来说，有小部分拥有企业建设的公共租赁房，绝大部分很难进入公共租赁房保障范围。这对于同样为城市经济发展和建设做贡献的农民工来说是很不公平的。有一部分区域开始逐渐把农民工纳入城市保障性住房体系之内，然而，往往会有工作满3年、缴纳社会保险满两年等相似的附加条件。

农民工融入城市的重要前提是拥有稳定的住所。目前的高房价对拥有城市户口的广大中低收入居民尚且难以承受，因此，被排除在城市保障房体系之外且收入更低的农民工来说更是难上加难。不管在城市买房还是租房，对他们来说成本都比较高，融入城市更加困难，在农村建造的房屋长期处于空置，这就造成了资源的极大浪费，也使得农民工在城市没法获得真正稳定的住所。

9.3.2 新生代农民工的住房现状

1）新生代农民工

本书根据出生年代将农民工分为新生代、中生代、老一代。以2010年为时间点，新生代农民工出生于1980—1994年；中生代农民工出生于1965—1979年；老一代农民工出生于1965年之前。2010年1月31日，国务院发布的2010年中央一号文件《关于加大统筹城乡发展力度进一步夯实农业农村发展基础的若干意见》中要求采取有针对性的措施，着力解决新生代农民工问题，让新生代农民工市民化。新生代农民工现在已经成为各大城市中农民工的主体。数据显示，2009年外出新生代农民工数量在8900万左右，数量相当庞大。

2）新生代农民工特征

(1) 新生代农民工有着较高文化素质，留住城市意愿更强烈。

新生代农民工与上一代农民工相比，他们有较高的教育水平，他们的平均受教育年限为9.8年，比上一代农民工的8.8年要高；而且其参加职业培训的比例为30.4%，也比上一代农民工26.5%的比例要高。

就留住城市意愿方面，他们也与父辈们有差异，新生代农民工来到城市不只是为了生存需要，更多是为寻找更好的发展机会，并希望将来能在城市安家落户。依据他们的观点，城市对新生代农民来说不仅意味着一种新的生活方式，他们更多的是看重城市里不一样的前途，不一样的命运。尽管目前昂贵的房价让许多城里人也叹气，但是新生代农民工的城市扎根梦并没有就此受到影响。就调查数据显示：新生代农民工中45%有明确的定居城市的意向，只有21.5%的在城市和农村的选择中徘徊，仅仅有33.4%的明确有返回农村定居的意愿。根据中国青少年研究中心发布的"新生代中国青年农民工研究报告"显示，新生代农民工更加愿意生活在城市，其中有71.4%的女性、50.5%的男性把在所工作的城市买房定居作为自己的奋斗方向。

(2) 新生代农民工大部分缺乏传统农业技能，只能从事第二、第三产业。

据调查显示，20世纪80到90年代出生的新生代农民工第一次外出年龄平均为21.1岁，而1990年以后出生的新生代农民工首次外出的年龄平均为17.2岁。这一结果表明，大多数新生代农民工刚走出初中、高中的校门就外出务工，根本没有农业生产的经验。

此外，新生代农民工年平均外出打工时间已经达到9.9个月，90%的新生代农民工根本没从事过农活，只有10%的新生代农民工目前在外出从业同时也从事农业生产活动。

(3)新生代农民工多在外出务工期间解决个人婚姻及子女上学问题。

新生代农民工长年在外出务工，待在农村的时间短，所以大多数新生代农民工会在外出务工期间解决恋爱、婚姻、生育问题。依据国家统计局数据，1980—1990年出生的新生代农民工已婚比例为33.8%，1990年之后出生的已婚比例只有1.6%。在城市没有固定居所的新生代农民工在对象选择上更多的是偏向选择家附近的，这样可以方便解决婚后住房问题以及子女教育问题。另外，未来的10年将是新生代农民工结婚的高峰期，住房问题将会成为新生代农民工择偶及婚姻幸福的巨大障碍。

(4)新生代农民工更多跨省外出，更偏向在大中城市务工。

新生代农民工更多的选择去东部沿海地区务工，以获得更高的劳动报酬。国家统计局调查数据显示，2010年新生代农民工跨省外出的比例高达54.3%。他们更愿意选择在大中城市务工，选择在地级市及以上城市务工的比例更高达68.1%。

(5)新生代农民工的住房问题的根本是收入低，无力购买商品房。

有调查数据表明，2011年，外出打工者月平均收入只有1926元，其中70%的月收入在2400元以下，而且收入不稳定，这些都意味着绝大多数新生代农民工无法通过商业银行贷款买房。

3)新生代农民工住房保障现状分析

在当前，城市里的新生代农民工已到成家立业的年龄，让外来务工者融入城市的居住困扰问题越来越紧迫，应当引起政府等的高度重视，并认真研究、切实解决。

新生代农民工在农村有大面积住房闲置，但在城市里却遭遇住房困难。绝大多数新生代农民工目前居住条件简陋，甚至还有脏乱差存在，他们多住在工棚或未竣工的建筑物、集体宿舍、雇主家里、城中村等环境中(表9.8)。

表9.8　2010年新生代农民工的居住情况　　　　　　　　　(单位:%)

住所类型	所有外出农民工	上一代农民工	新生代农民工	夫妻一起外出的新生代农民工
单位宿舍	37.4	27.2	43.9	32.7
工地工棚	11.3	18.9	6.5	5.4
生产经营场所	8.4	8.6	8.2	7.3
与人合租住房	19.3	16.0	21.3	18.5
独立租赁住房	18.8	24.0	15.5	32.7
务工地自购房	0.9	1.3	0.7	2.0
其他	3.9	4.1	3.8	1.4

数据来源：国家统计局网站。

新生代农民工偏向于居住在城市，而且不少人把在城市购房定居作为自己的奋斗目标，但是昂贵的房价、自身的低收入以及现行城镇住房政策等一系列问题的限制，他们大多陷入住房保障不足的困境，扎根城市这样的梦想困难重重，对有的人来说甚至是奢望。住房保障体系不足在某种程度上已成为制约他们市民化的瓶颈。

(1)高昂的房价、较低的收入使得新生代农民工的住房梦延滞不前,尽管新生代农民工文化素质有所提高,但他们缺乏技能、能力不足的问题也比较突出,很多人会无力完成复杂的技能及知识型工作,他们只能做一些技术要求低的加工业和低层次服务的劳动密集型行业,工资水平普遍偏低。根据国家统计局在我国大规模建设公共租赁房的2010年公布的2009年我国农民工监察调查报告,新生代农民工的月平均工资只有1417元,相对收入也赶不上其父辈。然而目前的新生代农民工消费水平在日渐提高,购买品牌、各种通信费、出入娱乐场所已经成为一大部分人的主要开销,使得他们成为所谓的"月光族",有的人甚至入不敷出,除了自己的工资外,每月都需父母补贴。

"十二五"期间,我国一、二线大城市和热点三线城市房价快速上涨,房价让许多新生代农民工为之兴叹,昂贵的房价已成为延滞新生代农民工市民化进程的首要障碍,因为没钱购房,他们只能做城市的边缘人。

(2)现行城镇住房政策成了新生代农民工在城市安家落户的阻碍。

城镇住房改革自20世纪80年代以来,前后实施了提租发补贴、买房给优惠、建设经济适用房、安居工程以及廉租住房等一系列措施,但都只是对于城市居民推行。国家住建部等部委在2007年联合发布的经济适用住房管理办法和财政部在2008年正式发布实施的廉租住房保障资金管理办法,均规定保障对象是城镇中的低收入人群,"农民工"相关的文字少之又少。因为城市户口的缺乏,新生代农民无权享受保障性住房的权利。

(3)住房公积金制度是对住房的一种保障制度,但是对于农民工来说这种制度不具有作用。

1991年上海开始试行住房公积金制度,随后,安徽省和蚌埠市出台了相关文件。通过调查发现,政策上尽管确立了农民工与城镇人口一样可以享受同等的住房公积金保障,可因为缺少具有可操作性的实施细则,在实际操作中仍面临着不少阻碍。

(4)新生代农民工在城市生活居住的方式主要是独自租赁或者是和他人合租。

调查发现,当下各地的农民工住房租赁市场既不发达又缺乏规范,这在某种程度上阻碍了新生代农民工住房状况的好转。住房租赁市场的不发达主要表现为分散且不统一以及规模小并依附于房屋销售市场。对一线大城市来说,房屋租房中介机构多半将他们的业务主要集中于房屋销售上,租房信息却是极为有限,中介费用也相对很高,这些都加大了外地人员的租房成本。除了这些,大多数城市还未形成对应的住房租赁市场,虽然有少数已形成,但市场也不规范,租赁信息来源很有限。因为中介费用高加上对中介信任的缺乏,新生代农民工大多数都是通过亲戚或是同乡搜集租赁信息,可选择余地较小。租赁市场不规范则主要表现为:市场秩序混乱,外来人员租赁住房基本上是靠自己去找寻房源,有序的供应市场还未形成;房屋来源繁杂,有的是合法的市场商品房,但也有很多是违法建筑、危旧住房,更多的是城郊接合部和城中村的私人住房;市场运作缺少监督和管理,租住房价格体系不完整,一部分租赁市场无序及政府管理缺位。因为缺乏监管,这些房屋多数面积窄小,配套设施不齐全,居住环境差,对农民工的身心健康发展会产生不利影响。

4)解决新生代农民工住房保障的必要性

(1)解决新生代农民工的住房问题是一个社会性的问题,关系到社会的稳定和发展。

2015年进城务工人口占我国就业人口的比例已达到36.2%。将流动人口排斥在外的城镇住房保障体系蕴藏着巨大风险。相当多的城市至今没有建立针对流动人口的统一公共住房体系，农民工处于城市群体中的弱势地位。一直以来，农民工为城市的社会经济发展做出了不可磨灭的贡献，可是他们连基本住房需求都得不到满足，这违背了社会公正，会对社会的稳定、和谐与发展产生不利影响。对于新生代农民工来说，他们不会务农也不愿从事农业活动，是最有意向市民化以及离市民化最近的群体，因而目前解决新生代农民工的住房问题至关重要。

(2) 加强新生代农民工住房保障问题解决，有利于通过实现居住公平来体现社会公正。

近几年，我国逐步建立了包括经济适用房、廉租房、公共租赁房和住房公积金在内的保障性住房制度。廉租房是解决城市中低经济收入家庭住房困难而建的普通住宅，兼具社会公共福利和住房社会保障这两个性质，而且多是针对住房困难的城镇最低收入家庭。经济适用房是指政府给予政策优惠，并限定建设标准、供应对象及销售价格，同时还具有保障性质的一种政策性商品住房。我国现行的廉租房和经济适用房大多是面向城镇中低收入者，由于我国现有的户籍制度以及城乡二元结构，新生代农民工没有城市户口，被排斥在享受廉租房政策的范围之外。现阶段国家实行稳健的货币政策，严格控制信贷规模，而公共租赁房的投融资机制尚不完善；土地供应不足的压力不容小视，各地方政府受制于公共租赁房建设的土地供给和资金供给，在资金和土地方面遭遇较大困难。

(3) 解决新生代农民工城市住房保障问题是解决农业转移人口进城落户，推动城市化发展的重要措施。

我国正处于工业化和城镇化高速发展的时期，在这一时期的关键是实现农村剩余劳动力向城市的第二、第三产业转移，从日本、韩国、中国这些新兴工业化国家的发展来看，我们是后发国家，我们是在很短的时间内（一两代人的时间）实现了工业化进程，因此这个阶段一定是大城市首先发展，农村、小城市人口流失，经过一代、两代甚至三代人退休，人口开始回流的时候，小城市的人口才会稳定下来。而使农民工能在城市安居就业是实现这一目标的重要保障。

当前农民工在城市居住艰难的现实状况在很大程度上抑制了农民工留城发展的意愿，也阻碍了我国的城市化和工业化发展。此外，"消除城乡差距，实现城乡统筹"是我国未来一段时期的重要目标，也是我国拉动内需，加快转变经济发展模式的重要支点。解决在城市务工的新生代外来农民工居无定所问题，帮助他们在城市站稳脚跟，才能真正地转移农民，减少农业人口。新生代外来农民工在城市有了稳定住所，才能彻底从农村土地上退出来，从而有利于农村土地流转的进行，有利于留在农村的农民增加收入，实现在我国城市化过程中，城市人口增加，农村农业用地增加，确保中国人把饭碗捧在自己手中。

9.3.3 农民工住房保障体系构建

按照国外的发展历程来看，用公共住房来解决低收入家庭的住房困难问题是行之有效的必然途径。但是，怎样抉择符合中国特色的针对农民工的公共租赁房发展模式，是目前我国急需解决的问题。公共租赁房是我国住房保障体系中最主要的形式，而农民工又是城市最需要保障的对象，因此，需要对公共租赁房制度进行创新，使得农民工得到有效保障。

9.3.3.1 住房券制度

1) 住房券制度源起

1974年美国政府创立了住房券机制。政府将家庭收入水平处于居住地区家庭平均水平40%以下的家庭界定为低收入家庭。这种低收入家庭均可以向政府申请租金补贴，获得政府补助资格的家庭，均可以领取住房券，此住房券不受区域限制，可以在全国各地使用。

在美国，住房券项目每年给予穷困、半穷困家庭和个人大约11.5亿美元的租赁津贴。补贴的住房券金额以核定房租与30%核定收入之间的差额为标准发放。该项目成本（家庭方面的补贴及地方管理者的工资及费用）加入联邦的预算中，每年经由议会决定向住房管理部门拨出。

住房券作为一种向低收入家庭提供住房补贴的方式，在美国的公共住房政策中取得了很好的效果：①在政府财政支出保持不变的状况下，让政府的住房补贴更加直接，更加有效；②因为住房券制度，较低收入的家庭可以直接得到政府的帮助，更加灵活地进行房屋选择，这对低收入家庭更好地融入城市社区是有利的，同时也避免了由居住所带来的社会隔离等问题。

2) 住房券在我国的发展

2009年2月我国有学者提出实施"房屋券"制度的建议，以激活房地产市场。其具体设想：首先政府成立"房屋银行"，农民工手持专业机构对其宅基地房屋的评估证明领取"房屋券"；然后用"房屋券"冲抵房屋价款；开发商再到"房屋银行"中兑换"房屋券"。

从2009年开始，国内深圳等地也在探索推行住房券，多样化解决低收入群体住房难问题。深圳住房和建设局通过发放住房券形式，为住房困难家庭实施补贴。

9.3.3.2 农民工住房保障体系构建

城乡二元体制是影响农民工在城市住房困难的重要原因，这主要包括二元户籍制度、二元土地制度以及包含住房、社保、教育等在内的保障机制。当前的城乡二元制度有悖于我国城乡统筹发展，也不利于农民工的进城发展与落户。所以，要彻底解决农民工的居住困难问题，就必须在客观层面上改革户籍制度、突破农村建设用地中宅基地的流动限制，建立城乡统筹发展下的住房保障体系。

在综合考虑了公共租赁房建设、商品房价格和"地票"交易市场等关系到"农转非"居民住房保障体系的重要因素之后，建立如图9.6所示的住房保障体系。将土地确权、"地票"交易、建设用地拍卖纳入住房保障体系中，通过土地用途转变为建设用地整个过程中的增值产生的收益推动住房保障机制的运作，其实质是农民宅基地土地资产价值的实现过程。

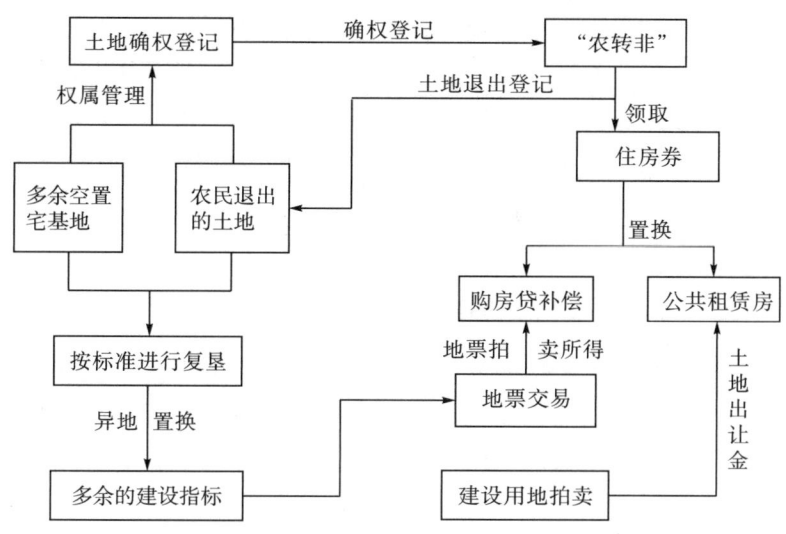

图 9.6 进城农民工住房保障体系

1) 保障体系前提：土地确权

确权是指明确农村宅基地的使用权、农用地的承包权。对进城农民工进行住房保障，首先必须明确农民所掌握的所有土地的权属关系。目前我国各地农村先后完成了土地确权登记，土地确权登记是大量的闲置宅基地有效利用的前提。土地确权登记要实现以下两点目标：一是制定公平的宅基地使用办法，严格控制宅基地审批和使用，限定宅基地拥有数量和使用面积，避免宅基地出现浪费和闲置；二是制定详细宅基地确权登记制度和登记流程，统一、及时登记。

2) 保障方式：住房券置换购房款、住房券交易公共租赁房

(1) 住房券置换购房款。

农民工自愿有偿退出宅基地使用权获得住房券。在得到住房券之后，农民工可以选择货币补偿的方式，即可以在购买政府规定的户型、面积和价格的商品房时，用住房券冲抵一部分面积的购房款。政府可以规定在利用住房券购买商品住宅时，在契税、土地增值税等税种上给予农民一定的优惠。

这种货币补偿方式的特点是：①成本低、效率高，政府不必针对农民工专门建造保障性住房，而是让农民工自行购买商业住宅；②农民的选择余地比较大，根据自身情况和工作地点购买合适的住宅，但住房券只能用于购买住宅，且住宅的面积应以中小户型为主。

(2) 住房券交易公共租赁房。

结合解决中低收入家庭住房问题的公共租赁房制度，对进城农民工实行实物补偿的方式，即通过住房券交易公共租赁房的形式享受住房保障。

这种实物补偿的特点：①由于公共租赁房采用划拨用地、集中建设，成本比较低、售价合理，因此，进城农民工在收入普遍比较低的情况下选择公共租赁房更符合自身经济条件；②由于公共租赁房允许居民在租住满五年之后购买，而且购买的价格也大大低于市场水平，因此在高房价的背景下，住房券可以直接置换一套公共租赁房的使用权或

者部分使用权,也可以用住房券冲抵相应年份的公共租赁房租金。实物补偿的方式可以更快地让农民工拥有自己的住房。如果进城农民工在城市已经有住宅,那么允许住房券进行二次交易获得货币,二次交易对象只能是当地政府的国土部门,以货币获取作为退出宅基地的补偿。不允许已购买城市住宅的农民工利用住房券再申请公共租赁房。

9.3.4 农民工"住房券"交易公共租赁房模式

9.3.4.1 农民工住房券机制的具体构建

当前的城乡二元土地制度有悖于我国城乡统筹发展,也不利于农民工的进城安家落户。所以,要解决农民工的居住困难问题,就必须进行制度创新,建立城乡统筹发展下的住房保障体系。本书提出了农民工住房券与我国的公共租赁房制度、土地"增减挂钩"以及户籍制度相结合来解决农民工住房问题的新途径。

1)农民工住房券的操作流程

本书所提出的农民工住房券与美国的住房券存在一定不同之处。对于美国来说,只要家庭收入处于居住地平均家庭水平40%以下的家庭都有资格获取住房券。而基于我国经济水平还不算发达、财政能力不够强等现实条件,农民工住房券核发的对象是在城市居住满一定年限(本研究以5年为限制)、有稳定的工作和收入证明,以及自愿退出其农村宅基地的农民工。具体的操作流程如图9.7所示。

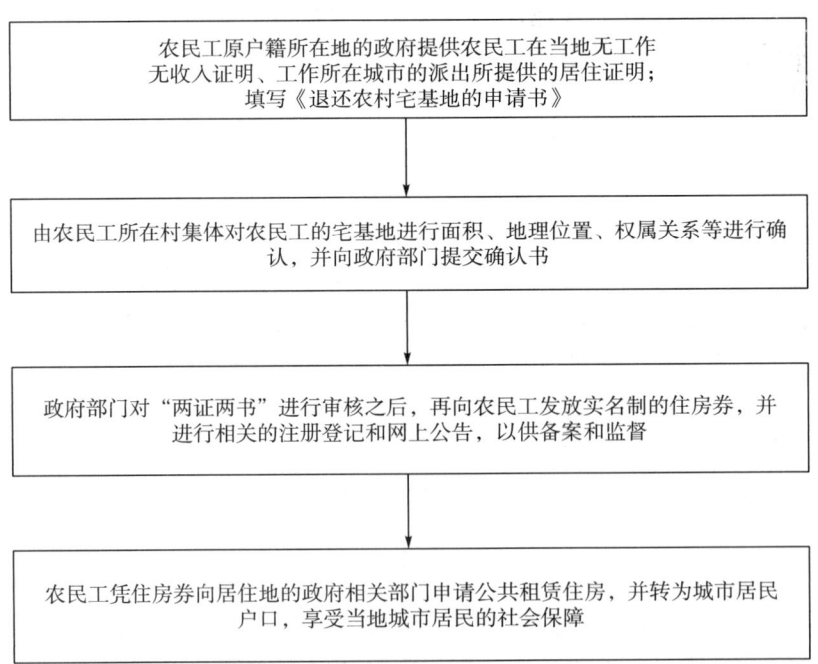

图9.7 农民工住房券操作流程图

2)农民工住房券的性质

农民工住房券在本质上说是农民工用农村建设用地中宅基地所置换城市公共租赁房的一个凭证,它是由政府房管局统一印制,在农民工退出农村宅基地后对其所做出的补偿。

农民工住房券的特性有以下几点：

(1)该券的发放主体是农民工原居住地的房管局部门，而对农民工履行住房券义务的主体是农民工居住地的地方政府，即由农民工进城务工后的城市政府为其提供公共租赁房保障。

(2)住房券作为一种特殊货币，只可以用于租赁或是购买由政府统一修建的公共租赁房，不可以用作其他消费使用。

(3)农民工住房券实行实名制，住房券上必须注明拥有者的姓名、身份证号码，并且加盖核发单位公章；还需进行网上注册登记，对农民工能置换的公共租赁房面积大小、申请情况等信息进行翔实登记。

(4)禁止农民工将住房券进行转让或是出售给他人，转让无效，并且原持有者不再具有领取住房券资格。

(5)农民工住房券相关信息统一登记在网络上，农民工通过身份证可以办理相关业务。

3)农民工住房券的土地退还机制

在土地退还方面，农民工申请退还宅基地，村集体进行核实后报告国土资源局，国土资源局发放《农村宅基地退还确认书》。农民工根据其退还的面积和位置获得相应比例的住房券。对于退还的宅基地，由地方国土资源局进行统一的复垦和规划，这与"增减挂钩"政策可以有效结合。但是，农民工住房券机制中，给农民工提供公共租赁房的是农民工的居住地，而农民工积聚的城市一般为缺乏建设用地指标的大城市。大城市本身就面临着城市建设用地指标不足的问题，未来人口继续向大城市聚集是必然的，没有人能够战胜趋势。手握住房券的农民工涌向这些城市，这些城市将需要更多的城市建设用地指标。综合这些情况，手握住房券的农民工将跨地区流动，出现"带土地指标入城"的现象。

具体的实施计划如下所述：

假设一：农民工甲的原居住地为 A 市的某村，其目前的居住地也为 A 市。

农民工甲向村集体退还了 200 平方米的宅基地，那么 A 市的国土资源局将负责把这 200 平方米的宅基地复垦为耕地后承包给新农户；同时，A 市的国土资源局根据土地"增减挂钩"政策，可以在城市近郊区征收一块 200 平方米的土地作为建设用地。在这一情况下的土地流转如图 9.8 所示。

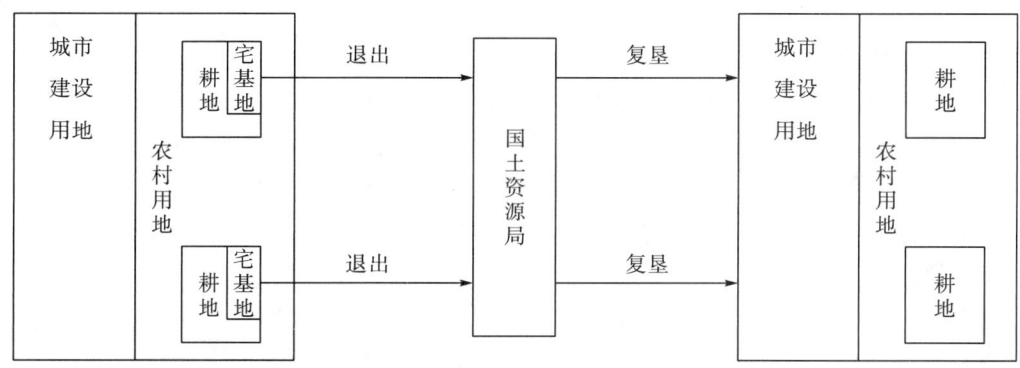

图 9.8 农民工住房券制度中土地市内的转型示意图

假设二：农民工甲的原居住地为 A 市的某村，其目前的居住地为 B 市。

农民工甲向村集体退还了 200 平方米的宅基地，那么 A 市的国土资源局将负责把这 200 平方米的宅基地复垦为耕地后承包给新农户。由于农民工甲现在是居住在 B 市，同时 B 市一般多为经济发展较为快速、城市建设用地指标更为紧张的地区，所以 A 市和 B 市可以形成地区土地协调机制，将 A 市所复垦的宅基地面积指标转换为 B 市的建设用地指标。因此，根据这一构想，B 市可以在城市近郊区征收一块 200 平方米的土地作为建设用地，同时 B 城市增加 200 平方米的建设用地指标既可用于满足城市保障性住房建设用地需要，也可以用于城市商品住宅开发。

在这一情况下的，土地流转如图 9.9 所示。

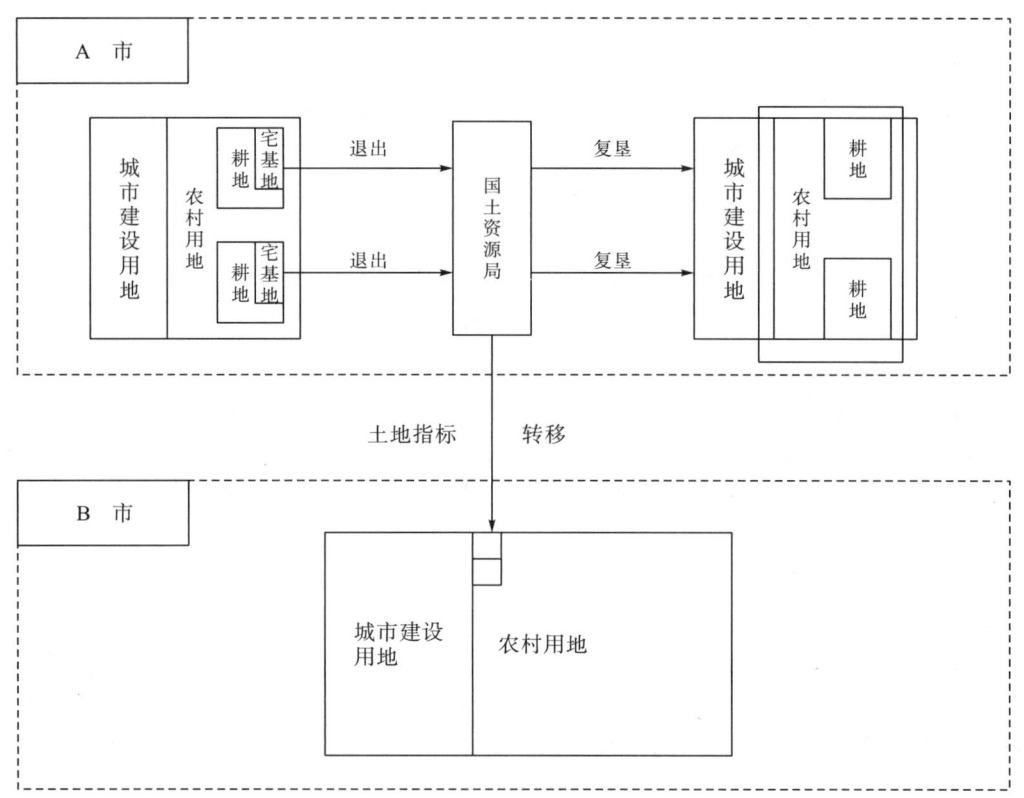

图 9.9 农民工住房券制度中土地市外的转型示意图

4) 农民工住房券机制中资金的运作

农民工住房券制度设计之中，在土地的退出环节，国土资源部要对宅基地进行复垦；对于自愿退出宅基地的进城农民，应该给予相关补偿。随着大量农业转移人口进城落户，城市需要开发更多的商品房，政府需要建设更多的公共租赁房，这些都需要相当数量的城市用地指标。进城落户向政府国土部门出售住房券应该获得相应的货币收入。

本书研究初步在国家层面上设立一个资金运作平台，即"农民工住房券基金"，各个地区可以在该平台上设立各自的专项户口。"农民工住房券基金"专门用于对农村宅基地整治成本的管理、转入城市的建设土地出让金、农民工住房券的现金补偿、以及用于支持农民工流入城市公共租赁房建设的资金。

农民工住房券的资金运作主要有以下几个流程：首先，农民工流入城市，在获得农民工流出地所转移出来的建设用地土地指标后，以年度累计的土地总指标上报国家；同时，流入地在国家批准的建设用地指标内，在符合城市土地规划的前提下征收等指标的土地，并将该土地的用途转为城市建设用地后进行土地出让，土地出让取得的土地收益在扣除土地征收环节所发生的征地补偿费用、土地整理费用后，存入"农民工住房券基金"中该城市的专项账户中。其次，农民工自愿退出的宅基地复垦费用，按农村土地整理成本的标准向整治方进行划拨，宅基地复垦产生的地票收益，应该由村集体和当地政府国土部门共享。然后，可以从农民工自愿退出的宅基地产生的收益中划拨出一部分资金用作农民工流入地的公共租赁房的建设工作。最后，剩余的土地出让收入仍存放于"农民工住房券基金"中，用于农民工向政府国土资源部门出售住房券时的补偿。

站在国家的宏观层面上，国家应该从财政方面支持农民工住房券机制，这样可以加快农民工流入地的城市化进程。国家可以减少对吸纳农民工退出宅基地而获得用地指标的城市因出让土地获得出让金的分成比例，增强这些城市公共租赁房建设的财力。

假设农民工流出地为A城市，流入地为B城市，A、B两城市在"农民工住房券基金"平台的资金运作示意图如图9.10所示。

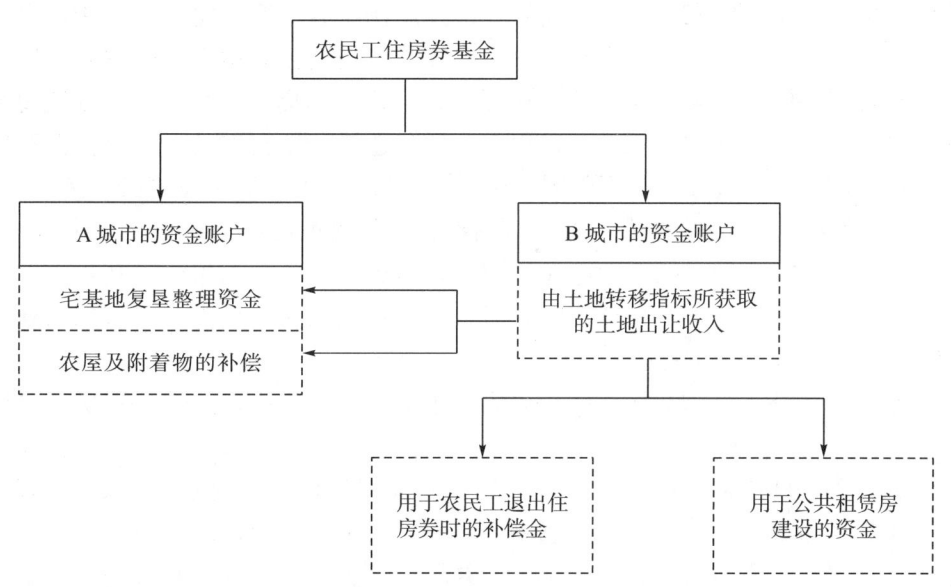

图9.10　A、B城市"农民工住房券基金"资金运作示意图

9.3.4.2　农民工住房券的置换公共租赁房的标准设计

1) 宅基地置换公共租赁房面积比

根据调查显示，目前每户农村家庭的宅基地面积多数在200—300平方米。同时，由2010年国家统计年鉴中五次全国人口普查显示，我国目前的家庭规模为3.44人/户。所以，我们可以估计我国农民的人均宅基地面积为58.14—87.72平方米。另外，由于目前我国现行的公共租赁房制度中，人均居住面积的标准为20平方米。因此，在参考了农村居民的人均宅基地面积和公共租赁房的人均面积的设计标准后，建议农民工所合法拥有

的宅基地面积与可置换的公共租赁房面积的比例控制在2∶1至3∶1为宜。在各地完成了农村宅基地确权后,具体比例的设计应该考虑是省内置换还是跨省置换,同时考虑国内东部、中部和西部存在的相应置换比例。

对于补偿标准,各地政府应综合考虑当地的实际经济条件及农村建设用地流转收益标准等确定基准土地交易价格;然后根据土地级差地租、土地规整情况、所处位置等相关因素确定土地的单价。在补偿期限方面,补偿年限应根据统一承包期年限确定。

2)住房券在公共租赁房制度中的使用

结合我国现行的公共租赁房制度的租售并举的模式,农民工住房券在使用方面主要考虑以下几种情况:

(1)获取住房券后在同一城市连续居住未满5年且符合公共租赁房的申请条件的农民工。

在获取住房券后在同一城市连续居住未满5年的农民工,向当地政府申请租赁公共租赁房后,其住房券可以按照对应的价值缴纳公共租赁房租金。

(2)获取住房券后在同一城市连续居住满5年且符合公共租赁房的申请条件的农民工。

农民工对公共租赁房租赁5年期满后,选择用住房券按照一定的折算比例申请购买其居住的公共租赁房。住房券面积不够的,农民工以当地公共租赁房管理局向社会公布的公共租赁房出售的当期价格购买超面积部分,房款可选择一次性付款或分期付款。如果农民工选择一次性付款的,不再支付租金;如若选择分期付款的,未付款面积按照规定租金标准交纳租金。农民工也可以用所持住房券购买商品房,冲抵部分房款。

(3)获取住房券后在城市居住一定年限后不符合公共租赁房的申请条件的农民工。

对于获取住房券后的农民工无论在城市是否居住满5年,如果由于其收入增加或其他条件不符合再申请居住公共租赁房时,可以向房管局出售住房券。房管局以新增建设用地指标获得的土地出让部分收益为其住房券的价值。

(4)获取住房券后在A城居住一定年限后再转入B城且符合公共租赁房的申请条件的农民工。

由于农民工进城务工具有一定的流动性,所以其居住地也会在城市之间不断迁移。对于农民工在A城市以住房券申请租赁或者置换公共租赁房的,在离开A市时,应该向房管局退还其居住的公共租赁房,A城市公共租赁房管理局退回其购买公共租赁房的本金加上所持有公共租赁房的年限由本金产生的银行同期活期存款利息。此后,该农民工前往B市后,可以租赁或购买公共租赁房。

9.3.4.3 实施农民工住房券机制的相关建议

针对农民工住房券制度的实施,本书提出几点建议。

1)充分营造合适的政策环境

农民工住房券机制的实施,需要一系列政策改革配套。在我国各地建立农民工住房券信息平台,动态管理"农民工住房券基金"的运作;在户籍制度上,对部分满足进城落户的农民工给予户籍管理方面的帮助;在农村建设用地中宅基地流转过程中,国土资源局应做好土地的变更登记、土地的整理复垦工作,以保障农民工的土地收益为原则制定宅基地补偿标准;建设用地指标在城市之间的转移环节,严格向国家申报建设用地转移指标的年度计划,严格遵守在国家下放的建设用地指标进行土地征用;在公共租赁房制度上,政府应该将建设用地转移指标首先用于公共租赁房的建设用地;政府应该在财税、金融等方面给予相应的政策支持与监督管理等。

2) 重视空间及时间上的渐进性

由于我国缺乏完善的跨区域建设用地流转制度,我国公共租赁房的发展在建设的土地供应、资金来源方面有些困难,地方政府公共租赁房的具体模式存在差异等;农民工住房券制度的实施与推广即要结合现状、因地制宜,同时,更要重视其空间及时间上的渐进性。

我国中西部地区目前正面临承接制造业、产业梯度转移、需要大批劳动力的阶段,因此,在实施地区上,建议先在成都和重庆统筹城乡改革实验区实施推进,到经验相对成熟、制度相对完善时,再在其他财政收入良好的城市推广。

在户籍制度改革上,可逐步、渐进性地实施。在同一个城市连续居住未超过5年的农民工颁发"准城镇居民户口",等到其连续居住5年以上后,换为"城镇居民户口"。其主要原因:第一,一些农民工不在一个城市长期务工,农民工群体流动性较大;第二,避免实施由于农民工住房券机制政策,一部分农民工短时间内转换为城镇居民户口,从而给城市带来短期财政负担。

3) 促进社会保障城乡一体化

城乡分割的二元社会保障制度下,农村土地承载着农民工的社会保障,即使进城打工也不会放弃农村的土地,这对农民工住房券机制的实施造成一定程度的阻碍。

在农村体制改革和我国城市化过程中,离开农村的农业转移人口的集体收益分配权可以以股权的方式继续拥有和维护,并持续享受收益分配,土地承包经营权可以以股权的方式继续拥有,也可以用股权转让的方式进行自愿有偿退出。

通过集体收益分配权、土地承包经营权资本化的手段,使大量进城的农村转移人口在我国城市群、中心城市"留得住""留得下",集体收益分配权、土地承包经营权通过股权形式的资本化转让成为农业转移人口进城安家的"资本",有助于实现农业转移人口举家进城落户。但农业转移人口通过集体收益分配权、土地承包经营权资本化获得的财产性收入往往是"渐进性"的。

进城农民工的宅基地复垦为农用地,复垦的新增农用地转换为住房券,这样既可以增加农业转移人口流入城市的住宅建设用地指标,又能增加农用地规模,确保十八亿亩耕地红线不被突破,同时,使进城农民工获得较大的"一次性"财产性收入。

4) 完善公共租赁房制度

农民工住房券机制通过公共租赁房来解决持券农民工住房问题的重要措施,因此,必须保障公共租赁房的建设,加大其建设力度和规模。目前,公共租赁房实践中,其主要制约问题是土地供应不足、建设资金缺乏、公共租赁房管理体系不健全等。

鼓励以国企或者央企为主的社会力量成为建设主体,参与建设,项目建设完成后交由地方政府负责运营管理。通过国有企业的参与,可以发挥企业专业化的优势,不仅可以推动公共租赁房建设规模化、产业化的发展，还可以降低公共租赁房的建设成本。

就拓宽建设资金而言，政府可以通过 REITs 的方式向社会发行房地产投资信托资金，引入专业的操作团队进行操作，确保投资者的收益。

就运营管理来说，各地政府根据自身情况制定租金标准，并加强对后续公共租赁房的运营管理。对于要出售的房屋，根据成本科学地制定价格。需要注意的是，公共租赁房不能在市场上进行买卖，公共租赁房的交易范围仅仅限制在公共租赁房持有者与公共租赁房管理中心或者公共租赁房管理局之间。

9.4 本章小结

本章从三个方面研究公共租赁房的可持续运营机制：第一，创新公共租赁房机制，为进城农民工提供更加完善的住房保障。本章结合公共租赁房机制、土地"增减挂钩"以及户籍制度所提出的解决农民工住房问题的发展途径，提出农民工住房券机制，解决农民工的住房和土地问题。第二，从公共租赁房建设设施配套的可持续性进行研究。本章站在公共租赁房被保障群体的角度，考虑他们的固有特征和对居住环境的需求，并借鉴重庆公共租赁房规划布局五大原则，对公共租赁房的选址规划提供了参考；对比常规商品房项目的公共服务设施的配套指标，基于公共租赁房发展趋势以及被保障人群固有的特征，提出公共租赁房社区公共服务设施配建指标体系的调整建议；同时，根据保障对象的特殊性，提出了公共租赁房应该采取的物业管理模式。第三，从公共租赁房社区配套商业承担的三大功能来研究公共租赁房商业配套的可持续运营机制；从满足公共租赁房配套商业的三大功能的思路来研究公共租赁房的商业配建比例、开发规模和运营管理模式。

公共租赁房这一制度能否健康有效地持续运营下去，需要站在公共租赁房被保障人群的角度去思考，真正为被保障对象谋取福利，并考虑住区长远发展的需要，为公共租赁房实现经济、社会、环境三方面效益的优化以及可持续发展奠定坚实的基础。

10 公共租赁房租转售销售定价模式设计

2014年,国务院发布《城镇住房保障条例(征求意见稿)》中提出连续租赁公共租赁房不少于5年且符合配售条件的租户,可以购买公共租赁房。而现在有租售并举相关条例规定的地方有北京、重庆、河南、江西、安徽、四川等地,所以很多地方政府面临第一批公共租赁房租户五年租期已到,公共租赁房租转售的价格具体如何确定的问题。本章从成本与支付能力角度出发确定公共租赁房出售综合定价模型。

10.1 公共租赁房租转售定价经验

在城市化、工业化过程中,不少发达国家和地区已经摸索出一条适合自己国情和区情的保障性住房发展政策,也有很多国家和地区实行公共租赁房租转售模式,它们的一些做法可以给公共租赁房租转售提供有益借鉴。

10.1.1 英国公共租赁房租转售政策

英国于1980年开始实施公共租赁房出售制度,具体内容为连续租赁公共租赁房不少于2年的租户,有权优先且优惠购买公共租赁房。在公共租赁房优先购买条款中,以房价的30%作为折扣起点,在承租人租满2年后,每超过1年再降房价的1%;在承租人租期满20年后,有最高为半价的折扣优惠;承租人租期满30年后,公共租赁房房价折扣为60%,即公共租赁房最大折扣。

同时,英国政府对公共租赁房租转售的优惠政策增加相关限制条款,如优惠政策购买的公共租赁房只能家庭自住,不得出租给他人;购房者购房必须满5年才可以出售,若未满5年出售,需补交100%折扣款,超过5年后补交折扣款逐年递减。

10.1.2 新加坡公共租赁房租转售政策

1986年,新加坡开始允许居民动用公积金购买公共租赁房,并规定月收入不足800新元(约3960元人民币)的租户购买公共租赁房时时,首付款为5%,其余房款可申请25年期限的贷款;月收入低于4000新元(约19802元人民币)的租户购买公共租赁房,首付款为20%,其余房款可申请20至25年的贷款;公共租赁房售价为商品房均价的50%-70%。

同时,新加坡政府对公共租赁房租转售政策增加相关法律,如公共租赁房在出售后5年内不得整屋出租,只能转售给新加坡建屋发展局,并缴纳相应税款,满5年后允许进行商业经营。

10.1.3　中国香港地区公共租赁房租转售政策

对于租住在公共租赁房满 10 年的租户，在没有违反现行租约规定的前提下，都有权购买公共租赁房。公共租赁房在出售时，以建设与出售公共租赁房相同类型单位所需的成本价为基础，结合单位的楼龄、地理位置等因素，经统计核算确定价格。初步定价在公共租赁房开始出售的前 2 年保持不变，之后调整周期为 2 年，承租人在公共租赁房出售的前 2 年购买或新租户在租约生效后的 2 年内购买，都可以享有特别的优惠政策。同时，会根据购买人的具体情况提供特殊的按揭贷款。

同时，香港政府对公共租赁房租转售政策增加相关规定，如公共租赁房出售 10 年内，由香港房屋委员会回购公共租赁房，若购买人 10 年后再公开出售，则需向政府缴纳一笔款项作为低价的补偿。

从国内外公共租赁房租转售模式来看，政府均对公共租赁房的产权制定并实施了相关法律，限制购买公共租赁房后再出租、购买人公开出售公共租赁房等行为。

10.2　公共租赁房租转售相关概念界定

确定公共租赁房租转售背景下出售定价模式，首先需要界定公共租赁房租转售背景的相关概念。

（1）公共租赁房产权。不同地方政府对公共租赁房租转售后产权的界定不一样。如重庆的公共租赁房在租赁期满 5 年后，租户可通过购买获得不完全产权，房源可以抵押和继承，但不能进行上市出售和出租等市场交易，如果退出公共租赁房，则由重庆政府回购，使其继续保障社会中新的中低收入群体；其他有些地方政府则把公共租赁房作为经济适用房的变种卖出去，即可以市场交易。重庆对于公共租赁房出售有限产权的规定可长期保持公共租赁房的供应量，防止陷入无限建设和利益输送的黑洞，同时，与国务院发布的《城镇住房保障条例（征求意见稿）》中关于公共租赁房租转售相关条例的规定相符合，所以本书只针对公共租赁房租转售后为不完全产权进行讨论。

（2）公共租赁房租转售后使用权与抵押权。如前所述，重庆公共租赁房出售后，房源可抵押和继承，但不能上市出售和出租；北京公共租赁房出售后实行封闭运行，只能家庭自住，不得转让、赠予、出租、出借、擅自调换或改变房屋居住用途。所以，本书认为公共租赁房租转售后，房源可抵押和继承，不可转让、赠予、出租、出借、擅自调换或改变房屋居住用途。

（3）房屋来源。本书不考虑公共租赁房经营管理单位购买住房作为公共租赁房，也不考虑企事业单位、社会团体以及其他组织、个人捐赠住房作为公共租赁房等情况。

（4）建设方式。目前，我国各地区政府公共租赁房建设管理及模式多采用由政府主导、市场运作的方式，通过"委托代建"和"配套建设"实现。"委托代建"指由政府管理机构作为项目产权主体，"配套建设"指新建商品住房项目中，将建设一定比例的公共租赁房作为土地出让条件之一，由土地竞得人按照政府确定的户型、建筑总面积、建设标准等要求建设公共租赁房，但配建制有后期物业管理混乱、中低收入群体与商品房居民融合问题。以及开发商转嫁公共租赁房建设成本在可售商品房成本上等问题,因此,郑州已于 2016 年取消公共租赁房配建制。

10.3 公共租赁房租转售定价原则

10.3.1 差异定价原则

在公共租赁房、廉租房并轨运行的背景下,公共租赁房保障的保障对象范围将逐渐扩大,从而保障对象之间的收入水平也有一定差异,因此,保障的程度也不相同,如果在租转售阶段将不同的公共租赁房全部以统一价格水平出售给不同的承租人显然是不合理的。所以,公共租赁房出售不能只确定一个价格,要根据实际情况,分析保障对象租住年限、支付能力、购买意愿等情况制定出差异化的价格。

10.3.2 保障对象利益优先原则

公共租赁房属于保障性住房,具有保障住房的性质,所以应将保障对象的利益放于优先位置。因为中国传统的"家"的观念,人们普遍认为"住房自有"才算真正在城市扎根,所以住房问题是民生重点关注问题。同时,需明确的是购房支出占人们生活支出的比例很大,所以公共租赁房出售定价应在保障对象的可支付水平内,如果公共租赁房出售价格超过中低收入群体的住房可支付能力,就不符合我国公共租赁房推行的一个重要目的,即解决"夹心层"居民的住房问题,所以,为达到这个目的,须将中低收入群体的利益放在首位。

公共租赁房另一个目的是分流和延迟商品房的潜在客户及需求,对房地产市场价格造成抑制作用,而要实现这一目的,就应在公共租赁房定价过程中关注中低收入群体的情况,将其可承担的公共租赁房出售价格作为定价的重要基础。总之,将保障对象的基本利益放在首位,使其有承担公共租赁房出售价格的能力,才能使其充分参与到公共租赁房政策中,而当公共租赁房供给量基本满足市场需求时,就会减少房地产炒作市场的获利空间。所以,足量的保障性住房供给能在一定程度上挤出房地产市场泡沫,降低炒作房地产市场投机行为的热度,促进房地产市场稳定发展。

考虑到政府财政支付能力有限,需要用最少的财政支出解决好中低收入群体住房问题,就要在优先考虑保障对象利益的前提下,兼顾政府利益,尽量减少政府由此发生的财政支出。

综上所述,在构建公共租赁房租转售背景下出售定价模型时应优先考虑保障对象的利益,让其对公共租赁房的价格具有可支付能力,从而使公共租赁房实现解决中低收入群体住房问题、抑制房价过快增长的作用;同时,在优先考虑保障对象利益的基础上,还应考虑政府的利益,使其以最少的财政支出获取最大的社会效益。

10.3.3 可操作性原则

全国公共租赁房具有非常大的体量,如 2010—2016 年,仅仅重庆就累计开建公共租赁房 69.22 万套,如果公共租赁房出售定价模型过于复杂,不同项目定价方法均有差别,则会增加行政成本以及定价模型推行成本,降低工作效率,同时增加监管难度。所以要在一定程度上简化公共租赁房出售定价,并且要具有可复制性。可以将公共租赁房定价快速复制到各地区项目上,增加定价准确性,加快定价速度,方便对定价的监管,有助于租转售背景下公共租赁房政策的全国性推广。

10.4 基于成本的公共租赁房出售定价模式

当公共租赁房出售定价过低时,政府财政能力难以承受,同时也会影响住房市场,所以需根据公共租赁房成本,确定合理的公共租赁房出售定价。基于成本的公共租赁房出售定价模式,就是让公共租赁房租金与成本之和同公共租赁房的出售价格呈基本持平的状态。即:

$$P_1 + R_租 = C \tag{10.1}$$

式中,P_1 代表基于成本的公共租赁房出售定价;$R_租$ 代表承租人在所有租赁期内所交租金折现到购买房屋时间点的总金额;C 代表公共租赁房成本。

10.4.1 公共租赁房租金因素分析

在建立模型之前,需要对公共租赁房租金涉及的相关参数做出一系列设定。

(1)承租人每年支付公共租赁房租金基本一致,不考虑政府对租金的微调,即 $r = r_1 = r_2 = \cdots = r_n$。

(2)租金折现率 i_1 按购买公共租赁房当年央行存款基准利率平均值确定。

(3)租金折现年限 n_1 按承租人租转售时,意向购买公共租赁房的租住年限已确定。若每个承租人都按照实际租住年限进行计算,会使情况过于复杂,增大工作量,故此处借鉴英国公共租赁房优先购买房价折扣政策,并结合中国国情,按照租住年限,分区间确定折现年限(表10.1)。

表 10.1　公共租赁房租金折现年限　　　　　　　　　　(单位:年)

租住年限 n	折现年限 n_1
$5 \leqslant n < 10$	5
$10 \leqslant n < 15$	10
$n \geqslant 15$	15

由此,可以确定公共租赁房租金折现和如下:

$$\begin{aligned} R_短 &= \frac{r}{(1+i_1)} + \frac{r}{(1+i_1)^2} + \cdots + \frac{r}{(1+i_1)^n} \\ &= \frac{(1+i_1)^{n_1} - i_1}{i_1(1+i_1)^{n_1}} \end{aligned} \tag{10.2}$$

10.4.2 公共租赁房成本因素分析

在建立模型之前,首先需明确对于公共租赁房成本因素的分析是站在政府的角度,其次需要对公共租赁房成本涉及的相关参数做出一系列设定。

(1)公共租赁房作为保障性住房,2015年12月,财政部、国家税务总局印发《关于公共租赁房税收优惠政策的通知》(财税〔2015〕139号),指出对公共租赁房免征城镇土地使用税、印花税、房产税等,所以公共租赁房成本不考虑税费。

(2)如前文所述,目前我国公共租赁房建设方式主要有"委托代建"和"配建制",其中委托代建的土地主要采用政府划拨出让方式,而配建制的土地多是由政府给予开发商一定土地购置费的优惠,所以分情况讨论,当采用委托代建制时,公共租赁房成本不考虑土地购置费。

(3)公共租赁房租金不包括小区物业费,小区物业费单独计算。关于公共租赁房的租金是否包含物业费,不同城市规定不同,如北京将租金和物业费等并收,而济南则采取单独计收的方案,即租金、取暖费和物业费单独算。

根据上述假设,按照不同建设方式,对公共租赁房建设成本进行分别讨论:

(1)当建设方式为委托代建制时,认为公共租赁房成本主要包括前期工程成本C_1、建安工程成本C_2、市政公用设施成本C_3、管理成本C_4、财务成本C_5五项费用。

前期工程成本C_1,主要指在取得土地开发权之后,房屋开发前期的设计规划等。包括可行性研究费、规划费、设计费、地质勘查费以及"三通一平"费用等。前期工程成本在公共租赁房成本中所占比例较小,一般不会超过10%。

建筑安装工程成本C_2,主要指公共租赁房建设过程中所发生的建筑工程费、设备购置费、安装工程费等。建筑安装工程成本约占公共租赁房成本的40%。

市政公共设施费用C_3,主要指污水系统、电力系统、网络系统、绿化等的建设费用,以及提供幼儿园、门诊、菜市场、超市等所发生的费用,同时还包括变电室、煤气调压站等费用。市政公共设施费用约占公共租赁房成本的20%。

管理成本C_4,主要指为组织公共租赁房开发活动所发生的各种费用,包括管理人员工资、差旅费、办公费、保险费等。管理成本约占公共租赁房成本的6%左右。

财务成本C_5,主要指公共租赁房建造过程中,向银行申请贷款的利息支出。财务成本根据银行贷款金额不同,所占公共租赁房成本也不同。

公共租赁房成本因素如表10.2所示。

表10.2 公共租赁房成本因素表

成本分类	具体内容
前期工程成本C_1	可行性研究费、规划费、设计费、地质勘查费以及"三通一平"费用等
建安工程成本C_2	建筑工程费、设备购置费、安装工程费等
市政公用设施成本C_3	污水系统、电力系统、网络系统、绿化等的建设费用,以及提供幼儿园、门诊、菜市场、超市等所发生的费用等
管理成本C_4	管理人员工资、差旅费、办公费、保险费等
财务成本C_5	公共租赁房建造过程中,向银行申请贷款的利息支出

所以当建设方式为委托代建制时,公共租赁房成本计算公式如下:

$$C = C_1 + C_2 + C_3 + C_4 + C_5 \tag{10.3}$$

(2)当建设方式为"配建制"时,在政府角度建设公共租赁房付出的成本,主要为土地购置费上的优惠，所以公共租赁房成本计算公式如下：

$$C = C_{优惠} \quad (10.4)$$

式中，$C_{优惠}$指政府在土地出让上给开发商的优惠总价。

综上所述，将式(10.2)—式(10.4)带入式(10.1)中，得到基于成本的公共租赁房出售定价为

$$P_1 = C - R_{租}$$

$$= \begin{cases} C_1 + C_2 + C_3 + C_4 + C_5 - \dfrac{(1+i_1)^{n_1} - i_1}{i_1(1+i_1)^{n_1}} r, & 委托代建制 \\ C_{优惠} - \dfrac{(1+i_1)^{n_1} - i_1}{i_1(1+i_1)^{n_1}} r, & 配建制 \end{cases} \quad (10.5)$$

10.5 基于支付能力的公共租赁房出售定价模式

在我国，公共租赁房保障的最低目标是解决低收入家庭的住房问题，在其可支付的范围内满足其基本居住需要。本节借鉴了住房可支付性指数理论的思想，构建出我国基于支付能力的公共租赁房出售定价模型，同时考虑到差异定价原则，根据保障对象不同，其支付能力与购买意愿有差异，对公共租赁房保障对象进行分类，通过贷款月供占居民家庭收入的比例系数控制不同保障对象购买公共租赁房的定价。

10.5.1 住房可支付能力的测定模型

在住房可支付承受能力方面，美国不动产协会(the national association of realtor，NAR)最早提出住房可支付性指数理论(housing affordability index，HAI)，认为根据对住房消费支出占收入比例的上限要求，考察住房市场中处于中位数收入水平的家庭对处于中位数房价住房的承受能力。若 HAI 大于等于 100%，则说明居民对住房的支付能力较好，小于 100% 则说明居民的住房支付能力不足。而在国内关于 HAI 的研究中，刘琳(2007)教授将 HAI 具体定义为

$$HAI = l/l_{\min} \quad (10.6)$$

式中，l 代表居民家庭可支配收入，$l_{\min}$ 代表满足住房可支付标准的居民最低收入。居民具体每月还款额 X 为

$$X = \frac{i(1+i)^n}{(1+i)^n - i} \beta P \quad (10.7)$$

根据住房可支付性标准，应有居民每月还款额 $X \leqslant \Phi$，故满足这一条件的最低收入为

$$l_{\min} = \frac{i(1+i)^n}{(1+i)^n - i} \times \frac{\beta}{\Phi} \times P \quad (10.8)$$

式中，假设城镇居民家庭的购房资金分为首付款和贷款两部分。设家庭购房贷款成数为 β，贷款年限为 n，贷款利率为 i，贷款月供占居民家庭收入的比重不超过 Φ，住房总价中位数为 P，居民家庭可支配收入为 l。

这些研究成果为本研究通过模型的改进计算基于支付能力的公共租赁房出售定价模型提供了依据。

10.5.2 基于支付能力的公共租赁房出售定价模型的建立

本书根据住房可支付性指数(HAI)理论,通过对公共租赁房保障对象进行分类分析,确定不同公共租赁房保障对象的可支配收入中可用于住房消费的部分,测算其对公共租赁房的住房支付能力,由此得到公共租赁房出售定价的测定模型。

首先,在建立模型之前,需要对涉及的相关参数做出一系列设定。

(1)公共租赁房租满5年并且有购买意向的群体均有一定积蓄,具有支付首付款的能力。

(2)贷款利率按照当年央行贷款基准利率平均值确定。

(3)首付款比例按照公共租赁房所在地区首付比例确定 Φ。

(4)不考虑通货膨胀及居民家庭收入突然波动等因素影响。

其次,根据不同支付能力与购买意愿,对公共租赁房保障对象进行分类,共分为4类(表10.3),Ⅰ类为无购买能力的大学毕业生,在工作一定时间后会具有较强的购买能力,公共租赁房主要是过渡性需求,即他们可能没有足够资金购买商品房,只能暂时购买公共租赁房,在居住一定年限后再将其卖回给政府;Ⅱ类为外来农民工,虽然有一定购买能力,但因为户籍不在公共租赁房所在地,购买意愿较低,更愿意在家乡进行房屋购买;Ⅲ类属于低收入水平且年龄在50周岁以上或属于低收入水平且身体有一定残疾的本地市民,支付能力差,但购买意愿强,而且对公共租赁房是长期居住需求;Ⅳ类为除上述3类外的情况,如特殊人才、劳动模范中的住房困难家庭。

表10.3 公共租赁房保障对象类别体系

类别	主要人群	支付能力与购买意愿
Ⅰ	无购买能力的大学毕业生	支付能力强,购买意愿中等
Ⅱ	外来农民工	支付能力中等,购买意愿低
Ⅲ	属于低收入水平且年龄在50周岁以上、属于低收入水平且身体有一定残疾的本地市民	支付能力低,购买意愿中等
Ⅳ	其他	

第三,如前文所述,不同公共租赁房保障对象对公共租赁房出售定价的承受能力自然不同,主要体现在贷款月供占居民家庭收入的比重上。中国银行业监督管理委员会(中国银监会)发布的《商业银行房地产贷款风险管理指引》指出,商业银行应将借款人住房贷款的月房产支出与收入比控制在50%以下(含50%),月所有债务支出与收入比控制在55%以下(含55%),所以,总体将贷款月供占居民家庭收入的比例控制在30%—50%。对于Ⅰ类人群,将比例控制在45%—50%;Ⅱ类人群,将比例控制在35%—45%;Ⅲ类人群,将比例控制在30%—35%;Ⅳ类人群,将比例控制在30%—50%。具体比例由公共租赁房所在地政府根据实际情况确定。

最后,在上述保障对象分类及假设的基础上,构建方程组:

$$l/l_{\min} = 100\% \tag{10.9}$$

$$l_{\min} = \frac{i_2(1+i_2)^{n_2}}{(1+i_2)^{n_2}-i_2} \times \frac{\beta}{\Phi_i} \times P_2 \tag{10.10}$$

将方程(10.9)带入(10.8)中得

$$L = \frac{i_2(1+i_2)^{n_2}}{(1+i_2)^{n_2}-i_2} \times \frac{\beta}{\Phi_i} \times P_2 \tag{10.11}$$

整理后最终得到基于支付能力的定价模型：

$$P_2 = \frac{i_2(1+i_2)^{n_2}}{(1+i_2)^{n_2}-i_2} \times \frac{\Phi_i}{\beta} \times 1 \tag{10.12}$$

式中，贷款年限为 n_2；贷款利率为 i_2，$\Phi_i(i=1,2,3)$ 为不同公共租赁房保障对象的贷款月供占居民家庭收入的比重；P_2 为公共租赁房保障对象基于支付能力可承受的公共租赁房出售价格。

10.6 公共租赁房出售综合定价模型

10.6.1 公共租赁房出售综合定价模型的构建原理

公共租赁房作为保障性住房，影响其定价的因素主要来自两个方面，即成本和保障人群可支付能力。成本是产品价值的基础部分，决定着产品价格的下限，如果价格低于成本，会使企业处于亏损状态；保障人群可支付能力是公共租赁房目的所在。这两个方面的因素所确定的价格即为公共租赁房的成本价格、可支付价格。从理论上看，这两个价格的关系是成本价格≤可支付价格。一般情况下，商品价格处于这种关系才能达到交易双方双赢的局面。

由于公共租赁房的保障属性以及政策特征，使公共租赁房同市场上商品房的运作方式不同，其定价的因素主要来自成本、可支付能力，本书将这两方面因素所确定的经济适用房价格定义为：成本价格、可支付价格。成本价格是指公共租赁房建设过程中投入的前期工程成本、建安工程成本、市政公用设施成本、管理成本、财务成本与公共租赁房租金折现之差。可支付价格是从中低收入家庭的角度出发所确定的价格，是指基于中低收入家庭支付能力的住房保障价格。依据价格理论，公共租赁房的两种价格满足这样的关系才能更好地达到保障效果，而这众多因素影响下形成的价格也是有效运行的价格。

成本价格（政府或开发商）≤可支付价格（消费者）

前文分别从成本与支付能力两个角度确定公共租赁房定价模式，但公共租赁房售价确定不能只考虑成本因素，也不能只考虑住房支付能力，所以本书通过结合基于成本的公共租赁房出售定价模式以及基于支付能力的公共租赁房出售定价模式，探索出一种较完善的公共租赁房综合定价模型。

10.6.2 公共租赁房出售综合定价模型的构建

前文已提出公共租赁房的构建原理，所以需要从成本与可支付能力两个角度进行综合定价，即分别测算公共租赁房的两种合理价格，再根据住房可支付性指数理论来综合确定公共租赁房的租转售后定价。其中，成本价格按照基于成本的公共租赁房出售定价模型来计算，可支付价格按照基于支付能力的公共租赁房出售定价模型确定，并选择合适的参数计算。

首先，在确定基于成本的公共租赁房出售定价 P_1 后，将 P_1 带入式(10.6)、式(10.8)中，求 P_1 的可支付性指数 $HAI_{成本}$，以确定当公共租赁房出售定价为 P_1 时，居民对公共租赁房的支付能力，当 $HAI_{成本} \geq 100\%$ 时，说明当公共租赁房价格为成本价格 P_1 时，居民对公共租赁房的支付能力较好，所以 $P = P_1$。

其次，当 $HAI_{成本} < 100\%$ 时，说明当公共租赁房价格为基于成本的公共租赁房出售定价 P_1 时，居民对公共租赁房的支付能力不足，因为公共租赁房保障的最低目标是解决低收入家庭的住房问题，在其可支付的范围内满足其基本居住需要，所以确定公共租赁房价格为可支付价格，即 $P = P_2$。

综上所述，公共租赁房出售综合定价模型如下：

$$P = \begin{cases} P_1, & HAI_{成本} \geq 100\% \\ P_2, & HAI_{成本} < 100\% \end{cases} \tag{10.13}$$

式中，P 为公共租赁房的出售定价；P_1 为公共租赁房成本价格；P_2 为公共租赁房的可支付价格；$HAI_{成本}$ 为当公共租赁房出售定价为成本价格时，保障对象对公共租赁房的可支付能力。

10.6.3 公共租赁房出售综合定价模型主要指标说明

公共租赁房出售综合定价模型主要指标说明如表 10.4 所示。

表 10.4 公共租赁房综合模型主要指标说明

	指标	指标描述	公式
基于成本的公共租赁房出售定价模式	成本价格 P_1	由基于成本的公共租赁房出售定价模型确定的公共租赁房出售价格	$P_1 = C - R_租$
	租金折现额 $R_租$	承租人在租赁期内所交租金折现到购买房屋时间点的总金额	$R_租 = \frac{(1+i_1)^{n_1} - i_1}{i_1(1+i_1)^{n_1}} r$
	公共租赁房成本 C	按照不同建设方式，对公共租赁房建设成本进行分别讨论	$C = \begin{cases} C_1 + C_2 + C_3 + C_4 + C_5, \text{委托代建制} \\ C_{优惠}, \text{配建制} \end{cases}$
	前期工程成本 C_1	主要指在取得土地开发权之后，房屋开发前期的设计规划等	
	建筑安装工程成本 C_2	主要指公共租赁房建设过程中所发生的建筑工程费、设备购置费、安装工程费等	
	市政公共设施费用 C_3	主要指污水系统，电力系统，网络系统，绿化等的建设费用等	
	管理成本 C_4	主要指为组织公共租赁房开发活动所发生的各种费用	
	财务成本 C_5	主要指公共租赁房建造过程中，向银行申请贷款的利息支出	
	$C_{优惠}$	政府在土地出让上给开发商的优惠总价	

续表

	指标	指标描述	公式
基于支付能力公共租赁房出售定价模式	可支付价格 P_2	公共租赁房保障对象基于支付能力可承受的公共租赁房出售价格	$P_2 = \dfrac{i_2(1+i_2)^{n_2}}{(1+i_2)^{n_2}-i_2} \times \dfrac{\Phi_i}{\beta} \times l$
	住房可支付性指数 HAI	根据对住房消费支出占收入比例的上限要求,考察住房市场中处于中位数收入水平的家庭对处于中位数房价住房的承受能力	$HAI = l/l_{\min}$
	$l_{\min}$	代表满足住房可支付标准的居民最低收入	$l_{\min} = \dfrac{i(1+i)^n}{(1+i)^n - i} \times \dfrac{\beta}{\Phi} \times P$
公共租赁房出售综合定价模型	P	公共租赁房的综合出售定价	
	$HAI_{成本}$	当公共租赁房出售定价为 P_1 时,居民对公共租赁房的支付能力	$HAI = l/l_{\min 成本}$
	$l_{\min 成本}$	代表满足住房可支付标准的居民最低收入	$l_{\min} = \dfrac{i_2(1+i_2)^{n_2}}{(1+i_2)^{n_2}-i_2} \times \dfrac{\beta}{\Phi_i} \times P_2$

10.7 本章小结

本章从成本与支付能力的角度出发,探索建立租转售背景下科学的公共租赁房出售定价模型。

本章首先构建了基于成本的公共租赁房出售定价模型,利用该模型计算公共租赁房成本价格,即成本价格等于公共租赁房成本同租金折现和之差。在确定租金折现和时,借鉴英国公共租赁房价格折扣政策,按照租住年限,分区间确定折现年限。在确定公共租赁房成本时,站在政府付出的成本角度考虑,并且按照公共租赁房不同建设方式分别讨论。对于委托代建方式的公共租赁房成本,考虑到公共租赁房作为保障性住房,享受税收等优惠政策,认为公共租赁房成本主要包括前期工程成本 C_1,建安工程成本 C_2,市政公用设施成本 C_3,管理成本 C_4,财务成本 C_5 五项费用;对于配建制,则认为政府在建设公共租赁房付出的成本主要为土地购置费上的优惠。

其次,本章还建立起了基于支付能力的公共租赁房出售定价模型,利用该模型计算公共租赁房可支付价格,根据住房可支付性指数(HAI)理论,通过对公共租赁房保障对象进行分类分析,确定不同公共租赁房保障对象的可支配收入中可用于住房消费的部分,测算其对公共租赁房的住房支付能力。其中,根据不同支付能力与购买意愿,对公共租赁房保障对象进行分类,共分为 4 类,分别为无购买能力的大学毕业生、外来农民工、属于低收入水平且年龄在 50 周岁以上或属于低收入水平且身体有一定残疾的本地市民及其他情况。

最后,通过结合基于成本的公共租赁房出售定价模式以及基于支付能力的公共租赁房出售定价模式,构建了一种平衡政府与保障对象利益的公共租赁房综合定价模型。

11 我国城市公共租赁房总体运行模式总结与政策建议

随着我国保障性安居工程实施步伐的加快，住房保障体系也日益健全，已形成了包括经济适用房、两限房、棚户区改造、廉租房和公共租赁房在内的住房保障体系。为解决处在"夹心层"的中低收入居民住房困难的问题，党中央以及国务院提出：在今后一段时期内，务必要加快公共租赁房开发进展，使公共租赁房逐渐成为保障性住房的支柱。

帮助那些不住在棚户区、不符合申请廉租住房条件、没有能力通过市场购房的群众解决他们最基本的住房问题，是公共租赁房建设的主要目的。公共租赁房不仅是发达国家解决中低收入居民住房的重要渠道，同时也是我国城市住房"商品房+公共租赁房"双轨制配置体系的重要组成部分。

应充分借鉴国内外的开发经验，结合目前我国公共租赁房运作实际，在实践中继续积极探索，创新发展理念，开创适合我国国情的公共租赁房发展模式和路径。

本章将对我国城市公共租赁房的总体运行模式进行研究总结，涉及公共租赁房建设主体、供应机制、土地保障、资金来源和可持续经营管理等方面，然后从当前公共租赁房运行管理实际和未来发展趋势，提出城市公共租赁房总体运行模式设计层面的政策建议。

11.1 我国城市公共租赁房总体运行模式

公共租赁房运行模式，是指国家和地方层面的各种政策和措施在公共租赁房制度实际运行中表现出来的具体形式，总结公共租赁房总体运行模式对我国不断完善城市公共租赁房运行体系具有十分重要的指导和借鉴意义。

11.1.1 政府主导的公租住房供应机制

住房不仅具有商品属性和经济功能，还兼具民生属性和社会功能。当前我国住房的发展和开发，必须要把握好住房经济功能和社会功能的平衡，尤其要突出民生属性，把满足群众的基本居住需求放在第一位。应完善以政府为主导的公共租赁房供应机制，促进住房市场平稳健康发展，形成符合我国现阶段国情和社会主义市场经济要求的公共租赁房保障体系和住房供应制度。

公共租赁房的公共物品属性、困难保障功能和福利性质，决定了公共租赁房的供应、建设和管理只能以政府保障为主、企业供应为辅。也就是说应促进政府保障和企业供应相结合，共同实现"夹心层"的中低收入居民"住有所居"的目标。

对于多数居民的多层次住房消费需求，充分依靠市场供应，政府只需依法进行合理的宏观调控。逐步构建起以政府为主提供基本保障、以市场为主满足多层次需求的住房供应体系，即"高端有约束，中端有市场、低端有保障"。"高端有约束"即针对高端住房用房产税进行调控。

习近平在2014年城市工作会议上讲过，每个城市特别是大城市，总有20%人买不起房子，政府应修建公共租赁房配置给他们。一个城市无论房价怎么调控，总有20%左右的低收入群体无力购房，这部分人群主要靠政府提供的公共租赁房、廉租住房等保障性住房解决住房问题；其余的人群则主要进入市场购房，而对于购买高档商品住房的要征收一定比例的房产税。住房供应的"双轨制"以及对住房供给的"三端管理"，使得我国的房地产市场成交量基本保持平稳，同时又能保障低收入群体的住房需求。

现阶段我国城市公共租赁房的供应应该以政府为主导，并充分运行财税政策和市场机制吸引社会资本参与，形成政府、社会团体、企业组织和其他民间资本共同建设、协调发展的模式，促使我国公共租赁房制度充满活力、保障有力，实现可持续发展。

公共租赁房建设的法人应当是政府。要保障社会的衣食住行，保障养老、医疗、教育、文化和卫生，保障房作为住房里边的一项重要内容，就应当由政府来提供服务，由政府组织相关的土地储备公司负责房产建设，由政府成立公共租赁房管理局负责管理。在美国、新加坡、中国香港，保障房都是由政府作为法人统一建设管理。不允许各个企业、事业单位用集资建房的模式来修建公共租赁房，那样极易出现权力寻租，造成新的不公平现象；不鼓励私营企业来建公共租赁房、保障房，私人老板要追求利润，既不能强迫私人老板来干费力不找钱的活，也不能因此而抬高了公共租赁房的建设成本。土地"招、拍、挂"进行出让时，配建一定比例的公共租赁房，建设的法人也是政府，只不过房地产企业承担了建设施工任务。

11.1.2 民生优先的土地保障制度

我国建设用地资源相对不足，现阶段农业转移人口和新增就业学生量比较大，住房保障对象比较多，这是我国城市公共租赁房建设中面临的现实国情。所以，在土地供应上要坚持民生优先，切实满足公共租赁房建设需要。

目前，公共租赁房建设所需要的建设用地主要通过如下几种渠道来解决：

第一，政府划拨。政府免费划拨是当前我国城市公共租赁房建设用地的主要供应方式。这种方式既能降低建设成本和租金水平，又能增强融资的吸引力，还有利于逐步改变一些地方收入过于依赖土地出让的状况。依靠政府划拨土地，其前提是地方政府有充足的建设用地储备。

第二，利用农村集体建设用地。农村集体建设用地的所有权主体是农村集体，由农村集体经济组织或村民委员会经营、管理，其收益权自然也属于农民集体。利用农村集体建设用地建设公共租赁房的作用和意义在于：一是有效盘活农村闲置的建设用地；二是降低公共租赁房建设成本，同时增加农村集体收入；三是增加了土地供应，解决了公共租赁房建设用地来源紧张的问题。

在利用农村集体建设用地建设公共租赁房方面，重庆的做法具有典型意义。重庆既是西部唯一的直辖市，也是全国统筹城乡综合配套改革试验区，在推进公共租赁房的进程中，创造性地建立圈域内耕地有偿保护和占补平衡机制，并通过"占补平衡"衍生出了一种实现宅基地复垦而产生的城市建设用地指标——"地票"。"地票"制度不仅盘活了农村存量建设用地，显化了农村土地价值，并且在构建城市反哺农村、统筹城乡土地利用等方面都产生了巨大的推动作用。

农村的建设性用地要集约节约，西方在城市化进程中没有减少耕地，耕地反而有所增加。这是因为人在农村居住的时候比较分散，人均建筑用地在250-300平方米，而城市比较节约和集约，人均是100平方米，所以当1亿人进城生活时，城里需划拨1万平方千米的土地，而农村可以退出2.5万平方千米土地。但是中国的农民两头占，即在农村占有宅基地，又在城市占有城市用地，所以才会出现在过去的10年中中国耕地减少1亿亩，在过去的30年中耕地减少3亿亩的情况。

"地票"制度没有突破宪法上规定的三个底线：农村的土地是集体的；农村的土地变化中间要保护农民的利益；农村的土地有用途管制。

"地票"制度就是要把农民进城以后闲置的宅基地，或者集体组织废弃的乡镇企业的土地、废弃的小学土地、废弃粮站的公共用地，复垦为耕地。农民进城生活后，房子即被闲置，租不出去，也卖不了多少钱，因此，应把农房、农地复垦为耕地。

这个过程中就可以看到，农民进城后，农村闲置的宅基地建设用地变成耕地，城郊接合部征用的耕地小于农村复垦的耕地，最后增减挂钩，使耕地总量增加。

第三，商品房开发项目配建公共租赁房。目前，很多城市在房地产开发商通过土地市场取得土地时，将一定量的公共租赁房配建作为土地规划条件，交由开发商建设。商品房建设用地配建公共租赁房的模式，实际上就是把土地出让成本转化为建设一定比例的保障房冲抵，从而减少了政府在公共租赁房建设上的资金投入，有效解决土地供应难题；同时，提升了房地产开发企业建设保障房的参与度。商品房配建保障房，也从客观上造成了不同收入阶层的混居。商品房项目配建公共租赁房模式是集约和高效的土地供应方式之一。

11.1.3 多元化的筹融资渠道

公共租赁房项目前期直接投入大、投资周期长、回报率低，难以吸引社会资本。公共租赁房建设资金的筹措需要金融创新，要利用社会资本力量支持公共租赁房建设。

目前，我国的公共租赁房建设资金来源主要是三方面：一是在地方财政预算内安排的用于公共租赁房建设的资金、中央预算内投资补助和中央财政保障性住房专项补助资金等各种补助金；二是提取土地增值收益中相应比例；三是在住房公积金增值收益中提取一部分。

我国公共租赁房实际运行中充分借鉴国内外经验，发展吸引社会资本参与融资的模式，其中包括房地产投资信托基金、公共租赁房债券、住房公积金投资以及多层次市场化融资平台的打造等。在具体实践中，北京实行"三多一统筹"公共租赁房创建模式，上海采取"广开低成本融资渠道"模式，天津运用社会化特色融资模式等等。在这一系列的融资模式中，尤其以重庆实施的"1+3"融资模式最具有典型意义。这些融资模式都是采用多元化和多渠道的融资方式，把财政拨款、金融机构融资和吸纳社会资金三者相结合，通过投融资平台、引进 REITS、ABS(资产支持证券)等模式的打造，从而促进融资模式的创新。

11.1.4 可持续的管理运营体系

随着公共租赁房建设的持续推进，住房的存量会越来越大，如何管理好、运营好这些住房，是一个需要重视的问题。探索委托管理、购买服务等多种方式，降低管理成本，提高管理和服务水平，使住房和公用设施保持良好的运行状态。

第一，完善公共租赁房申请、审批和公示制度。

遵照《公共租赁房管理办法》的要求，完善相应的法律法规，通过明确界定公共租赁房保障对象、严格准入资格审核、完善公示程序、建立家庭房屋档案和个人诚信系统、实行轮候制度等措施，实现公共租赁房管理运行的公正与公平。

公共租赁房的保障趋势应该是放宽进入条件。相当数量的公共租赁房主要是为农业转移人口和新增学生就业群体提供居住之处，在我国城市化和工业化过程中，相当数量的公共租赁房建设，最核心的意义在于为一个城市储备大量的制造业劳动力。

第二，建立租金、物业费监督管理机制。

公共租赁房租金的确定应综合考虑各种因素，确定合理的租金价格并实行动态管理，常见的定价方式有成本计算法、投资回收法和市场比较法等。公共租赁房的物业管理不能像商品房那样靠市场经营来维持运作，政府必须给予一定的扶持政策才能使其正常运转，强化公共租赁房物业管理中政府责任，确保物业管理可持续发展。

第三，完善的公共配套设施是公共租赁房持续运作的重要保证。

公共租赁房主体建设固然重要，但配套设施也是直接关系到公共租赁房制度能否有效运转的关键。完善公共租赁房配套措施，努力做到公共租赁房小区周边基础设施、公共服务设施、相应商业配套的建设都能够与公共租赁房社区同步规划、同步建设、同步投用；对已建成并投用的公共租赁房小区，加大其周边的市政交通设施，医院、学校等公共服务设施，以及银行、超市等商业服务设施的建设，使得租房承租户和商品房居民能够同时同等地享受城市发展和社会配套。

第四，科学地确定公共租赁房开发规模和商业配建比例。

公共租赁房配套商业是以公共租赁房小区的居民为主要服务对象，以便民、利民和满足居民生活消费为目标的社区商业。根据公共租赁房开发规模合理配建商业业态，不仅能满足居民生活休闲需求，同时，配建商业可以回笼大量建设资金，实现公共租赁房整体运行可持续的目标。

第五，在公共租赁房集聚区建立社区学院。

尝试在公共租赁房集聚区建立社区学院。美国有一类学校，叫作社区学院，这类学校非常适合用来培训工人再就业。新经济时代产业升级，很多技能单一、过时的工人被迫下岗。这部分工人可到社区学院学习新知识，学到相应技能后可在相关领域找到适合自己的工作，实现再就业。

11.1.5 公共租赁房是我国保障房体系发展的方向

经济适用房、廉租房、公共租赁房"三房并轨"已成为全国保障房建设的一个大趋势。2010年,重庆开始尝试建立"三位一体"的保障房供应体系,率先提出要停建单独的经济适用房、廉租房项目,并将经济适用房和廉租房的保障对象全部纳入公共租赁房体系中。江西于2012年1月宣布取消经济适用房与限价房,廉租房与公共租赁房在体系内实行并轨建设;2013年3月,郑州宣布实行"三房并轨";河南全省于2014年年底停建所有经济适用房,其做法在全国两会上得到住建部的认可,"三房并轨"为此在全国掀起热潮;2013年12月2日,住建部、财政部同国家发改委共同发布的《住房城乡建设部、财政部、国家发展改革委关于公共租赁房和廉租住房并轨运行的通知》(建保〔2013〕178号)文件规定,从2014年起各地对公共租赁房和廉租房实行并轨运行,并轨后统称为公共租赁房。

当我国城市化和工业化发展到中后期,在城市中建设公共租赁房应该是保障房体系发展的基本方向。

11.2 我国公共租赁房建设和运行的建议

随着我国公共租赁房的不断发展,各地根据自身实际情况做出了各具特色的有益探索与实践,已基本形成了可行的建设与管理运行模式。为进一步促进公共租赁房最大程度的发挥住房保障的功能,借鉴国际公共租赁房建设经验,结合我国建设与运行实际情况,对我国公共租赁房建设和运行提出几点建议。

11.2.1 建立政府主导的公共租赁房专业开发经营管理机构

公共租赁房的服务对象有三类:一是农业转移人口,二是新就业的学生,三是城市原住民中的住房困难群体。其中,农业转移人口主要可分为两类:一类是户籍仍在农村,但已经从农村迁移到城镇工作生活或在农村与城镇之间流动的农业人口;另外一类则是户籍已在城镇,且已在城镇工作生活的一小部分城镇居民。前者在农业转移人口群体中占据了较大比重,后者则是在城市向外扩张的过程中,因为承包地、宅基地被征用,才较为被动地从农村居民转变为城镇居民。

农业转移人口和新就业的学生是我国未来制造业在世界上保持较强竞争力的劳动力基础。

政府主导的公共租赁房开发经营机构,既能有力保证公共租赁房总体发展方向符合国家总体规划,又能充分利用社会和市场的机制实现公共租赁房运营管理的可持续发展。

公共租赁房建设使得我国城市化进程中不产生贫民窟。公共租赁房建设与户籍制度改革相结合,可以顺利平稳解决城市化进程中大量农业转移人口进城落户和新增学生群体就业问题,走一条具有我国特色的城市化、工业化的新路。

我国公共租赁房建设必须由政府来主导。

11.2.2 公共租赁房永远姓"公"

公共租赁房制度的良好运行,取决于顶层设计制度的设计。政府成立公共租赁房管理局对公共租赁房进行专门管理,表示它姓"公"外,还有一个很重要的原因,即使公共租赁房不会变成一个"黑洞"。

政府建公共租赁房提供给老百姓以后，老百姓可以住，但是一旦离开必须回归政府的管理体系，使政府可以用来保障社会中新的中低收入群体，这样，政府就不会年年需要修建许多房子。

管理上，公共租赁房是国家的，不能有"二房东"从公共租赁房中获取利润。

大陆房地产商不是不愿意持有公共租赁房，而是融资结构影响了整个中国的房产商，使其永远做不了持有公共租赁房的出租者。现实中开发商普遍为1∶9的融资结构，逼得开发商房子一建好，就急忙回笼资金。

中国租赁这么少，跟房产的租赁结构有关，只有让开发商进入1∶3的融资结构，到了持有环节，才能够出租。开发商只有采用60%的资本金，40%的贷款，收来的租金才能够平衡40%的贷款的本息还款计划。

在我国只有政府是公共租赁房的建设者，同时也是公共租赁房的持有者。

11.2.3 积极探索公共租赁房新型融资路径

公共租赁房建设的第一难题是公共租赁房建设资金的来源。目前，我国的公共租赁房的资金来源，仍然主要依靠中央和地方财政支出，各地虽有探索和创新，但并未形成公共租赁房建设资金来源多样化格局。长期来看，必然缺乏融资体系支持公共租赁房的建设，融资困难将成为其建设的最大阻碍。因此，必须健全公共租赁房金融体系，最大限度保障公共租赁房建设的资金需求。

第一，各级政府应充分发挥融资主导作用。公共租赁房责任主体必须是各级政府，政府需承担整个投资中的所有风险。政府需将公共租赁房的资金需求继续列入政府财政预算中，并建立合理的公共租赁房建设的财政投入制度。

第二，建立政府住房贷款担保体系。商业性保险与政府担保建立住房金融保险体系，完善住房抵押担保制度，从而大大降低借款人违约给金融机构造成的损失。

第三，政府鼓励商业银行对公共租赁房建设提供支持的同时，应兼顾银行贷款的资金成本，必要情况下可提供一定的政府补贴，有效保证其偿还能力，使银行承担的风险与其收益相平衡。

第四，促进金融机构的贷款产品的创新与多样化。相关金融部门应建立公共租赁房专门的支持机构，掌握公共租赁房金融需求及建设情况，研究公共租赁房的工作机制的建立，全面推进公共租赁房的建设。

公共租赁房是"裸体"的成本：①没有土地出让金；②没有税收；③不收配套费；④开发的国有企业没有利润。房价再怎么波动，也波动不到公共租赁房价格，因为公共租赁房价格本来就是最低成本。因此，公共租赁房就是良好的不动产，是政府的优质资产。

公共租赁房的租金应该是商品房租金的50%—60%，符合低收入公共租赁房对象家庭收入1/6的条件。

实际上，公共租赁房60%左右的贷款，其收到的租金利息足够平衡贷款利息，5年以后，老百姓可以购买该公共租赁房，使产权共有。共有产权房可以按市场价卖出，卖出的时候，由政府回购。美国、新加坡都是如此。

公共租赁房建设的关键是前期建设资金的筹措，这将考量各地政府的建设智慧。

11.2.4 创新土地供给模式，保障公共租赁房建设用地

公共租赁房建设的第二难题是公共租赁房建设用地的供给。随着城市化进程的加快，城镇建设用地日益紧缺，政府手中可支配土地贮备的减少使得公共租赁房建设用地的供应变得不可持续。

有的地方土地储备制度搞得比较早，并且推行的土地储备属于政府主导型，实质性内容是将此前的土地一级市场的经营权限，全部收缴至当地官方掌控的几家市级土地储备机构，其核心在于：原有的土地一级市场巨额增值收益不再被房产商占有，而是进入代表公共利益的国资系统。因而，可以有较多的土地储备用于公共租赁房建设。

没有充足土地储备的地方，就要创新土地供给模式，将城乡统筹与公共租赁房供应有机结合起来，提升土地整理和复垦水平，建立和优化农村集体建设用地流转和建设指标置换制度，创造性的利用"地票"交易制度和"地票"二次交易市场制度等，开展跨区域的土地占补平衡制度探索。利用农村集体建设用地，采用土地供给方和公共租赁房建设方共同投入的"联合产权"模式，解决缺少土地储备城市的公共租赁房建设用地问题。

11.2.5 加强公共租赁房项目的规划

公共租赁房的总体规划设计包括公共租赁房项目总体规划设计原则和空间布局原理，以及公共租赁房的工程指标体系和经济指标体系的构建。合理的公共租赁房的规划，可以有效地引导公共租赁房建设，优化住房供应体系，提高城市宜居水平，改善城市形象。

本书对公共租赁房指标体系进行了尝试性地构建，从工程性指标体系和经济性指标体系两大方面，从单个公共租赁房项目和整个城市公共租赁房建设两个角度，较为完整地设计了一套公共租赁房评价指标体系，供各方面参考。

加强公共租赁房规划工作。公共租赁房不是"贫民窟"，公共租赁房建在城市中合适的地段，有各种不同的房型，各种交通、商业配套一应俱全，与中档商品房相差无几，主要为保证我国第二产业的持续发展的劳动力提供住所。

要搞好公共租赁房配套。公共租赁房建好后，应该有学校、医院的配套，公共基础设施的配套，户籍管理的派出所、居委会的配套等配套设施。

公共租赁房不能造成贫民窟，应该和商品房集聚区形成1∶3的比例，地区的公共设施配套是给所有人的。

11.2.6 未来公共租赁房建设项目在国内不同城市实行结构性布局

我国大中城市的房价基本趋势：①与GDP总量正相关；②与地区影响力正相关；③与发展潜力正相关。

人口总是会向有工作机会的地方流动，所以大城市人口进入的速度还是在不断地增长。如美国的人口就高度集中在东西海岸，2007年次贷危机之后，纽约、旧金山、洛杉

矶的房价经历了暴跌之后，几年工夫就再创新高；但广大的中部地区，到目前很多城市的房价仍显著低于 2007 年，因为中部地区人口持续流失，而东西海岸人口持续增长。

俄罗斯也一样，社会转型之后，人口实现了自由流动。几年之间，西伯利亚上万个村庄、上千个小镇就变成了野生动物出没的地区，人口都奔向了莫斯科和圣彼得堡。

至于中国，近些年来，我国农村的人口越来越少，大量村庄合并或消失，而大城市越来越多，2015 年，我国百万人口以上大城市就已经达到 142 个。

全球特大城市共同的特点是人口大进大出，总体来讲，进大于出。至于个人，有人选择留下，有人选择离开，这与个人的偏好、职业和家庭特征有关。理论上讲，人口流入的地方，房地产长期来说是有需求支撑的。

真正决定一个城市未来房地产价值的根本原因是每一个城市产业结构变化所带来的创造就业机会的能力。一线城市因为经济发达程度、商业密度以及由此产生的产业聚集和城市人口聚集效应带来了对包括住宅、商务地产的大量需求，这是三、四线城市不可比拟的。

以经济结构转型为例，在过去的 5 年，北京、上海、广州、深圳，服务业的发展速度超过了制造业，北京的服务业现在已经占到 GDP 的 76%。上海、广州、深圳，甚至包括杭州、南京这样的城市，现在都在向服务业转化，如果能够继续大量创造服务业就业机会，那么房地产就会得到支撑。

一线城市经济发展水平较高，对人口的吸附能力较强，较大的人口规模带来广阔的市场容量。从市场供应角度来看，由于一线城市较高的人口密度，导致土地相对稀缺，人均占有土地居住面积在全国的排名普遍靠后，长期供不应求的局面难以打破。

二线城市相对较好的经济发展水平和市政建设，也吸引了充足的常住人口。因而长期来看，刚性和改善性需求大，房地产市场比较稳定，未来前景可期。

中国城市化的规律体现在人口更多向城市群聚集，而非三、四线城市。

未来公共租赁房项目建设重点应该放在国内一、二线城市，不能搞遍地开花。

11.2.7 完善相关法律法规的建议

1) 制定《住宅法》

根据各国在住房建设和保障方面的法制建设经验，《住宅法》在整个相关法律体系中的地位是纲领性的，它的性质和导向直接决定了住房供应体系的发展方向。纵观各国《住宅法》可知，其基本内容包括：明确政府的义务和职责、明确公民的住房权利、对各类住房建设用地的供应方法等。《住宅法》的制定有助于建立健全的住房市场和优化住房供给结构，以保障公民的住房权利为目标，更好地调节商品房市场存在的矛盾；同时，《住宅法》从基本法律的层面，为住房相关的法律法规的建立，提供了基本框架。

2) 尽快出台《住房保障法》

从《住房保障法》的属性上来看，应属于"社会保障法"范畴。《住房保障法》应是一部旨在保障所有公民"居者有其居"的基本住房权利的纲领性的法律，其宗旨在于公平性和社会救助性。《住房保障法》中应明确政府在保障公民平等享有住房权利上的责任，尤其应对无法在住房市场上满足住房需求的困难群体给予额外的帮扶；在住房保障方式上，应根据具体住房矛盾和被保障对象的实际需要，采取实物配租与货币配租并行的政策；另外，关于各类型保障性住房的保障对象资格的界定及退出机制的规定也需要法律层面的匡正。中国可以将《住房保障法》作为保证保障性住房体系顺利运行的基本法律，进一步建立和健全相关配套法律法规，以便形成公平、规范、具有可操作性、适应梯度消费要求且可持续的住房保障体系。

3)完善配套法律法规体系

由于保障性住房的供应主体是国家，因此，应由国家制定效力较高的上位法，包括《住宅法》《住房保障法》等；各级地方政府和相关部门应在上位法的基本框架下，结合自身情况和立法需要制定下位法，下位法的具体内容应明确地方政府、公共机构和其他社会团体在公共租赁房建设和管理中的责任，制定配套的管理办法，规范其在实施中的具体行为。

随着各级政府针对公共租赁房建设和管理的管理办法相继出台，对公共租赁房保障对象的界定，各地应根据当地的经济社会发展实际相应调整，应着眼于在我国工业化、城市化大背景下，一个城市在我国重点发展的大城市群中所处的位置和层次，确定其保障对象。

参 考 文 献

陈杰. 2012. 公租房发展的全局意义与成本竞争优势 [J]. 中国市场, (24): 82-85.
邓宏乾, 王贤磊, 陈峰. 2012. 我国保障住房供给体系并轨问题研究 [J]. 华中师范大学学报, 5(3): 29-37.
丁灵鸽, 陈天, 李磊. 2010. 弹性理念主导下的产业园区规划实践探索——以天津中华自行车王国产业园区为例 [J]. 城市规划, (9): 93-96.
丁鹏. 2012. 我国公租房发展的现状及建议 [J]. 城市建设理论研究, 14.
段成荣, 马学阳. 2011. 当前我国新生代农民工新状况 [J]. 人口与经济, (4): 16-22.
方琴. 2012. 我国主要城市公租房准入和退出机制现状研究 [J]. 现代贸易期刊, 24(7): 42-43.
费彦, 王世福. 2008. 城市居住区教育配套设施的建设标准研究——以广州为例 [J]. 华中科技大学学报, 25(1): 88-91.
葛毛毛, 刘涛, 马智利. 2013. 我国住房制度改革中路径依赖问题及对策分析 [J]. 华东经济管理, (12): 147-151.
郭茹, 杨靖, 张嵩. 2008. 新加坡组屋规划设计的分析与启示 [J]. 华中建筑, 26(7): 4-8.
韩瑾, 李芊. 2012. 公租房建设中融资模式研究 [J]. 改革与战略, 28(2): 169-171.
侯敏, 张延丽. 2005. 北京居住空间分异研究 [J]. 城市, (3): 49-51.
胡洪杰. 2013. 浅析如何加强工程项目设计阶段造价的管理与控制 [J]. 价值工程, (8): 97-98.
惠博, 张琦. 2011. 美国、新加坡的保障性住房研究及对中国的借鉴 [J]. 金融与经济, (5): 30-35.
姜彤, 黄燕瑜. 2012. 关于北京市廉租房制度的现状研究 [J]. 致富时代, (3): 28-29.
李炳恒, 叶堃晖, 孙素梅. 2011. 保障性住房可持续建设资金筹措与对策研究——以重庆公租房为例 [J]. 建筑经济, (9): 84-86.
李锋. 2011. 住房公积金投资公租房建设可行性论证 [J]. 中国房地产金融, (7): 33-36.
李静, 方后春, 罗春贺. 2012. 基于BIM的全过程造价管理研究 [J]. 建筑经济, (9): 96-100.
李正伟, 马敏达, 马智利. 2013. 有限合伙型REITs在公租房中的应用研究——以重庆市为例 [J]. 经济体制改革, (2): 140-144.
廖俊平, 林青. 2006. 住房券美国最大的直接住房补助项目 [J]. 中国房地产, (7): 80.
刘斌, 姜博. 2013. 住房保障政策的国外文献及引申 [J]. 改革, (1): 58-65.
刘冬, 李海英. 2007. 从商圈测定谈经济数学在店铺选择中的运用 [J]. 商场现代化, (10): 46.
刘琳. 2007. 如何度量城镇居民家庭住房支付能力 [J]. 中国投资, (5): 14.
刘晴, 王建平, 王丛莹. 2010. 基于灰色关联理论的建设工程评标方法研究 [J]. 工程管理学报, 24(2): 152-155.
刘晓君, 任志胜. 2009. 我国限价房实施中的主要问题及对策建议 [J]. 住宅产业, (1): 80-82.
闾志俊, 张翎. 2007. 城市社区商业开发规模与业态组合研究 [J]. 武汉商业服务学院学报, 21(4): 81-84.
马敏达, 董瑾, 马智利. 2017. 三权抵押贷款对城市化进程中农民工住房需求的影响 [J]. 经济体制改革, (2): 83-88.
马敏达, 朱艳杰, 马智利. 2015. 我国保障房并轨后资金供给研究 [J]. 经济体制改革, (1): 169-173.
马智利, 董雪丰, 万丽娟. 2010. 关于我国经济适用房供给体系的研究 [J]. 农村经济与科技, 21(12): 68-71.
马智利. 2010. 我国保障性住房运作机制及其政策研究 [M]. 重庆: 重庆大学出版社.
马智利, 吕铭友. 2010. 西南地区城市保障性住房存在的问题及运行机制研究 [J]. 经济研究导刊, 8: 75-77.
马智利, 吕铭友. 2010. 西南地区城市保障性住房运行机制及其改进 [J]. 重庆社会科学, (1): 32-35.
马智利, 吴佳. 2010. 我国现行廉租房制度运行机制研究 [J]. 农村经济与科技, 21(5): 89-90.
马智利, 杨齐. 2010. 我国现阶段经济适用房运行现状及存在的问题 [J]. 现代经济信息, (23): 352.

马智利，赖丽梅．2012．我国直辖市公租房供给模式比较研究［J］．经济体制改革，(6)：30-33．

马智利，蒲婷璐．2012．重庆农村宅基地"住宅券"交易制度设计［J］．西南金融，(10)：27-29．

马智利，先静．2012．基于城乡统筹背景下宅基地置换住房券制度设计［J］．农村经济，(1)：65-67．

马智利，赵杰舟．2013．公租房工程规划指标分析［J］．中国房地产，(9)：54-60．

马智利，朱艳杰．2013．基于人口结构视角的重庆公租房配置需求研究［J］．现代城市研究，(3)：112-115．

马智利，郝猛．2014．城乡统筹背景下的农民工住房券机制［J］．江苏农业科学．42(1)：386-389．

马智利，田绍崇．2014．我国公租房项目选址决策研究［J］．建筑经济，(6)：17-21．

马智利，吴凯军．2014．基于灰色关联分析的公租房项目造价控制［J］．工程管理学报，(1)：118-122．

马智利，刘姣姣，马敏达．2013．以联合产权模式解决保障房建设问题研究［J］．科学经济社会，31(2)：87-91．

马智利，汤达，马敏达．2014．基于ABN+REITs的公租房融资模式研究［J］．建筑经济，(9)：97-101．

马智利，王晓燕，马敏达．2014．REITs在公租房融资中的应用研究［J］．建筑经济，(1)：7-8．

马智利，刘李秋，马敏达．2016．基于农村宅基地确权研究背景下的"住房券"兑换模式研究［J］．武汉金融，(3)：67-69．

沈萌萌．2003．社区商业的理论与模式［J］．城市问题，(2)：40-44．

史晶晶．2012．我国廉租房退出机制存在的问题分析［J］．经贸管理，21．

舒沐晖，杨平，包春艳．2011．重庆市公租房建设中的规划布局初探［J］．城乡规划，(2)：23-28．

孙鼎．2010．国外保障性住房供应机制：一个研究综述［J］．郑州大学学报，(4)：156-159．

孙瑞灼．2010．"新生代农民工"融入城市路在何方［J］．观察，(3)：52-54．

陶承洁，吴立伟．2011．对当前公租房规划建设问题的思考［J］．现代城市研究，(9)：78-80．

汪冬宁，汤小橹，金晓斌，等．2010．基于土地成本和居住品质的保障住房选址研究——以江苏省南京市为例［J］．城市规划，34(3)：57-61．

汪建强．2012．我国廉租房建设的现状及对策分析［J］．长春理工大学学报，25(3)：37-40．

汪映君．2010．对我国公租房发展的一点建议［J］．中国对外贸易，10．

王坤，王泽森．2006．香港公共房屋制度的成功经验及其启示［J］．城市发展研究，13(1)：40-45．

王明，何亚伯，陈玉梅．2007．基于FAHP的房地产投资环境分析［J］．建筑经济，(S1)：84-86．

王晓玉．2002．国外社区商业发展的理论与实践［J］．上海经济研究，(11)：68-73．

王英，李阳，王廷魁．2012．基于BIM的全寿命周期造价管理信息系统架构研究［J］．工程管理学报，26(3)：22-27．

魏道升，李淑燕．2013．基于灰色关联分析的工程造价控制［J］．重庆交通大学学报，32(2)：321-324．

吴启焰．2001．大城市居住空间分异研究的理论与实践［M］．北京：科学出版社．

吴晓，张靖．2002．公共住宅：香港和新加坡的政策性差异透视［J］．住区规划研究，26(3)：44-48．

伍冠玲．2008．我国廉租房制度的现状及发展［J］．上海房地，(7)：17-20．

谢东辉，刘景晖．2012．重庆公租房运营模式探讨［J］．中国房地产，(5)：67-69．

徐军玲，谢胜华．2012．英国公租房发展的政策演变及其启示［J］．湖北社会科学，(6)：57-60．

颜芳芳．2012．新加坡和香港保障性住房物业管理的经验与启示［J］．科技与企业，(1)：32．

杨靖，郭菂，张嵩．2008．香港公屋规划设计的分析与启发［J］．规划设计，24(4)：34-35．

杨靖，张嵩，汪冬宁．2009．保障性住房的选址策略研究［J］．城市规划，(12)：53-58．

杨绍萍．2012．金融支持保障性住房建设商业可持续问题研究［J］．投资研究，(5)：12-22．

杨雨润，姜旭子，苏仪云，等．2011．上海廉租房发展中的问题及对策——基于香港"公屋"政策的经验［J］．现代经济信息，(7)：234-235．

叶晓甦，牛元钊．2012．户籍制度改革政策下"农转非"居民住房保障体系研究——以重庆为例分析［J］．建筑经济，(4)：79-82．

叶晓甦．2013．公平和效率指导下的我国保障性住房体系建设［J］．城市发展研究，20(2)：35-39．

尹海林，郑嘉轩，孙银，等．2012．住有所居，民生为先——天津公共租赁房规划建设实证研究［J］．城市规划，297(5)：13-19．

曾德珩，温晓娟. 2012. 中外公共租赁房运营管理模式比较[J]. 建筑经济，(9)：14-18.
张吉军. 2000. 模糊层次分析法 FAHP[J]. 模糊系统与数学，14(2)：80-88.
张农科. 2011. 政府保障性住房物业管理模式探讨[J]. 中国物业管理，(10)：6-9.
张小敏. 2012. 我国经济适用房产权问题探析[J]. 法制与社会，(11)：162-163.
赵珂，赵钢. 2004. "非确定性"城市规划思想[J]. 城市规划汇刊，(2)：33-36.
周精灵，刘丹. 2007. 香港公屋制度对我国廉租住房制度的启示[J]. 长春大学学报，17(1)：39-42.
朱丽. 2013. 浅谈建筑工程造价控制和管理[J]. 价值工程，32(3)：57-58.
朱顺泉. 2006. 基于熵值理想点法的供应链合作伙伴的评价选择[J]. 统计与决策，(5)：30.
朱天华. 2011. 经济适用房制度运行中的问题与对策[J]. 社会科学研究，(5)：46-48.
左停，王丽丽. 2011. 世界各地公共房屋保障体系对我国公租房建设的启示[J]. 经济论坛，(3)：144-149.
Alonso-Conde A B，Brown C，Rojo-Suarez J. 2007. Public private partnerships：incentives，risk transfer and real options[J]. Review of Financing Economics，16(4)：335-349.
Alonso-Conde A B，Brown C，Rojo-Suarez J. 2009. Public private partnerships：in centives，risk transfer and real options[J]. Review of Financial Economics，16(4)：335-349.
Armstrong L，Brooks R，Draper P，et al. The Scottish economy[J]. Querrterhy Ecomomic Commentary. 1994，19(4)：10-33.
Burman L E. 1992. The Cost-Effectiveness of the Low-Income Housing Tax Credit Compared with Housing Vouchers[M]. CBO Staff Memorandum，Congressional Budget Office.
Clasen J. 2005. Reform European Welfare State：Germany and the UK Compared[M]. Oxford University Press.
Doh J P，Ramamurti R. 2003. Reassessing risk in developing country infrastructure[J]. Long Range Planning，36(4)：337-353.
Doling J. 1987. Financial restructuring and housing markets in Finland[J]. Reform Studies，4(4)：267-280.
James E Wallace. 1995. Financing affordable housing in the united states[J]. Housing Policy Debate，6(4)：785-814.
Kernaghan K，John W. 1990. Langford，Institute for Research on Public Policy[M]. Institute of Public Administration of Canada.
Ohls J C. 1975. Public policy toward low income housing and filtering in housing markets[J]. Journal of Urban Economiccs，2(2)：144-171.
Olsen E O. 2000. The Cost-Effectiveness of Alternative Methods of Delivering Housing Subsidies[M]. Virginia Economics Online，University of Virginia，Department of Economics，revised.
Painter G. 1999. Low-income housing assistance：its impacts on labor force and housing program participation[J]. Journal of housing research，(12)：12-26.
Werna E. 1999. Modes of Low-Income Housing Provision in Washington，D. C.：A Comparative Look at Policymaking for Developing Countries[M]. Washington D. C.：Woodrow Wilson International Center for Scholars (Comparative Urban Studies Occasional Papers Series，29).
William C，Apgar Jr. 1990. Which housing policy is best[J]. Housing Policy Debate，1(1)：1-32.
Zhang J，Zhou L. 2011. Incentive mechanism designing of access management policy in affordable housing and the example analysis[J]. Cities，28(2)：186-192.

附：《重庆市公共租赁房管理实施细则》
渝国土房管发〔2011〕9号

根据《重庆市公共租赁房管理暂行办法》（渝府发〔2010〕61号）规定，制定本细则。本细则适用于主城区公共租赁房的申请和管理，主城区外的远郊区县可参照本细则执行。

一、申请方式

公共租赁房可以家庭、单身人士、多人合租方式申请。

（一）家庭申请的，需确定1名符合申请条件的家庭成员为申请人，其配偶和具有法定赡养、抚养、扶养关系的共同居住生活人员为共同申请人。

（二）单身人士申请的，本人为申请人。未婚人员、不带子女的离婚或丧偶人员、独自进城务工或外地独自来渝工作人员可以作为单身人士申请。

（三）多人合租的，合租人均需符合申请条件，且人数不超过3人，并确定1人为申请人，其他人为共同申请人。

二、申请条件

申请人应年满18周岁，在主城区有稳定工作和收入来源，具有租金支付能力，符合政府规定收入限制的无住房人员、家庭人均住房建筑面积低于13平方米的住房困难家庭、大中专院校及职校毕业后就业和进城务工及外地来主城区工作的无住房人员。但直系亲属在主城区具有住房资助能力的除外。

（一）有稳定工作是指：

1. 与用人单位签订1年以上劳动合同，且在主城区连续缴纳6个月以上的社会保险费或住房公积金的人员；

2. 在主城区连续缴纳6个月以上社会保险费且在主城区居住6个月以上的灵活就业人员和个体工商户；

3. 在主城区退休的人员；

4. 国家机关、事业单位在编工作人员。

社会保险费、住房公积金的缴纳时限从申请之日起往前计算。

（二）收入限制标准是指：单身人士月收入不高于2000元，2人家庭月收入不高于3000元，超过2人的家庭人均月收入不高于1500元。市政府将根据经济发展水平、人均可支配收入、物价指数等因素的变化定期调整，并向社会公布。

月收入包括工资、薪金、奖金、年终加薪、劳动分红、津贴、补贴、养老金、其他劳动所得及财产性收入。不包括基本养老保险费、基本医疗保险费、失业保险费、工伤保险费、生育保险费等社会保险费和住房公积金。

市、区政府引进的特殊专业人才和在主城区工作的全国、省部级劳模、全国英模、荣立二等功以上的复转军人住房困难家庭不受收入限制。

（三）无住房是指：申请人和共同申请人在主城区无私有产权住房（私有产权住房包括已签订合同未取得产权证的房屋），未承租公房或廉租住房，且申请之日前3年内在主城区未转让住房。

（四）住房困难家庭是指：人均住房建筑面积低于13平方米的本市家庭。计算方法为：人均住房建筑面积＝住房建筑面积÷家庭户籍人口数。

住房建筑面积按公房租赁凭证或房屋权属证书记载的面积计算；有多处住房的，住房建筑面积合并计算；家庭人口按户籍人口计算。

（五）住房资助能力是指：申请人父母、子女或申请人配偶的父母在主城区拥有2套以上住房，且人均住房建筑面积达到35平方米以上。

三、申请要求

（一）申请人可到公共租赁房申请点申请；也可登录公共租赁房信息网申请，并在15个工作日内向申请点提交书面材料。

（二）申请人应如实填写申请表，承诺所填内容真实有效，并对提交材料的真实性负责。

（三）每个申请人及共同申请人只限申请承租1套公共租赁房。

（四）申请材料

1. 公共租赁房申请表

（1）主城区户籍城镇居民（含已转户的农村居民），大中专院校及职校毕业生，市、区引进的特殊专业人才，全国、省部级劳模，全国英模，荣立二等功以上的复转军人填写黄色申请表；

（2）其他人员填写白色申请表。

2. 身份证明

主城区户籍的申请人和共同申请人出具公安机关制发的居民身份证和户口簿；非主城区户籍的出具公安机关制发的居民身份证和居住证。

3. 婚姻状况证明

已婚人员需提供结婚证明。

4. 工作、收入和社会保险费或住房公积金缴费的证明

（1）签订劳动合同的提供劳动合同，单位出具收入证明和住房公积金缴费证明，社会保险经办机构出具社会保险缴费证明

（2）灵活就业人员和个体工商户提供社会保险经办机构出具的社会保险缴费证明；灵活就业人员提供现居住所在地居委会出具的就业和收入证明，个体工商户提供营业执照和税收缴纳证明。

（3）主城区退休人员由社会保险经办机构出具按月领取养老待遇证明或由原工作单位出具退休情况证明。

（4）国家机关、事业单位在编工作人员由所在工作单位出具证明。

共同申请人有工作的，应当按照上述规定提供收入证明；无工作的由户籍所在地街道办事处或镇人民政府出具证明。

5. 住房情况证明

有工作单位的申请人和共同申请人，由单位出具住房分配情况证明。住房困难家庭需出具公房租赁凭证或房屋权属证书。

6. 其他需提供的材料：

(1)引进的特殊专业人才由市人事部门出具引进人才证明；

(2)省部级以上劳模、英模提供劳模、英模证书；

(3)荣立二等功以上的复转军人提供立功受奖证书；

(4)大中专院校及职校毕业生提供毕业证书。

以上规定材料属证明的提交原件，属证件、证书或合同的提交复印件，并提供原件核对。

四、审核配租

(一)受理

对申请材料齐全的，申请点应予以受理，并出具受理凭证。

(二)初审

自申请点受理申请之日起20个工作日内初审机构完成初审，提出初审意见。初审合格的提交市公共租赁房管理局复审；不合格的书面告知申请人并说明理由。

(三)复审

市公共租赁房管理局自收到初审材料之日起7个工作日提出复审意见。合格的进行公示；不合格的书面告知申请人并说明理由。

(四)公示

复审合格的申请人将在市公共租赁房信息网上进行公示，内容包括收入、住房等相关情况，时间不少于7个工作日。对公示对象有异议的，市公共租赁房管理局接受实名举报，并在10个工作日内完成核查。经核查异议成立的，应书面告知申请人并说明理由。

(五)轮候

经公示无异议或异议不成立的进入申请人轮候库，申请人可在重庆市公共租赁房信息网或申请点查询。轮候期间，申请人工作、收入、住房及家庭人数等情况发生变化，应主动和及时向原申请点如实提交书面材料，重新审核资格。

(六)配租

市公共租赁房管理局应当将配租房源的户型、数量、地点、申请时间段等相关信息在公共租赁房信息网和指定报刊上适时公布。并按申请的时间段、选择的公共租赁房地点和相对应的户型面积摇号配租。

1. 申请时间段是指市公共租赁房管理局公布的申请人能够参与摇号配租的申请时间范围。

2. 相对应的户型面积是指公共租赁房配租面积与申请人的家庭人数相对应。2人以下配租建筑面积40平方米以下住房，3人以下配租建筑面积60平方米以下住房，4人以上配租建筑面积80平方米以下住房。

家庭成员只有父女或母子两人的，可按3人配租面积配租。

3. 摇号配租由市公共租赁房管理局组织，按照分类方式，通过电子摇号系统，根据申请人选择的地点和户型面积进行配租。

摇号配租过程接受市监察部门、公证机构、新闻媒体及申请人代表监督，摇号结果通过公共租赁房信息网和指定的公众媒体公示，接受社会监督，无异议的向申请人发放配租确认通知书。未能获得配租的申请人可直接进入同地点的下一轮摇号配租，也可提出变更申请地点，进入新的申请地点下一轮摇号配租。

（七）签订合同

领取配租确认通知书的申请人应在收到市公共租赁房管理局发出的入住通知后的30日内，携带本人身份证件、配租确认通知书和入住通知书到指定地点签订《重庆市公共租赁房租赁合同》（以下简称租赁合同）。未在规定时间内签订租赁合同的，视为自动放弃，本次申请配租作废，但可重新申请，申请时间按重新申请之日计算。

五、租赁管理

（一）合同管理

1. 租赁合同签订期限最短为1年，最长为5年。
2. 租赁合同应当明确下列内容：
（1）房屋的位置、面积、结构、附属设施和设备状况；
（2）房屋用途和使用要求；
（3）租赁期限；
（4）租金及其支付方式；
（5）房屋维修责任；
（6）违约责任及争议解决办法；
（7）其他约定。
3. 承租人签订租赁合同之日，按3个月的租金标准一次性交纳履约保证金，以保证租赁合同的正常履行。租赁合同期满或终止，无违约责任的退还保证金本金。违约的可从保证金中抵扣应承担的相关费用。
4. 承租人在租赁期限内死亡的，共同申请人可按原租赁合同继续承租，但需确定新的承租人，变更租赁合同，租赁期限按原有合同的剩余时间计算。

（二）租金管理

1. 公共租赁房的租金标准由市物价部门会同相关部门研究确定，原则上不超过同地段、同品质、同类型普通商品房市场租金的60%。租金实行动态调整，每2年向社会公布一次。
2. 公共租赁房租金按建筑面积计算。承租人应按月交纳租金，交纳日期为每月20日前，拖欠的从逾期之日起每日按应付金额的万分之五支付违约金。
3. 租金收入按照政府非税收入管理的规定缴入同级国库，实行"收支两条线"管理。租金收入专项用于偿还公共租赁房贷款利息和公共租赁房的维护。
4. 对承租人拖欠租金和其他费用的，可按租赁合同约定通报其所在单位或市住房公积金管理中心，从其工资收入或住房公积金账户中直接划扣。

(三)房屋管理

1. 公共租赁房只能用于承租人自住,不得出借或转租,也不得用于从事经营性活动或改变房屋用途。

2. 承租人应按时交纳房屋使用过程中发生的水、电、气、通信、有线电视、物业服务等相关费用。

3. 承租人应当每2年向市公共租赁房管理局申报住房、收入情况,未按规定申报的,视为放弃租赁住房,合同终止。

4. 承租人应爱护并合理使用房屋及附属设施,不得对房屋进行装修。对于房屋内部易损易耗设施及使用不当造成房屋或附属设施损坏的,由承租人承担维修责任或赔偿责任。

5. 公共租赁房产权单位应当建立专项维修资金用于住宅共用部位、共用设施设备保修期后的大修、更新和改造,确保共用部位和设施设备处于良好状态。

6. 多人合租的,由申请人负责签订租赁合同、缴纳租金及其他费用。承租期间,不得增加共同居住人员。

(四)换租规定

因承租人数发生变化或工作地点改变需要变更房屋面积或地点的,可向市公共租赁房管理局提出换租申请。

1. 换租面积应符合规定的配租面积标准。

2. 变更地点申请换租的,经审核、公示符合条件的重新进入申请人轮候库参加摇号配租;同一地点申请换租面积的,经审核、公示符合条件的进入换租轮候库,根据公示的腾退房源情况、换租轮候顺序和相对应的户型面积依次进行换租。

3. 换租完成后,重新签订租赁合同,并按规定腾退原承租的住房。

(五)管理模式

1. 公共租赁房所在地的街道办事处组建由社区居委会、房屋管理机构、派出所、物业服务公司、住户代表等组成的小区管理委员会,负责小区的社会管理工作。

2. 市公共租赁房管理局组建或委托的房屋管理机构负责公共租赁房的租金收取、房屋使用、维护和住房安全情况检查,并对物业服务公司工作进行指导监督。

3. 市公共租赁房管理局组建或选聘的专业物业服务公司承担小区物业管理。物业服务费由市物价部门会同相关部门研究核定。物业服务费实行动态调整,每2年向社会公布一次。

六、退出管理

(一)租赁合同期满,承租人应退出公共租赁房;需要续租的,应在租赁合同期满3个月前提出申请,经审核符合条件的,重新签订租赁合同,并对原承租住房享有优先权。

(二)承租人通过购买、获赠、继承等方式在主城区获得住房,且达到政府公布的人均住房建筑面积标准的,或在租赁期内超过政府规定收入标准的,应当退出公共租赁房。

(三)承租人有下列行为之一的,解除租赁合同,收回承租的公共租赁房,其申请人和共同申请人5年内不得再次申请:

1. 提供虚假证明材料等欺骗方式取得公共租赁房的;

2. 转租、出借的;
3. 改变公共租赁房结构或使用性质的;
4. 承租人无正当理由连续空置 6 个月以上的;
5. 拖欠租金累计 6 个月以上的;
6. 在公共租赁房中从事违法活动的。

(四)退出规定

1. 承租人应在租赁合同期满或终止之日腾退住房,并结清房屋租金、水、电、气、物业等相关费用。原有住房和设施有损坏、遗失的,承租人应恢复、修理和赔偿。

2. 承租人在租赁合同期满或终止后,不符合租住条件但暂时无法退房的,可以给予 3 个月过渡期。过渡期内按公共租赁房租金标准的 1.5 倍计收租金。

3. 承租人不再符合租住条件,拒不腾退住房的,按公共租赁房租金标准的 2 倍计收租金,并在适当范围内公告。必要时申请人民法院强制执行。

七、出售管理

(一)承租人在租赁 5 年期满后,可选择申请购买居住的公共租赁房。

(二)公共租赁房出售价格以综合造价为基准,具体价格由市物价部门会同市住房保障、市财政等部门研究确定,定期向社会公布。

(三)购买公共租赁房,可选择一次性付款或分期付款。一次性付款后,不再支付租金;分期付款时,未付款面积按照规定交纳租金。

(四)购买的公共租赁房可以继承、抵押,不得进行出租、转让、赠予等市场交易。抵押值不得超过房屋购买原值的 70%。

(五)购买人通过购买、获赠、继承等方式在主城区获得其他住房,且达到政府公布的主城区人均住房建筑面积标准的,或因特殊原因需要转让以及抵押处置时,由政府回购,回购价格为原销售价格加同期银行存款活期利息。

八、监督管理

(一)市公共租赁房管理局有权组织对承租人的租住资格进行抽查复核,承租人应予以配合。经抽查不符合条件的,取消租住资格。

(二)房屋管理机构应当组织对承租人履行租赁合同约定的情况进行监督检查,有关单位和个人予以配合,如实提供资料。在监督检查中,房屋管理机构有权采取以下措施:

1. 2 名以上工作人员可持工作证明,在至少 1 名成年家庭成员在场的情况下,进入公共租赁房检查使用情况;

2. 对违法违规行为予以制止并责令改正。

(三)承租人隐瞒或伪造住房、收入等情况,骗取公共租赁房的,解除租赁合同,收回房屋,5 年内不得再次申请。承租期间按公共租赁房租金标准的 3 倍计收租金,并依法依纪追究责任。

(四)对出具虚假证明材料的单位和个人,由市公共租赁房管理局提请有关部门依法依纪追究相关责任人员的责任。

(五)市公共租赁房管理局设立举报电话、举报信箱,接受社会监督,对违法违纪行为的举报,要及时核实并作出处理。

(六)政府职能部门的工作人员在资格审核和监督管理过程中滥用职权、玩忽职守、徇私舞弊、索贿受贿的,要依法依纪追究责任。

九、廉租住房的申请

符合《重庆市廉租住房保障申请办理办法(试行)》相关规定的家庭申请公共租赁房,在户籍所在地按廉租住房保障申请规定和程序办理,由廉租住房保障机构向市公共租赁房管理局统一申请,并在轮候配租时享有优先权。

(一)廉租住房家庭应申请户籍所在地建设的公共租赁房;无公共租赁房的,由市公共租赁房管理局统筹安排租赁地点。

(二)廉租住房家庭配租建筑面积在50平方米以下。

(三)廉租住房家庭承租公共租赁房,按现行廉租住房政策规定交纳租金,并优惠部分物业服务费。租金和物业服务费的差额部分由廉租住房家庭原户籍所在地政府承担。

(四)已实行实物配租的,不能申请公共租赁房;已领取租金补贴的,经户籍所在地廉租住房保障机构同意,可以申请公共租赁房。获得公共租赁房后,停止领取租金补贴。

十、公共租赁房出售的具体实施办法另行制定。开发区、园区建设的公共租赁房管理实施细则,由开发区和园区自行制定。

十一、本细则所称以上、以下,包括本数。

十二、本细则自公布之日起施行。

后　　记

我国目前保障房体系中包括经济适用房、两限房、棚户区改造安置住房、廉租房和公共租赁房，从"十二五"开始公共租赁房成为我国保障性住房体系的主角。

本书作者从事的保障性住房、公共租赁房领域研究所依托的教学基地——重庆大学建设管理与房地产学院房地产开发与管理专业，被武汉大学中国科学评价研究中心连续三年（2014—2015 年、2015—2016 年、2016—2017 年）评为国内高校本科专业排名第一。作者带领的团队由马敏达、吴涛、滕凤华、吕铭友、吴佳、杨齐、董雪丰、蒲婷璐、李正伟、赖丽梅、朱艳杰、先静、郝猛、刘涛、王晓燕、吴凯军、刘姣姣、田绍崇、汤达、董瑾、李永乐、任晗、刘李秋、韩冰洋等博士、硕士组成。从 2008 年教育部人文社科项目"我国保障性住房运作机制及其政策研究"，到 2012 年国家社科基金项目"我国公共租赁房投资、建设、营运和管理机制研究"，团队一直在这一领域进行研究，陆续公开发表论文 50 多篇。

作者于 2010 年出版了前期研究成果的专著《我国保障性住房运作机制及其政策研究》，而本书是研究团队在这一领域的最新持续研究成果，由于作者水平有限，书中难免存在不足之处，敬请读者批评指正。